国学经典

[清]章梫 纂
郭孟良 注译

康熙政要

中州古籍出版社
·郑州·

图书在版编目(CIP)数据

康熙政要 /(清)章梫纂 ;郭孟良注译. —郑州 :中州古籍出版社,2023.7
(国学经典)
ISBN 978-7-5738-0820-2

Ⅰ.①康… Ⅱ.①章…②郭… Ⅲ.①康熙帝(1654-1722)-生平事迹②典章制度-中国-清前期 Ⅳ.① K827=49 ② D691.5

中国国家版本馆 CIP 数据核字(2023)第 063483 号

KANGXI ZHENGYAO

康熙政要

责任编辑	岳鸳鸯
责任校对	唐志辉
装帧设计	张　胜
美术编辑	曾晶晶

出 版 社	中州古籍出版社(地址:郑州市郑东新区祥盛街27号6层 邮编:450016　电话:0371-65723280)
发行单位	河南省新华书店发行集团有限公司
承印单位	河南瑞之光印刷股份有限公司
开　　本	640 mm×960 mm　1/16
印　　张	27.5
字　　数	300 千字
印　　数	1—3 000 册
版　　次	2023 年 7 月第 1 版
印　　次	2023 年 7 月第 1 次印刷
定　　价	36.00 元

本书如有印装质量问题,请联系出版社调换。

前　言

在中国历史上，康熙皇帝爱新觉罗·玄烨（1654—1722）是一位具有雄才大略和远见卓识的政治家。他八岁登基，在位六十一年，对于当时社会经济文化的恢复和发展，统一的多民族国家的形成与巩固，颇多建树，开创了康乾盛世，不仅在封建帝王中屈指可数，堪与唐太宗李世民相提并论，而且与同时代的外国君主，如法国波旁王朝的路易十四（1661—1715年亲政）、俄国罗曼诺夫王朝的彼得大帝（1682—1725年在位）相比，也毫不逊色，因而成为在中国历史乃至世界历史上具有重大影响的历史人物之一。

关于康熙的历史评价，历来褒贬不一。清代朝野自然对其赞颂有加，誉为"自古英哲非常之君"、"圣人"、"千古一帝"。晚清曾国藩《国朝先正事略序》曰："若汉之武帝，唐之文皇，宋之仁宗，元之世祖，其时皆异材勃起，俊彦云屯，焜耀简编。然考其流风所被，率不过数十年而止。惟周之文王暨我圣祖仁皇帝，乃阅数百载而风流未沫。周自后稷十五世集大成于文王，而成康以洎东周，多士济济，皆若秉文王之德。我朝六祖一宗，集大成于康熙，而雍乾以后，英贤辈出，皆若沐圣祖之教。"外国人的著述，如白晋《康熙帝传》、白克好司与濮兰德《清宫秘录》、西本白川《康熙大帝》、后藤末雄《康熙大帝与路易十四》等，将其统治时期，或比之欧洲文艺复兴时代，或称之"中国之文化黄金时代"，而对其人，或赞颂其修明政绩、英勇机智、渊博学识、仁爱胸怀，或视之为三代王道的继承者、儒家道统的代表者，都给予了高度评价。但是到了清末民初，资产阶级革命派的评论则反其道而行之，将其贬抑为专制暴君。新中国成立后，20世纪60年代，史学界曾经开展关于康熙问题的讨论；近三十年来，随着研究的不断深入，陆续出版和发表了大量的档案资料、研究著作和学术论文，为我们客观地评价康熙奠定了良好的基础。

  人贵有自知之明。康熙皇帝对自己的生平亦曾经反复进行总结。康熙四十七年（1708）冬大病之余，他就着手草拟遗诏，希望在自己明爽之际，倾诉衷肠，此后十年间从不间断，到五十六年（1717）十一月卧病时曾口述给诸位皇子和满汉大臣，这也是他辞世后所发遗诏的初稿。其中，他对自己的基本评价包括：享年高，在位久；殚心竭力，勤勉政事；用兵临戎，统一国家；力戒骄奢，节用爱民；不尚虚文，力行实政等。揆诸其一生行实，应该说这个评价是实事求是的，并无浮夸自誉之辞。

  近三百年后的今天，我们透过历史的烟云，通过文献的爬梳，客观地考察康熙其人，我们觉得这是一个祖国统一的实践者，一个升平盛世的开创者，一个励精图治的管理者，一个涉猎广博的学者，一个可亲可敬的老人。是他，处在世界历史新旧交替的时代，内有权臣挟制、朋党倾轧，外有割据叛乱、强敌环伺，运筹帷幄，决胜千里，捉鳌拜、平三藩、统一台湾、平定蒙古、安定西藏、击退沙俄侵略，使中华帝国以其空前统一、疆域辽阔的形象屹立东方、威服世界；是他，勤勉政事，发展经济，轻徭薄赋，安定民生，提倡理学，昌明文教，祛奢崇俭，移风易俗，开创了康熙之治。他，是一个日理万机的大国管理者，同时也是一个博闻强记的学者，正如《康熙政要叙》所谓："经经纬史，博极群书，上而天象、地舆、历算、律吕之精微，三礼八政之繁赜，下至射御医筮，百家众技之长，极之满蒙回藏文字之源流，泰西各国制器考工之新法，莫不洞穷蕴奥，兼综旁通。"更为难能可贵的是，他践行经世致用之学，对各种知识都亲自实验，亲身体会，雅好诗文，游心翰墨，堪称一位博学之士。至于其为了"正朝廷以正百官，正百官以正万民"，有关勤政、廉政、爱民、养民、养生、修身的谆谆叮咛，更仿佛一位可亲可敬的老人的"过庭之训"。当然，康熙一生并非没有历史的局限和人生的烦恼，但瑕不掩瑜，其历史贡献不可磨灭。他所留下的宝贵的丰富的历史遗产，值得我们今天借鉴。

《康熙政要》一书，就可以作为我们研究借鉴康熙历史遗产的百科全书。作者利用其任职史馆的便利，广搜博取，分门别类，去粗取精，去伪存真，为我们省却了翻检文献之劳，提供了极大的方便和捷径，从而系统再现了康熙时代和康熙其人的方方面面，也为我们展现了封建国家的成功管理案例，与唐代史学家吴兢的《贞观政要》并称媲美，堪称是中国帝王学的双璧。

《康熙政要》的编纂者章梫（1861—1949），名正耀，字立光，号一山，浙江宁海（今属三门县海游镇）人，著名学者，教育家、书法家。出身于书香门第，六岁入私塾，十八岁中秀才，至杭州深造于诂经精舍，师从著名学者俞曲园，学业大进。后担任幕友，就职于四川、江西、湖南等地，考察民情风俗，增广见识。光绪二十八年（1902），受聘为上海澄衷中学校长。同年，中乡试。次年创办海游学堂。光绪三十年（1904）中进士，授翰林院检讨。后历任京师大学堂译学馆提调、监督，国史馆协修、纂修，功臣馆总纂，德宗实录馆纂修，兼任京师大学堂经科、文科提调，邮传部、交通部传习所监督，北京女子师范学校校长等。1914年回到上海，受聘为青岛孔德大学教授。第一次世界大战期间德国占领青岛，他移居上海，受聘为商务印书馆编辑、浙江通志馆编辑。后任教仓圣明智大学。七七事变后，蛰居上海租界，以佛老之学自遣，吟诗、作书自娱。其书法工行、草书，雍容浑厚，传世甚多，后人称其"夙善楷法，晚岁笃好草书，执笔五指并用，运腕如拨镫，翰墨清华，体势秀逸"，"自唐以来千余年，学《书谱》者第一人"。1948年迁居杭州。次年2月病逝，享年八十九岁。其子章以吴，长期从事金融证券业务，新中国成立后曾担任中央文史研究馆馆员；长孙章文晋，新中国著名外交家，曾任中国驻美大使、外交部副部长、中国人民对外友好协会会长。

章梫一生著述丰富，在历史、文学、艺术等领域均有一定的造诣和较大的成就。有《康熙政要》二十四卷、《旅纶金鉴》六卷、《一山文存》十二卷、《一山息吟诗集》一卷、《一山骈文》一卷、《王章诗存合刻》十七卷，翻译日文《学校教授学管理法纲要》，校订辑刊《逊志斋集》等。另有未刊《德宗实录》、《光绪新政》、《方正学祠志诗存》、《明遗民传》等，多所散佚。新中国成立后，其部分遗物包括明清古籍、碑帖、拓片、字画以及文集木刻版，由其子章以吴分别捐赠给浙江图书馆、浙江博物馆，《康熙政要》抄稿一部及沈曾植诸名家题跋手书一卷，捐赠北京图书馆。

《康熙政要》一书仿照唐代吴兢《贞观政要》体例，分门别类，选辑各种文献中有关康熙事迹的资料，其篇目较《贞观政要》增加了"论政体"、"遵法祖制"、"优礼大臣"、"勤学"、"恤勋旧"、"尚廉"、"理学"、"舆地"、"历算"等，更加突出了康熙时代的特点以及康熙皇帝的才华、学识、品德与治国之道，后人称其"辑述清代典章，抉择精洽"。据作者"题识"，此书完成于宣统二年（1910），亦当于此时刊刻行世。

本书整理即以宣统刻本作为底本，参考其征引的相关文献，对其中的个别错误字句进行校勘修订，并就一些引文、人名、职官及个别字词作了注释，在此基础上进行白话翻译。限于篇幅，本书作了较大的删节，同时第三、第四卷"任贤"两篇所收《国史碑传集》、《国朝耆献类征》、《先正事略》中的图海、魏象枢、费扬古、汤斌、伊桑阿、熊赐履、于成龙、李光地、陆陇其、张伯行诸人的传记，仅保留原文，未作注释和翻译。特此说明，敬请读者指正。

目 录

康熙政要卷一 ……………………………………………… 1
　论君道第一 ………………………………………………… 1

康熙政要卷二 ……………………………………………… 35
　论政体第二 ………………………………………………… 35

康熙政要卷三 ……………………………………………… 57
　任贤第三上 ………………………………………………… 57

康熙政要卷四 ……………………………………………… 80
　任贤第三下 ………………………………………………… 80

康熙政要卷五 ……………………………………………… 101
　论遵法祖制第四 …………………………………………… 101
　论优礼大臣第五 …………………………………………… 108

康熙政要卷六 ……………………………………………… 118
　论求谏第六 ………………………………………………… 118
　论纳谏第七 ………………………………………………… 131

康熙政要卷七 ……………………………………………… 140
　论勤学第八 ………………………………………………… 140

康熙政要卷八 ……………………………………………… 151
　论君臣鉴戒第九 …………………………………………… 151

康熙政要卷九 ... 167
- 论择官第十 ... 167

康熙政要卷十 ... 188
- 论教戒诸皇子贝勒第十一 ... 188
- 论尊敬师傅第十二 ... 195
- 论恤勋旧第十三 ... 197

康熙政要卷十一 ... 205
- 论宽仁第十四 ... 205
- 论孝治第十五 ... 214

康熙政要卷十二 ... 228
- 论忠义第十六 ... 228
- 论公平第十七 ... 231
- 论诚信第十八 ... 236

康熙政要卷十三 ... 242
- 论俭约第十九 ... 242
- 论谦让第二十 ... 248
- 论尚廉第二十一 ... 253

康熙政要卷十四 ... 263
- 慎所好第二十二 ... 263
- 慎言语第二十三 ... 266
- 杜奸邪第二十四 ... 269

康熙政要卷十五 ... 274
- 论奢纵第二十五 ... 274
- 论贪鄙第二十六 ... 278

康熙政要卷十六 ... 282
- 崇儒学第二十七 ... 282
- 论理学第二十八 ... 297

康熙政要卷十七 ... 303
    论经史文学第二十九 ... 303

康熙政要卷十八 ... 325
    论舆地学第三十 ... 325
    论历算学第三十一 ... 335

康熙政要卷十九 ... 343
    论礼乐第三十二 ... 343
    论务农第三十三 ... 354

康熙政要卷二十 ... 363
    论刑法第三十四 ... 363
    论赦令第三十五 ... 369

康熙政要卷二十一 ... 372
    辨兴亡第三十六 ... 372
    论贡赋第三十七 ... 380
    论征伐第三十八 ... 384

康熙政要卷二十二 ... 391
    论安边第三十九 ... 391

康熙政要卷二十三 ... 403
    论巡幸第四十 ... 403

康熙政要卷二十四 ... 415
    论灾祥第四十一 ... 415
    论慎终第四十二 ... 418

附 录 ... 423
    康熙政要叙 ... 423
    康熙政要叙 ... 424
    自序 ... 425

康熙政要卷一

论君道第一

康熙六年，圣祖躬亲大政，诏谕天下曰："朕以冲龄，嗣登大宝，辅政臣索尼①等，谨遵皇考世祖章皇帝②遗诏，辅理政务，殚心效力，七年于兹。今屡次奏请，朕承太皇太后③之命，躬理万几④。惟天地祖宗，付托至重，海内臣庶，望治方殷。朕以凉德，夙夜祗惧，天下至大，政务至繁，非朕躬所能独理。宣力分猷，仍惟辅政臣、诸王贝勒⑤、内外文武大小各官是赖。务各殚忠尽职，洁己爱民，任怨任劳，不得辞避。天下利弊，必以上闻，朝廷德意，期于下究，庶政举民安，早臻平治。凡我军民，宜仰体朕心，务本兴行，乐业安生，以迓休宁之庆⑥。政在养民，敢虚天地生成之德；时当亲政，恒念祖宗爱育之心。布告天下，咸使闻知。"（《圣训》）⑦

[注释]

①索尼（1600—1667）：满洲正黄旗人，赫舍里氏。清太祖时为一等侍

卫,世祖亲政,晋一等伯,擢内大臣兼议政大臣,总管内务府。康熙即位,为辅政大臣。卒谥文忠。传见《清史稿》卷二百四十九。②世祖章皇帝:即爱新觉罗·福临(1638—1661),清入关后第一位皇帝,1643—1661年在位,年号顺治。③太皇太后:即孝庄文皇后,博尔济吉特氏,清太宗皇太极妃,崇德元年(1636)封永福宫庄妃;世祖即位,尊为皇太后;圣祖即位,尊为太皇太后。④万几:几,通"机",事物变化的征兆,引申为事务、政务。⑤贝勒:即多罗贝勒,满洲贵族世袭封爵之一,仅次于和硕亲王、多罗郡王。⑥休宁之庆:为迎接安乐太平的盛世而举行的庆典。⑦《圣训》:即《圣祖仁皇帝圣训》,世宗雍正九年(1731)编,乾隆六年(1741)刊,为康熙皇帝的训政言论汇集,凡六十卷,三十二类,总共一千九百余则,有四库全书本。

[译文]

康熙六年(1667),圣祖皇帝爱新觉罗·玄烨开始亲政,于是颁布诏书晓谕天下说:"我以幼小年龄,继承皇位登上宝座,辅政大臣索尼等人,严格遵循皇父世祖章皇帝的遗诏,辅佐我处理政务,殚心竭虑,效力朝廷,到今天已经整整七年了。如今,经过大臣们的屡次奏请,我遵照太皇太后的旨意,亲自处理军国政事。每每想到天地和祖宗的托付,至为重大;海内臣僚庶民盼望天下大治的心情,至为殷切。而我的德行浅薄、能力有限,因此日夜战战兢兢,忧惧万分,感到天下无比广大,政事无比浩繁,不是我自己所可以独自治理得了的。分任责成,效力谋划,仍然要倚赖各位辅政大臣、诸王贝勒以及朝廷内外文武大小官员。希望各自竭尽忠诚,尽心职守,廉洁自律,爱护百姓,任劳任怨,不得推辞和回避。天下的利弊得失,一定要向上奏闻朝廷;朝廷的恩德盛意,则期望向下传达民间。只有这样,才差不多能够使得政事治理,人民安乐。凡是我的军民,都应当体察我的心意,一定要致力本业,振兴生计,安居乐业,从而迎接太平盛世的庆典。为政的关键在于爱养百姓,我怎么敢不虔诚对待天地生成的大德;当此亲政的时刻,我更加感念祖宗的爱育之心。以此布告天下,希望天下人民都能知晓。"

是年，又谕吏部等衙门曰："民为邦本，必使家给人足，安生乐业，方可称太平之治。近闻直隶各省，民多失所，疾苦颠连，深可悯念。或系官吏贪酷，朘削穷黎，抑或法制未便，致民失业，果何道以遂其生耶？一切民生利病，应行应革，尔内外各衙门大小文武等官，念切民依，其各抒所见，毋隐。"……（《东华录》①七）

[注释]

①《东华录》：清代编年体史料长编。乾隆三十年（1765），国史馆纂修蒋良骐就实录及其他官书文献摘录史料，起自太祖天命元年（1616），迄于世宗雍正十三年（1735），凡三十二卷，以国史馆位于东华门内，题为《东华录》。光绪年间，王先谦摘录乾隆、嘉庆、道光三朝史料，成《东华录续编》二百三十卷；又补充蒋录，合为《九朝东华录》；后潘颐福辑咸丰朝《东华录》一百卷，王先谦再辑同治朝《东华录》一百卷，合称《十一朝东华录》。朱寿鹏辑光绪朝《东华续录》二百二十卷。

[译文]

这一年（康熙六年，1667），又吩咐吏部等衙门说："民众是国家的根本，一定要使民众家给人足，生活安定，百业兴旺，才可以称得上是太平之治。近来听说各直隶省民众多流离失所，疾苦不断，深可怜悯。有的是因为官吏贪婪残酷，剥削穷苦的百姓；有的是国家法律制度不合理，导致民众失去生业，究竟有什么办法可以遂其生业呢？所有民生的利弊，哪些应该推行，哪些应该革除，你们内外各个衙门大小文武官员，要切中民众的需求，各抒己见，不要有所隐瞒。"……

康熙十一年，圣祖召讲官等至懋勤殿①。谕曰："汉官中有请令言官以风闻言事者，朕思忠爱之言，切中事理，患其不多。

若不肖之徒，借端生事，假公济私，人主不察，必至倾害善良，扰乱国政，为害甚巨。"又谕曰："从来与民休息，道在不扰，与其多一事，不如省一事。朕观前代君臣，每多好大喜功，劳民伤财，紊乱旧章，虚耗元气，上下讧器，民生日蹙，深可为鉴。"熊赐履奏曰："皇上此谕，诚千古为治之要道也。"(《圣训》)

[注释]

①懋勤殿：清宫殿名，在今故宫西南，与端凝殿相对，是皇帝读书、批阅奏章和鉴赏书画之所。

[译文]

康熙十一年（1672），圣祖皇帝在懋勤殿召见讲官等，吩咐说："汉族官员中有人请求让言官根据风闻上奏言事，我想凡是忠君爱国之言，又切中事理，惟恐不够多。如果有不肖之徒，借端生事，假公济私，作为君主如果不用心体察，必定会导致倾害善良之辈、扰乱国家政务的后果，其危害非常之大。"又说："自古以来与民休养生息，其正确的方法就在于不扰民，与其多一事，不如省一事。我观察前代的君臣行事，每多好大喜功，劳民伤财，紊乱旧章，虚耗元气，上下争权夺利，民生日益艰难，值得后世深深引为借鉴。"熊赐履上奏说："皇上这一谕旨，真是千古为政的要道啊！"

康熙十二年，圣祖御弘德殿①，讲官进讲毕，谕讲官等曰："从来民生不遂，由于吏治不清。长吏贤，则百姓自安矣。天下善事，俱是分所当为。近见有寸长片善，便自矜夸，是好名也。"又谕曰："有治人无治法，但真能任事者，亦难得。朕观人必先心术，次才学。心术不善，纵有才学何用？"熊赐履奏曰："圣谕及此，诚知人之要道也。"寻又谕讲官等曰："从来君臣一心图治，天下不患不治。此等光景，未易多得，朕与诸臣，何可不交勉之?"熊赐履奏曰:"为政端在得人,故用舍黜陟,人主出治之大权,最当审量者也。"

圣祖曰:"知人难,用人不易,致治之道,全关于此。朕即欲不尽心,不可得也。"又谕讲官等曰:"致治之道,不宜太骤,但须日积月累,久之自有成效。朕平日读书穷理,总是要讲求治道,见诸实行,不徒空言耳。"又谕曰:"人主势位崇高,何求不得?但须有一段敬畏之意,自然不至差错。即有差错,自能省改。若任意率行,略不加谨,鲜有不失之纵佚者。朕每念及此,未尝一刻敢暇逸也。"熊赐履奏曰:"圣谕及此,即尧舜兢业之心也。"(《东华录》十三、《圣训》)

[注释]

①弘德殿:乾清宫之小西殿,始建于明,初名雍肃殿,万历十四年(1586)改今名,为皇帝召见臣工之处。清代则为皇帝办理政务及读书之所。

[译文]

康熙十二年(1673),圣祖皇帝驾临弘德殿,讲官进讲完毕,吩咐讲官等说:"自古以来民生不遂顺,都是由于吏治不清明。官长小吏贤明,百姓自然安定。天下的善事,都是分内所应当做的。近来见许多人有了一寸长处、一点善事,便自我骄矜夸耀,这就是所谓的好名。"又说:"有治人无治法,但真正能够担当职事的,亦颇为难得。我观人一定以心术为要,才学为次。如果心术不善,纵然富有才学,又有什么用处?"熊赐履上奏说:"皇上谕旨说到这一点,的确是知人的要道啊!"不久,皇帝又吩咐讲官等说:"自古以来君臣一心,励精图治,天下就不怕治理不好。这样的光景,却不易多得,我与诸位大臣,怎么可以不相互勉励呢?"熊赐履上奏说:"为政关键在于得人,所以人才的用、舍、升、降,是君主的重大权衡,最应当审慎衡量。"

圣祖皇帝说:"知人很难,用人不易。达到太平之治的道路,关键全在于此。我就是想不尽心,也是不可能的。"又对讲官等说:"达到太平之治的道路,不适宜太过急迫,只需日积月累,久而久之,自然会取得成效。我平日读书,穷究事理,总归要讲求治国之道,一定要见之于实际行动,而不仅仅相信空言罢了。"又说:"君主权力巨大,地位崇高,追求什么不能得到?但必须有一种敬畏的心意,言语行为自然才不会出现差错。即便出现差错,也能够自觉意识到并加以改正。如果任意妄为,率性而行,一点也不知道谨慎,那么就很少有不出现纵情失措之举的。我每每考虑到这一点,从来不曾有一刻敢于休闲逸乐。"熊赐履上奏说:"皇上谕旨说到这一点,这就是唐尧虞舜所谓的兢业之心啊!"

康熙十六年,讲官喇沙里[①]、陈廷敬[②]等进讲《孟子·一暴十寒章》[③]。圣祖曰:"君子进,则小人退;小人进,则君子退。君子小人,势不并立。孟子所谓一暴十寒,于进君子退小人,亲贤远佞之道,最为明快,人君诚不可不知也。"又谕讲官曰:"尔等进讲经书,皆内圣外王修齐治平之道。朕亦孜孜详询,每讲之时,必专意以听,但学问无穷,不在徒言,要惟当躬行实践,方有益于所学。尔等仍直言无隐,以助朕好学进修之意。"(《东华录》十九)

[注释]

①喇沙里(?—1679):满洲人,康熙时任翰林院掌院学士、实录馆总裁官,卒谥文敏,赠礼部尚书。曾纂修《皇舆表》十六卷、合撰《钦定日讲四书解义》二十六卷等。②陈廷敬(1638—1712):字子端,号说岩,晚号午亭,泽州(今山西晋城)人。累官至文渊阁大学士兼吏部尚书,卒谥文贞。著有《午亭文编》、《尊闻堂集》、《河上集》等,主持编纂《大清一统志》、《佩文韵府》、《康熙字典》等。③《孟子·一暴十寒章》:《孟子·告子上》:"虽有天下易生之物也,一日暴之,十日寒之,未有能生者也。"比喻君主亲

贤臣、远小人要有恒心，否则就等于一曝十寒，无所成就。

[译文]

康熙十六年（1677），讲官喇沙里、陈廷敬等进讲《孟子》的"一暴十寒"章。圣祖皇帝说："君子进用，则小人斥退；小人进用，则君子退位。君子和小人，势不两立。孟子所说的一日暴之，十日寒之，对于进用君子、斥退小人，亲信贤臣、远离奸佞的道理，讲得最为明快，作为君主，的确不可不知啊！"又对讲官说："你们进讲儒家经典，都是关乎内圣外王、修身齐家、治国平天下的道理。我也孜孜不倦学习，详尽地加以咨询，每次进讲的时候，一定专心听讲，然而学问无穷无尽，关键不仅仅在于言语，更重要的是只有躬行实践，才会有益于所学的知识。你们仍应一如既往，直言无讳，以便助成我好学进修的心意。"

康熙十八年，圣祖谕浙江巡抚李本晟①曰："近来兵民多不能调和，尔宜尽心料理。每见各省督抚料理事务，所见止在一省，不能通行。凡事应悉心区画，从天下大计起见。"李本晟奏曰："目前惟兵饷最急，民富则国裕，民贫则兵饷无从而办。"圣祖曰："百姓足，君孰与不足？百姓不足，君孰与足？古今不易之理也。"（《圣训》）

[注释]

①李本晟（？—1682）：字旸若，湖北蕲春人。顺治六年（1649）进士，历任工部主事、广西佥事、云南按察副使、云南右布政使、太常寺卿、大理卿，康熙十八年（1679）九月授浙江巡抚，二十一年（1682）卒于任。

[译文]

康熙十八年（1679），圣祖皇帝吩咐浙江巡抚李本晟说："近来军政、民政多不能协调，你应当尽心料理。我每每见到各省总督、巡抚处理事务，其所见识只局限于一省，而不能通行全国。凡事都应当悉心谋划,从天下大计起见。"李本晟上奏说:"目前只有筹措军饷最为紧要,只有民众富足,国库才能充裕;民众贫穷,那么军饷就无从筹办。"圣祖皇帝说:"百姓富足,君主还有什么不足?百姓不富足,君主又如何能够充裕?这是古往今来颠扑不破的真理。"

康熙二十九年,圣祖谕大学士、九卿①、詹事、科道曰:"尔等诸臣称雨泽霑足,固当欢悦。但去年大旱,民困未苏,昔汉文帝②为三代以下令主,贾谊犹以处厝火积薪之上而谓无危为喻③,以今较之,可无虑乎?且今虽得雨,不知夏秋若何,其当远虑深思,愈加轸恤,何得称庆?"(《圣训》)

[注释]

①九卿:中国古代朝官名称,起于三代,《礼记》:"夏后氏官百,天子有三公、九卿、二十七大夫、八十一元士。"历代相沿,九卿所指多有不同,清代以六部、理藩院、都察院、大理寺长官为大九卿,以宗人府丞、詹事、太常寺卿、太仆寺卿、光禄寺卿、鸿胪寺卿、国子祭酒、顺天府丞、左右春坊庶子为小九卿。②汉文帝(前202—前157):刘恒,西汉第三位皇帝,公元前180至前157年在位,重本抑末,休养生息,开创了文景之治的盛世局面。③贾谊犹以处厝火积薪之上而谓无危为喻:贾谊(前200—前168),洛阳人,西汉文学家、政论家,官至太中大夫、长沙王太傅。厝火积薪之喻,出于贾谊的名作《治安策》:"夫抱火厝之积薪之下,而寝其上,火未及燃,因谓之安。方今之势,何以异此!"

[译文]

康熙二十九年(1690),圣祖皇帝对大学士、九卿、詹事、科道官说:"你们奏称雨泽充足,固然应当欢悦。但是去年天下大旱,民众的困苦尚未解脱。当年汉文帝号称三代以下的贤明君主,贾谊还以处于厝火积薪之上而无危机之心作比喻进行讽谏,以此与今日比较,我们可以高枕无忧吗?况且现在虽然下雨了,还不知道夏秋收成如何,因而应当深谋远虑,深思远图,更加顾念和体恤民生疾苦，怎么可以称庆呢？"

康熙三十年，工部等衙门议复古北口总兵官蔡元疏言："古北口一带，边墙倾塌甚多，请行修筑。应如所请。"圣祖谕大学士等曰："蔡元所奏，未谙事宜。帝王治天下，自有本原，不专恃险阻。秦筑长城以来，汉、宋亦常修理，其时岂无边患？明末我太祖统大兵，长驱直入，诸路瓦解，皆莫敢当。可见守国之道，惟在修德安民。民心悦服，则邦本得而边境自固。所谓众志成城者是也。如古北、喜峰口一带，朕皆巡阅，概多损坏。今欲修之，兴工劳役，岂能无害百姓？且长城延袤数千里，养兵几何，方能分守？蔡元见未及此，其言甚属无益，谕九卿知之。"（《圣训》）

[译文]

康熙三十年（1691），工部等衙门会议答复古北口总兵官蔡元的奏疏道："古北口一带，长城倒塌很多，请批准进行修筑。应当按照其所奏请而行。"圣祖皇帝对大学士等官说："蔡元所奏请的，并未谙熟事情的机宜。帝王治理天下，自有其本原所在，不能专门依凭山河险阻。自秦朝修筑长城以来，汉朝、宋朝也经常维修，但那时难道就没有边患吗？明末我太祖统率大军，长驱直入，各路明军纷纷瓦解，没有敢于当其锋锐者。可见保卫、守护国土的道理，只在修养德化，安定民心。民众心悦诚服，那么国家的根本就得以保全，边境也得以稳固。这就是所谓的众志成城。至于古北口、喜峰口一带地方，我都曾经巡阅过，长城的确多有损坏。现在要修筑，大兴土木，征发劳役，岂能无害于百姓？况且长城绵延几千里，需要多少兵力才能分地把守？蔡元的见解未能达到这一境界，其奏言甚属无益，诏谕九卿官员知道。"

先是，康熙四十六年，圣祖谕大学士温达①等曰："顷因刑部汇奏事内，有一字错误，朕以朱笔改正发出。内外各衙门奏章，朕皆一一全览，外人谓朕未必通览，故朕于一应本章，见有错字，必行改正。其翻译不堪者，亦改削之。当用兵时，一日有三四百本章，朕悉亲览无遗。今一日中仅四五十本章而已，览之何难？一切事务，不可少有怠慢之心也。"至五十年，谕大学士等曰："朕理几务年久，阅本甚速，凡一应奏折及绿头牌②，顷刻即能遍阅。前尚书穆和伦③数次奏事，意朕未加详阅，复行奏请。朕将事内缘由指明，穆和伦乃默然无言而退。且朕阅事，不止于速，凡一经目，断不遗忘。一应奏章及汇题案件，无不详阅，有差误字句，朕必以朱笔更改发出。"（《东华录》、《圣训》）

[注释]

①温达（？—1715）：满洲镶黄旗人，费莫氏，由笔帖式累迁至内阁学士、左都御史、工部尚书，充经筵讲官，康熙四十六年（1707）授文华殿大学士，卒谥文简。②绿头牌：清代凡遇紧急事务或事涉琐碎，由六曹上奏者，即用绿头木牌，以满文书节略于其上，称为绿头牌。王士禛《池北偶谈》："国朝六曹章奏，悉沿明制。惟紧急事或涉琐细者，则削木牌而绿其首，以满洲字书节略于其上，不时入奏取旨，不下内阁票拟，谓之绿头牌子，盖古方策遗意也。"③穆和伦：满洲镶蓝旗人，喜塔腊氏，康熙朝大臣，自笔帖式累迁至内阁学士、工部侍郎、礼部尚书、户部尚书。

[译文]

起初，康熙四十六年（1707），圣祖皇帝吩咐大学士温达等说："刚刚因刑部汇奏事情的奏疏中有一个错字，我用红笔改正后发出。内外各个衙门的奏章，我都一一观看，外人不知，以为我未必通览，所以我对于一应奏章，只要见到错字，一定改正。有翻译不通的，也加以修正。当用兵之时，一天有三四百本奏章，我都亲自阅览，没有遗漏。如今一天仅有四五十本罢了，阅览有何难哉！一切事务，都不可稍有怠慢之心。"到康熙五十年（1711），对大学士等说："我执掌朝政时间长了，阅览奏章非常快，凡是一应的奏章以及绿头牌，顷刻就阅览一过。以前尚书穆和伦多次奏事，以为我不可能详细阅览，再次奏请。我将其中的缘由剖析明白，穆和伦于是默默无言而退。况且我批阅奏章，不仅速度快，而且一经寓目，断不遗忘。因此凡是奏疏本章和汇题案件，无不详细批阅，凡遇字句差错，必定用红笔改正发出。"

康熙五十六年，圣祖谕大学士等曰："自古人主多厌闻盗贼水旱之事，殊不知凡事由微至巨，豫知而备之，则易于措办。所以朕于各省大小事务，惟欲速闻之也。即如各省来京之人，从福建来者，朕以浙江米价询之。自江南来者，朕以山东米价询之。伊系经过之地，必据实陈奏。即彼省大吏，知不可隐，亦皆实奏。米价既已悉知，则年岁之丰歉，亦可知矣。"（《圣训》）

[译文]

康熙五十六年（1717），圣祖皇帝对大学士等说："自古以来，君主大多讨厌听到盗贼猖獗、水旱灾害之类的事情，殊不知凡事都是由微不足道逐步大到不可控制，预先知道，筹谋对策，就容易解决问题。所以，我对于各省的大小事务，只想尽快知道真相。即便是各省来京的人，如果从福建来京，我就询问浙江的米价；从江南来京，我就询问山东的米价。这些都是他经过的地方，必定根据实际情况陈奏。即便是该省的封疆大吏，知道不可隐瞒，也都据实陈奏。米价变动全部知悉之后，那么年岁的丰歉，也就可以知晓了。"

是年，又谕大学士等曰："为君之道，要在安静，不必矜奇立异，亦不可徒为夸大之言。程子曰：'人不学为圣人，皆自弃也.'①此语亦属太过。尧舜之后,岂复有尧舜乎？昔人有言,孟子不足学,须学颜子②,此皆务大言不务实践者。朕自幼喜读性理书,千言万语,不外一敬字。人君治天下,但能居敬,终身行之足矣。"尝论居敬行简曰："观民气之静躁,而政之得失可知也；观政事之繁简,而治之隆替可知也。上古之世,淳淳闷闷,执契而自平,结绳而自治,猗欤盛矣。自禅继相承,创守代见,张弛因革,道非一端。约而举之,其政简者其治隆,其政繁者其治替,此古今不易之理,虽百世而可知也。虽然,此特就其所行者言之耳。若夫宰治之原,则有至要者存焉。使操之无本,而一切以简为主,则任法之弊,必尚于综核,省事之渐,必流于丛脞。秦之衡石程书③,晋之清言招祸④,其所失均也。必也主之以至一,本之以无私,正心以穷理,而是非不得淆其中,虚己以知人,而邪正不得淆其外。夫然后见之措施,清静画一,无为而治,事有不期简而自简者,故曰君子之学大居敬。"(《圣训》、《御制文集》⑤)

[注释]

①程子：即宋儒程颢、程颐兄弟,世称明道先生、伊川先生。"人不学为圣人,皆自弃也。"出自《河南程氏粹言》,为伊川语："人皆可以为圣人,而君子之学必至圣人而后已。不至圣人而已者,皆自弃也。"②孟子（前372—前289）：名轲,字子舆,鲁国邹人,著有《孟子》七篇,战国时期儒家代表人物,后世尊为"亚圣"。颜子（前521—前490）,名回,字子渊,亦作颜渊,孔门七十二贤之首,后世尊为"复圣"。③衡石程书：亦作衡石量书,语出《史记·秦始皇本纪》："天下之事无大小皆决于上,上至以衡石量书,日夜有呈,不中呈不得休息。"衡即秤；石,百二十斤。秦始皇每日要读一石重的奏章文书（竹木简）,形容文书之多。④清言招祸：清言即清谈,魏晋间何晏、王衍等崇尚老庄无为,玄谈成风,后以此招致杀身之祸。⑤《御制文集》：即《圣祖仁皇帝御制文集》,初集四十卷,二集五十卷,三集五十卷,

四集三十六卷,总共一百七十六卷。

[译文]

这一年(康熙五十六年,1717),圣祖皇帝又对大学士等说:"为君之道,关键在于安静,不必骄矜奇功、标新立异,也不必徒为夸大之言。程颐曾经说过:'人不学为圣人,都是自暴自弃。'这话说得也太过。尧舜之后,难道还会有尧舜那样的贤君吗?从前人们也有一种说法,孟子不足以效法,要学就学颜子,这些都是务虚大言而不务实践的言论。我自幼喜欢读性理之书,千言万语,不外乎一个敬字。君主治理天下,只要能够居敬,并且终身践行不息,也就足矣。"圣祖还曾经专门论述"居敬行简"道:"观察民众风气的沉静与浮躁,那么政事的得失也就可得而知了;观察政事的繁苛与简明,那么治理的盛衰兴替也就可得而知了。上古时代,民风淳朴,政治宽松,君主执契垂拱,天下自平,结绳记事,天下自治,是何等的盛事!自从禅让与继承相替代,创业与守成交相更替,政事的张弛沿革,其治国之道亦非一端。概括说来,其政尚简明者,其治理就兴盛;其政尚繁苛者,其治理就衰颓,这是古往今来不变的道理,即使百代而后亦可考知。即便如此,这也只是就其政治的实施效果而言的。至于统御天下的方法,则还有其至为切要的理论所在。假使治理的运作缺乏理论依据,一切以简明为主,那么以法治国之弊端,必定崇尚综核,简洁省事之滥觞,必定流于琐碎。秦始皇政治繁苛,文书繁多,不免二世而亡;魏晋崇尚无为,清谈依然招致祸端。一繁一简,均失其所本。因此,一定要以至一之道为主,以公正无私为本,正心诚意以穷究物理,从而使一切是非都不得混淆其中;虚心正己,知人善任,从而使一切邪正都不得混淆其外。这样以后再运用具体的措施来推行,清静划一,无为而治,政事不必期望简明而自然简明,所以说君子之学以居敬为最重要。"

是年，圣祖御乾清宫东暖阁，召诸皇子及满汉大学士、学士、九卿、詹事、科道等入，谕曰："朕少时天禀甚壮，从未知有疾病。今春始患头晕，渐觉消瘦，至秋月塞外行围，蒙古地方水土甚佳，精神日健，颜貌加丰。每日骑射，亦不觉疲倦。回京之后，因皇太后违和①，心神忧瘁，头晕频发。有朕平日所欲言者，今特召尔等面谕。从来帝王之治天下，未尝不以敬天法祖为首务。敬天法祖之实，在柔远能迩，休养苍生。公四海之利为利，一天下之心为心。体群臣，子庶民，保邦于未危，致治于未乱。夙夜孜孜，寤寐不遑，宽严相济，经权互用，以图国家久远之计而已。自古得天下之正，莫如我朝太祖、太宗②。初无取天下之心，尝兵及京城，诸大臣咸奏云当取，太宗皇帝曰：'明与我国素非和好，今取之甚易。但念中国之主，不忍取也。'后流贼李自成攻破京城，崇祯自缢，臣民相率来迎。乃翦灭闯寇，入承大统。昔项羽起兵攻秦，后天下卒归于汉。其初，汉高祖一泗上亭长耳。元末陈友谅等并起，后天下卒归于明。其初，明太祖一皇觉寺僧耳。我朝承席先烈，应天顺人，抚有区宇。以此见乱臣贼子，无非为真主驱除也。朕年将七旬，在位五十余年者，实赖天地宗社之默佑，非予凉德之所致也。朕自幼读书，于古今道理，粗能通晓。凡帝王自有天命。应享寿考者，不能使之不享寿考；应享太平者，不能使之不享太平。自黄帝甲子至今，四千三百五十余年，称帝者三百有余。但秦史以前，三代之事，不可全信。始皇元年至今，一千九百六十余年，称帝而有年号者，二百一十有一。朕何人斯，自秦汉以下，在位久者，朕为之首。古人以不矜不伐，知足知止者，为能保始终。览三代而后，帝王践祚久者，不能贻令闻于后世。寿命不长者，罔知四海之疾苦。朕已老矣！在位久矣！未卜后人之议论如何，而且以目前之事，不得不痛哭流涕，豫先随笔自记，而犹恐天下不知吾之苦衷也。自古帝王多以死为忌讳，每观其遗诏，殊非帝王语气，并非中心之所欲言，此皆昏瞀之际，觅文臣任意撰拟者。朕则不然，今豫使尔等知朕之血诚耳。当日临御至二十年，不敢逆料至三十年；三十年，不敢逆料至四十年，今已五十七年矣！《尚书·洪范》所载：'一曰寿，二曰富，三曰康宁，四说攸好德，五曰考终命。'五福以考终命列于第五者，诚以其难得故也。今朕年将七十，子孙曾孙百五十余人。天下粗安，四海承平，虽不能移风易俗，家给人足，但孜孜汲汲，小心敬慎，夙夜不遑，未尝少懈。数十年来殚心竭力，有如一日，此岂仅劳苦二字所能赅括耶？前代帝王，或享年不永，史论概以为侈然自放、耽于酒色所致。此皆书生好为讥评，虽纯全尽美之君，亦必抉摘瑕疵。朕为前代帝王剖白，盖由天下事繁，不胜劳惫之所致也。诸葛亮云：鞠躬尽瘁，死而后已。为人臣者，仅诸葛亮一人耳。若帝王仔肩甚重，无可旁诿，岂臣下所可比拟？臣下可仕则仕，可止则止，年老致政而归，抱子弄孙，犹得优游自适。为君者勤劬一生，了无休息。如舜虽称无为而治，然身殁于苍梧。禹乘四载，胼手胝足，终于会稽。似此皆勤劳政事，巡行周历，不遑宁处，岂可谓之崇尚无为清静自持乎？《易·遁卦》六爻，未尝言及人主之事。可见人主原无宴息之地，可以退藏。鞠躬尽瘁，诚谓此也。昔人每云：'帝王当举大纲，不必兼综细务。'朕心窃谓不然。一事不谨，即贻四海之忧；一时不谨，即贻千百世之患。不矜细行，终累大德。故朕每事必加详慎。即如今日留一二事未理，明日即多一二事矣。若明日再务安闲，则后日愈多壅积。万几至重，诚难稽延。故朕莅政，无论巨细，即奏章内有一字之伪，必为改定发出。盖事不敢忽，天性然也。五十余年，每多先事绸缪，四海兆人，亦皆载朕德意，岂可执不兼综细务之言乎？朕自幼强健，筋力颇佳，能挽十五力弓，发十三握箭，用兵临戎之事，皆所优为。然平生未尝妄杀一人。平定三藩，扫清漠北，皆出一心运筹。户部帑金，非用师赈饥，未敢妄费。谓此皆小民脂膏故也。所有巡狩行宫，不施采缋，每处所费不过一二万金，较之河工岁费三百余万，尚不及百分之一。幼龄读书，即知酒色之宜戒，小人之宜防，所以至老无恙。自康熙四十七年大病之后，过伤心神，渐不及往时。况日有万几，皆由裁夺，每觉精神日逐于外，心血时耗于内，恐前途倘有一时不讳，不能一言，则吾之衷曲未吐，岂不可惜？故豫于明爽之际，一一言之，可以尽一生之事，岂不快哉！人之有生必有死，如朱子之言，天地循环之理，如昼如夜。孔子云：'居易以俟命。'皆圣贤之大道，何足惧乎？近日多病，心神恍惚，身体虚惫。动转非人扶掖，步履难行。当年立心以天下为己任，许死而后已之志。今朕躬抱病，怔忡健忘，故深惧颠倒是非，万几错乱。心为天下尽其血，神为四海散其形。既神不守舍，心失怡养，目不辨远近，耳不分是非，食少事多，岂能久存？况承平日久，人心懈怠，福尽祸至，泰去否来，元首丛脞，而股肱堕。至于万事隳坏，而后天灾人害，杂然并至。虽心有余而精神不逮。悔过无及，振作不起，呻吟床榻，死不瞑目，岂不痛恨于未死！昔梁武帝亦创业英雄，后至耄年，为侯景所逼，遂有台城之祸。隋文帝亦开创之主，不能豫知其子炀帝之恶，卒致不克令终。又如丹毒自杀，服食吞饼，宋祖之遥见烛影之类。种种所载疑案，岂非前辙？皆由辨之不早，而且无益于国计民生。汉高祖传遗命于吕后，唐太宗定储位于长孙无忌，朕每览此，深为耻之。或有小人希图仓卒之际，废立可以自专，推戴一人以期后福。朕一息尚存，岂肯容此辈乎？朕之生也，并无灵异，及其长也，亦无非常。八龄践祚，迄今五十七年，从不许人言祯符瑞应。如史册所载，景星、庆云、麟凤、芝草之贺，及焚珠玉于殿前，天书降于承天，此皆虚文，朕所不取。惟日用平常，以实心行实政而已。今臣邻奏请立储分理，此乃虑朕有猝然之变耳。死生常理，朕所不讳，惟是天下大权，当统于一。十年以来，朕将所行之事，所存之心，俱书写封固，仍未告竣。立储大事，朕岂忘耶？天下神器至重，倘得释此负荷，优游安适，无一事撄心，便可望加增年岁。诸臣受朕深恩，何道俾朕得此息肩之日也。朕今血气耗减，勉强支持，脱有误万几，则从前五十七年之忧勤，岂不可惜？朕之苦衷血诚，一至于此。每览老臣奏疏乞休，未尝不为流涕。尔等有退休之时，朕何地可休息耶？但得数旬之颐养，保全考终之死生，朕之欣喜，岂可言罄！从此岁月悠久，或得如宋高宗之年，未可知也。朕年五十七岁，方有白须数茎，有以乌须药进者，朕笑却之曰：'古来白须皇帝有几？朕若须鬓皓然，岂不为万世之美谈乎？'初年同朕共事者，今并无一人，后进新升者，同寅协恭，奉公守法，皓首满朝，可谓久矣，亦知足矣！朕享天下之尊，四海之富，物无不有，事无不经，至于垂老之际，不能宽怀瞬息，故视弃天下犹敝屣，视富贵如泥沙也。倘得终于无事，朕愿已足。愿尔等大小臣邻，念朕五十余年太平天子，惓惓丁宁反复之苦衷，则吾之有生考终之事毕矣。此谕已备十年，若有遗诏，无非此言。披肝露胆，罄尽五内，朕言不再。"（《东华录》一百）

[注释]

①违和：本义为不协调、失常，《易林·屯之泰》："调摄违和，阴阳颠倒。"引申为身体失于调理而不适，后世多用于他人患病的婉辞。清·昭梿《啸亭杂录》："上违和，医药皆公掌之。" ②太祖、太宗：太祖即努尔哈赤

(1559—1626)，爱新觉罗氏，万历四十四年（1616）称汗，建立后金，年号天命。太宗即皇太极（1592—1643），努尔哈赤第八子，天命十一年（1626）继承汗位，天聪十年（1636）称帝，改金为清，年号崇德。

[译文]

　　这一年（康熙五十六年，1717），圣祖皇帝驾临乾清宫东暖阁，召见各位皇子以及满汉大学士、学士、九卿、詹事、科道等官进来，吩咐道："我年少时身体强壮，从不知有疾病。今年春天才患头晕，身体逐渐消瘦，到秋天塞外围猎，蒙古地区水土甚好，精神日益劲健，面容也日见丰硕。每天骑马射箭，也不觉得疲倦。回到北京之后，因为皇太后身体欠佳，心神忧虑劳瘁，头晕频频发生。我有些平日想说的话，今天特地召见你们当面吩咐。从来帝王治理天下，未尝不以敬畏天命、效法祖先作为首要任务。敬畏天命、效法祖先的实质，在于怀柔远方、优抚近地，使人民休养生息。公开四海之利益为大利，统一天下之人心为本心。体恤群臣，爱养庶民，保卫国家，消弭危机，达到升平，防止动乱。日夜孜孜求治，清醒与睡梦中都不忘却，为政宽严相济，持经与权变相互为用，以图谋国家的长远大计罢了。自古以来，得天下之正，没有比得上我朝太祖和太宗的。起初并没有夺取天下之心，曾经统兵打到京城，各位大臣都奏请应当直取京师，太宗皇帝说：'明朝与我国素来并不和好，如今夺取京城非常容易。但是考虑到明朝为中国之主，不忍心夺取之。'后来流寇李自成攻破京师，崇祯皇帝自缢而死，明朝群臣和民众相率来迎接入关，才起兵消灭李自成部，入都承继大统。昔日项羽起兵反抗秦朝，最后天下还是归于汉朝。汉高祖刘邦，最初只是泗上的一个亭长罢了。元朝末年陈友谅等群雄并起，最后天下还是归于明朝。明太祖朱元璋，最初只是皇觉寺的一个僧人罢了。我朝承继先辈余烈，上应天命，下顺民心，统一天下。由此可见，乱臣贼子，无非是为真命天子驱除、扫清道路罢了。我年将七旬，在位已经五十多年，实在是有赖天地宗祖的护佑，并非我微薄的德行所能达到的。我自幼读书学习，对于古往今来的道理，初步能够通晓。大凡帝王，自有天命所归。应当享有高寿的，不能使之不享有高寿；应当安享太平的，不能使之不安享太平。自从黄帝甲子年算起，至今四千三百五十多年，称帝的有三百多位。但秦朝以前，夏、商、周三代的事情，不可全信。从秦始皇元年（前246）至今，一千九百六十多年，称帝而且有年号的，共有二百一十一位。我是何等人？自从秦汉以下，在位最久的，以我为首。古人认为不自夸自大，知足知止的人，才能保持善始善终。观察夏、商、周三代以后，帝王在位长久的，多不能留下美好的名声于后世。寿命不长久的，又不知天下民众的疾苦。我已经老了，在位也已经很久了，不知道后人的评价如何。而且根据目前的政事，不得不痛哭流涕，预先随笔记录下来，还唯恐天下人不知道我内心的苦衷。自古以来，帝王多以死亡为忌讳，每每观看他们的遗诏，殊非帝王语气，所说的也并非内心所想说的，这些都是临死昏迷之际，寻找文臣任意编撰草拟的。我就不这样，今天就让你们知道我内心真诚的思虑。当初在位到二十年，不敢预料到三十年；到了三十年，不敢预料到四十年，如今已经五十七年了。《尚书·洪范》所说的五福：'一是高寿，二是富贵，三是康宁，四是所好者德，五是善终不横夭。'五福以善终不夭折列于第五，的确是因为其难得的缘故。如今我已年近七十岁，皇子、皇孙、曾孙一百五十多人。天下初现安宁，四海承平，即使不能移风易俗，家给人足，但孜孜求治，汲汲国事，小心敬慎，日夜不遑暇食，不曾稍微懈怠。几十年来殚心竭力，有如一日，这些难道是仅用劳苦二字所能概括的吗？前代帝王有的享年不久，史家评论都认为是骄纵放任、耽于酒色所导致的结果。这都是书生喜欢讥讽批评，即使是尽善尽美的君王，也必定寻找指摘其瑕疵。我替前代帝王剖白解释，这都是由于天下事情繁杂，不胜劳苦疲惫所导致的结果。诸葛亮说：鞠躬尽瘁，死而后已。作为人臣，能够做到的也就诸葛亮一人罢了。这些做帝王的，肩负的责任重大，又无可推诿，难道是臣下所可比拟的？臣下可以出仕为官则出仕，可以引退则引退，年老了就致仕归田，抚养子孙，还可以逍遥自得。作为君王，勤劳一生，从没有休息之日。例如上古时代的虞舜，即使所谓的无为而治，但最终亡身于苍梧之地。夏禹水乘舟，陆乘车，泥乘辅，山乘檋，手掌和脚掌都生了茧，最后亡身于会稽。像这样都是勤劳政事，巡行周历天下，来不及安稳休息，难道可以说是崇尚无为而治、清静自持吗？《易经·遁卦》六爻艮下乾上，不曾说到君王的事情。可见君王本来就没有晏然修养之地可以引退安身。鞠躬尽瘁，的确说的是这种情况。以前人们往往说：'帝王应当标举大纲，不必兼综细务。'我内心不以为然。一件事情不谨慎，就会有贻累四海之忧；一时一刻不谨慎，就会有贻累千百代之患。如果在小事上不慎重，终究会连累大局。所以我每遇事情一定详细慎重。就如今天留下一两件事没有处理，明天就多出一两件事来。如果明天再想享安闲，那么后天就会有更多的事情积压下来。国家军政事务至为重要，实在难以拖延推诿。因此，我临朝理政，无论事务大小，即便是奏章内有一个错字，也必定改正后发出。这是因为凡事不敢轻视，天性使然。五十多年来，往往事先未雨绸缪，天下亿万民众也都感戴我的德意，难道可以坚持君王不兼综细务的说法吗？我自幼身体强健，体力颇佳，能够拉动十五力的大弓，发射十三握的长箭，用兵临阵之事，也都游刃有余。但平生不曾妄杀一人。平定三藩之乱，扫清漠北蒙古叛乱，都出于一心的运筹帷幄。户部的帑金，如果不是用兵或赈济，不敢妄自糜费。我认为这些都是民脂民膏，因而不敢轻易使用。所有巡幸各地的行宫，也都不装饰彩绘，每处花费不过一两万两银子，与每年治河费用三百多万两相比，还不足百分之一。幼年读书，就知道酒色应当戒除，小人应当防备，所以一直到老，安然无恙。自从康熙四十七年（1708）大病之后，过于劳心费神，身体渐渐不及以往。况且一日万机，都由我来裁定，常常感到精神驰逐于外，心血损耗于内，唯恐以后一旦身体不行，不能说话，那么我内心的苦衷未曾吐露，岂不可惜？因此预先在神清气爽的时候，一一袒露出来，可以此概括一生的事情，难道不是很快乐的事吗？人有生必有死，正像朱熹所说，乃天地循环、昼夜更替的常理。孔子说：'君子平心静气守住本分以待天命。'这些都是圣贤的大道理，有什么可怕呢？近日多病，精神恍惚，身体虚弱疲惫。行动若无人搀扶，就步履艰难。当年立志以天下为己任，许下死而后已的志向。如今我抱病在身，心慌健忘，所以非常害怕颠倒是非，行政错乱。心志为天下劳瘁而尽其血性，精神为四海忧虑而散其形态。既然魂不守舍，心乏怡养，目力不能辨别远近之物，听力不能分辨是非曲直，饮食减少，事务繁多，如何能够长久支撑？况且天下承平日久，人心懈怠，福尽祸至，泰去否来。作为元首的君王如果琐碎而无大略，那么作为股肱的大臣便怠惰无为，以至于天下万事败坏，然后天灾人祸纷扰而至。即使心有余而精神已经不足了。悔过也来不及，振作又做不到，以致呻吟于病榻之上，死不瞑目，岂不痛恨未能早日死去？当年梁武帝萧衍也称得上是创业英雄，后来到了晚年，为侯景之乱所逼迫，最后困死于台城。隋文帝杨坚也是创业垂统的君王，可惜不能预测其子隋炀帝杨广的奸恶，最后导致不得善终。还有服食丹药、毒酒自杀，吞金自尽，以及宋太祖赵匡胤遥见烛影摇红、斧声斫地之类。历史记载的种种疑案，难道不是前车之辙、后车之鉴吗？这些都是由于没有及早分析明白，而且无益于国计民生。汉高祖刘邦遗命吕后临朝称制，唐太宗听从长孙无忌之言传位于高宗李治，我每次读到这里，都深以为耻。或许有小人希望在仓促之际，可以专权废立，拥戴一人以期给自己带来后福。

我一息尚存,岂能容忍此辈?我的出生,并没有什么灵异之处,我的成长,也没有什么非常之处。八岁即位,至今五十七年,从来不允许人们谈论祥瑞符应之事。即如史籍所记载的景星、庆云、麟凤、芝草之可贺,以及焚烧珠玉于殿前,天书降临于承天门,这些都是虚妄之文,不足取法,只有平常以实心推行实政罢了。如今有大臣奏请册立太子分理政事,这是忧虑我会有猝然之变罢了。死生乃常理,我并不忌讳,只是天下大权,应当统一。十年以来,我将所行之事,所存之心,都书写下来,密封加固,目前尚未完成。册立太子这样的大事,我怎么能忘记呢?作为天下神器,帝位至为重大,倘若能够放下这一负荷,优游安闲,没有一件事情扰乱心神,便可望长寿延年。各位大臣受我深恩,有什么办法让我得此息肩之日呢?我如今血气损耗,勉强支持,万一有误军国政务,那么从前五十七年的忧虑勤劳,岂不可惜?我的满腔苦衷,一至于此。每每阅览老臣奏疏乞求退休,未尝不为之流涕。你们都有退休之时,我到何处才可休息呢?哪怕只有数十日得以颐养天年,保全善终,我的欢喜,岂可说尽!从此岁月悠久,或许得以有宋高宗享年八十岁之福,也未可知。我五十七岁时,才有几根白胡子,当时有人进奉乌须之药,我笑着辞退之,说:'自古以来白须皇帝有几人?我如果须鬓皓然,难道不为万世之美谈吗?'当年与我共事的大臣,如今已无一人;后来晋升的大臣,同年协力供职,奉公守法,皓首满朝,可以说已经很久了,我也知足了。我享有天下之尊,四海之富,物产没有不拥有的,事情没有不经历的,到了垂垂老矣之际,还不能有瞬息宽怀,所以我视抛却天下犹如敝屣,视富贵犹如泥沙。倘若临终天下平安无事,我的心愿也就足矣。希望你们大小臣工感念我这个五十多年的太平天子,反复恳切叮咛的苦衷,那么我平生善始善终的大事也就如愿了。这个谕旨我已经准备了十年,日后如有遗诏,也无非就是这些话。披肝露胆,罄尽我内心所愿,我的话就是这些,不再多说。"

圣祖躬尧舜之姿,行汤文之政,所以立万年长治之基者,曰行王道。御制《王道论》曰:"治天下必审择所以为治之道,然后运之有本,而措之也不劳。盖得其道,则一时无赫赫之功,而久大之业,可以永建而不拔。不得其道,则殚精敝形,而终无以几于治。故治理之方,不可不审也。其要在仁义而已矣。昔三代之盛也,蠲烦去苛,屏饰斥伪,先躬行而后文告,崇礼让而缓刑罚。优游渐渍,不期效于旦夕。迨积之既久,风俗日茂,人心日醇,大化敦庞,号为上理,此行仁义之所至也。秦汉而下,务为一切苟且之政,以检束其民。民生其时,亦皆匿情饰貌以应其上。上下相蒙,竞趋媮薄①,治功之降,远不古若,此则不行仁义之过也。故曰:'仁以育之,义以正之。'仁以育之,所以养也;义以正之,所以教也。孔子曰:'如有王者,必世而后仁。'②又曰:'圣人久于其道,而天下化成。'③盖言王道之成,仁义之效也。是以圣王在上,制田里,广树畜,省刑而薄敛,崇本而抑末,使天下之民,家给人足,有俯仰之乐,而无阽危之患。由是立庠序之制,置慈惠之师,修六礼以节其性,播六乐④以淑其情,明七教⑤以兴其德,齐八政⑥以禁其非。当是之时,六合之远,一家之积也。四海之广,一身之推也。天下之久安而长治,犹泰山而四维之也。其去夫骊虞之治⑦,不亦远乎?呜呼!天下重器也,有天下之大业也。彼挈瓶之智⑧,犹必厝之于至安,况夫居重器而履大业者哉!盖亦知所择矣。"(《御制文集》)

[注释]

①媮薄:轻薄、浮薄。《汉书·刑法志》:"媮薄之政,自有滋矣。"②如有王者,必世而后仁:语出《论语·子路》,意谓圣明的帝王治理天下,教化

大行，必定在三十年后实现天下归仁。③圣人久于其道，而天下化成：语出《易经·恒卦》，意谓圣人长久以仁治国，则天下就会善化而为清平盛世。④六乐：即云门大卷、咸池、大韶、大夏、大濩、大武六种上古时代的乐舞，依次为黄帝、唐尧、虞舜、夏禹、商汤、周文王之乐。⑤七教：即关于父子、兄弟、夫妇、君臣、长幼、朋友、宾客七种伦理关系的教化。《礼记·王制》："司徒修六礼以节民性，明七教以兴民德。"孔颖达疏："七教，即父子一，兄弟二，夫妇三，君臣四，长幼五，朋友六，宾客七也。"⑥八政：《尚书·洪范》以食、货、祀、司空、司徒、司寇、宾、师为八政。⑦驩虞之治：语出《孟子·尽心上》："霸者之民，驩虞如也。"意谓霸者行善于民，恩泽易知，故民驩虞乐之也。⑧挈瓶之智：语出《左传》："虽有挈瓶之知，守不假器。"以提瓶汲水喻小智。

[译文]

圣祖皇帝以唐尧、虞舜之姿态，践行商汤、周文王之政，之所以能够确立万年长治久安的基础，就是推行王道。他亲笔撰写的《王道论》说："治理天下，一定要审慎选择为政之道，这样以后行政就有所本，而实施起来也就不烦劳了。如果深得为政之道，那么即使一时没有赫赫之功，但长久伟大的事业，可以因此而建立起来而且坚不可摧；如果不得为政之道，那么即使竭尽心神、耗尽体力，终究也不能达到治平天下的目的。因此，治理天下的方法，不可不审慎地加以选择。其关键之处，就在于推行仁义罢了。从前夏、商、周三代兴盛的时候，祛除繁扰和苛政，摈弃粉饰和诈伪，首先躬行而后再昭告天下，崇尚礼让，减缓刑罚，优游闲适，循序渐进，不期望在短时间内取得实效。等到长时间积累之后，风俗日益朴茂，民心日渐醇厚，天下教化敦厚笃实，号称上上之治，这都是推行仁义的结果。秦汉以后，历代都追求一切苟且之政，以便管制其臣民。那么，人民生当其时，也都是收敛真情、粉饰外貌以应付其上司。这样上下相互欺蒙，竞相趋于浮薄，因而治理功效的取得，远远比不上古代，这都是不推行仁义的过错。所以说：'以仁爱来抚育人民，以德义来引导人民。'以仁爱抚育人民，就是为了爱养人民；以德义引导人民，就是为了教化人民。孔子说：'如果有圣明的君王出来，也一定要经过三十年的治理才能实行仁政。'又说：'圣人长久以仁治国，天下就会因其教化而有大成。'大意是说王道的化成，是推行仁义的效果。因此，圣明的君王治理天下，均平土地，多养牲畜，减省刑罚，降低赋税，崇尚农业根本，抑制工商末业，使天下的人民家给人足，上下和乐，而没有危机和祸患。在此基础上确立学校教育的制度，设置仁慈惠民的军队，申明六礼以节制他们的性情，传播六乐以平和他们的情感，明确七教以激发他们的道德，实行八政以禁绝他们的非法之举。当此之时，天地四方之大，就像是一家的集合；四海之广，就像是一人的化身。天下的长治久安，就像是泰山的四隅一样安稳。其距离所谓的雍虞之治，不也是很远的吗？唉！天下的重器（政权），就是保有天下的大业。那种提瓶汲水的小智小慧，也一定要置于非常平安的境地，何况是掌握天下的政权、践行保有天下的大业的人呢？因而也应当知所选择了。"

圣祖孜孜求治，日昃不遑。几务之余，犹有日课。其《宫中日课记》曰："尝读《商颂》之咏成汤也，曰'圣敬日跻'①。《周诗》之咏文武也，曰'缉熙'，曰'执竞'②。其咏成王也，曰'夙夜基命宥密'③。而史亦称大禹惜寸阴④，盖古帝王未尝不终日乾乾，夕惕若也⑤。朕于宫中，未明求衣，辨色而起。则命讲官捧书而入，讨论义理，是典学者为一时。出御宫门，则群工循序奏事，朕亲加咨度，是听政者为一时。已而阁臣升阶，朕与详求治理，咨诹军国者久之。若夫宫禁之务，各有攸司，廷臣退，乃裁决焉。既事竟，罢朝。宫中图籍盈几案，朕性好读书，丹黄评阅，辄径寸，辨别古今治乱得失。暇或赋诗，或作古文，或临池洒翰，以写其自得之趣。止此数事，已不觉其日之夕矣。及宫中燃烛，玉漏初下，则省一日所进章疏，必审其理道之安而后已。要非夜分，不就宴息也。如是者岁率以为常。夫禹、汤、文、武、成王之德，自揣乌能企及，而不敢懈逸之心，或者其庶几焉。因为记自勖，以比于盘铭之义⑥云。"（《御制文集》）

[注释]

①圣敬日跻：语出《诗经·商颂·长发》："汤降不迟，圣敬日跻。"意谓商汤降生之后，以其恭敬、端肃的德行，每天都有进步。②缉熙：语出《诗经·大雅·文王》："穆穆文王，于缉熙敬止。"意谓庄重的周文王，延续着光明、敬重的形象。执竞：语出《诗经·周颂·执竞》："执竞武王，无竞维烈，不显成康，上帝是皇。"意谓能持强道而克商定天下者，没有比得上周武王的功业的。③夙夜基命宥密：语出《诗经·周颂·昊天有成命》："昊天有成命，二后受之。成王不敢康，夙夜基命宥密。"意谓上天既有成命，周文王、武王受之，成王不敢图安逸，日夜勤勉，以谋其政。④大禹惜寸阴：语出《晋书·陶侃传》："大禹圣者，乃惜寸阴；至于众人，乃惜分阴，岂可逸游荒醉，生无益于时，死无闻于后，是自弃也。"⑤终日乾乾，夕惕若也：语出《周易·乾卦》："君子终日乾乾，夕惕若。厉，无咎。"⑥盘铭之义：盘铭即古代刻在盘器上的劝诫文辞。《礼记·大学》："汤之盘铭曰：'苟日新，日日新，又日新。'"郑玄注："盘铭，刻戒于盘也。"

[译文]

圣祖皇帝孜孜求治，太阳过午还没有时间吃饭。日理万机的余暇，还有每天的日课。其《宫中日课记》中说："我曾经读到《诗经·商颂》吟咏商汤，说：'商汤以其恭敬、端肃的德行，每天都有进步。'《诗经》吟咏周文王、周武王，说：'周文王延续着光明、敬重的形象。'说：'周武王秉持强道而平定天下。'其吟咏周成王，说：'周成王日夜勤勉，以谋其政。'历史记载也说大禹珍惜每一寸光阴，大约自古以来帝王未尝不是整天忧愁戒惧，晚上也警惕着。我住在宫中，天色未明就穿衣，天刚发亮就起床。吩咐讲官捧着书进来讨论义理之学，这样学习一个时辰。出来到宫门，群臣按顺序奏请议事，我亲自加以咨询揆度，这样听政一个时辰。然后是内阁大臣升殿，我与他们详细探讨治理之道，咨询军国大事很久。至于宫禁中的事务，各有执掌的部门，朝廷大臣退朝后，我就裁决这些事务。以上事务全部完成，才罢朝。宫中图书典籍堆满几案，我生性喜欢读书，以丹黄二色笔墨校点评阅，评阅文字常多达一寸厚，以辨别古今治乱得失。闲暇时间，有时赋诗，有时写作古文，有时临池泼墨，以抒写自得之趣。只是以上几件事情，已不知不觉天色将晚了。到了宫中掌灯时分，玉制的计时器刚刚响过，我就开始审读这一天群臣所进的奏疏，一定要审定其道理所在而后结束。一般不到夜半时分，我从不就寝休息。像这样年复一年，习以为常。夏禹、商汤、周文王、周武王、周成王的德行，自揣不能企及，但从不敢懈怠放纵的心理，或许差不多能够达到。于是记录下来以自我勉励，与古人刻铭于盘的意义略同。"

圣祖综理万几，在位数十年，恒如一日。尝作《无逸以致寿论》曰："三代盛时，民风汹穆，政令醇简，天下诸侯，分治其国。为之君者，可以优游坐治矣。乃圣君处此，必兢兢业业，宵旰不遑，以自劳其神力，然卒获享遐福，而成令名。秦汉以降，废封建而为郡县，凡事之有关于宫府者，无不奏请于天子。其几务之众，千百倍于三代。宜为之君者，日给且不暇。乃或自图便安，至信神仙为可学，辄为方士所误，曾不之返者，何哉？朕尝观于商、周、汉、唐诸往事，而得其故矣。人君之所无逸者，莫如商之中宗与高宗①，及周之文王。中宗则严恭寅畏，天命自度。高宗则作其即位，不敢荒宁。文王则怀保小民，惠鲜鳏寡。而考其享国之年，此三君者，最为悠久。迄今《无逸》②一篇，班班可睹也。人君之好逸乐者，莫如秦之始皇，汉之武帝，唐之宪宗。③始皇既并天下，方士争言不死之药。于是遣使访三神山，久之，药卒不可得。武帝敬鬼神之事，祠太乙，建飞廉馆，作柏梁台，以招天神之属。游心芒思者数年，究无左验，乃自叹愚惑。宪宗招求方士，用柳泌为刺史，求仙药，后服之日益燥渴。夫中宗、高宗、文王之敬修其德，而享福者若此。始皇、武帝、宪宗之博养其生，而寡效者若彼。然则帝王致寿之道，从可识矣。宋儒吕祖谦④曰：'敬之方，寿之理也。盖无逸则主敬，主敬则无欲，无欲者仁也。'孔子曰：'仁者寿。'又：'仁则有德。'孔子曰：'大德必得其寿。'舜年百有十岁是也。则寿之理，亦视其德之盛衰为何如耳。朕愿后世之为君者，无惑于神仙之说，而第求之无逸之旨，则身与天下皆蒙其福矣。"（《御制文集》）

[注释]

①商之中宗与高宗：中宗，即太戊，商代第十位国君，在位七十五年，任用伊陟、巫咸为相，天下大治；高宗，即武丁，在位时重用傅说、甘盘等大臣，孜孜求治，在位五十九年，号称中兴。②《无逸》：《尚书》篇名。成王初政，周公恐其逸豫，故戒之使无逸。③秦之始皇，汉之武帝，唐之宪宗：秦始皇嬴政（前259—前210），中国历史上第一个中央集权封建国家的建立者，晚年迷信方士方术，遣人赴蓬莱、瀛洲、方丈三神山采不死之药。汉武帝刘彻（前156—前87），西汉盛世之君，亦信奉鬼神方术，大兴土木，建飞廉馆、柏梁台，祈祷天神。唐宪宗李纯（778—820），亦号为中兴之主，但也迷信神仙，求取方药。④吕祖谦（1137—1181）：字伯恭，世称东莱先生，南宋婺州（治今浙江金华）人。隆兴元年（1163）进士，累官太学博士、国史院编修官、秘书省秘书郎等。他学总关洛，曾促成朱熹、陆九渊鹅湖之会，与朱熹合编《近思录》，著有《东莱集》、《东莱左氏博议》、《历代制度详说》、《古文关键》、《十七史详节》等，为浙东学派代表人物。

[译文]

圣祖皇帝综理万机，在位数十年，恒如一日。曾经写过一篇

《无逸以致寿论》说:"夏、商、周三代兴盛的时候,民风淳朴,政令简明,天下诸侯,分治其国。作为君主,可以优游闲适,坐治天下。圣明的君主处于其位,也必定兢兢业业,日夜忧惧,自劳其精神体力,然而最终得以享受无穷的福祉,成就美好的名声。秦汉以后,废除分封制度,建立郡县,大凡有关宫廷、官府的事情,无不奏请于君主定夺。其事务之纷繁复杂,比三代增加了千百倍。这样,作为君主,就应该每天应接不暇。可是有的自己图谋便宜安逸,甚而至于笃信神仙可学,都为方士所误,却迷途而不知返,这是为什么呢?我曾经观察商、周、汉、唐各代的往事,从而得知其中的缘故。历代君主中不曾贪图安逸的,没有比得上商朝的中宗太戊与高宗武丁,以及周朝的文王的。商中宗太戊严肃庄重,心存敬畏,以天命为标准来度量自己;高宗武丁则即位三年沉默不语,不敢荒废政事、贪图安乐。周文王则关心爱护民众,施惠于鳏寡孤独、无依无靠的人。而考察他们享国的年数,这三位君主,也最为悠久。迄今《尚书》中还有《无逸》一篇,可以为证。历代君主中贪图逸乐的,没有比得上秦朝的始皇帝,汉朝的武帝,唐朝的宪宗的。秦始皇兼并天下之后,方士争着上言长生不老之药,于是就派遣使者探访蓬莱、瀛洲、方丈三神山,久而久之终究不可得。汉武帝迷信鬼神之事,祭祀太乙,建筑飞廉馆、柏梁台,以招致天神之类。费尽心思多年,终究没有结果,于是自叹愚昧迷惑,无缘得接天神。唐宪宗招求方士,任用方士柳泌为刺史,求取仙药,最后服用仙药日益燥热,消渴不止。商中宗、商高宗、周文王恭敬地修其德行,于是这样地享受福祉;秦始皇、汉武帝、唐宪宗广泛地修养生命,却是那样地没有效果。既然这样,那么帝王长寿的方法,从中就可以知道了。宋朝大儒吕祖谦说:'敬畏天命的方法,就是长寿的道理。这是因为不贪图安逸就敬畏,敬畏就没有欲望,没有欲望的人就具有仁爱之心。'孔子说:'仁爱的人长寿。'又说:

‘仁爱就有德行。’孔子说：‘德行崇高的人必定得其高寿。’虞舜享年一百一十岁就是一个例子。这样，长寿的道理，也要看其德行的盛衰如何了。我希望后世的君主，不要迷惑于神仙之说，而要探求不贪图安逸的深意，那么其自身与天下人民都将蒙受其福祉了。"

圣祖阅史，至司马光上宋仁宗札子①，曰："司马光立朝行己，正大和平，无几微之可议。不只冠有宋诸臣，求之历代，亦不可多得。其论君德有三，曰仁、明、武。治道有三，曰任官、信赏、必罚。要言至理，可书丹扆座右，万世不易也。"（《御制文集》）

[注释]

①司马光（1019—1086）：字君实，夏县（今属山西）人，北宋著名史学家，官至尚书左仆射兼门下侍郎，卒赠太师、温国公，谥文正。著有《资治通鉴》、《司马文正公集》、《涑水纪闻》、《稽古录》等。宋仁宗：赵祯，1022—1063年在位。札子：即向皇帝上疏时用的奏本。

[译文]

圣祖皇帝读史，读到司马光上奏给宋仁宗的札子，感叹道："司马光立朝行政、立身处世，正大光明，和乐平允，没有一点一滴可以议论的。他不仅仅在宋代诸臣中首屈一指，即使是放在历朝历代评价，也是不可多得的。他论述君主之德有三条：一是仁爱，二是英明，三是雄武。他论述治国之道也有三条：一是任官唯贤，二是奖赏必信，三是刑罚必严。要言不烦，堪称至理，可以书写下来刊刻于碑，或置之座右，万世不变。"

圣祖阅史，至宋高宗①作《损斋论》，曰："宋高宗以损名斋，自是清心寡欲之意。第当其时，正宜奋励有为，非仅淡泊挹谦，可以恢复大业。即此一端观之，知其优游苟且，而无振作之

志矣。"(《御制文集》)

[注释]

①宋高宗（1107—1187）：即赵构，字德基，南宋开国皇帝，《书史会要》称"高宗善真、行、草书，天纵其能，无不造妙"。著有《翰墨志》等。

[译文]

圣祖皇帝读史，读到宋高宗作的《损斋论》，感叹道："宋高宗以'损'来命名其书斋，自然有清心寡欲的意思。但是当其在位之时，正是国家危难、应当奋发有为的时候，并非仅仅靠淡泊谦恭，就可以恢复大业的。从这一点来看，就可以知道他优游无为、苟且偷生，而没有振作发奋、成就大业的志向。"

圣祖《讲筵绪论》曰："尝观明仁宗、宣宗①时，用法皆极宽平，每思人君承天子民，时育万物，自当以宽厚为根本，始可成敦裕之治。但不可过于纵弛，所贵乎宽而有制耳。"(《御制文集》)

[注释]

①明仁宗：即朱高炽，年号洪熙。明宣宗：即朱瞻基，年号宣德，1425—1435年在位。

[译文]

圣祖曾经撰写《讲筵绪论》，其中写道："我曾经观察明代仁宗、宣宗时代，运用法制都极其宽平，因而每每想到君主承受天命统治民众，正像旭日雨泽化育万物一样，自然应该以宽厚作为根本，才可能成就风俗纯美、民生充裕的治世。但也不可过于放纵宽大，其所贵在于宽厚而有节制罢了。"

《论》曰："人君以天下之耳目为耳目，以天下之心思为心思，何患闻见不广？观舜以好问、好察而称大智，则知自用则小

者，正与之相反矣。"(《御制文集》)

[译文]

圣祖《讲筵绪论》写道："作为君主，要以天下人的耳目作为自己的耳目，以天下人的心思作为自己的心思，这样何愁闻见不广博呢？观察虞舜以好学善问、明察秋毫而称为大智慧，就可以知道只凭借自己的闻见、知识是多么的渺小，正好与此相反。"

《论》曰："临民以主敬为本。昔人有言：一念不敬，或贻四海之忧；一日不敬，或以致千百年之患。《礼记》首言'毋不敬'。《五子之歌》①始终皆言'敬慎'。大抵诚与敬，千圣相传之学，不越乎此。"(《御制文集》)

[注释]

①《五子之歌》：《尚书·夏书》篇名，序曰："太康失邦，昆弟五人，须于洛汭，作五子之歌。"后世沿用"五子之歌"作臣子劝诫之辞。

[译文]

圣祖《讲筵绪论》写道："君临天下、统治万民以主敬作为根本。从前有人说过：如果有一个念头不诚敬，就可能会带来四海之忧患；如果有一天不诚敬，就可能会导致千百年的祸害。《礼记》开篇就谈'毋不敬'。《尚书》中谈到《五子之歌》始终在说'敬慎'。大体说来，诚信与敬慎，是千古圣贤一脉相承的学问，不外乎此。"

《论》曰："古人有言，反经合道谓之权。先儒已有论其非者，天下止有一经常不易之理。权衡轻重，随时斟酌，而不失乎经常之理，此即所谓权也。岂有反经而可以行权者乎？"(《御制文集》)

[译文]

圣祖《讲筵绪论》写道:"古人有个说法,反经而合道称为权变。先儒已经指出了这种说法的错误,天下只有一个经常不易的道理。权衡轻重,随时斟酌,但不能失去这个经常不易之理,这就是所谓的权变。岂有反经而可以行权的吗?"

《论》曰:"古人记一事,当观其要旨所在。如郭隗市骏①之语,见求士不可以不诚;甘茂投杼②之言,见任人不可以不信。此要领处,尤不可不知也。"(《御制文集》)

[注释]

①郭隗市骏:典出《战国策·燕策》。郭隗先生曰:"臣闻古之君人,有以千金求千里马者,三年不能得。涓人言于君曰:'请求之。'君遣之。三月得千里马,马已死,买其首五百金,反以报君。君大怒曰:'所求者生马,安事死马而捐五百金?'涓人对曰:'死马且买之五百金,况生马乎?天下必以王为能市马,马今至矣。'于是不能期年,千里之马至者三。今王诚欲致士,先从隗始;隗且见事,况贤于隗者乎?岂远千里哉?"②甘茂投杼:典出《战国策·秦策二》。甘茂,战国楚下蔡人,入秦为秦武王左相。他曾引用曾参之母闻三人皆言"曾参杀人",投杼下机,逾墙而走,言谣言之可怕,用人之不可疑。

[译文]

圣祖《讲筵绪论》写道:"古人记录一件事,应当观察其要旨所在。如郭隗购买千里马之说,就可以从中看出访求贤士不可以不诚;又如甘茂曾母投杼之说,就可以从中看出任用人才不可以不信。这就是读书的要领之处,尤其不可不知。"

圣祖《庭训》①曰:"人惟一心,起为念虑。念虑之正与不正,只在顷刻之间。若一念之不正,顷刻而知之,即从而正之,自不至离道之远。《书》曰:'惟圣罔念作狂,惟狂克念作圣。'②一念之微,静以存之,动则察之,必使俯仰无愧,方是实在工夫。是故古人治心,防于念之初生,情之未起,是因为用力甚微而收功甚巨也。"(《庭训格言》)

[注释]

①《庭训》:即《庭训格言》,雍正八年(1730)雍正皇帝追述其父在日常生活中对诸皇子的训诫笔述而成,共二百四十六条,包括读书、修身、为政、待人、敬老等,具体而生动,颇有教育意义。②惟圣罔念作狂,惟狂克念作圣:语出《尚书·多方》,意谓圣者如有妄念即可作为狂妄之徒,而狂妄之徒如能克制妄念亦可成为圣者。

[译文]

圣祖皇帝所撰《庭训格言》写道:"人只有一心,心中产生念头。念头的正与不正,只在顷刻之间。如一念不正,顷刻之间就知道了,就立即改正它,自然就不至于离道太远。《尚书》上说:'圣明的人如有妄念即为狂妄之徒,而狂妄之徒能克制妄念亦可成为圣明之人。'一个细微的念头,安静时保存它,思虑动时加以审察,必定要它处处正直,对天对地没有愧怍,才是修身的实在工夫。所以古人修养身心,预防在念头最初发生、感情尚未兴起之时,是因为用力气很小,而收效甚大啊!"

康熙政要卷二

论政体第二

康熙元年,圣祖谕吏部曰:"设官用人,国家大务,除授升迁,宜立画一之规,方可永行无弊。所进《品级考》,为时已久,官衔品级,尚有未符,宜再详定,务期允当,以垂永久。不得各为本衙门起见,但计目前,致日后纷更。著九卿、科道会同详酌妥议,以成一代典制。"(《东华录》)

[译文]

康熙元年(1662),圣祖皇帝吩咐吏部说:"设置职官,选用人才,是国家的重大事务。官吏的除授与升迁,应当建立统一的规范,才可以永远遵行,而不出现弊端。吏部所进的《品级考》,为时已经很久,官衔和品级,还有与实际不相符合之处,应当再加详定,务必达到允当,以垂永久。不得各自为了本衙门的利益起见,仅仅计较目前,以致日后纷更。着九卿、科道官会同详细斟酌、妥为议处,从而形成一代典制。"

康熙四年，广东总督卢崇峻①奏《请政归简易以端治原疏》。略曰："臣窃以为国之大利，在于政治简易；国之弊，在法令烦多。何也？夫法令一多，则内外衙门，在大官惟成例是遵，每多查驳之烦。在有司惟功令是畏，有不遑救过之虑，岂能计及民生之休戚，而施抚字之仁耶？且因丛迫之际，以致左右作奸，则民生愈受其困矣。若政治一归简易，则大小臣工，各有暇豫之精神，衙门各役，莫施鬼蜮之伎俩。是害不除而自绝，利不兴而自溥，不必求遂民生，而民生自遂。故古来止颂宽大之为美政，未闻以文法之烦为善治也。夫一法立，则一弊生，故法愈多，而弊愈滋。夫滋弊缘于法多，则救弊惟在减法，有不辨而自明者矣。向来立法之密，其意在于除弊安民，奚知弊反从此而滋，民又从此而扰乎？恭逢我皇上智仁天纵，知大计军政之循陋规，知考满等第之恣营求，而毅然停之。知四部考成之烦琐丛弊，而归并户部综核。知各差官之骚扰商民，而责成地方征收。天下官民商贾，已受无穷之福，此即多事不如省事之明效也。今日求治之法，不须远法前王，只就皇上此念而扩充之。将六部现行事例，命其逐件讲求，如《书》有云：'刑故无小，宥过无大。'止将贪暴奸私，明知故犯者，按例处治。其余因公获过之事，概免琐议。减之又减，直至于必不可减，而始存其大且要者。则法令简明，大官易于综核，有司得以展舒，始能共讲抚字之术，以遂民生而回天象，不难矣。"疏入，报可。（《皇清奏议》②）

[注释]

① 卢崇峻：汉军镶黄旗人，顺治间由佐领累擢至广东总督，康熙五年（1666）改任山陕总督。②《皇清奏议》：六十八卷，琴川居士辑，收录顺治元年（1644）至乾隆六十年（1795）诸大臣奏议五百八十一件。

[译文]

康熙四年（1665），广东总督卢崇峻上奏折《请政归简易以端治原疏》。其内容大略是说:"我认为国家的大利,就在于政治简便易行;而国家的弊端,就在于法令繁苛。为什么呢?法令一多,内外衙门之中,大官只遵守成例而行,往往增加查访、批驳的烦琐;而官吏只畏惧功令,往往有来不及补救过失的忧虑,这样怎么能够考虑到民生的休戚,从而推行爱养百姓的仁政呢?况且在匆忙急迫之际,以致左右小人作奸犯科,那么民众生活就愈加受害了。如果政治统一归于简便易行,那么大小臣工各自都有闲暇优游的精神,衙门的吏役也无法施展其鬼蜮伎俩。这样,祸患不必清除就自行绝迹,利益不必刻意追求就自然丰足,也不必追求施惠民生,而人民生活自然顺遂。所以自古以来只见称颂宽大为良法美政,没有听说过以法令繁苛为善于治理的。一个法令确立,就会有一个弊端出现,所以法令越多,弊端也就滋生得越快。滋生弊端是因为法令过多,那么挽救这些弊端就只有删减法令,这是不必辩论就可明白的道理。向来立法过密,其本意在于消除积弊安定民生,岂知弊端反而从中滋生出来,民众又从中受到困扰!如今恭逢皇上以天纵的智慧仁爱,知道大计军政的遵循陋规,知道考满等第的恣意营求,因而毅然叫停。知道四部联合考成的烦琐,弊端丛生,因而归并到户部汇总核查。知道各种差官骚扰商贩民众,因而责成地方征收商税。天下的官民商贾,已经受到了无穷的福祉,这就是多事不如省事的明显效果。今日寻求治理天下的方法,不必远远地效法前代君王,只需要就皇上此一理念加以扩充。将六部现行的事例,命令他们逐件讲求清理,正像《尚书·大禹谟》所说:'故意犯罪,无论大小都要施用刑罚;过失犯罪,无论大小都可以宽恕。'只将那些贪婪残暴、作奸谋私、明知故犯的人,按照律例处治;其余因公获罪的事情,一概免除烦琐的议论,减而又减,直到无法删减,才保存其重大而且关键的条目。这样法令简明,大官容易综合考察,官吏得以减轻负担,才有可能一同讲求爱养百姓的办法,以便使民生顺遂，而回应天象，也就不难了。"奏疏进呈之后，获得批准。

康熙八年，圣祖谕宗人府、吏部、兵部曰："凡令议政王、贝勒、大臣会议之事，俱系国家重大机密事务，理应极其慎密。今闻会议之事，尚未具题，外人即得闻知。此皆会议处不严行约束闲杂随从之人，以致听闻传说，将国家大事，预先泄露，殊属不合。至于人众愈觉繁杂，其诸王、贝勒、长史、闲散议政大臣，俱著停其议政。以后凡会议时，诸王、贝勒、大臣，务须慎密，勿致泄露。著即通行晓谕严饬。"（《圣训》）

[译文]

康熙八年（1669），圣祖皇帝吩咐宗人府、吏部、兵部说："凡是让议政王、贝勒、大臣会议的事情，都是国家的重大机密事务，理应极其慎重缜密。如今听说会议的事情，还没有来得及具疏题奏，外面的人就听说了。这些都是由于会议讨论的地方没有严格约束闲杂随从的人，以至于其听闻传播，将国家大事，预先泄露，殊属不合事理。至于说参加会议的人更加繁杂，那么诸王、贝勒、长史、闲散议政大臣，都停止参与议政。以后凡遇会议之事，诸王、贝勒、大臣一定要慎重缜密，不要再造成泄密事件。即刻通行晓谕，严饬遵行。"

康熙九年，圣祖谕礼部曰："朕惟至治之日，不以法令为亟，而以教化为先。其时人心醇良，风俗朴厚，刑措不用，比户可封，长治久安，茂登上理。盖法令禁于一时，而教化维于可久，若徒恃法令，而教化不先，是舍本而务末也。近见风俗日敝，人心不古，嚣凌成习，僭滥多端，狙诈之术日工，狱讼之端靡已。或豪富凌轹孤寒，或劣绅武断乡曲，或恶衿出入衙署，或蠹棍诈害良民。萑苻之劫掠时闻，仇忿之杀伤叠见，陷罹法网，刑所必加。诛之，则无知可悯；宥之，则宪典难宽。念兹刑辟之日繁，良由化导之未善。朕今欲法古帝王尚德缓刑，化民成俗，举凡敦孝弟以重人伦，笃宗族以昭雍睦，和乡党以息争讼，重农桑以足衣食，尚节俭以惜财用，隆学校以端士习，黜异端以崇正学，讲法律以儆愚顽，明礼让以厚风俗，务本业以定民志，训子弟以禁非为，息诬告以全良善，诫窝逃以免株连，完钱粮以省催科，联保甲以弭盗贼，解仇忿以重生命，以上诸条，著通行晓谕八旗，并直隶各省府州县乡村人等，切实遵行。"（《圣训》）

[译文]

康熙九年（1670），圣祖皇帝吩咐礼部说："我认为天下大治的时代，不以法令为急，而以教化为先。那时候民心醇厚善良，风俗淳朴厚道，刑法措施无处可用，每家每户都有可以受封爵位的德行，国家长治久安，繁荣昌盛，达到大治。这是因为法令只能禁绝一时，而教化则可以维持永久，如果单单依靠法令，而不以教化为先，那就是舍本求末的行为。近年以来，风俗日益凋敝，人心不古，依仗权势欺凌他人成为风气，假借势要横行霸道违法多端，奸猾狡诈的手段日益工巧，刑狱诉讼的案件层出不穷。有的是富豪欺凌孤苦贫寒之人，有的是土豪劣绅武断乡曲，有的是不法绅衿出入官署、包揽词讼，有的是流氓恶棍欺诈残害良民。强盗的劫掠时有所闻，仇恨的杀伤层见叠出，一旦陷落法网，必定遭受刑罚。如果依法诛杀，就会觉得其无知实堪怜悯；如果加以饶恕，就会觉得法典难以宽免。考虑到这样刑辟日渐繁苛，都是因为教化引导未能尽善。我如今想效法古代帝王崇尚德化、减缓刑法，教化民众、移风易俗，凡是推崇孝悌以重视伦理关系，笃亲宗族以显扬和睦欢乐，和睦乡党以平息争执诉讼，重视农桑本业以丰衣足食，崇尚节俭以珍惜财用，发展学校教育以端正士林风气，罢黜异端邪说以崇尚正学，讲求法律以警醒愚昧顽固之人，提倡文明礼让以醇厚风俗，专心致志于本业以安定民众的志向，教育培训子弟以禁绝胡作非为，消弭诬告之风以保全良善之人，惩戒窝藏逃人以免除株连，按时完纳钱粮以避免催逼科敛，联结保甲以消除盗贼之患，调解仇恨矛盾以尊重爱惜生命，以上圣谕十六条，着通行晓谕八旗以及各个直隶省、府、州县、乡村人等，切实遵照施行。"

康熙十二年，御史魏双凤①奏《请诏令宜信疏》。略曰："臣闻人君所以鼓动天下者，在乎诏令。而诏令之敷布于天下者，尤贵遵行。苟发之不妄，而持之必行，坚如金石，信如四时，则普天之下，莫不竦听而悦服。《书》曰：'令出惟行。'传曰：'令重则君尊。'故诏令不可不信也。臣阅邸报，见今日已经奉旨定例之事，奉行不力者有之。臣以为当慎持于未发之前，不宜轻格于既发之后。否则诏甫下而不遵，令未及而辄变，不特各官阳奉阴违，有负职掌，揆之国体王章，诚未见其可也。如征收杂项钱粮银七分钱三分之例，奉有旨矣。今直省州县存留收放，未尝力行也。如每钱十文作银一分之例，奉有旨矣。现在户部每发钱一千作银一两，而市肆贸易，每钱一千，竟作八钱一二分不等也。如禁滥留衙役之例，奉有旨矣。今各直省大小衙门衙役蜂拥，或改名色，或几人朋充，未尝遵定额也。如禁聚会烧香之例，奉有旨矣。今直省各处鸣锣张帜，敛钱号佛未止也。如禁服饰奢华之例，奉有旨矣。今街衢微贱，云绮奢华自若也。如擅用非刑之例，无辜毙狱之例，擅索夫马之例，俱奉有旨矣。今职官故犯，列之弹章者比比也。凡此之例，难以枚举。皆因内外臣工，积玩成风，全不实行担当，实力遵守。是以皇上有不忍人之心，无人代为宣播；皇上有不忍人之政，无人代为奉行，百姓无从而得所。夫王言如丝,其出如纶;王言如纶,其出如綍;②煌煌天语,炳若日星。而官不遵令,民不守法,何以示信于天下?伏乞严敕内外部院督抚、大小诸臣,嗣后洗心涤虑,精白承休③,凡一切奉旨定例之事,有益于民生,有益于风俗者,实心举行,一体恪遵。内而五城,外而有司,如奉行不力,当即题参。弊在必剔,勿计考成,奸在必厘,勿畏强御。事当为即为之,勿事苟且以塞责;事当言即告之,勿存避讳以误公。则法令永遵,而人心大定,天下共仰皇上之明且断矣。"疏入报闻。(《皇清奏议》)

[注释]

①魏双凤:字雍伯,直隶获鹿县人。顺治进士,官至宗人府丞。②王言如丝,其出如纶;王言如纶,其出如綍:语出《礼记·缁衣》。③精白承休:语出《汉书·贾谊传》:"天下之士,莫不精白以承休德。"

[译文]

康熙十二年(1673),御史魏双凤上奏《请诏令宜信疏》。其内容大略是说:"我听说君主赖以鼓动天下的,关键在于诏令。而诏令广布于天下,尤其贵于依照诏令遵行。如果诏令颁发得不错,那么接到诏令必须遵行,就像金石一样坚定,像四季更迭那样诚信,这样普天之下,没有不恭敬闻听、心悦诚服的。《尚书·周官》说:'命令一出,民众必定信而执行。'《书传》解释说:'诏令为民所重,君位就尊贵。'因此,诏令不可不诚信。我阅读邸报,看到今天已经奉圣旨定例的事情,还有人奉行不力。我认为应当在诏令未发之前审慎持重,不应当在诏令颁发之后轻易搁置。否则诏令刚刚下达就不遵行,法令还没有实施就改变,不仅仅各级官吏阳奉阴违,有负其职掌,就是根据国家政体、君主制度来考量,实在是未见其可。如征收杂项钱粮银七分、钱三分的事例,已经奉有圣旨。但是现在各个直隶省、州县钱粮的存留收放,并不曾积极奉行。例如每钱十文作银一分的事例,已经奉有圣旨。现在户部每发钱一千相当于银一两，而市场贸易中，每一千钱竟然作银八钱一二分不等。又如禁止滥留衙役的事例，已经奉有圣旨。但如今各个直隶省大小衙门衙役蜂拥而至，有的改换名色，有的几人合伙蒙混冒充，没有遵从定额。又如禁止聚会烧香的事例，已经奉有圣旨。如今各个直隶省到处鸣锣扯旗，聚敛钱财，念佛诵经，没有禁止。又如禁止服饰奢侈华丽的事例，已经奉有圣旨。如今大街小巷身份微贱的人身着云绮绫罗，奢侈华丽依然如故。又如禁止擅自使用非刑的事例，无辜死于狱中的事例，擅自索取驿夫驿马的事例，都奉有圣旨。但现今在职的官员却明知故犯，列于弹劾奏章的比比皆是。像这样的事例，难以枚举。这都是因为内外官员长期以来玩忽职守，成为风气，根本不以实际行动担当责任，实心实力遵照执行。因此，皇上有怜悯体恤民众之心，没有人代为宣扬传播；皇上有怜悯体恤民众之政，没有人代为奉行，百姓没有办法各得其所。君王的言论像丝那么细，传出去就像丝带那么粗；君王的言论像丝带，那么传出去就像绳索那么粗。君王的言论光彩夺目，就像太阳、星星一样光明显耀。可是官吏不遵诏令，民众不守法规，如何向天下昭示诚信？请求严厉敕令内外部院督抚、大小群臣，从今以后洗心涤虑，以洁白之心行中正之道，大凡一切奉旨定例的事情，有益于民生，有益于风俗的，实心推行，全部谨敬遵守不息。从京城的五城兵马司，到京外的各级官吏，如果有奉行不力的，当即题本参奏。有弊病一定剔除，不考虑任职考核；有奸邪一定澄清，不畏惧豪强势要。事情应当做就坚决做，不要苟且塞责；事情应当说就坚决说出来，不要心存忌讳而误了公事。这样，法令得以永远遵行，民心也得以长久安定，天下民众共同仰仗皇上的英明和决断。"奏疏进呈后，得到允准。

康熙二十五年，圣祖谕大学士等曰："朕惟自古帝王，抚御群臣百姓，政教修明，治化流畅。与其绳以刑罚，使人怵惕文网，苟幸无罪，不如感以德意，俾民蒸蒸向善，不忍为非。《书》称：'协和万邦，黎民于变时雍。'①又称：'临下以简，御众以宽。'②唐虞盛时，从欲风动，效验章章如是。朕尝心慕隆古，力行教化，冀以感发天良，偕之荡平正直之道。而人情嚣伪，风俗颓敝，敕法国宪，不可以已。虽尝屡行矜恤，绝去烦苛，终思尚德缓刑，乃为至治之极轨。自康熙元年以来，中外臣民，习染浇风，争事诈伪，公行贿赂，贪冒营求，因缘请托，作奸犯科。顽钝者，恬弗知耻；奸黠者，愍不畏法，以致是非乖谬，纲纪渐弛。朕亲政以后，洞悉奸弊，加意厘剔，振饬宪章。务使违律干纪之众，莫能匿慝。法无旁贷，人无遁情，庶几禁遏顽豪，杜塞侥幸。近见罗于罪网者，渐觉减少。但革面未能革心，畏罪不如知耻。原夫立法之意，本欲使人难犯，今因法令严密，群心日夕恐惧不宁，辄思苟免。苟免之心切，则弥缝之弊深，巧伪愈滋，亦未可定。今欲崇尚德化，务存惇大，荡涤邪秽，一切令之自新。除前经审拟完结各案，及关系宫殿、陵寝、河道工程、侵欺正项钱粮不议外，其内外见今发觉，一应枉法得赃行贿，与受人员，仍革职，止免拟重辟，照律定罪追赃。其此等未经发觉者，悉与宽免。有以谕前事参奏讦告者，一概不准。自谕以后，中外臣民，须洗心易虑，省改前非，守法奉公，敦厉廉耻，以副朕使人寡过之至意。再有干犯，自难曲宥。至于旗下闲散官员人等，及民间豪恶党类，并无职任，乃揽说公事，交结衙门，妄行讹诈，贿嘱关通，实繁有徒，朕皆稔悉。嗣后益当恪遵法纪，勿蹈故辙。如怙终不悛，发觉之时，从重治罪，决不宽贷。尔法司即通饬内外大小各衙门、八旗及内府佐领②晓谕知悉，一体遵行。"（《圣训》）

[注释]

①协和万邦，黎民于变时雍：语出《尚书·尧典》。②临下以简，御众以宽：语出《尚书·大禹谟》。③佐领：即牛录额真，清代官名，掌所属人户、田宅、兵籍等。清太祖定三百人为一牛录，作为八旗的基本编制单位。

[译文]

康熙二十五年（1686），圣祖皇帝吩咐大学士等官说："我认为自古以来帝王抚绥统御群臣百姓，政治清明，教化通畅，与其以刑罚惩治民众，使人畏惧法网，幸免无罪，不如以道德感化，使民众纯一向善，不忍心为非作歹。《尚书》上说：'天下万邦调和融洽，黎民百姓变得良善和睦。'又说：'皇帝对臣下简明易行，对民众宽宏大量。'唐尧、虞舜的时代，依从人们的愿望来治理，像风一样鼓动四方人民，其效果就验证了这一点。我曾经倾慕上古的兴隆，努力推行教化，希望以此感发人们的天良，与他们一起走向正直之道。然而人情轻浮诈伪，风俗颓丧败坏，即使有国家的制度法令，也不能加以制止。虽然我们也曾多次赈恤安抚民众，禁绝烦琐苛刻的行政，最终还是想崇尚德治、减缓刑罚，才是至治之世的最高境界。从康熙元年以来，内外的臣民都沾染了浇漓的风气，争相欺诈作伪，贿赂公行，贪婪假冒，营私舞弊，借端请托，作奸犯科。顽固愚昧的人，恬不知耻；奸诈狡猾的人，不畏法律，以至于是非颠倒，纲纪陵夷。我亲政以后，洞悉其中的奸情弊端，用心予以革除，以振作风气、整顿法制。务必使违犯法纪的人，无可逃脱制裁。这样法令无可旁贷，人情无所逃避，差不多可以禁绝顽固的豪强势要，杜绝侥幸的盗贼小民。近来看到因犯罪而落入法网的人，逐渐减少。但是革面而未能洗心，畏罪却不知耻。考察立法的本意，本来就希望人们难以违犯，如今因为法令严密，民众的心里日夜恐惧不安，总想着如何苟且幸免。这样幸免之心迫切，那么解决问题的弊端就多，奸巧诈伪就由此滋生，也不一定。如今要崇尚德化，一定要存心敦厚宽大，扫除各种奸邪污秽，让一切改过自新。除了以前已经审问完结的各个案件，以及关系到宫殿、陵寝、河道工程、侵占正项钱粮等事不再讨论外，内外各个衙门现在发觉的案件，一应贪赃枉法、行贿受贿的人员，仍然革去职务，只免判死刑，其余按照律例定罪追赃。至于尚未发觉的案件，一律宽大赦免。凡是以这一谕旨颁布前的事情参奏告状的，一概不予批准。从这一谕旨颁布之后，内外臣民必须洗心革面，痛改前非，奉公守法，勉励廉耻之心，以符合我使人寡过的深切用意。如果再有触犯法律，自然难以曲为宽恕。至于八旗的闲散官员人等以及民间豪强恶霸之类，并无官职，却包揽公事，交结衙门，妄行讹诈，买通关节，这类人所在多有，我都很了解。今后更应当谨遵法纪，千万不要再蹈覆辙。如果怙恶不悛，发觉之后，从重治罪，决不宽贷。有关司法部门当即饬令内外大小各个衙门、八旗以及内府佐领知道，一道遵行。"

康熙四十二年，圣祖召大学士等谕曰："观近日南方风景，民间生殖，较之康熙三十八年南巡时，似觉丰裕。大约地方督抚安静而不生事，即于民生有益。倘徒恃才干，不体下情，以此争先出众，民必受其殃矣。所以朕于扈从人等，恐其生事，时廑于怀，诸事惟务谨慎，不时严禁。倘朕欲将州县官员日加驱使，未为不可，所以不忍为者，亦因体恤微员耳。今总督、巡抚能如此体恤者甚少。"又谕曰："赵申乔①居官诚清，但性喜多事，所以小民反致受累，较之张鹏翮②、李光地③、徐潮④，则赵申乔甚为褊浅矣。"（《东华录》七十一）

[注释]

① 赵申乔：武进人，康熙进士，历官浙江巡抚、户部尚书，卒谥恭毅。
② 张鹏翮：麻城人，康熙进士，累官河道总督、刑部尚书、户部尚书、武英殿

大学士，卒谥文端。③李光地：安溪人，官至吏部尚书，卒赠太子太傅，谥文贞。传见本书卷四。④徐潮：钱塘人，康熙进士，官至河南巡抚、吏部尚书，卒谥文敬。

[译文]

康熙四十二年（1703），圣祖皇帝召见大学士等吩咐说："观察近日南方的风景，民间生产状况，比起康熙三十八年南巡的时候，似乎更加丰裕了。大体说来，地方总督、巡抚安静而不生事，就对于民生有益。倘若只是仗着有才干，不体恤民众的实际情况，以此频繁兴举，争先出众，那么民众必定要遭受其祸殃了。所以我对于随从人等，唯恐他们生事，时刻记挂在心，各种事务只求谨慎，不时严立禁约。倘若我将州县官员每日加以驱使，也没有什么不可以，之所以不忍心这样做，也是出于体恤基层官吏罢了。如今总督、巡抚能够如此体恤下情的很少。"又说："赵申乔居官的确很清廉，但是生性喜欢多事，所以民众反而受其拖累，比起张鹏翮、李光地、徐潮来，赵申乔的见识非常狭隘短浅。"

康熙五十年，圣祖谕大学士等曰："督抚大吏办事，当于大者体察，不可刻意苛求。宽则得众，信则民任焉。治天下之道，以宽为本。赵申乔任浙江巡抚时，民多怨之。后任湖南巡抚，大小官员无不被参，岂一省之内，无一好官耶？总之为大臣者，不可轻率参人。明时臣工，不能秉公，颠倒是非，挟仇弹劾，此风不可不戒。夫官之清廉，只可论其大者。今张鹏翮居官甚清，在山东兖州为官时，亦曾受规例。张伯行①居官亦清，但其刻书甚多。刻一部书，非千金不得，此皆从何处来者？此等处亦不必究。又两淮盐差官员，送人礼物，朕非不知，亦不必追求。盖惟愚民为不可欺，居官之善与不善，到任不过数月，人即知之。故曰：'天视自我民视，天听自我民听。'②民意即天意也。"（《圣

训》)

[注释]

①张伯行：河南仪封人，康熙二十四年（1685）进士，官至礼部尚书，被康熙称为天下清官第一。卒谥清恪，赠太子太保。著有《正谊堂文集》等，编刻理学著作甚多。传见本书卷四。②天视自我民视，天听自我民听：语出《尚书·泰誓》。

[译文]

康熙五十年（1711），圣祖皇帝吩咐大学士等说："总督、巡抚大臣办事，应当于大处体察，不可刻意去苛求。宽大就能得民心，诚信就会得到民众的支持和依赖。治理天下的方法，以宽大为根本。赵申乔担任浙江巡抚时，民众多有怨恨。后来调任湖南巡抚，大小官员无不被参劾，难道一省之内，就没有一个好官吗？总之，作为大臣，不可轻率参劾人。明朝时候的大臣，不能秉公任事，颠倒是非，挟仇弹劾，这种风气不可不加以戒除。官员的清廉，只可论其大端。如今张鹏翮居官非常清廉，但在山东兖州做官时，也曾经接受过规例。张伯行居官也非常清廉，但他刻书很多。刻一部书，没有千金不行，这些银钱都从何而来呢？这些地方也不必深究。又如两淮盐政的官员，送人礼物，我并非不知道，也不必追究。因为所谓的愚民百姓最不可欺骗，居官善与不善，到任不超过数月，人们就知道了。所以《尚书》上说：'上天的临视来自民众的临视，上天的倾听也来自民众的倾听。'民众的意志也就是所谓的天意。"

康熙五十四年，圣祖谕大学士等曰："张伯行为巡抚时，每苛富民。如富民家堆积米粟，张伯行必勒行贱卖，否则治罪。此事虽使穷民一时感激，要非正道，亦只为米价翔贵，欲自掩饰耳。地方多殷实之家，最是好事。彼家赀皆从贸易积聚，并非为官贪婪所致，何必刻薄之以取悦穷民乎？况小民无知，贪得无厌。近闻陕西有方耕种，即挟制州县报荒者。此等刁风，亦不可长。又赈荒一事，苟非地方官员实心奉行，往往生事。盖聚饥寒之人于一乡，势必争夺。明时流贼，亦以散粮而起，此不可不慎也。《书》云：'明四目，达四聪。'①朕于天下事无不洞悉，然知之即发，亦非大体。总之，为政以中正诚敬为本。中正则能公，诚敬则能去私。朕日读性理诸书，见得道理如此。"（《圣训》）

[注释]

①明四目，达四聪：语出《尚书·舜典》，意谓广开耳目，洞悉天下四方之情。

[译文]

康熙五十四年（1715），圣祖皇帝吩咐大学士等说："张伯行担任巡抚时，常常刻薄富民。如果富民之家堆积米粟，张伯行一定强迫他们贱卖，否则治罪。这样的事情虽然可使穷人一时感激，却不是正道，也只是因为米价腾贵，想以此掩饰罢了。地方多有殷实之家，最可称为好事美谈。他们的家资都是从贸易积聚，并非为官贪污受贿所得，何必刻薄他们以取悦于穷人呢？况且民众无知，贪得无厌。近来听说陕西有的地方可以耕种，就挟制州县报称撂荒。此等刁风，不可助长。又如赈济一事，如果不是地方官实心奉行，往往生事。因为聚集饥寒交迫的民众于一个地方，势必引起纷争。明朝时的流寇，也就是因为散粮而起，不可不谨慎对待。《尚书》上说：'明四目，达四聪。'我对于天下之事无不洞悉，然而知道了就发作，也不算识大体。总之，为政要以中正诚敬为根本。中正就能够做到公平，诚敬就能够祛除私欲。我每天阅读性理之书，体会到这样的道理。"

圣祖之治，上接三王，尝作《王霸辩》曰："禅继之统分，而后有三王。会盟之事兴，而后有五霸。世之儒者，尚论古今，推明已事，语仁义则尊隆王道，言权术则崇尚霸功，要其同异得失之辨，可得而言也。大约出之有诚伪，行之有公私耳。天下之民，其阽于危而思即安也，不啻如饥之待哺，寒之待衣。上之人有万物一体之怀，有天下为家之意，仁以渐之，义以摩之。而下之人亦皆爱之如父母，敬之如师保，咸有不忍去其上之心，此王道也。法立而政明，令行而禁止。有市德于下之心，而下亦有所慑服，此霸功也。故诛伐同也，而应天顺人之与克威立懂，不同也。播告同也，而至诚恻怛之与噢咻呕喻，不同也。此诚伪之分，公私之辨，可以见王霸之大端矣。世或有谓古今异宜，王霸贵乎杂用者。不知古今虽异，而天命民彝之理，岂有异乎？春秋战国之时，三纲沦，九法致①，世风日下，人心日偷矣。而孔子、孟子生于其时，不闻有随时迁就之说，所守者一以道德仁义为归。虽其不能见用于时君，而万世之天下，皆得以其空言治之，孰谓王道之宜于古而不宜于今乎？若以杂霸之术，而欲奏熙隆之治，犹适楚而北其辕②也。故作《王霸辩》云。"（《御制文集》）

[注释]

①九法致：九法，上古时代的九种法律制度。致，懈怠。②适楚而北其辕：意谓背道而驰。《申鉴》："先民有言，适楚而北其辕者。"

[译文]

圣祖的政治，上可与夏禹、商汤、周武王相提并论。曾经御撰《王霸辩》说："禅让制与继承制的替代，而后有夏禹、商汤、周武王三王；诸侯会盟之事兴起，而后有齐桓公、晋文公、秦穆公、宋襄公、楚庄王春秋五霸。世上的儒生，喜欢讨论古今兴衰的道理，推演已经发生的往事，标举仁义者就尊崇王者的道德，讨论权术者就崇尚霸主的功业。其中的异同得失的分别，还可以进一步加以探讨。大体说来，其出发点有真诚与诈伪，其行事也就有至公与谋私罢了。天下的民众，处于危机而渴望安定，就像是饥饿者等待饭食，寒冷者等待衣服。位居上层的人具有万物一体的胸怀，具有天下为家的心意，以仁爱来感化他们，以道义来教化他们。而身处底层的人们也像对父母那样爱戴他们，像对师长那样敬重他们，都不忍心去掉其向上之心，这就是所谓的王者的道德。法制确立而政治清明，法令施行而禁例绝迹。位居上层的人具有收买德行的心思，而身处底层的人们也有所慑服，这就是所谓的霸主的功业。因此，二者诛伐无道是相同的，但上应天命、下顺民情，还是战胜权威、标举勇敢，是二者的不同。二者都传播告知天下是相同的，但内心悲戚的真诚与表面和悦的伪善，又是二者的不同。这就是所谓的诚、伪之分，公、私之辨，从中可以看出王道与霸道的大端了。世人有的说古今不同，王道与霸道贵于交杂为用。殊不知古今虽然不同，而天命民彝的道理，难道有什么不同？春秋战国时代，三纲沦丧，九法废弛，世风日下，人心日益苟且。而孔子、孟子生当其时，没有听说过圣人有随时迁就的说法，他们所坚守的乃是以道德仁义为指归。即使不能被当时的诸侯国国君所信用，而后世千秋万代的天下，都得以他们的空言作为治国的依据，谁说王道只适宜于古代而不适宜于今天呢？如果用杂家霸道之术治理国家，想要达到升平治世，就好像南辕北辙，背道而驰。因此，我撰写了这篇《王霸辩》。"

圣祖政尚宽仁，不事严威，尝作《宽严论》以昭示天下。论曰："昔子产①之论政也，曰：'惟有德者能以宽服民，其次莫如猛。'斯殆为郑言之耳，要非致治之本论也。致治之本在宽仁。今夫天化育万物，生之以春，长之以夏，成之以秋，藏之以冬。阴阳消息，四序代嬗。而其道归于生生为用，仁爱为极，夫岂春夏宽而秋冬严欤？古之圣王知其然，体上天仁爱之心，出而御物，德以道之，政以齐之，刑以范之，惟务化民于善，闲民于义而已。不忍制民以术，怵民以威也。是故五刑之数三千，皆本怵怛之心以出之，而非惨刻峻削之为也。夫物刚则折，弦急则绝，政苛则国危，法峻则民乱。反是者有安而无危，有治而无乱，三代之成事无论矣。秦用李斯②，学荀卿③之学，行督责之令，不数年而秦亡。汉高④以宽大为政，入关而万民大悦。光武⑤以柔道治天下，而王业用兴。唐太宗听魏征⑥之言，崇尚教化而几致刑措。是古之帝王以宽得之者多矣，未闻其以宽失也。若后世祖述申韩⑦之徒，有谓骄于爱，听于威，非严不足以集事。不知衰世之主百度废弛，驯致沦败者，其失在纲纪废弛，讵宽之谓哉？朕抚绥元元，期以纯王之道，化民成俗，凡束湿之政，弗敢庸也。苛察之明，弗敢尚也。恐恐焉，日虑其刑之重而德之薄，夫宁忍从事于猛欤？《书》曰：'克宽克仁，彰信兆民。'⑧《诗》曰：'不竞不绿，不刚不柔，敷政优优，百禄是遒。'⑨诗书之言，朕之蓍鉴矣。"（《御制文集》）

[注释]

①子产：即公孙侨，春秋郑国政治家，为相数十年，实行改革，颇有建树。②李斯：秦国政治家，秦统一中国后任丞相，后为赵高所害。③荀卿：即荀况，战国思想家，著有《荀子》三十二篇。④汉高：即汉高祖刘邦，汉朝的开国皇帝。⑤光武：即光武帝刘秀，东汉的建立者。⑥魏征：字玄成，唐初大臣，以善于谏诤闻名史册，封郑国公。⑦申韩：即申不害、韩非，著名思想家，法家代表人物。⑧克宽克仁，彰信兆民：语出《尚书·汤誓》。⑨不竞不绿，不刚不柔，敷政优优，百禄是遒：语出《诗经·商颂》。

[译文]

圣祖皇帝为政崇尚宽厚仁爱，不喜欢严法立威。曾经撰写《宽严论》昭示天下。其中说："从前子产论述为政之道，说：'只有道德高尚的人能够以宽大臣服民众，其次没有比得上严刑峻法的。'这种说法大约是针对郑国而言，并非讨论为政的根本。为政的根本在于宽厚仁爱。如今，上天化育万物，使之春天出生，夏天成长，秋天成熟，冬天收藏。阴阳消长，四季更替。其中的道理归结为生生为用，仁爱为极，难道是春夏宽厚而秋冬严苛吗？自古以来，圣明的君王知道这个道理，体察上天的仁爱之心，以此来统御万物，以道德加以引导，以政事加以统一，以刑法加以规范，只图教化民众善良，引导民众仁义罢了。不忍心以权术控制民众，以权威慑服民众。因此，各种刑法之数多达三千，但都是本着警惧之心制定出来，并非为了残酷地惩治民众。物体过于刚直就容易折断，弓弦过于紧绷就容易断绝，政治过于苛刻国家就会产生危机，法律过于严酷民众就容易动乱。反之，就会有安定而没有危机，有治理而没有动乱。夏、商、周三代的历史且不说。秦朝重用李斯，学习荀子的学说，施行督察责罚的政令，不数年秦朝就灭亡了。汉高祖施行宽大的政令，进入关中，万民大悦。东汉光武帝以怀柔之道治理天下，帝业得以兴盛。唐太宗听从魏征的话，崇尚教化，几乎用不着刑罚。这些都说明古代的帝王以宽厚得天下的多了，没有听说以宽厚失去天下的。至于后世奉行申韩法家学说的人，有所谓骄奢生于仁爱，服从来自权威，不严刑峻法不足以成就大事。岂不知衰世的君王各种制度趋于废弛，导致其失败的关键在于纲纪废弛，难道是为政宽厚的结果吗？我抚绥民众，希望以纯王之道，教化民众，移风易俗，凡是驭下严酷急切的办法，都不敢用；以烦琐苛刻为明察，都不敢提倡。每天担忧刑罚过重，道德微薄，怎么忍心从事严刑峻法呢？《尚书》上说：'君王为政本着宽厚仁义的原则，才能取信于广大人民。'《诗经》上说：'不争不急，不刚不柔，施政和平有德，那么百种福禄就会积聚。'《诗经》、《尚书》中的言论，是我考察古今成败的借鉴。"

圣祖阅史，至魏征《十思疏》①。曰："人莫不慎于创业，怠于守成。故善始者未必善终。惟朝乾夕惕，不敢少自暇逸，乃可臻于上理。魏征所陈，可谓深识治要。"至唐太宗谕长孙无忌及侍臣语，曰："唐太宗用魏征之言，偃武修文，化洽海宇，诚得古帝王善治之道。至其二喜一惧，兢兢以骄奢自戒，尤履盛而谦，安不忘危之至计也。"至唐太宗面举群臣得失，谓刘洎②私于朋友，曰："传有之云：'公尔忘私。'私于朋友者，必有忝于朝廷。在昔已然，今人愈甚矣。"至唐高宗时太子宏以忤天后遽薨③，曰："宏之奏义阳、宣城二公主④出降，洵仁厚之至意，第时方母后逞志，宜曲为感悟，徐俟转移。径上闻于君父，致触母后之怒，亦自取之咎云。"（《御制文二集》）

[注释]

①《十思疏》：全称《谏太宗十思疏》，作于唐贞观十一年（637），从十个方面告诫太宗要知足、知止、谦冲、海涵、有度、善终、虚心、正身、不滥赏、不滥罚，是魏征敢言直谏的代表作。②刘洎：江陵人，唐贞观中官尚书右丞，累晋银青光禄大夫。③唐高宗：即李治，唐太宗子，公元649至683年在位。太子宏：即高宗与武则天之子李弘，显庆初立为太子。天后：即武则天。④义阳、宣城二公主：唐高宗与萧淑妃所生之女，被武则天囚禁。

[译文]

圣祖皇帝读史，读到唐代魏征的《谏太宗十思疏》，说："人们没有不慎重于创业的，但会懈怠于守成。因而善始的人不一定能够善终。只有日夜勤勉谨慎，不敢稍微休闲安逸、疏忽懈怠，才可能达到最好的治理。魏征所奏，可以说深明为政的关键。"读到唐太宗吩咐长孙无忌及侍从诸臣的话，说道："唐太宗信用魏征的言论，停止武备，振兴文教，教化泽被于天下，的确深得古代帝王的治国之道。至于他所说的二喜一惧，小心谨慎，以骄奢淫逸为戒，尤其堪称是处于盛世而保持谦恭，处于安定而不忘危机的根本大计。"读到唐太宗当面列举群臣的得失，如说刘洎为朋友徇私，说道："典籍上有一句话，叫做公而忘私。为朋友徇私，必定对朝廷失职。从前是这样，现在人更是这样。"读到唐高宗时代太子李弘因为发现义阳、宣城二公主被武则天囚禁，请求高宗释放她们并择婿出嫁，违背了武则天的意旨而被毒害致死，说道："太子李弘奏请义阳、宣城二公主出嫁，的确是仁厚的至意，但当时其母后正临朝称制，应当委婉地加以感悟，逐渐改变其心意。这样径直上奏给父皇，结果触发了母后的怒火，也是自取的罪过。"

圣祖阅史，至宋太祖欲察群情向背，颇为微行，曰："宋太祖欲察群情，而不安于深宫宴处。洵励精求治之心，第当命驾时巡，省方问俗，进穷檐之父老，而使自言其疾苦，则民隐足以周知，可无九阍万里之隔矣。何必仆仆微行，以自轻耶？"（《御制文二集》）

[译文]

圣祖皇帝读史，读到宋太祖赵匡胤想考察民心的向背，经常微服私访，说道："宋太祖想考察民心向背，而不安于闲处深宫、端居庙堂。这的确是励精图治的心胸。但应当公开不时出巡，考察四方的民情，询问各地的风俗，召见贫穷的父老乡亲，让他们自己说明其疾苦，那么民间的隐情足以知晓，可以使朝堂之上与江湖之远消除万里之隔阂。何必微服私访，轻视自己的生命安危呢？"

圣祖《庭训》曰："太监原为宫中使令，备洒扫而已，断不可使其干预外事。朕宫中之太监，总不令在外行走。有告假者，日中出去，晚必进内。即朕御前近侍之太监等，不过左右使令，家常闲谈笑语，从不与言国家之政事也。"（《庭训格言》）

[译文]

圣祖皇帝《庭训格言》写道:"太监原本就是宫中供使唤的,用来供洒扫使用就是了,一定不能让他们参与外边的事。在我宫中的太监,总不让到外边去。有请假的,正午出去,晚上一定回来。就是我御前的近侍太监,不过左右使令,家常闲谈说笑,从来不跟他们谈论国家的政事。"

《训》曰:"孟子曰:'为政者,每人而悦之,日亦不足矣。'①是言也,诚得为政之要道。即如近河居民,地势洼下,阴雨稍多,即觉水涝。近山居民,地势高阜,数日不雨,即觉亢旱。天道尚然,何况人事?故为政者,应持大体。府事允洽,自然万世永赖。久安长治之道,未有以政徇人者也。孟子此言,深切政体,特语尔等知之。"(《庭训格言》)

[注释]

①为政者,每人而悦之,日亦不足矣:语出《孟子·离娄下》。

[译文]

圣祖皇帝《庭训格言》写道:"孟子说:'执政的人要使每个人都喜欢,那么时间就不够用了。'这句话,的确深得为政的重要道理。就好像住在河边的居民,地势低洼,阴雨天气稍微多些,就感觉水涝;靠山居住的居民,地势高阜,如果数日不下雨,就感觉大旱。自然的规律尚且如此,何况人间的事情呢?因此,为政的人应该把握大局。官府的事情治理得公允,自然就能够万代依赖,长治久安。而长治久安之道,从来也没有用政事来顺从他人的。孟子这句话,非常切合政体,特地告诉你们知道。"

圣祖《讲筵绪论》曰:"人君出入警跸,固宜严肃。朕见明朝之君,高居深宫,过于安逸。凡郊祀偶出,所乘之辇,皆铁丝作帷，以防不测。人君临御天下，以四海为一家，当使遐迩上下，倾心归慕，若刀矢可加于辇幄之中，则人心离贰，虽铁壁何益？故古来圣贤之君，尚德不尚威也。"（《御制文集》）

[译文]

圣祖皇帝《讲筵绪论》写道："君主出入的侍卫警戒，固然应当严肃。我考察明朝的君主，高居深宫，过于安逸。凡是郊祀大典偶尔出行，所乘坐的御辇，都用铁丝做帷帐，以防不测。君主临朝统御天下，以四海为一家，应当使上下远近的人们，都倾心归附，像刀枪弓箭可以打到御辇帷帐之上，那民心的背离反叛，即使是铜墙铁壁，又于事何补呢？因此，自古以来圣贤的君主，崇尚德化而不崇尚权威。"

康熙政要卷三

任贤第三上

图海，姓马佳氏，满洲正黄旗人。初由笔帖式加员外郎衔。顺治二年，改国史院侍读。八年，世祖幸南苑，图海负宝以从，上见其举止严重，授秘书院学士。九年，恩诏予骑都尉世职。越岁，授弘文院大学士，列议政大臣。十二年，加太子太保，摄刑部尚书。十五年，命同大学士巴哈纳等校订律例，旋以承审江南考试作弊事迟延，削加衔。明年，坐谳事失实，上诘问不以实对，下廷臣察议论死。得旨宽免，仍夺职。十八年正月，世祖升遐，遗命起用。圣祖御极，授满洲都统。

康熙二年秋，流贼郝摇旗、刘体纯、李来亨等，自四川啸聚湖广郧襄山中。命为定西将军，副靖西将军都统穆里马率禁兵会楚属之师讨之。至则与总督李国英、提督郑蛟麟等连营困之。贼以三千兵来犯，图海率兵邀击，败之。又连犯诸营，各分兵夹击，咸溃败。未几，郝摇旗为副都统甘敏所擒，刘体纯相继破灭。惟李来亨拥众据茅麓山，图海率兵围之，绝其声援，搜剿外寇略尽。贼穷蹙，来亨阖门自经死。伪公伪将军以下伪官五百八十余人，以兵八千八百降。执斩伪新乐王及伪官七人，俘其家口三十余众还。六年，拜弘文院大学士，晋轻车都尉世职，充实录馆总裁官。七年，命测仪象。八年，命录刑部重囚，并称旨。九年，奏乞解机务，专力戎行，上慰留之。十一年，命清理刑狱，会吴三桂、耿精忠叛。上以筹饷需才，命摄户部尚书。十四年，疏请通饬外省勿私派军需，勿先期拘集夫役，勿额外科敛钱粮；词讼重者速审结，小者勿滥准滋累，衙役土豪，勿令鱼肉良善，奉旨允行。时察哈尔蒙古布尔尼，劫其父阿布奈以叛。命图海为将军。同抚远大将军信郡王鄂扎率师往讨。四月，师次达禄，布尔尼设伏山谷，别以兵三千来拒战。我师进攻，伏发，我土默特兵当之，败。图海分兵麾击，贼以四百骑继至，力战歼之。布尔尼乃悉众出，用火器拒战，图海令严阵以待。贼败复聚，连击大破之，招抚人户千三百有奇。布尔尼仅以三十骑遁，追斩之。

察哈尔平，班师，上御南苑大红门迎劳之，叙功晋一等男。

十五年二月，上以贝勒洞鄂攻叛将王辅臣于平凉，未克，命图海为抚远大将军总辖陕西全省，贝勒以下，咸听节制。三月，至平凉。明赏罚，申约束，军威大振，贼众闻之惧。诸将请乘势攻城。图海曰："仁义之师，先招怀而后征伐。吾奉天威，讨凶竖，无虑不克。顾念城中数十万生灵，皆朝廷赤子，遭贼劫掠至此，覆巢之下，杀戮必多，俟其向化归诚，乃可体圣主好生之德。"城中军民闻者皆感泣，咸思自拔以出。贼势由是日蹙。

五月，夺虎山墩。虎山墩者，在平凉城北，高数十仞，贼守以精兵，通西北饷道者也。图海曰："此平凉咽喉，得此则饷道绝，城不攻自下矣。"即率兵仰攻，贼万余人列火器以死拒战。图海令番休迭进，自巳至午，战益厉。斩伪总兵二人，贼被杀及坠崖死者无算，遂夺其墩据之。俯视城中，如在掌握，因发巨炮击之，城中恟惧。辅臣乃乞降。疏闻，诏赦辅臣罪，抚慰之。六月，札授七品官周昌为参议道，赍诏入城。翌日，辅臣遣党献军民册。又遣其子继正等缴所授伪敕印，然犹疑惧观望。图海复令周昌同其兄子侍卫保定往谕，辅臣乃薙发降。图海令副都统吴丹入城抚定，秋毫无所犯。平凉被围日久，城中食尽，死亡过半，因令地方官赈穷乏，掩胔骼。其老弱转徙不能归者，遣将士分送安插，远近帖然。初周昌往招辅臣时，言昌母孙氏殉节死，愿以身报国，为母请旌，因请往。至是，奏旌其母，又奏蠲秦省被兵及转饷各州县赋，皆从之。是月，遣振武将军佛尼勒败贼将吴之茂于牡丹园。又败之于西河县北山。将军穆占进攻乐门，败于红岩，复礼县。于是伪巡抚陈彭、伪总兵周养民等共率伪官九百余人、兵四万八千相继降，关陇悉平。

八月，上谕阁臣曰："图海器识老成，才猷练达，以文武之长才，兼忠爱之至性，劳绩懋著，朕甚嘉焉。其晋封三等公，世袭罔替。"时汉中、兴安犹为贼据，平凉、庆阳初定，人心尚动摇。图海奏请分兵防守诸隘，缓攻汉中、兴安，别遣一旅往湖广会剿吴逆。有旨命亲率精锐以行。图海因陕西反侧未安，虑有变，疏陈其状。圣祖因授都统穆占为征南将军，率师赴楚，留图海镇陕西，议取汉中、兴安。奏调绿旗兵，檄提督孙思克等赴秦州，赵良栋赴凤翔，以将军张勇、王进宝各引兵助之。期以明年正月二十日如约至。下张勇等会议以闻。勇等谓宜俟夏秋收获丰歉，再图进取。

十六年正月，上虑克复汉、兴后宜设重兵，转饷不易，若俟夏秋，则顿兵縻饷，本非计。谕令严守要隘，而分兵赴荆州。会剿吴逆，议遂寝。三月，招抚韩城等县伪官百余人。四月，遣兵进逼礼县益门。先后败贼于五盘山、乔家山诸处，复塔什堡。九月，赐服物并御制诗二章。

十七年二月，奏请分兵两路进取汉中、兴安。旋奉密谕止之。闰三月，将军佛尼勒等败贼于牛头山，四川总督周有德等败贼于秦岭，复潼关堡五寨。四月，庆阳贼袁本秀受吴逆伪札作乱。发兵会王进宝讨之，斩本秀，余众溃散。十二月，疏请轻骑赴京，面奏事宜，许之。

十八年二月，还陕。五月，贼犯栈道、益门镇各口，奏请提督赵良栋进临五寨，相机而行，俟击破贼垒，分道征进。时湖广、广西平。上谕亟歼宝鸡之贼恢复汉、兴，以平蜀地。七月，破益门镇。毁偏桥，兵不能进，有诏严督。九月，进取汉中、兴安，分兵四路，图海亲率将军佛尼勒等由兴安进，令总兵官程福亮为后援，驻守旧县关诸路。将军毕力克图、提督孙思克等由略阳进，总兵官朱衣客为后援，驻守西河诸路。将军王进宝、总兵官费雅达等由栈道进，总兵官高孟为后援，驻守宝鸡。提督赵良栋由徽县进，克日并发。十月，亲率师次镇安，分兵为二队，进攻伪总兵王遇隆，败之。渡乾玉河，夺梁河关，伪将军韩晋卿遁入四川。是月，进宝复汉中，良栋复徽县、略阳，毕力克图复威县。又复阶州，降伪官十九人，兵三百有奇。十一月，复兴安，降伪官三百八十二人，兵万四千三百有奇。平利、紫阳、石泉、汉阴、洵阳、白河及湖广竹山、竹溪、上津等县皆平之。是月，毕力克图遣参将康调元复文县。先是，进宝、良栋捷音先至，圣祖以图海及毕力克图等迟缓，切责之。至是捷闻，得旨嘉奖，下部叙功。寻命率大军之半，驻守凤翔。

十九年正月，命赴汉中，转饷以济蜀师。九月，陕督哈占由保宁直上，击贼帅谭宏。命发兵为声援，以分贼势。是月，获奸民杨起隆。初，起隆于康熙十二年诈称朱三太子，谋作乱于京师，正黄旗周公直家奴陈益聚众将应之。图海直首其事，率兵围之，陈益等悉就缚，至是并获起隆送京师。

二十年，贼犯四川之叙州，调副都统翁爱率所部往援，复奏请亲行。谕仍驻汉中，防守秦蜀。以疾还京，十二月卒。累官至太子太傅、中和殿大学士兼吏部尚书，世袭三等公，谥文襄，赐祭葬如礼。明年，赠少保仍兼太子太傅。

二十二年，御制碑文立石墓道。雍正二年，加赠一等忠达公，配飨太庙。复命建专祠，御制文刻石以旌之，并祠祀陕西名宦。图海器识沉毅，好读书，羽檄旁午，披览不辍。将略由天授，不居故常。察哈尔之役，其功尤著。子诺敏袭爵。（《国史碑传集》、《耆献类征》）

魏象枢，山西蔚州人。顺治三年进士，选庶吉士。明年，改刑科给事中。性骨鲠，敢言事，尤注意于当世人才贤不肖，治术得失，民生休戚，是是而非非，必尽意乃止。

八年，世祖章皇帝初亲政，诏免天下额赋，罢城工，除加派。其时有以私征侵帑坐罪者，因上疏极陈其弊，且请定藩司会计奏报之法，以杜欺隐；立内外各官治事之限，以清稽滞，从之。又请严考绩大典，禁反噬。劾江苏左布政刘汉祚缺赋五十余万，请敕部察究，论如律。最后，请圣躬慎起居一疏，辞逼辅臣。略言："圣政维新，中外想望治平，匪同昔日，如皇上近巡京畿，辅臣当陪侍法从，以效启沃之忠。傥远有所幸，尤当谏止銮舆，以尽保傅之职。"疏上，人谓祸且不测，世祖嘉之。又因灾变陈言，谓天地之变，乃人事反常所致，历举近日颠倒旨意、轻重纶言等事。语侵权贵尤亟。疏下九卿科道议，左给事例不与议，象枢补陈颠末，特命会议。因与诸大臣抗论是非，在廷为仄目，独大学士范文程心识之，曰："此我国家任事之臣也！"其后有构象枢者，辄于众中剖析之，卒得白。九年，迁吏科都给事中。十年，大计，锁厅阅册，令兵马司周卢巡徼，纲纪肃然。上四疏皆言计典。其一谓纠拾之旧制宜复，言官不宜反坐，下所司议，著为令。又详陈民命、民情、民食、民困四端，以佐勤民大政。皆报可。十一年，大学士陈名夏得罪，言官坐不先事纠发，六科长皆被议。降补詹事府主簿。屡遵旨陈言，并奏定荐举各官格式，稍迁光禄寺丞。十六年，告养归，家居讲求实学，以躬行实践为宗。

康熙十一年，大学士冯溥特疏荐，圣祖再召，乃趋朝，补御史。疏言欲明赏罚，断在奖廉黜贪。请甄别考察，并以操守清廉为上等。又请增俸以养廉，改罚俸为记过。又请永不许正月开征，以昭万世守法。又言畿辅盗案过多，请设总督，兼辖满汉兵民。寻劾湖广藩司刘显贵亏帑九万七千有奇，抚臣徐化成巧为出脱。又劾给事中余司仁罔上行私，曲庇刘显贵，并下所司察治。满岁，晋四品卿衔，仍掌御史事。疏言，崇教化，则宜励臣僚之家教；重河工，则宜蓄任使之人才；正人心，则宜戒淫巧；定民志，则宜辑礼书。上皆韪其言，擢左佥都御史。明年，迁顺天府尹。原任巡按御史郝浴，为吴三桂诬陷，流徙底阳堡，凡二十年。象枢屡疏荐之，曰："臣才守学识，皆愧不如，愿以职让。"其后浴卒起用，为名臣，转大理卿，擢户部侍郎。承旨保举人才，举原任布政使李士桢、庆阳道王天鉴、候补道郑端、常熟知县魏先升，皆报可。会西南用兵，上筹饷三疏，曰确估价值以清浮冒，严核关税以杜侵渔，慎简藩司以清赋税，从之。

上命与侍郎班迪清理部库，八阅月而蒇事。十七年，授左都御史。首疏申明宪纲十事。谓国家根本在百姓，百姓安危在督抚。督抚廉则物阜民安，督抚贪则民穷财尽。愿诸臣为百姓流膏血，为国家培元气。臣不敢不为朝廷正纪纲。上嘉其切中时弊，立予施行。会征博学鸿儒，举原任布政使毕振姬、岭北道汤斌、粮道王紫绶、员外郎冯云骧、评事白梦鼐应诏。时嘉定知县陆陇其以盗案落职，特以清操饮冰，爱民如子荐之。镇江知府刘鼎溺职无状，而报擢粮道。绛州知州曹廷俞贪酷吏民，大吏庇纵不劾，特疏纠之。又因磨勘顺天乡试卷，陈科场八弊，请设内帘监试御史。陈学政十弊，请据为三年考核之实，廷议并著为令。举学臣之贤者曰邵嘉劳之辨，劾其劣者曰卢元培、程汝璞。会汝璞已经浙江督抚保擢京堂，遂胪陈汝璞罪状。并劾督抚欺罔。下九卿科道议，寻论罪如律。

明年春，象枢奏事毕，上命近臣捧御书诗一卷，"清慎勤"三大字，"格物"二大字赐之。传谕：以尔居官克称此三言，故有此赐。他日复赐紫貂披领。上面谕："今年暂著，明年且别制为卿换之。"会京察自陈，优旨命供职。未几，有刑部尚书之命。疏言："当贪风日长，吏治未清，大吏因循，小民困苦之际，仰见皇上宵旰焦劳于上，臣不计身家，不避嫌怨，奉朝廷之法，与海内臣工，共相砥砺。内而科道，外而督抚，参劾之疏屡上，已有澄清之机。而府道以上，贪墨之官，尚多漏网。臣职司风纪，夙夜兢兢，不敢自安。昔汲黯自请中郎补过拾遗，臣亦欲竭愚悃，请辞司寇，留御史台，激浊扬清，为皇上振肃纪纲。"上嘉其奏，遂加刑部尚书衔，留原任。于是疏劾榷税芜湖之主事刘源骄恣贪污，及山西巡抚王克善贿庇学道卢元培诸罪状。

是日，地连震。上昼夜坐武帐中，象枢直入奏曰："地，臣道也。臣失职则地反常。臣不能肃风纪以修职业，请先罪臣以会天变。"上召入，伏地涕泣，请屏左右，语移时。极言"天变若此，乃索额图、明珠二相植党市权，排忠良，引用金壬，以剥蒸黎之应"。及出，副都御史施维翰迎于后左门，见象枢泪流颊未干也。是日，宿帐中，语施维翰云："今百姓困苦已极，而大臣家益富，地方官吏，剥民媚上，督抚司道又转馈政府，小民愁苦之气，上干天和，致召水旱、日食、星变、地震之异。又会推动辄徇私，将帅无复纪律，蠲免钱粮，灾民不沾实惠。刑官鬻狱，豪右为奸，皆可忧可危之事。"维翰曰："何不极言之？"曰："圣明洞烛，何待吾言？吾侪负国，万死不足赎矣。"

明日，上以六条宣廷臣集议，大略如象枢所指。于是朝士咸知造膝所请，而用事大臣皆为之股栗。明年，索额图罢。二十七年，明珠为左都御史郭琇劾罢。至四十五年春，上始以象枢面对语谕群臣。二相之黜，象枢最先有以发之也。会诏举廉吏，疏荐原任侍郎高珩、达哈塔、雷虎、班迪，大理卿瑚密色，侍读萧维豫，郎中宋文运，布政使毕振姬，知县陆陇其、张沐，皆得旨录用。十九年，任刑部尚书。明年，扈从谒孝陵，一恸几绝。寻命与少宰科尔坤巡察畿辅，单骑按行，墨吏豪家皆敛迹，为除太甚者若尔人。还报称旨。时积劳成疾，赐人参二斤，参膏一器。感激上恩，欲引退而不忍言。二十三年春，奏事乾清门，晕踣于地，乃疏乞骸骨。温旨慰留，仍力疾视事。或劝少休，答曰："吾偷安一日，罪人待谳者增一日苦矣。"八月再请，上惜其去，以词甚迫切，许驰驿归。并谕三觐乃行。始入赐御膳，再赐茶，三赐御书"寒松堂"额。宠其行，出国门，公卿祖帐盈道，皆叹息以谓清劲之节，至老不衰，固不愧斯称。天子之知象枢，可谓至矣！年七十，卒于家，赐祭葬如例，谥敏果。雍正八年，诏

入祀贤良祠。(《国史碑传集》、《耆献类征》)

费扬古,姓栋鄂氏,满洲正白旗人。父鄂硕,从大军入关,转战有功,晋三等伯,顺治十四年卒。明年,费扬古袭伯爵。康熙十三年,随安亲王岳乐帅师赴江西,讨逆藩吴三桂。时贼将黄乃忠纠众万余,自长沙犯袁州。费扬古与总兵赵应奎等击败之。擒伪官童圣功,复万载。十五年,走贼将夏国相于萍乡,进围长沙,战屡捷。十八年,败贼将吴国贵于武冈,凯旋。擢领侍卫内大臣,列议政大臣。

二十九年,圣祖以噶尔丹劫掠喀尔喀,又数扰我边境,命裕亲王福全为抚远大将军,而以费扬古参赞军务,往科尔沁调兵随征。是年八月,大败噶尔丹于乌兰布通,破其驼城。

三十二年,授安北将军,驻归化城。明年五月,噶尔丹使人至归化城,言将入贡。侦其踵至者男妇二千人,遣兵迎诘,且遏之,驰疏请旨。上知噶尔丹阳修好,实潜蓄窥伺意,命侍郎满丕谕责其使,遣之还。七月,谍报噶尔丹将逼图拉。诏与右卫将军希福帅师往御。寻以图拉无警,虑噶尔丹趋归化城,有诏命旋师。

三十四年,噶尔丹至哈密,帅师往御,寻窜去。授右卫将军,兼管归化城将军事。疏言噶尔丹见踞巴颜乌兰,距归化城二千里,宜预征士马刍粮,于来年二月进剿。授抚远大将军,召入觐,面授方略。

三十五年二月,诏黑龙江将军萨卜素帅师出东路,费扬古及振武将军孙思克、西安将军博霁,帅陕甘兵出西路,上统大军由独石口出中路,约期夹攻。四月,费扬古率师抵察罕和硕,噶尔丹悉驱贼众趋克鲁伦河。当是时,东路兵尚未至科图,而上已由科图进逼贼境。五月，费扬古师抵图拉，疏言贼尽焚草地，我军迂道秣马，又遇雨，粮运迟滞，师行七十余日，士马饥疲，乞上缓军以待。会噶尔丹登克鲁伦河之纳兰山，望见御营黄幄龙纛，环以幔城，又外为网城，军容山立，大惊，拔营宵遁。翌日，大军至河，则北岸已无一帐。克鲁伦河者，起车臣汗西界，东北入黑龙江，横亘瀚海，东北二千里，乃内外蒙古之界也。

上初意贼必扼河拒战，故两路出师，攻其腹背。及是，知贼已丧胆，乃密谕邀击，而亲帅大军追之。三日至拖诺山，不见虏而还。命尽运中路之粮，以济西师。费扬古闻噶尔丹遁，即遣前锋统领硕岱、副都统阿南达等率兵先往挑战。且战且却，诱贼至昭莫多，蒙古语大树林也。在肯特岭之南，土腊岭之北，汗山之东，平旷饶水草，为自古漠北战场。时敌军至者近万，皆百战之贼。我军饥疲，马僵其半。费扬古以马力不能驰击，非反客为主，以佚待劳不可。距敌三十里，即止营其地。有小山三面距河，林木荟蔚，可设伏。乃率左右翼步骑，先据小山阵于东，余沿土腊河阵于西。遵上所授方略，各军皆下马步战，约闻角声始上马。将军孙思克、总兵殷化行，以绿旗步兵居中，据山顶临之。贼争山，锋锐甚，我军据险俯击，炮矢叠发，每进辄以拒马列前自固。贼冒矢石，鏖战自未至酉不退。日暮，贼骑相离二十步，费扬古吹角者三，左右具鸣角，沿河伏骑尽起，一横贯其阵，一袭其后队辎重，贼始崩溃。乘夜追北三十余里，诘旦收军，斩级数千，降二千，获马驼、牛羊、庐帐、器械无数，并殪其可敦阿奴。可敦者，准部称其汗之妃也。顾瞽敢战，披铜甲，腰弓矢，骑异兽，临阵，精锐悉隶麾下，至是亦毙于炮。噶尔丹以数十骑遁。捷奏至御营。诏班师，留驻守科图。上亲撰铭，勒石拖诺山及昭莫多山。还次归化城，亲劳西路凯旋之师，锡膳大飨士。献厄鲁特之俘，弹筝箛歌者毕集。有老胡工箛，口辩有胆气，兼能汉语。上赐之湩酒，使奏伎，音调悲壮。歌曰：雪花如血扑战袍，夺取黄河为马槽。灭我名王兮虏我使歌，我欲走兮无骆驼。呜呼！黄河以北奈若何？呜呼！北斗以南奈若何？遂伏地谢。上大笑，手书以告皇太子。

六月，驾还京师。七月，诏费扬古由科图移驻喀尔喀游牧地。甫至，噶尔丹潜使其党来肆掠，遂遣副都统祖良璧击走之，追剿至翁锦，贼败遁。我军寻以马疲移驻喀喇穆伦。会噶尔丹使其宰桑等来请纳款。上再幸塞外，驻跸栋斯拉，命驰赴行在入对，谕奖昭莫多战功。费扬古奏曰："军中机务，皆遵上密谕，以底成功。臣不能生擒噶尔丹以献，臣之罪也。"上曰："噶尔丹穷蹙实甚，朕不忍悉诛，欲招降其众，抚而治之。"遂顿首曰："圣意非臣等愚昧所能测，真天地好生之仁也。"翌日，赐御佩橐鞭弓矢，遣还军。

三十六年正月，阿南达奏报哈密回人擒献噶尔丹之子塞卜腾巴珠等。上以其疏录示费扬古，赐胙肉、鹿尾等物。谕曰："时当上元令节，众蒙古及投诚厄鲁特齐集畅春园。适阿南达疏至，众皆喜跃，卿独居边塞，不得在朕左右，殊深轸念，故以疏示知，并赐物，问卿无恙，即如卿相见也。"

二月，上幸宁夏。命与内大臣马思喀两路进兵，驾由黄河西岸驻跸达拉布隆。颁赐上驷院马五十，骆驼十，进次萨奇尔巴勒哈逊。时噶尔丹穷蹙甚，左右亲信数台吉多面怼，闻大军将至，先后望风款附。其兄子策妄拉布坦，复拥劲兵，伏阿尔泰山，将擒以献功。噶尔丹进退无地，每夕或数惊，遂仰药死。厄鲁特部众降者相继。

车驾方自宁夏贺兰山出边，费扬古以噶尔丹自伏天诛奏。其下丹济拉以其尸及子女来献。中途为策妄拉布坦夺而献诸朝，所部悉降。于是自阿尔泰山以东，皆隶版图，拓喀尔喀西境千余里，朔漠平。

四月，上复勒铭狼居胥山而还。御撰碑铭，告成太学，寻晋封一等公，领侍卫内大臣如故。费扬古以噶尔丹未经生擒，疏辞封爵。优旨令勿辞。谕阁臣曰："塞外情形，不可臆度，必身历其境，乃有确见。朕亲征噶尔丹，众皆不欲，惟费扬古密抒谋略，与朕意合，卒能大败积寇，累年以来，统兵诸将，未有能过之者。"

四十年六月，上幸索约勒济，扈从，疾作。圣祖驻跸一日，亲往视疾，赐白金五千两，及御帐、蟒缎、鞍马等物，遣内大臣侍卫等护送还家。寻卒，赐祭葬，予谥襄壮。

雍正十年，诏入祀贤良祠。费扬古性朴直，貌奇伟，待人以和，无疾言遽色。在军中，与士卒同甘苦，事无大小，皆亲决。有求见者立召入。好读《左氏春秋》，手不释卷。尤工诗，虽专门家自以弗逮。圣祖尝御箭亭，命诸大臣校射。奏言："臣臂痛，不可以弓。"许之。出语人曰："我曾为大将军，倘一矢不中，有损国威，且为外藩所笑，故不与将军角伎也。"人服其雅量。(《国史碑传集》、《先正事略》)

汤斌，河南睢州人，顺治九年成进士，授国史院检讨。十三年，应诏陈言，请广搜遗书，修《明史》。且言《宋史》修于元至正，特传文天祥之忠。《元史》修于明洪武，亦著巴颜布哈之义。我朝顺治元二年间，前明诸臣，亦有抗节不屈，临危致命者，宜令纂修诸臣勿事瞻顾。大学士冯铨、金之俊目为夸奖抗逆之人，拟旨严饬。

世祖特诏斌至南苑，温谕移时。是年，诏选翰林，出为监司，授潼关道。大兵下滇蜀，关中当孔道，总兵陈德以师过，檄车五千两，实需二千余，冀以金代。斌密具车二千，自坐关上，挥士卒升车，盈十两，即出之，夜漏四鼓尽出关，总兵不得已亦出。至洛阳留匝月，军变，而关城得晏然。于是严保伍，行乡约，建义仓，立社学，流民复业数千户。会岁旱无麦，兵饷例给麦，价浮于谷，斌请以仓谷代。主兵者不可，曰："如是兵且变。"斌曰："民且饥死，独不能变乎？兵有变，吾自任之。"即与兵约以谷饷，明年补饷以麦，而令还谷于官。兵帖然。斌莅事精敏，讼无留狱，环境五十里，听质者不赍宿粮。常出勘荒，遇雨，止大树下。民朱栏其树，时以比甘棠云。

十六年，调江西岭北道。甫三日，清积狱八百有奇。平南军过南安杀人，有司以斗杀论。斌曰："力侔者谓之斗。今军无寸伤，而民以兵死，与律不应。"卒抵军于法。寻乞病归里，丁父忧。服除，闻容城孙奇逢讲学夏峰，往受业，归与同人为志学会。藩司见郡守问斌近状，守对言："实未闻有此人。"

康熙十七年，召试博学鸿儒，授侍讲，与修《明史》。复疏请顺治元二年以前，抗拒本朝临危致命诸臣，皆据事直书，毋瞻顾。圣祖嘉与，颁之史馆。由是明季诸义烈，皆得表彰。二十一年，充《明史》总裁官，直经筵为讲官。每进讲，先一日斋肃，潜思经义。尝言："君心正则天下治。如天枢之运众星，故务积诚以动上。"

二十二年，擢内阁学士。河南灾，阁臣议遣官往勘。斌曰："无益也。使者所至，苛扰州县，一闻遣使，辄辍耕以待勘，是再荒也。不如令有司自勘便。"已而河南果畏勘灾，讳者半。给事中任辰旦议阻巡狩封禅事，阁臣拟旨切责。斌曰："给事言是。"李沆云："边患既息，恐人主渐生佚心，相公当以为虑。"或议改法令。斌曰："官之失德，宠赂章也。不此之惩，而恃区区之法乎？"时江宁巡抚余国柱内召，廷推代者。圣祖曰："朕闻学士汤斌，曾与孙奇逢讲明道学身体力行，可特授巡抚。"濒行，谕曰："朕非忍出卿于外，顾吴俗奢靡，以卿耐清苦，冀有所变革。"赐御书三，鞍马一，表里十，白金五百两。并撤御馔赐之。十月，圣祖南巡至苏州。苏城道狭，总督将毁民居，广驰道。斌曰："此非圣主勤民之意也。"止之。再赐御书及蟒服。时滞狱山积，就舟中判决，不假寐者六昼夜。初，国柱疏言淮阳二属水淹，涸出者令次年输额赋。至是，遣官履勘，水如故。疏入，部议令再勘，仍以实奏，事乃寝。于是除耗羡，禁私派，清漕政，汰蠹役，行保伍，革盐商匿费。自总督以下，皆相戒不得受所属一钱，所部肃然。苏、松常苦赋重，积逋相仍，而江北诸州县又屡被水旱。斌曰："民气未苏，教化未易行也。"乃奏缓苏、松积欠，请分年带征。从之。又请蠲十八、十九两年灾欠，请除邳州版荒田赋。又请蠲明万历时所加九厘饷。又极陈苏、松浮粮之困。先后奏免额赋数十万两。

二十年，淮、扬、徐水灾，条上蠲赈事宜，请发帑银五万两，告籴江西、湖广，先借所属州县仓谷散放。不俟诏下，遣官遽行。又言："饥民流亡者多，请饬漕臣徐旭龄、河臣靳辅分督淮安赈务。臣即至清河、桃源诸州县察赈。"上命侍郎素赫往助，灾民咸就抚辑。乃兴学以善民俗，令城内外及乡镇二百家以上，皆立社学。就学者廪之，择诸生中贤者为之师。月会明伦堂，讲《孝经》、《小学》，朔望集士民，讲《上谕十六条》，皆身莅之。重修泰伯祠及范文正、周忠介二祠。朔望往谒，禁妇女游观。胥吏倡优，毋得衣裘帛。毁坊刻淫词小说。诸无赖为民害者，悉痛除之。禁火葬及淹柩者。令下一岁，报葬三万余棺。奏劾知府赵禄星、知县张协浚等。常州守祖进朝有异政，以失察属吏除调。斌疏留之。吴县令刘滋、吴江令郭琇，皆廉能称最，以积欠未征，不得与行取。斌疏荐之，皆格于部议，特旨允行。尝夜治文书至四鼓，日中始一食。或劝以少休，慨然曰："君命即天命也。日监在兹，敢自暇逸乎？"居二年，吏治蒸蒸，民俗丕变。时执政明珠，方树党招权利，引国柱长户部，先后蠲漕及缓征。以部费为名，索金四十万。布政使累以为言，斌弗许。明珠有家隶，言事多效，所至大府常郊迎。过苏，畏斌威声，弗敢谒。斌闻，使召之。辟大门，传呼，隶跽而听命。归诉之明珠，谋致难于斌。而上方向斌，念在外无从得事端，会东宫出阁读书，乃荐斌辅导皇太子。上然之，授礼部尚书，管詹事府事。将行，百姓号呼，如儿失母，罢市三日，各绘像以祀。去之日，穷乡下邑，士女童叟，手瓣香来会送，共合城门不可行。斌揭示："吾在外不能为父老德，往者屡请核减浮粮，并为廷议所阻。今入见天子，当面陈之。"民皆罗拜，泣良久，乃得行，敝篑数肩，不增一物于旧。入朝，温谕褒其廉。问路所由，及地方利弊，斌以凤阳灾对。上遽遣近臣往赈。时国柱已为大学士，兼管户部。得斌所出示，以告明珠曰："曩议皆上所可也。今市恩推过，号于众以为名，使上知此，立蹶矣。"比斌至，语已上闻，而未之知也。进讲东宫，首陈《大学》财聚民散之义。毕讲，东宫入侍，上问所肄，具以闻。上曰："此列国分疆时语也。若海内一统，民散将安之？试询之。"斌具陈秦隋土崩状，且言一统而民散，祸更烈于分国时。上闻，犹谅其忠。

先是，淮泗水溢，山阳、盐城、宝应、高邮、泰州、兴化、如皋七州县，荡析离居。上南巡，命浚海口，泄积水，敕按察使于成龙主工务。寻以廷臣议，使受河督靳辅节制。成龙议工费八十余万。辅议海口沙淤，非起高邮车逻镇，筑高堤束内水，高丈余，不能出海，估费二百七十八万。上召辅及成龙面询，成龙力排辅议。淮南士大夫惧伤庐墓，亦廷争之。乃命尚书萨穆哈、学士穆成格，会斌及总漕徐旭龄合勘，兼问七州县耆老云何。辅议，执政主之。上心颇是成龙，廷臣知辅议势不可行，欲并罢成龙工役，斌力争。使者曰："是言吾当口奏。"既而匿不以闻。至是，斌内召，上语及海口，斌对："开一丈有一丈之利，一尺有一尺之利。"上愕然曰："尔时胡不言？"斌具陈前事。诘旦，召二人与质对，二人语塞。上怒，立黜之，遣工部侍郎孙在丰往浚下河，如斌议。时始设太子讲官，以斌及詹事尹泰、鄂棻，少詹事舒淑，中允阎世绳，赞善黄与坚任之。斌疏荐候补道耿介刚方笃实，学有渊源，上遂授少詹事，命斌与介辅导太子。

二十六年夏，不雨，圣祖下诏求言。斌言民间春税，力弗能堪，宜复春秋两税。又言芦课征铜，铜不常有，仍听输银便。国柱遽起，拉斌曰："欲变此法，俟国柱去户部未晚也。"会灵台郎董汉臣上书，请谕教元良，慎简宰执，语多指斥时事。御史陶式玉劾汉臣撫浮词，欺世盗名，请逮治。下内阁九卿议，执政惶悚，议与同列囚服待罪。大学士王熙继至，貌甚暇，徐曰："市儿妄语，立斩之，则事毕矣。"执政曰："上阅奏至再三，亲点次，类嘉与之，何君言若是？"熙笑曰："第以吾言入，视何如？"时斌最后至，国柱述两议以决于斌。斌曰："彼言虽妄，无死法。且所言早谕教，崇节俭，宜施行。大臣不言，故小臣言之。吾辈当自省！"国柱曰："此语可上闻乎？"斌曰："上见问，固当以此对。"于是大学士勒德洪、吏部尚书达哈塔，皆如斌议。明珠入奏，国柱尾其后而与之语。命下，汉臣免议。旋以斌当会议时，有"惭对董汉臣"之语，传旨诘问。斌奏："汉臣以谕教为言，臣忝长宫僚，动违典礼，负疚实多。"上以词涉含糊，令再回奏。斌具疏引罪，旨仍切责之。于是，左都御史瑷丹、王鸿绪，副都御史徐元珙、郑重等劾斌奉谕申饬，不痛引咎，并追论其去任时，巧饰文告沽名。会耿介以疾乞休，尹泰、舒淑及少詹事开音布、翁叔元劾介实无疾，并劾斌妄荐，举朝多为不平。而达哈塔独上疏请与斌、介同罢。并下部察议，当夺职。诏斌与达哈塔仍留任，许介去。斌适闻继母疾，乞归省，圣祖手诏慰留。

九月，改工部尚书。九卿会议，斌以入讲不至，坐降二级留任。寻得疾，敕御医就视，十月卒，年六十有一。临终戒其子溥曰："孟子言：'乍见孺子，皆有怵惕恻隐之心。'尔等当养此真心，时时发见，久之可达天德。若袭取于外，终为乡愿，无益也。"又曰："吾数月来，心无一线放逸，得力深于平时。"遗疏入，上遣大臣奠茶酒。诏由驿归榇，下所司议恤。部臣以曾降七级奏。特旨仍视尚书例予祭葬。逾月，上与诸大臣语曰："吾遇汤斌特厚，而怨讪不休，何也？"众曰："无之。"上曰："廷议董汉臣，彼昌言朝无善政，君多失德，大臣不言，故小臣言之。尚不为怨讪乎？"众乃知斌为执政所倾也。非上宽仁，夙重斌，必无幸矣。

雍正十年，诏入祀贤良祠。乾隆元年，赐谥文正。道光三年，诏从祀孔子庙庭。斌与陆陇其俱号醇儒。陇其之学，笃守程朱，攻陆王不遗余力。斌之学，源出孙奇逢，而能持新安、金溪之平。大旨主于刻励实行，以讲求实用，无王学杳冥放荡之弊。故为异趣而同归。官侍读时，圣祖命进所著诗文，中有《王守仁论》，上阅之，问："尔意云何？"斌曰："守仁致良知之说，与朱子不相刺谬。"且称其直节丰功不独理学，上首肯曰："朕意亦如此。"斌所著有《洛学编》、《睢州志》、《潜庵语录》、《诗文集》。(《国史碑传集》、《先正事略》)

伊桑阿，姓伊尔根觉罗氏，满洲正黄旗人。顺治九年进士，授礼部主事。康熙三年，迁员外郎。十四年，擢礼部右侍郎，调户部。十五年冬，命同工部尚书冀如锡往视淮扬等处河工。十六年，擢工部尚书，调户部。时逆藩吴三桂踞湖南，廷议制鸟船、沙船，由岳州入洞庭，横亘湖中，以断贼粮道。敕赴江南督造。明年，复偕刑部侍郎禅塔海赴茶陵督造战舰。二十一年，黄河决，敕往勘，兼筹海运事宜。疏言："黄河运道，非独输挽天庾，即商贾百货，赖以通达，国家在所必治。若海运先需造船，所费不赀，且胶莱诸河久淤塞，开通匪易，似属难行。"上是其言。是年冬，俄罗斯犯边，奉命往宁古塔督修战舰。明年，调吏部尚书。

二十三年四月，旱，命同大学士王熙等，清理刑部系囚。九月，扈跸南巡，奉谕阅视海口。疏言："车路串场诸河，及白驹、草堰、丁溪诸口，宜敕河臣靳辅详阅地势，挑浚深阔，引流入海。"上以靳辅督理黄河堤岸，势难兼顾海口，命按察使于成龙分董其事。二十四年，调兵部尚书。明年，转礼部。二十七年，拜文华殿大学士，兼吏部尚书，充三朝国史总裁，兼管兵部。三十五年，以台站马匹多毙，部臣不预严饬，又不劾奏，部议夺职。得旨，降三级留任。明年，圣祖亲征噶尔丹，命往宁夏安设驿站。事平，充《平定朔漠方略》总裁官。

三十七年，以老乞休。上谕大学士阿兰泰曰："伊桑阿厚重老成，宣力年久。尔二人自任阁务以来，凡事推诚布公，不惟朕知之，天下无不知之者。伊桑阿虽以年老求罢，朕不忍令去也。"四十一年，复以疾请告，得旨："卿品行端凝，才识敏练，勤劳岁久，倚畀正殷。今以老病乞休，情词恳切，可原官致仕，仍加意调摄，以副朕笃念老成至意。"四十二年卒。遗疏入，优旨议恤，赐祭葬如典礼，谥文端。伊桑阿在政府十五年，镇静和平，实心任职，尤留心刑狱。每侍直句本，上有所问，辄能举其词，不待按册而得，同列服其精详。上尝御批本房，伊桑阿与大学士王熙、吴琠及学士韩菼等，以折本请旨。上曰："人命至重，今当句决，命在须臾，尤不可不详慎。尔等于各谳词，既经阅过，苟有所见，皆当尽言。"乃举可矜疑者十余人以对，遂皆得缓死。每垂问，奏对悉称旨。上徐曰："此等所犯皆死，朕犹于当死之中，典求其可生之路，不忍轻毙一人。因念淮扬百姓，频被水灾，死亡不知凡几，何罪何辜，罹此惨酷！朕怃然伤之。河患不除，夙兴夜寐，不能暂释于怀也。"伊桑阿随陈灾民困苦状。上曰："百姓既被水灾，存者必至流离转徙。田多不耕，赋安从出？今当予免明年田赋，俾灾黎于水退时，思归故乡，粗安生业。"上又曰："天下黎元皆朕赤子，其中朕最悯念者有三等人，一读书寒士，一饥寒穷民，一无知犯法之人。"于是，伊桑阿等稽首奏曰："圣心与天地同德，即今断狱之时，念淮扬百万生灵之苦，而预筹蠲恤。又普念天下士民之不得其所者，仰见仁心恻怛，无所不用其极也。"既出，即拟旨预免淮扬田赋。此虽一端，可想见明良一德之盛矣。乾隆十三年，入祀贤良祠。（《国史碑传集》、《先正事略》）

熊赐履，湖北孝感人，顺治十五年进士，选庶吉士，授检讨。康熙二年，迁司业，晋弘文院侍读。六年夏，诏臣工极言得失。时内大臣鳌拜辅政自专,赐履应诏上书,略言:"民生困苦已极,私派倍于官征,杂项浮于正额,一旦水旱频仍,蠲豁则吏收其实,而民受其名,赈济则官增其肥,而民重其瘠,民情实大可悯矣!虽然,此非独守令之过也。上之有监司,又上之有督抚。朝廷方责守令以廉,而上官实教之以贪;方授守令以养民之职,而上官实课以厉民之行。故督抚廉则监司廉,守令亦不得不廉;督抚贪则监司贪,守令亦不得不贪,此又理势之必然者也。伏乞将督抚大加甄别,以民生之苦乐,为守令之贤否,以守令之贪廉,为督抚之优劣。督抚得人,则监司自得其人,守令亦得其人焉。虽然,内臣者外臣之表,京师者四方之倡也。本原之地,在乎朝廷,而其大者,则在立纲陈纪用人行政之间。今政事极其纷更,而国体因之日伤;职业极其惰窳,而士气因之日靡;学校极其废弛,而文教因之日衰;风俗极其奢僭,而礼制因之日坏,宜急思所以补救之。乞皇上申饬满汉诸臣,虚衷酌理,实心任事,化情面为肝胆,转推诿为担当。汉官勿阿附满官,堂官勿偏任司官。宰执尽心献纳,勿以惟诺为休容;台谏极力纠绳,勿以钳结为将顺。庶职业修举,官箴日肃。虽然,犹非本计也。根本切要之地,则端在我皇上之一身矣。盖皇躬者,万机所受裁,万化所从出也。我皇上圣明天纵,岂常情所能窥?然生长深宫,春秋方富,正宜慎选左右,辅导圣躬,薰陶德性,优以保衡之任,隆以师傅之礼。又妙选天下英俊,使之陪侍法从,朝夕献纳。毋徒事讲幄之虚文,毋徒应经筵之故事。毋以寒暑有辍,毋以晨夕有间。于是,考诸六经之文,监于历代之迹,实体诸身心,以为敷政出治之本。若夫左右近习,必端其选,缀衣虎贲,亦择其人。佞幸不置于前,声色不御于侧。非圣之书不读,无益之事不为。内而深宫燕闲之间,外而大庭广众之际,微而起居言动之恒，凡所以维持此身者无不备，防闲此心者无不用。主德清明，君身强固。举立政敷教，知人安民，无非天德所流行，天则所昭著。由是直接二帝三王之心法，自足措斯世于唐虞三代之盛，又何吏治之不清，民生之不遂哉？"疏入，鳌拜恶其侵己，曰："是劾我也。"遂请治赐履妄言罪，且请申禁言官不得上书陈奏。圣祖勿许，曰："彼自陈国家事，何预汝等耶？"七年，迁秘书院侍读学士。复上言朝政积习未除，国计隐忧可虑，年来灾异频仍，饥荒叠见，正宵旰忧勤、彻县缄膳之日，讲学勤政，在今日最为切要。乞时御便殿，接见群臣，讲论政治，设诚而致行之，庶可转咎征为休征。疏入，鳌拜传旨诘问积习隐忧实事。以所陈无据，妄奏沽名，议降二级用。圣祖原之。八年，鳌拜败，圣祖手书前事付廷臣，命康亲王等勘鞫鳌拜罪状。谳词有鳌拜衔赐履劾己意图倾害一款，论如律。方鳌拜柄用时，黜陟生杀惟其意，或在上前忿争，或呵叱部臣，张威福。大臣稍异同其间，立致死。赐履论事侃侃无所避，用此直声震天下。又以上即位，尚未举经筵大典，疏请慎选儒臣资启沃，并请设起居注官，备记言记动之职。

会上欲巡幸边外，赐履疏言："水旱频仍，圣驾不宜轻出。"诏罢前命，并嘉其直，俾"继今以后，事有未当，其悉陈所见，朕不惮改焉"。九年四月，擢国史院学士。召入内廷，命作楷书。大书"敬天法祖，知人安民"八字以进。复承命讲《大学》、《中庸》，上首肯者数四。十月，改内三院为内阁，设翰林院，以赐履为掌院学士，充日讲起居注官。遂以明年二月，肇举经筵大典于保和殿，以赐履为讲官，知经筵事。顷之，上以春秋两讲为期阔疏，遂命日进讲宏德殿。上有疑必问，赐履上陈道德，下达民隐，引伸触类，竭尽表里。盖赐履自初应诏上书，即力言圣学为第一要务，其后屡以为言。

会圣祖日益勤学，既开经筵，益尽心于尧舜羲孔之道，暨周程张朱五子之学，咨诹讨论，达于政事。仁浃而义炳，其端绪自赐履发之。十年夏，乞省母疾归，命勿开缺。十一年，命教习庶吉士。

十二年，诏撤三藩，上举以问之。赐履奏吴三桂年已老，俟其身后撤之，其势易，宜缓图。上以语诸大臣，惟明珠、米思翰力言三桂仅一子，质于朝，可勿虑其他，又安能为？未几三桂反。明年，耿精忠反。十四年春，授武英殿大学士，兼刑部尚书，疏辞。不许。既受命，参画军机，及诸道粮饷。并请严饬军行所过，不得蹂践禾稼，使兵不病民，民不失业。

十五年，陕督哈占有《开复疏防官》一疏，内阁误票三法司核议。既检举，大学士索额图索初拟票稿，不得。谓赐履有改写情弊，请察议。免归。家于金陵。

二十三年，圣祖南巡，召对行在，赏赉有加。寻书"经义斋"三字，题其居。二十七年夏，起礼部尚书。冬，丁母忧归。先是，因进见，言西夷噶尔丹且有变，宜为备。至二十九年，边人告警，圣祖念其言，趣起前官。三十年，充经筵讲官，典武会试。明年春，命往江南鞫狱，冬，调吏部尚书。

会河督靳辅请豁近河所占民田额赋，诏会督抚察勘，还，奏免高邮、山阳等州县额赋三千七百二十八顷有奇。三十三年，典会试，属九卿会推两江总督，以侍郎布彦图等十二人列奏。上问保布彦图者何人，阁臣以赐履对。上察知尚书库勒纳与布彦图有私，特谕切责之，而置赐履勿问。三十五年春，圣祖亲征噶尔丹，赐履言大臣费扬古可重任，圣祖命为抚远大将军。御史龚翔麟劾吏部选补不公，谓赐履窃道学虚名，负恩溺职。疏下都察院察议，以回奏含糊矛盾，应降三级用，上命从宽留任。三十六年，复典会试。三十八年，拜东阁大学士，知经筵如故。尝进言海内乂安，休养化导，正在此时，宜益崇学校，广教化，豫积贮，戒奢汰，则万世太平之业也。每入见，辄陈四方水旱，官方得失，推古圣人所以忧民保治之意，竭虑无隐，圣祖改容称善。三十九年，典会试。四十一年，复典会试。明年春，以老乞休。优诏许解机务，留京师食俸，备顾问。四十五年，疏辞食俸，乞归金陵。陛辞，御书"寿考"二字赐之。召入，讲论累日。因言巡幸所至，官民供办，不无烦费，惟上留意。圣祖颔之。命驰驿归，官为护送。

明年，圣祖视河工，幸金陵，赐御用冠服。会纂《朱子全书》，诏李光地与赐履移书，往复商定。赐履平生论学，以默识为真修，以笃行为至教，由程朱之涂而上溯孔孟。其言曰："圣贤之道，不外乎庸。庸乃所以为神也。"所著书有《学统》、《学辨》、《学规》、《学余》、《经义斋》诸集。四十八年十月，卒于家，年七十有五。命礼部遣官视其丧，赐祭葬如制。赠太子太保，谥文端。遗疏至，其同姓编修熊本，窜入荐己语。上察其伪，命江督取其疏草以进，果无是语，罪本如律。

五十一年，谕吏部曰："朕初立讲官，原任大学士熊赐履，日以内圣外王之道，正心修身之本，直言谠论，务得至理而后已。且品行清正学问优长，身后屡加赐恤，至今犹轸于怀，可录用其子，以示不忘耆旧之意。"厥后侍郎方苞疏请祀贤良祠，初格吏议，后卒从之。(《国史耆献类征》、《先正事略》)

康熙政要卷四

任贤第三下

于成龙，山西永宁人。顺治十三年，以副贡知罗城县，年四十有五矣。临行与友书曰："某此行，绝不以温饱为念。所自信者，天理良心四字而已。"罗城烟瘴地，官廨在丛箐间，插棘为门，虎白昼行庭中。成龙至，累土为案，旁置爨釜一、盂一，召吏民从容问疾苦，皆感至诚，益乐就，争输田赋。初，邻瑶岁率三四至，杀掠人畜。成龙严保伍，勒乡兵，将捣其巢。瑶惧自投，不敢复犯界，数遣子女问安。每春时，命两瑶舁竹舆，行田野中，见力耕者，辄呼与语，相劳苦。民率妇子罗拜，或坐树下与饮食笑语，欢如家人。奖勤挟惰，民大劝。始至，从仆皆死亡，罗人为敛金钱，跪进云："知阿爷苦，聊供盐米资。"笑谢曰："我一人，何须此？可持归，市甘旨，奉若父母，一如我受也。"居数年，家人来，罗人则大喜，又进金钱如初，仍却之。众泣，成龙亦泣。在罗城七年，招流亡，修学校，增陴浚隍，定婚丧之制。以卓异迁知合州，罗人遮道呼号，追送数百里。一眇者独留不去，问其故。曰："民习星卜，度公橐中装，不能及千里，民技犹可资以行也。"竟赖其力达合州。州领县三，遗黎才数百人，正赋十五两，而供役繁重。府帖下取鱼。成龙曰："民穷极矣，安所得鱼？"卒不与。且极陈民困状，尽裁革之。一仆一羸马自随，贷牛种，招流亡，旬月间得户千计。再迁黄州同知，驻岐亭。地多幽壑汊湖，为盗窟，遂捕得九人，大集诸父老曰："能保后不为盗者，贳之。"保二人，其七人即诸父老前，取大索骈系，悉坑之，众股栗。又获巨盗彭百龄，贳其罪，令捕盗自赎，无脱者。巡抚张朝珍器之，举卓异。吴三桂反，檄摄武昌府事，问御乱策。对曰："安人心，莫先下令停征。"张已草奏，与成龙意合，遂尽以兵事属之。时大军云集，供亿皆叱嗟办，恶少凭禁旅为奸，成龙立置之法。白大将军申军令，甲士拥之而哗不为动，徐敛去。谍指武昌大姓通贼，以藏兵器为征。成龙言巨室多避兵良子湖，藏械备他盗，无足怪。迹之，果无他。迁知建宁府，奏改武昌。大兵征岳州，檄造浮桥于蒲圻。贼骤至，因入城守。桥以山水暴涨圮，坐罢职。会东山寇作，张朝珍命讨贼，请得便宜从事，许之。问需兵几何，曰："前守蒲圻数人足矣。"先是，大冶贼黄金龙亡匿刘君孚家。君孚素黠猾，收召亡命，亦间为官吏擒盗贼，尝隶成龙岐亭役。至是得三桂伪札，与金龙潜结周铁爪等，期七月起事。事泄，君孚恐，遂以五月反于曹家河，官兵为所败。成龙侦知君孚虽反，众未合，遂直趋贼寨。未至十里止宿，榜示胁从者，许自首免罪，过三日以从逆论。投首日千人，贼势孤，欲即降，惧诛。成龙遣一人持檄往谕，而自骑一骡，一人张盖，一人鸣钲前导，命行，呼"太守来救尔山中人"。君孚匿后山，夹道伏枪弩数百，成龙疾驱抵贼舍，坐厅事，贼众环列。因问："老奴安在？"君孚旧隶麾下，故呼以昵易之。又问："山中雨水禾稼若何？若良民，何为作贼取屠戮？时方酷热，若父母妻子匿何所，得毋苦耶？"贼皆罗拜泣。成龙曰："热甚，须少憩。"遂熟睡，鼾声如雷。移时寤，又谩骂："君孚老奴，何为久不至？客至乃不设酒脯？"君孚初惧见绐，及是，出，叩头受抚，即日降其众数千。问："金龙安在？"曰："在望花山。"即令导行，掩其不备，擒斩之。捷闻，朝珍持露布与僚属曰："人谓我不当用醉汉，今定何如？"成龙常襄事秋闱，大吏觞之，抵掌论时事，饮数十巨觥，吏人窃笑以为酒狂，故朝珍及之也。八月复职，调黄州。甫抵任，湖北大乱。何士荣反永宁乡，陈鼎业反阳逻，周铁爪、鲍世庸反白水坂，刘启业反石陂，各拥众数千，号十万，逼趋黄州。时援军皆赴湖南，黄州吏民才数百，至不能备阗柝。或议退保麻城。成龙曰："黄州，七郡咽喉也。弃之则荆岳瓦解矣。吾誓死不去。然坐困亦非策，当剿之。贼虽众，皆取士荣进止，先取士荣，余可不战下。"遂集乡兵得二千人，别遣黄冈知县李经政擒鼎业。士荣已据黄土坳，遣把总罗登云、武举张尚圣迎击。前锋战少却，成龙疾驰抵尚圣营。日午，乡兵大集，有众五千屯箔金寨，与贼对垒。诘旦，士荣率贼数万，分东西路来攻。东路贼少，登云领千人御之。而成龙率千总李茂升当其西，尚圣攻右，把总吴之兰攻左。战始合，之兰中炮死。贼斗益急，火燎成龙须，或劝少避，叱之曰："今吾死日也。敢言退者斩！"遂鞭马直前，回顾茂升曰："我死，可归报张公。"茂升恐失成龙，急发矢殪其大旗，军随进。茂升马被创，弃马，射杀二人，易马进战，复手刃数人。而尚圣自右山绕出贼后夹击，贼大败。斩馘数千，士荣左臂断，就擒。登云击东路，亦追奔数十里。成龙得贼名籍，立焚之。乘胜至吕王城。众欲少憩，告之曰："破竹之势，不可失也。"方炊，覆釜以进，据鞍草檄。驰谕有能擒贼献者重赏，投诚者待以不死，胁从归者但闭门坐，家无军器，即从贼，概不追问，藏兵仗者即良民亦诛死。于是贼众闻士荣擒，名籍已毁，各解散。至白水坂，铁爪、世庸等欲进保什子寨，则已遣人守隘，不得上，悉擒之。又分众平石陂贼，乃勒石岐亭，班师。自誓师至此，二十有四日，以乡民数千破贼数万，不费公家丝粟。黄州平，时康熙十有三年十一月也。次年秋大饥，发廪赈恤，全活数万人。十五年，水旱灾，讹言复起。成龙故示暇豫，修赤壁亭榭，日与寮吏啸咏饮射其间。民皆曰："我公如此，复何忧？"会丁继母艰，士民乞留者数万。有诏夺情视事。

十六年，总督蔡毓荣等奏复江防道，以成龙任之。明年，迁福建按察使。民遮送至九江，凡数万人，哭声与江潮相乱。十八年春，抵闽。时耿精忠乱后，康亲王驻军省会，闽民多以通海获罪。成龙力白王，言诸案所引多平民，宜省释复录。时大吏有难色，因指庭前妇孺曰："此曹岂能反？皇天在上，独不为方寸地耶？"王久闻其名，至是益重之，悉从其请。巡抚吴兴祚荐成龙廉能第一，迁布政使。禁军月征埊夫数万，力争于王前，罢之。满兵掠浙东子女，役为奴者数万，为赎归之。各属纳赋皆应时收，不增铢黍。署中薪米不给，至无衣可典，日或不再食。随征满汉大臣朝使者，有时来过，径入卧内，或绕署周行，几案间蛛丝鼠迹、文卷书册外无长物。咸叹曰："于公清苦，天下一人而已。"外番贡舶有所献，悉屏之。或呈样香，一嗅即持去。贡使啮指作礼曰："天朝有此清官，吾侪未闻见也。"十九年，迁直隶巡抚。知县某经道府揭报，具牍讦告，遂疏请严定反噬挟制律，著为令。又疏请豁免宣府所属东西二县，及怀安、蔚州二卫水冲沙压荒粮三千余石，银千余两。从之。又因灾疏请缓征并平粜。诏即以平粜之米作赈。会旱，步祷，雨立沛。禾黍重歧三穗。民号曰"于公穗"。寻劾青县令赵履谦贪黩状，论如律。

二十年春，陛见，赐坐，赐茶，面谕曰："尔为今时清官第一，朕所深知。"因问剿抚黄州土贼时事，又问属吏中亦有清廉者否，成龙以知县谢锡衮，同知何如玉、罗京对。上曰："尔所劾赵履谦甚当。"成龙奏："履谦过而不改，臣不得已劾之。"上曰："为政当知大体，小聪小察不足为。且人贵始终一节，其勉旃。"旋赐食御书房，又赐帑金千，良马一。马，上所乘也。越数日，御制诗，手书赐之。寻遣官助成龙赈宣府各属饥。诏蠲免本年额征，及积年带征。是年秋，请缓真定府属房税银，又请破格全蠲霸州本年田赋，均报可。冬，乞假归葬，优诏许之。未几，调两江总督。濒行，举直隶守道董秉忠、通州知州于成龙、南路通判陈大栋、柏乡知县邵嗣尧、阜城知县王燮、高阳知县孙宏业、霸州州判卫济贤并堪大用。得旨俞行。抵江宁，官吏皆望风改操。知好微行，遇白须伟貌者，群相指自慑。檄郡县条上便宜，皆为兴举。会江宁知府阙，诏即以通州牧于成龙擢补。成龙，汉军人，由荫生起家，后官河道总督，谥襄勤者也。南中风俗侈丽，成龙至，人争衣布褐，布价骤腾。士民有欢笑无管弦，游惰不空手，柜坊无锁。成龙治官书，夜申旦不寐。性喜饮，甚至累月不一醉。尝中夜苦饥，索少米作糜，不得，笑而止。时苞苴尽绝，午日，遍视寮吏无敢以角黍相遗者。建虹桥书院，择高才生讲习其中，亲往训课。副都御史马世济还自江南，劾其年衰，为中军田万侯所欺蔽。部议夺万侯职，成龙休致。特诏留任。

二十三年春，巡海还，兼摄江西、安徽两巡抚事。四月十八日疾作，召属吏与诀，端坐逝，年六十有八。成龙自服官后，未尝携家属入署。至是，将军、都统暨寮吏入其寝室，见周身布被，袍一袭，靴带各一。堂后瓦瓮米数斛，盐豉数盎而已。讣闻，赐祭葬，予谥清端。七月，学士锡住勘海疆还，上询成龙在官时声绩。锡住奏其清廉，但因轻信，或为僚属欺罔。上曰："此与成龙不合者，造为此言耳。居官如成龙者有几？"十一月，南巡至江宁，谕知府于成龙曰："尔务法前总督于成龙，正直洁清，乃为不负。"又谕阁臣曰："原任部督于成龙，朕博采舆评，咸称为古今第一廉吏。可加赠太子太保，荫一子入监。"会御试词臣，作《理学真伪论》，纳卷时，上特谕曰："理学无空言，如于成龙不言理学，而服官至廉，斯即理学之真者也。"自天子广厉风节，恩礼始终，由是士皆慕效，吏治烝烝一变矣。成龙卒后，军民争绘像祀，江宁、苏州及黄州皆有祠。御书"高行清粹"四字为祠额。并书楹联赐之。平生与人交，不择贵贱，谈䜩终日，一语涉私，即正色斥诘。每称曰："上帝临汝！"又曰："日监在兹。"属吏畏威，若负霜雪。及论事，辄霁颜商榷。此虽严惮，愈益亲乐之。年饥，屑糠杂米为粥，与童仆共之。属吏至，亦以是进，曰："如法行之，可得留余以赈也。"性强毅，而临事应变无方。当黄金龙被擒，即赏刘君孚百金，众疑其过，告之，曰："金龙之擒，寔由君孚密计，君等不知耳。"于是，其党疑君孚卖金龙，各散去。又以间离其亲属，君孚遂郁郁以死。成龙状如乡里学究，而用兵如神，尤善治盗。所用游徼及降盗，恒抚以恩威，辄先来报。知武昌时，营弁某弟素无赖，适远归，是夜饷被劫，弁告弟所为。已诬服狱具，成龙破械纵之。巡抚惊问曰："盗冤，真盗何在？"因指堂下一校曰："是真盗也。余党进香木兰山，今晚获矣。"寻获盗，赃尚在校家，封识宛然。江宁盗号鱼壳者，拳勇，倚驻防都统为解，有司莫能擒。抵任时,官吏远迎,日旰不至。方惊疑,而成龙已单车入府矣。群吏饬厨传馈饩牵,皆不受。按察使,其年家子也,请具一餐为寿。笑曰:"以他物寿我,不如以鱼壳寿我。"按察使喻意出,以千金购名捕缚置狱。是夕,成龙秉烛坐,一男子持匕首由屋梁下。叱问何人,曰鱼壳也。成龙解冠几上,指其头曰:"取!"鱼壳长跪笑曰:"取公头不待公命也。方下梁时,如有物击我手,不得举,乃知公神人,某恶贯盈矣。"自反接奉匕首以献。成龙曰:"国法有市曹在。"迟明狱吏报失盗,人情汹汹,而督署已命中军将鱼壳斩决于市。孙准,累官至江苏巡抚,有贤声。(《国史耆献类征》)

李光地,福建安溪人。康熙九年进士,选庶吉士,授编修。十二年,乞假归。十三年,耿精忠反,海贼郑锦踞泉州,光地奉亲匿山谷间。锦、精忠并遣人招之,以死固拒。十四年夏,密疏陈破贼机宜:"闽疆褊小,自二贼割据以来,诛求鞭扑,民力以尽,贼势亦穷。南来大兵,宜急攻。不可假以岁月,恐生他变。方今耿逆悉力于仙霞、杉关,郑贼并命于漳、潮之界,惟汀州小路与赣州接壤,贼所置守御,不过千百疲卒。窃闻大兵南来,皆于贼兵多处鏖战,而不知出奇以捣其虚,非计也。宜因贼防之疏,选精兵万人,或五六千人,诈作入广之兵,由赣达汀,为程七八日耳。二贼闻急趋救,非月余不至,则我兵入闽久矣。大军果从小路横贯其腹,则三路之贼,不战自溃。乞密敕令兵官侦谍虚实,随机进取。仍恐小路崎岖,更使乡兵在大兵之前,步兵又在马兵之前,庶几万全,可必胜。"置疏蜡丸中,遣使间道赴京,因内阁学士富鸿基上之。奏入,圣祖嘉其忠,下兵部,令领兵大臣知之。贼平,上其功,迁翰林学士。上疏辞,不报。御书

"方重醇深"额赐之。十九年，授内阁学士。因对言郑锦已死，子克塽幼弱，部下争权，宜急取之。又言内大臣施琅习海上形势，知兵，可重任。圣祖用其言，卒平台湾。复疏言编修陈梦雷当耿逆之变，有七旬父母不能脱逃，致被逼胁。梦雷虽陷贼中，托病支吾，受臣密约，图反正，请贳其从逆之辜。既法司坐梦雷斩，诏从宽免死。闰八月，圣祖命光地进家居所著文字，光地汇其读书笔录及论学文字进之。略言："道之与治，古者出于一，后世出于二。孟子叙尧舜以来至于文王，率五百年而统一续，此道与治之出于一者也。自孔子后五百年而至建武，建武五百年而至贞观，贞观五百年而至南渡。夫东汉风俗，一变至道，贞观治效，几于成康。然律以纯王，不能无愧。孔子之生东迁，朱子之在南渡，天盖付以斯道，而时不逢，此道与治之出于二者也。自朱子以来，至我皇上又五百岁，应王者之期，躬圣贤之学，天其殆将复启尧舜之运，而道与治之统复合乎？臣虽无知，或者得依附末光，而闻大道之要。"二十五年，授掌院学士，直经筵。二十六年，以母病乞归省，命悬缺以待。二十七年夏，至京。时值孝庄文皇后丧，礼部劾光地在途迁延，弗及叩梓宫，请下吏部议。议降五级，得旨勿问。初，光地尝奏侍读学士德格勒有学行，善占易。而德格勒亦称光地有文武才，宜膺封疆重寄。会天旱，圣祖命德格勒揲蓍，因而论大学士明珠过失，珠闻而大恶之。寻有言德格勒与同官诽议朝政者，圣祖召试诸廷臣。德格勒以文劣削五级留任。寻又以私抹起居注，为掌院库呼纳所劾，下刑部议罪。有旨以前奏诘光地，光地引罪乞处分，得旨从宽免罪。二十八年，改通政使，擢兵部右侍郎。三十七年，授直隶巡抚。在官以清勤自励，恤民隐，尤尽心于农田水利。

三十八年，诏以漳水与滹沱合易泛滥，其导漳河由运达海，以分滹沱之势。光地疏言："漳河见分为三，一支由大名经魏元城，至山东馆陶入卫归运。一支名老漳河，自山东邱县经南宫及青县与完固口合，至鲍家咀归运。一支名小漳河，自邱县经广宗、巨鹿合于滏，又经束鹿、冀州合于滹沱，由衡水出完固口，复分为两支。小支与老漳河合流而归运，大支经河间、大城、静海入子牙河而归淀。今入卫之河与老漳河流浅而弱，宜疏浚。其完固小支，应筑堤逼水入河，以达于运。更于静海、阎留二庄，挑土筑堤，束水归淀，俾无泛滥。"报可。次第讫工。因奏霸州、永清、宛平、良乡、固安、高阳、献县浚新河，占民田百三十九顷，请豁其赋额。从之。

三十九年，疏定清厘亏空之法。又应诏条上科场事宜三则，学政事宜四则，均下部议行。时圣祖以子牙河屡泛滥，自河间以北，静海以南，皆被害，遂亲临相视，发帑金，命光地于献河两岸筑长堤，西接大城，东接静海，亘二百余里。又于广福楼之焦家口开新河引水入淀，由是下流益畅，无水灾。光地以堤工既成，请开诸州县水田，引漳、滏、滹沱、大陆诸水资灌溉，荐同知许天馥为河间知府，司其役，从之。畿属固有八旗牧地，与民田相错，岁久民多占牧为田。方奉部牒按验，光地令民自首者，按则输粮，而免其隐漏罪。其隙地愿耕者，听民便之。明年，修永定河工，自郭家务至柳岔口，开河筑堤。四十一年，饬所属州县广兴水利。近山者导泉通沟，近河者引流酾渠，去水远者凿井溉田。其水道应修浚者，俱借帑兴工。

四十二年，玺书褒美，擢吏部尚书，巡抚如故。是年冬，以畿辅被水，请发仓赈贷，令富人出粟平粜。明年，给事中黄鼎楫、汤右曾、许志进、宋骏业、王原等合疏劾光地抚绥无术，致河间饥民散入京城，又匿宁津县灾。疏下光地回奏。光地言：

"知县陈大经报灾不时，已劾罢。至民有流离，臣不敢辞咎，请从重处分。"诏原之。再疏辞尚书，不许。

四十四年，疏劾前任云南布政使张霖，假称诏旨鬻私盐，得银百六十万两。得旨，即令光地审拟，霖论斩籍没。十一月，授文渊阁大学士。时圣祖临御久，日潜心六艺之文，河图象数之学，下逮濂洛关闽之书，旁及历算、声音之道，反复研索，由源达流。光地故笃信程朱，因以上窥羲文之秘，所奏进文字，发舒心得，圣祖未尝不称善。凡御纂《朱子全书》及《群经性理》诸编，多命光地参订。中有淆赜，往复陈请不倦，亲承指授，所造益深。圣祖尝诏廷臣："知光地者莫若朕，知朕者亦莫若光地。"抚直隶时，御史吕履恒劾光地任意断狱，上察其诬，还其奏。给事中王原劾文选郎陈汝弼受赃，法司论绞。汝弼，光地荐也。上察知供证非实，下廷臣确核。得刑讯选人逼供行贿状，汝弼免罪。承谳官降黜有差，原以嘱托私书为汝弼举首，削职。光地恐启门户之祸，益慎重寡言，其有献纳，罕见于章奏。

圣祖尝召编修沈宗敬，命作行楷书。因传谕光地曰："朕初学书，宗敬之父荃实侍，每下笔，即指其病，兼析所由。至今每作书，未尝不思荃之勤也。"光地因奏曰："此即成汤改过不吝之心也。苟自是而恶直言，则无由自镜矣。"每内阁奏事毕，独留光地南书房，暇则召入便殿，语移时。上尝问近日民情若何，光地对曰："方三藩播乱，民心摇摇，未知所归。今上恩德显信于天下矣。往岁闽中旱荒，群吏不能体上意，所发帑粟多干没，民饥且死，独归怨于有司，而鲜不信上之志在矜恤者。"嗣问矿事，光地请著令："止土著贫民无产业者，许人持一铫以往，而越境者有诛，则奸民不致聚徒山泽，以生事端矣。"议遂定，一时大豪挟金谋首事者，皆啮指自悔。先是，江宁知府陈鹏年为总督阿山所劾，问重辟。无何，上问及江督，光地言："阿山勤敏，其犯清议，独劾陈鹏年一事耳。"于是鹏年遂内召。两江总督噶礼与巡抚张伯行互纠，遣大臣往讯，狱久不决。上复罢噶礼，复伯行官，光地实赞之。戴名世以《南山集》下狱，吏议身磔族夷，集中挂名者皆死。他日，上言："汪霦死，无能古文者。"光地曰："惟戴名世案内方苞能。"叩其次，即以名世对。左右闻者，无不代光地股栗，而上亦不以为罪。已而苞得释，且召入南书房。方柄用时，昕夕入对。上所谘度，惟《尚书》、《周易》及朱子之书，而一时海内所号为廉吏，无论所习与否，皆安其位。五十年，以疾乞休，辞甚切。谕曰："览卿所奏，朕心惨然，当时旧臣如卿等者，不过一二人，今朕亦老矣，实不忍言也。"五十四年，再疏乞休，且以母丧未葬为言。优诏许假二年，赐诗宠其行。明年三月，诏以是冬赴京，且云："南方暑湿，善自保，荔枝性极热，毋多吃也。"五十六年四月，还朝。明年，卒于位，年七十有七。予祭葬，谥文贞。雍正元年，追赠太子太傅，入祀贤良祠。所著述甚多，均行于世。（《国史碑传集》、《先正事略》）

陆陇其，浙江平湖人，康熙九年进士。廷对策时务，其略曰："法者治之迹，而非所恃以为治也。为治而专恃法，自古及今，未有能治者。臣非欲陛下废法而治也。窃以为法之及人也浅，德之及人也深；法之禁人也难，教之禁人也易。今日之治，苟非崇德教以正人心，虽日议法无益矣。伏愿陛下日新其德，以尧舜禹汤文武之心为心，以尧舜禹汤文武之学为学。有弗言，言则必使天下共法也；有弗动，动则必使天下共则也。于是务敦教化，一如古者司徒党正，三物六行之制。尽其实，勿徒徇其名。

天下之人，既动于上之德，而又习于其教，则自然相渐以仁义、相尚以忠厚、相劝以正直，不待法之驱，而人皆有君子长者之风。由是立法以兴利，莫不安于上之所兴；立法以去弊，莫不安于上之所去。使不先正人心，而徒恃区区之法，议法者日益精，而刑法者日益巧，法之弊未有已也。虽然，臣犹有进焉。人之相遁于法也，始于其心之不正，亦由于用之不足。《书》曰：'凡厥正人，既富方谷。'管子曰：'衣食足而礼义生。'今之大吏，禄薄不足充其费，则思借法以自肥；小吏俸微，不能养其家，则思干法以为奸。其罪可诛，而其情可悯。是在陛下仿古待臣之礼，稍重其禄，使有以自给，而又定其车舆、服饰之制，宫室、饮食之节，勿使耗于无用。夫既有以养之，又无以耗之，则皆充然有余，自然奉公守法，竭心力以效忠于上，然后德教行，人心正，而郅治可复也。"

由二甲用知县，需次归，益肆力程朱之学。乙卯，知江苏嘉定县。嘉定赋多而俗侈，陇其以清介自持，上官严惮之。往时令馈遗上官，动千百计，陇其岁时起居通书问而已。衙胥旧以千数，至是去者过半。其在者无所得食，令更番给事，退则为耕贩以自活。有所遣摄，计日与钱，远者许就民间一饭，括索者必痛惩之。尤务以德化民，不事刑威。民告其子不孝，讯得实，陇其涕泣自讼曰："吾德薄，不能宣教化，令汝父子至此。"因委曲诫谕，父子皆大哭去。子归，卒善事其父。有弟以盗讼其兄，廉知其弟妇翁所导也。杖而数之曰："为子婿计，乃忍断其手足耶？"兄弟皆感泣，好如初。邑多逋赋，立甘限法，令应输者自为限，届期逾半即免杖。一士人，经月无所输，陇其曰："是非故逋赋者。"察之则新遭忧也，卒不追呼而粮办。时南方用兵，征饷十万，遂为文谕民，激以大义，不一月而数足。丙辰，廷议暂抽市肆钱一年佐饷，例不及巷舍，陇其如例报征，巡抚慕天颜不悦，疏言："时方多事，陆令非应变才，请调简。"部议遂引才力不及例，镌三级调用。嘉定民大骇罢市，日号巡抚门乞留。巡抚不自安，再具疏请复，而陇其先以盗案落职矣。盗案者，邑张某与汪姓讦讼，汪赴理，夜被盗杀，其弟以仇杀告。陇其疑小隙无杀理，牒大府，请俟获犯定拟。寻获真盗七，狱具，部议以初报不直指为盗，疑讳匿，引例夺职。或谓陇其宜申辩，答曰："县有盗，长吏不知，黜宜也。何辩为？"士民相率诣大府为辩，卒莫省。会征博学鸿儒，工部主事吴元起以理学纯深、文行无愧荐。陇其未及试，奔父丧归。服除，牒部请改教官，弗许。左都御史魏象枢抗章讼冤，再疏举廉吏十人，陇其与焉。有旨复原官。癸亥，授灵寿知县。县于真定，最为硗瘠，劝课耕耨，以尽地力。请于上官，与邻县更役以苏民困；革火耗，绝私派，以养民财。又反复晓譬，化斗很轻生之习，其为民厚生正德，若谋其子弟也。尤申明乡约保伍之制。举乡饮酒礼，朔望诣学宫，与诸生讲论，导以躬行。著《松阳讲义》，谆谆于义利邪正之辨。

会岁饥，陇其牒大吏以闻，得旨免征额赋。有大姓为盗劫，巡抚不欲奏闻，命改为窃。陇其不从，曰："宁以诚去官，不欲以伪苟禄。"知府乃取盗魁杖杀之。陇其恻然曰："盗可杀，而杀之不以法，吾不忍也。"作《劝盗文》，遣吏往狱中为诸囚诵说之。闻者多痛哭。越三年，复大饥，诏发三千金以赈。遍历山谷，亲审其户口。府檄发限单，不许逾额，卒不顾，尽散之，所全活者多。巡抚格尔古德特疏荐陇其，下部议叙。尝以公事至都门，政府欲一见之，接浙行。即魏象枢屡荐陇其于朝，亦不往谒。

甲子夏，两江总督于成龙卒，上临朝痛悼，问九卿、詹事、科道:"今天下清廉官如于成龙者,有几?"于是廷臣以直隶巡抚格尔古德、部郎范承勋、苏赫,江南学道赵崙,扬州知府崔华,兖州知府张鹏翮,灵寿知县陆陇其对。庚午,科道员阙,上面谕在廷各举所知。于是工部尚书张英、左都御史陈廷敬、兵部侍郎李光地、礼部侍郎王泽宏交口论荐,与清苑知县邵嗣尧、三河知县彭鹏并举,遂奉俞旨行取。陇其念灵寿频年灾,正供不支,而杂徭未尽减,将受代,乃申请缓征,量减房地税。又言:上官供应久奉裁,宜永革除。又请将仓库不时借放饥民。临行,县民哭送者数万,立碑志遗爱,如去嘉定时。是年秋,补四川道监察御史,疏请将畿辅灾区钱粮悉蠲免,勿带征,特旨允行。

未几,湖广总督丁思孔请令偏沅巡抚于养志在任守制,举朝颇右之。陇其疏言:"天下当承平之时,湖南非用兵之地,若因督臣请而留,后将为例,其不夺情者鲜矣。臣不知议者以养志为何如人?其非贤者耶,则固不当使之在任守制;其诚贤耶,则固不肯在任守制矣。"疏入,养志遂解任。

辛未夏,大旱。遵旨陈言:一请豁免直隶被灾带征各钱粮。一言直隶编审人丁,宜求均平。一请停捐免保举之法。谓"捐纳州县,贤否错杂,故立保举法以防之。近并保举亦得捐纳,则贤否全无可凭。且保举所重在清廉,以有清廉字样为合例,保举可捐免,则是清廉之目可纳赀得也。窃以为不但保举之捐纳宜急停,而保举之期限更当酌定。请敕部察捐纳之员,凡到任三年,而无保举者,即开缺休致,庶吏治可以澄清"。时御史陈某请停保举,而开先用之例。陇其再疏,言"捐纳先用,大抵皆奔竞躁进者也,故多一先用之人,即多一害民之人"。又申三年开缺之请,词加激切。及奉命会议,仍持前议益坚。谓:"捐纳一途,惟恃保举以防其弊,今并此而捐之,且待次年三月停止,此辈有不捐纳者乎？澄叙官方之典，荡然扫地矣。议者或以三年无保举，即令休致为太刻。夫以赀得官，踞于民上者三年，亦已甚矣！又不能发愤自励，其贻害于民可知。况休致归，仍在荐绅之列，为荣多矣。即云设立期限，反生营求，此在督抚不贤，则诚有之，臣不敢谓天下必无贤督抚也。"时大兵馈饷亟，计臣方恃捐纳济国用，而豪右希进者，相率庆弹冠。内外诸臣，亦多由捐纳进，陇其独于疏议中痛斥之，众大哗。部议以其拘资格，致捐纳观望，误军需，负言官职。拟削籍，谪奉天安置。庶吉士张昺尝欲从陇其受学，未果，至是恐遽失之，即日执贽为弟子。而顺天尹卫既齐巡畿辅，还，入对，言民心惶惶，惟恐陆御史远谪，上特宥之。俾还职，寻命巡视北城，凡有献纳，必斋宿竭诚。上每韪其言，以为与朕意合，故虽以议捐纳事府众怨，而圣明终鉴其诚也。是年秋，以试俸满，都察院注不称职，应外调，遂移疾归。足迹不一至城市，茅屋数椽，布衣蔬食，益以明道觉世为己任。三十一年，卒于家，年六十有三。

后二年，江南学政许汝霖任满，上曰："原任御史陆陇其，学问优长，操守清洁，可代其任。"大臣奏陇其已故，上嗟叹久之，曰："本朝如此等人，不可多得矣！"乃以直隶守道邵嗣尧代之。寻祀直隶江南名宦、浙江乡贤。雍正二年，临雍释奠，命增从祀贤儒。礼部尚书张伯行请以入祀，制曰可。

乾隆元年，特赐谥清献，并加赠内阁学士兼礼部侍郎衔。平生教人，必授以朱子《小学》及程氏《读书分年日程》，俾学者循序致功。其学以居敬穷理为主。谓穷理而不居敬，则玩物丧志，而失于支离；居敬而不穷理，则将扫见闻，空善恶，其不至师心自用，坠于佛老者几希。所著《学术辨》力辟阳明为禅学。谓阳明之病，在认心为性。顾泾阳、高景逸之病，在忘动求静。

论者谓程朱之统，自明薛敬轩、胡敬斋后，惟陇其能得其正宗云。(《国史耆献类征》、《先正事略》)

张伯行，河南仪封人。康熙二十四年进士。归筑精舍南郊，纵观诸子百家，及读《小学》、《近思录》，乃恍然曰："入圣门庭在是矣！"读书七年，补内阁中书。父忧归，啜粥三年，不入内室。服阕，建请见书院，与乡人士讲明正学。三十八年夏，大水，率居民筑堤保境。河督张鹏翮异之，疏请檄伯行赞理，三辞不许。以原衔赴河工，督修黄河南岸堤二百余里，及马家港东坝高家堰石工。四十二年，授山东济宁道。值岁荒，倾家财运谷以赈。寻奉命赈汶上、阳谷饥，动仓谷二万二千有奇。藩司责其专擅，将申劾，巡抚直之，得免。四十四年，圣祖南巡阅河，御书"布泽安流"四字以赐，并诗章二，诗扇一。

明年，上遣近臣封闸催漕，谕曰："济宁道张伯行，谙晓河务，可与商榷。"伯行相高下，引运河水北注，蓄泄得宜。事竣，著书纪其事，即世所行《居济一得》也。夏，迁江宁按察使，吏白故事，送督抚赘约金四千。伯行曰："我誓不取民一钱，焉办此？"扬州诸生六人忤郡守，巡抚欲尽褫之。伯行曰："以穷诸生冠服迎合上官，吾不为也。"力雪之。

四十六年，圣祖南巡，命督抚举贤能，伯行随督抚入对。圣祖曰："朕向原认识尔，到江南即知尔为清官。"复顾督抚臣曰："张伯行居官何如？"皆曰好。大学士张玉书对亦如之。圣祖曰："江南更有如此好官否？"皆曰无。圣祖曰："然则尔等何以不保举，今朕自保之。他日居官好，天下以朕为明主，否则笑朕不知人。"又曰："张伯行笃实，即置之行间，亦非退缩者。"遂擢福建巡抚，随驾至西湖，赐御书"廉惠宣猷"四字。莅闽，值旱荒，发帑赈饥，岁遣官买米平粜，禁米船入海，绝盗粮，擒巨盗陈首魁、吴海等。疏请增乡试中额十名，从之。建鳌峰书院，祀宋五先生。集诸生院中，日纂录古人嘉言善行，依《小学》诸纲目条贯成书，手定为八十六卷，曰《小学衍义》，以教诸生。设藏书楼，购经籍四百六十余种。毁淫祠，赎女尼为民妇。先是，台湾兵屡鼓噪，伯行谓倡乱之人平日必多不法，以他事除之，煽诱自绝。镇臣如其教，后无哗者。伯行治尚严明，贪吏奸胥，辄尽置之法，政教行于四境。圣祖将令移抚江南，大学士李光地请留闽。张玉书奏："江南比岁灾，民不聊生，非此人往不可。"上笑曰："汝两人不必争，朕当慎简一人，以畀汝闽。"遂移抚江苏，而以陈瑸代之，士民攀号，如失怙恃。伯行疏请缓带征漕，又请赈徐州府，及海、高等十四州县灾，并蠲瓜州浮税。举劾属僚，无所阿徇，豪猾皆望风远遁。时总督噶礼张威福，甫莅任，劾免抚藩。苏州知府陈鹏年、粮道臧大受廉直有声，皆劾去之。

伯行遇事持正，郁郁不自得，以病乞休。有诏："张伯行操守清洁，立志不移，朕所深悉。江苏重地，不得以衰病辞。"五十年，江南乡试副考官赵晋与总督交通关节，榜出哗然。士子舁财神入文庙，正考官左必蕃不安。疏闻，伯行亦据实奏。上命尚书张鹏翮、侍郎赫寿出按其事，伯行与总督暨安徽巡抚均会鞫，时举人程光奎、吴泌已具服。藩司吏李启供与家仆轩三营弊。轩三者，总督阍人也。于是总督持其事，谳莫能定。明年春，伯行劾督臣抗旨欺君，营私坏法，请正国典，以彰公论。总督亦飞章讦伯行不肯出洋捕贼，及诬陷牙行张元隆诸款。上命俱解任，付使者杂治。寻奏晋与光奎、泌贿通关节，拟罪如律，噶礼劾伯行不能清理案件属实，余系苛劾，应降留。伯行劾噶礼索金事全虚，应夺职。上切责张鹏翮、赫寿掩饰和解，命尚书穆和伦、张廷枢复讯。讯如前。噶礼免议，伯行仍夺职，部议亦如之。

上以张伯行天下清官第一，责诸臣变乱是非。且曰："朕自幼读书，研穷性理，如此清官，不为保全，则读书数十年何益？而凡为清官者，何所赖以自安？"乃命九卿、翰詹、科道再议。议上。圣祖复谕曰："尔等身为大臣，既知张伯行清廉，当会议时，何无一言？及朕有旨，始同声赞其清，亦已晚矣。宜体朕保全廉吏之意，使正人无所畏忌，庶海宇长享升平之福。"遂命复任而黜噶礼，寻帑戮焉。方伯行之解职也，百姓罢市，哭声殷扬城，且议相率叩阍，慰谕再三，环泣不肯退。苏州等郡相继报罢市，士民扶老携幼，具果蔬来献。伯行辞，皆泣曰："公在任，止饮吴江一杯水，今将去，子民一片心，不可却也。"乃取腐一块，菜一束，众仍委地去，狱具回苏，扬人虑途中不测，将集江干护行，众数万。伯行闻之，五鼓登舟，比晓已渡江，抵苏寓枫桥。士民献果蔬，如在扬时。七月，复赴扬听勘。回苏时，比户焚香遮道不可行。及复任，士民欢忭，拜龙亭、呼万岁者至数十万人。复相率诣阙，跪香进疏，愿各减年寿一岁，祝添圣寿万年。上闻大悦。而全闽士民，始奔号呼吁，即而颂恩祝圣，亦与江苏不约而同。自是伯行直声浩气震天下。五十二年，辑《濂洛关闽集解》，疏荐福建布政使李发甲、台湾道陈璸、前祭酒余正健。旋奏免扬州落地税。且曰："臣衙门旧有盐课陋规二万两，臣在任五年，丝毫弗取，众商愿每岁捐银千二百两，抵解税银。"得旨俞允。明年，疏请严海禁，寻劾布政使牟钦元藏匿通洋匪棍张令涛，请旨革职，著追。张令涛者，噶礼前劾伯行拖毙之船埠张元隆，即其弟也。时部檄搜缉海寇郑尽心余党，崇明镇弁，诘一船人照不符，得元隆为之关通领照状。又上海民顾协一，诉令涛占踞房屋，谓其旧为噶礼幕客，今匿牟钦元署中，有水寨数处，窝藏海贼。伯行捕治令涛，因劾钦元，得旨革职，下总督赫寿察审。赫寿奏协一所控无左验，钦元署中亦无张令涛。

上复命尚书张鹏翮、副都御史阿锡鼐赴镇江审勘。遂劾伯行狂妄自矜，请解官严究讯。疏六上，上不得已允之。时伯行因事赴常州，即舟中解绶去。伴送镇江，夜分对簿，多方摧折，并胁幕下客代承。鹏翮等奏元隆、令涛皆良民，伯行诬劾。上责其不能尽心研审，令再详讯，并命伯行回奏。乃疏言："张令涛在藩幕，乃其子张二所供也。牟钦元匿使不出耳。"未几，竟坐伯行挟诈欺公，诬陷良民，议斩。伯行处之恬然，读书昼夜无间，为门人讲说，成讲义数十篇。居半岁，体加充，色加晬。狱上，圣祖不允，命免罪入都。过扬州，父老数万，焚香夹两岸行，求停舟一见，为监行者所格。抵京，请陛见，使臣不可，以付吏。上命使臣同伯行陛见。且曰："张伯行原无罪，当以钱粮事任之。"明日，召对，命讲《太极图说》，入直南书房，署仓场总督。奏除积弊。五十五年，奉命往赈顺天、永平二府，讲行社仓法。明年，典顺天乡试。时方督粮通州，特召入闱，旋授户部侍郎兼督仓场。六十年，总裁会试，所得士来谒，必告以圣贤之学，务实心报国，不可汩没势利，负科名。

会河决，召对行在，论河务。以母病归省，命便道视武陟决口。明年春，与千叟宴，偕诸臣入谢，皆赐坐。谕曰："汝等皆大臣，当惠爱百姓，如张伯行为巡抚时，是真能以百姓为心者也。"十一月，世宗即位，眷伯行旧臣逾常格，命与议政，赐紫禁城骑马，迁礼部尚书。御书"礼乐名臣"额赐之。世宗亲郊，前三日视牲。故事，皆王公、大学士行礼，特以命伯行。雍正二年，进《续近思录》、《张南轩》、《陈克斋》、《陈北溪》、《许鲁斋》诸集。命赴阙里致祭，追王先圣五代。便道归省亲。建议以明儒罗钦顺、本朝陆陇其从祀两庑。又请以宋儒张子之父张迪配享崇圣祠。从之。三年二月，卒于位，年七十有五。遗疏请崇正学，励直臣，为千古第一首出之君，绵万世无疆之祚。天子悼之，赠太子太保，予祭葬。于恤典外，加祭一次，遣大臣奠酹。命部寺汉堂官及科道于谕祭日齐集，出殡日会送，赐谥清恪。

伯行历官二十余年，未尝携眷属。初任济宁，随行止四人。抚闽十二人，抚吴十三人。日用蔬菜、米麦、尺帛、寸丝，以至磨牛碾石，皆自河南运载之官。初莅闽，官廨帷幕皆锦绣，笃问，吏以行户铺设对。尽撤还之。比移吴，先檄所属禁陈设。无锡令送惠山泉，受之。后闻亦派民舟载送，即却不受。治民以养为先，以教为本。遇灾祲，则请蠲请赈。广设常平义社仓，所至必修建书院、学舍。闽士肖伯行象，祀于鳌峰。吴人建春风亭为其祠，与于成龙、汤斌两祠并峙。在济宁时，疏浚灉河，兖州十五县无水患。又捐赀筑五岔口堰，引水入灉，士民蒙利，立生祠五岔口。按察江苏时，始至，未受篆，即过方苞，辞，不获。入曰："吾迫欲一见，论学耳。"方苞曰："某未知学，但闻守官之大戒二，其一义利也。公既皭然不滓矣。进乎此，则利害非知命而不惑者，不能无摇。"伯行韪之。乃抚江苏，首劾噶礼。方苞适以《南山集》牵连赴诏狱。噶礼遂劾伯行久闭方苞于官舍，不知所著何书。人皆为之危，而圣祖之宥苞，实自此始。

伯行天性朴诚，凡所设施，皆本于实践，而尤以力崇程朱为己任，及门受学者几千人。辑《道统源流》、《道统录》以明圣贤之宗传。辑《伊洛渊源录续录》以明诸儒之统绪。辑《小学衍义》、《小学集解》、《养正类编》、《训蒙诗选》以端蒙养之教。辑《学规类编》、《学规衍义》、《程氏家塾分年日程》、《原本近思录集解》、《续近思录》、《广近思录》、《性理正宗》、《诸儒讲义》以垂正学之型。辑《家规类编》、《闺中宝鉴》以示修齐之范。辑《濂洛关闽集解》以配《学》、《庸》、《语》、《孟》，名曰《后四书》。谓许、薛、胡、罗为周、程、朱、张之正传。其文集及《读书集》、《居业录》、《困知记》皆选刻行之。谓陆稼书学朱子，为许、薛、胡、罗之继起。就其家搜访遗书，得《问学录》、《读朱随笔》、《读礼志疑》，为镂板以传。谓杨龟山、谢上蔡、尹和靖、罗豫章、李延平，衍程子之派者也。张南轩、吕东莱，取资于朱子者也。黄勉斋、陈北溪、陈克斋，受学于朱子。真西山、熊勿轩、吴朝宗，私淑于朱子者也。有明之学，得其正而不为邪说摇者，曹月川、陈剩夫、崔后渠、汪仁峰、蔡泼滨也。本朝之学宗朱子者，张杨园、陆桴亭、汪默庵、陈确庵、魏环溪、耿逸庵、熊愚斋、吴徽仲、施成斋、诸庄甫、应潜斋、刘仁宝也。凡诸儒述作，莫不精择而校刊之。而朝宗、徽仲、成斋、庄甫，皆隐居力学，世莫能知，特为表章，尤见阐幽之义云。伯行不从陆王之学，然未尝著书辟之。惟校刻程启曠之《闲辟录》、陈清澜之《学蔀通辨》、张武承之《王学质疑》以示学者。又重刻诸葛忠武、陆宣公、韩魏公、范文正、司马温公及文文山、谢叠山、方正学、海刚峰、杨椒山、杨大洪诸文集。其《三朝名臣言行录》、《四书正宗》、《学易编》、《五经大全》，则皆未成之书也。所自著者曰《困学录续录》、《正谊堂文集》。(《国史耆献类征》、《先正事略》)

康熙政要卷五

论遵法祖制第四

顺治十八年，圣祖仁皇帝即位，罢十三衙门①，仍以其事隶内务府②。初世祖开国，鉴明代之失，裁汰宦官，设内务府，罢织造太监。十年，乃设乾清宫执事官，及直殿局。十一年，裁内务府，置十三衙门。凡八监、三司、二局，铁敕禁宦官窃权干政。改尚方司曰尚方院。十七年，又改内官监曰宣徽院、礼仪院，已设院郎中以下官。至是，圣祖谕曰："朕惟历代治乱不同，皆系用人之得失。大抵任用宦寺，未有不召乱者。加以佥邪附和其间，则为害尤巨。我太祖、太宗痛览往辙，不设宦官。先帝以宫闱使令之役，偶用若辈，而深悉其奸，是以遗诏有云：'祖宗创业，未尝任用中官。且明朝亡国，亦因委用宦寺。'朕禀承先志，详加体察，乃知满洲佟义、内官吴良辅③狡诈欺蒙，变易旧制，倡立十三衙门，广招党类，以窃威福。各衙门事务，任意把持，广兴营造，糜冒钱粮，以致民力告匮，兵饷不敷。二人朋比作奸，情罪重大。吴良辅已处斩，佟义亦伏冥诛，著削其世职。十三衙门尽行革去。凡事遵太祖、太宗定制，内官俱永不用。又以其党刘正宗④，当遵遗诏置重典，念其年老得免死，其党并皆赦宥。"于是复内务府，以御用监之职，立广储司；以尚膳监之职，改采捕衙门；以惜薪司之职，改内工部。又改御马监曰阿敦衙门，兵仗局曰武备院（初名鞍楼，后改设鞍库）。至康熙十六年，改宣徽院为会计司（初内官监），礼仪院为掌仪司（初钟鼓司），尚方院为慎刑司。又改采捕衙门为都虞司，内工部为营造司，阿敦衙门为上驷院。其内监别立敬事房，设总管、副总管。较若画一，不相侵越。二十三年，分掌仪司立庆丰司（初名牛羊群牧处），分都虞司立奉宸苑（初归尚膳监）。于是内七司三院之职，粲然大备，与外廷六部九卿相表里。所谓宫中、府中具为一体者，昔闻其语，今真见之矣。（《东华录》一、《石渠余记》⑤）

[注释]

①十三衙门：顺治十一年（1654）仿明朝的二十四衙门设立的宦官机构，下设司礼监、御用监、御马监、内官监、尚衣监、尚膳监、尚宝监、司设监、尚方监、惜薪司、钟鼓司、兵仗局、织染局。康熙元年（1662）裁撤。②内务府：清代管理宫廷事务的机构，包括内务府堂及所属七司、二院等，总称总管内务府衙门。③佟义：满洲人，佟佳氏，顺治朝大臣。吴良辅：顺治朝宦官，曾任司礼监太监，深受宠幸，康熙元年（1662）以变易旧制之罪处死。④刘正宗（1594—1661）：字可宗，号宪石，山东安丘人，崇祯元年进士，入清历任国史院编修、侍讲学士、弘文院大学士、吏部尚书、文华殿大学士等。⑤《石渠余记》：六卷，清王庆云撰，记述清初至道光年间的财政、军政、吏治、漕运、货币、矿政、关税等。

[译文]

顺治十八年（1661），圣祖皇帝即位，撤销十三衙门，仍以其事隶属内务府。世祖开国之初，借鉴明朝的失败教训，裁汰宦官，设立内务府，撤销织造太监。顺治十年，设乾清宫执事官及直殿局。十一年，撤销内务府，设置十三衙门，下设八监、三司、二局，立丹书铁敕，禁止宦官窃权干政。改尚方司为尚方院。十七年，又改内官监为宣徽院、礼仪院，不久又设置郎中以下官吏。到康熙元年（1662），圣祖皇帝吩咐说："我认为历代治乱不同，都是因为用人的得失。大凡任用宦官，没有不招致祸乱的。再加上奸邪小人附和其间，就为害更大。我朝太祖、太宗痛心观览历史的教训，不设置宦官。世祖皇帝因为宫廷杂役的使令，偶尔使用宦官，但也深知其奸邪，因此在遗诏中说：'太祖、太宗创业时期，不曾任用宦官。况且明朝亡国，也是因为任用宦官的结果。'我秉承祖先的意旨，详细加以体察，才知道满洲大臣佟义、太监吴良辅狡诈欺蒙，变乱旧制，倡导设立十三衙门，广泛招集党羽，窃取威权。各个衙门的事务，任意把持，大兴土木，浪费钱粮，以致民力匮乏，军饷不继。二人朋比为奸，罪行重大。吴良辅已经处斩，佟义也已经死去，都削去其世袭职位。十三衙门尽行撤销。凡事都遵从太祖、太宗时代所定的制度，宦官都永不任用。其党羽刘正宗也应当以重刑处置，念其年老免去死罪，其他党羽也都予以赦免。"于是恢复内务府的建置，以御用监的职掌，设立广储司；以尚膳监的职掌，改设采捕衙门；以惜薪司的职掌，改设内工部。又改御马监为阿敦衙门，兵仗局为武备院（最初叫做鞍楼，后改为鞍库）。到康熙十六年，改宣徽院为会计司（最初叫做内官监），礼仪院为掌仪司（最初叫做钟鼓司），尚方院为慎刑司。又改采捕衙门为都虞司，内工部为营造司，阿敦衙门为上驷院。另外内监设立敬事房，设置总管和副总管。比较起来整齐划一，各个衙门之间职掌不相交叉。康熙二十三年，从掌仪司中分设庆丰司（最初叫做牛羊群牧处），从都虞司中分设奉宸苑（最初归尚膳监）。至此，内廷七司、三院的职掌，基本完备，与外廷的六部九卿互为表里。所谓宫中、府中俱为一体，昔日只听其说，如今变为了现实。

康熙元年，圣祖谕吏部等大小各衙门曰："国家纪纲法度，因革损益，代有不同，必开创之初，筹画精详，贻谋宏远，所定典例，可以垂之奕世，永行无弊。我太祖、太宗创制立法，垂裕后昆，自当世守勿替。今应将大小各衙门见行事务，如铨法、兵制、钱谷、财用、刑名、律例，内外文武各一应恩恤、荫赠、谕祭、造葬，款项繁多，难以枚举，或满汉分别参差不一者，或前后更易难为定例者，著议政王、贝勒、大臣、九卿、科道，会同详考太祖、太宗成宪，斟酌更定，汇集成书，勒为一代典章，永远遵行。其有今昔异宜，时势必须变通，有满汉悬殊，定例难于归一者，亦须斟酌至当，详明具奏。"又谕吏部曰："世祖章皇帝遗诏内云：'纪纲法度，用人行政，不能仰法太祖、太宗谟烈，渐习汉俗，于醇朴旧制，日有更张。'朕兹于一切政务，思欲率循祖制，咸复旧章，以副先帝遗命。内三院衙门，自太宗皇帝时设立，今应仍复旧制，设内秘书院、内国史院、内弘文院，其内阁翰林院名色俱停罢。内三院应设满汉大学士等官，尔部即开列衔名具奏。"（《东华录》一）

[译文]

康熙元年（1662），圣祖皇帝吩咐吏部等大小衙门说："国家的纲纪法度，沿袭改革，损益变化，每代都有不同。一定要在开创之初，筹划精细详明，图谋宏大悠远，所确定的典制条例，可以垂则后世，永远通行而没有弊端。我朝太祖、太宗创建制度、确立法律，永垂后代，自然应当世代坚守不变。如今应当将大小各个衙门现行的事务，例如选官制度、军事制度、赋税钱粮、财政、刑法、律例，以及内外文武官员的各种恩赏抚恤、荫叙封赠、诏谕祭祀、营造葬礼之类，款项繁多，难以枚举，将其中满汉分别，规定参差不一，前后变化者，难以形成固定条例者，命令议政王、贝勒、大臣、九卿、科道等官会同讨论，详细考察太祖、太宗时期的既定制度，斟酌修订，汇集成书，作为一代的典章制度，永远遵行。其中有今昔应当有所不同，依照时势必须加以变通的；又有满汉悬殊，定例难以归于统一的，也必须斟酌至为妥当，详细明白，一并题奏。"又吩咐吏部说："世祖章皇帝遗诏中说：'纲纪法度，用人行政，不能效法太祖、太宗的宏图大略，逐渐学习汉族风俗，对于淳朴的旧制，常常有改弦更张。'我对一切政务，希望一概遵循祖制，恢复旧章，以符合先帝的遗诏。内三院衙门从太宗时代设立，如今应当恢复旧制，设立内秘书院、内国史院、内弘文院，至于内阁、翰林院等名称都停止使用。内三院所应设置的满汉大学士等官员，你们吏部当即开列官衔姓名一一奏请。"

康熙十年，圣祖谕内阁、翰林院曰："致治之道，无过法祖。鉴于成宪，乃罔有愆。钦惟太祖高皇帝开天垂统，太宗文皇帝式廓鸿图，规模宏运，启佑无疆。朕御极以来，景仰先猷，时切仪型之念。世祖章皇帝时，曾命儒臣纂修太祖、太宗《圣训》，虽具稿进呈，未经裁定颁布。兹特命总裁纂修各官，悉以前式，分别义类，重加考定，勒成全书。朕得以朝夕观览，是训是行，亦俾子孙率由无敁。尔等膺兹委任，须恪恭勤励，务期早竣，以副朕觐光扬烈至意。"（《圣训》）

[译文]

康熙十年（1671），圣祖皇帝吩咐内阁、翰林院说："达到天下太平的办法，无过于效法祖先。以既定的典章为鉴，就不会有任何过错。太祖高皇帝创业垂统，太宗文皇帝规模鸿图，格局宏大，开导佑助无穷无尽。我即位以来,景仰祖先的宏图大略,时时殷切期望以祖先作为典范。世祖时期,曾命儒臣纂修太祖、太宗《圣训》,虽编纂成稿并进呈御览,但还没有裁定颁布天下。现在特命总裁、纂修官员完全遵照以前的体式,分门别类,重新加以考订,编成全书。使我得以朝夕观览,作为训诫加以遵行,也使得子孙后代一律遵行,而不致败坏。你们荣膺此项重任,必须恪守职责,勤勉工作,务必早日完成,以符合我继承祖先宏大伟业的深切愿望。"

康熙十七年,圣祖谕大学士等曰:"朕观古来帝王,如唐虞之都俞吁咈①,唐太宗之听言纳谏,君臣上下,如家人父子,情谊浃洽,故能陈善闭邪,各尽所怀,登于至治。明朝末世,君臣隔越,以致四方疾苦,生民利弊,无由上闻。我太祖、太宗、世祖相传以来,上下一心,满汉文武,皆为一体。情谊常令周通,隐微无有间隔,一游一豫②,体恤民情,创作艰难,立万世不易之法。朕虽凉德,上慕前王之盛事,凛遵祖宗之家法,思与天下贤才共图治理。常以家人父子之谊相待,臣僚罔不兢业,以前代为明鉴也。"(《圣训》)

[注释]

①都俞吁咈:均为叹词。语出《尚书·尧典》:"帝曰:'吁,咈哉!'"又《益稷》:"禹曰:'都,帝,慎乃在位。'帝曰:'俞!'"都,赞美;俞,同意;吁,不同意;咈,反对。②一游一豫:语出《孟子·梁惠王下》:"吾王不游,吾何以休?吾王不豫,吾何以助?一游一豫,为诸侯度。"指帝王出巡的游乐生活。

[译文]

康熙十七年(1678),圣祖皇帝吩咐大学士等说:"我观察自古以来的帝王,如唐尧、虞舜君臣同心同德相与讨论,唐太宗虚心听取大臣的规谏,君臣上下,好像家人父子一样,情谊融洽,所以能够陈奏善言，摈弃奸邪，各尽所言，从而达到天下大治。明朝末年君臣隔绝，言路不通，以致各地的疾苦，民间的利弊，没有办法让皇帝知晓。我朝太祖、太宗、世祖相传以来，上下一心，满汉文武官员都融为一体。情谊经常沟通，隐情小事也都没有阻隔，这样帝王游乐，体恤民情，祖先创业艰难，为后世确立不易之法。我虽德行微薄，仰慕前代帝王的盛事，谨遵太祖、太宗的家法，希望与天下的贤才共同谋划治理国家。经常能够以家人父子之情相待，大臣无不兢兢业业，以前代的美政作为明鉴。"

圣祖之治，一遵祖制，尝恭读世祖《资政要览》①而跋曰："右《资政要览》三卷，皇考世祖章皇帝几政余暇，博考群籍，萃精猎微，御制成编。朕时勤披读，思仰先猷，洪惟皇考宣首出之资，开太平之业，所以承叙万年，裕我后嗣子孙无疆之祚者。显谟骏烈，非寡昧之所能窥。盖体具徇齐，德兼广运。因心以创，悉合于先程；率性而行，咸符乎天则。过化存神②之妙，夫岂有资于效法也者？而犹不废夫学古之勤，稽求之益，岂非圣不自圣，谦尊而光者乎？予小子钦承手泽，念绍庭闻，宝此遗文，常作兰台③之秘；陈兹大训，即为西序④之珍。恭缀片词，用贻来叶云尔。"（《御制文集》）

[注释]

①《资政要览》：即《御制资政要览》三卷三十章，顺治十二年（1655）内府刻本，顺治皇帝编撰。②过化存神：语出《孟子·尽心上》："夫君子所过者化，所存者神，上下与天地同流。"意谓君子所到之处，人民无不感化。③兰台：汉时宫中藏书之处，"掌图书秘书"，班固曾为兰台令史，故后世亦称史官为兰台。④西序：东胶、西序为夏、周之小学、大学，后泛指兴教化、养耆老之所，亦作东序、西胶。

[译文]

圣祖皇帝治国，一律遵行祖制。他曾阅读世祖《资政要览》并作跋语说:"《资政要览》三卷,是皇父世祖章皇帝在为政余暇,博考群书,萃选历代精华,汲取微言大义,亲自编撰成书。我时时勤勉攻读,思慕先皇的宏伟谋略,皇父以天纵之资,开创太平大业,使后世继承万代,传留子孙无穷无尽的福运。其宏图伟业,并非我孤陋寡闻之人所能窥知。这是因为先皇身体兼具聪敏,道德兼具广运。根据内心思维加以创造,完全合乎古圣先王的典范;率性而行,完全符合自然的法则。所到之处无不感化,精神之妙影响深远,难道是后辈能够效法得了的吗?即便如此,他还不废读书学古的勤勉,稽考往事的教益,难道不是圣人不自以为圣、谦者自尊而光荣吗?我作为后辈承奉先皇亲笔所撰之书,思念继承先皇的谆谆教诲,以此遗文作为至宝,作为宫中藏书的秘宝;陈列这些圣训,作为太学教化的珍本。恭敬地附上这片言只语,用来传留给后来的人们。"

圣祖《讲筵绪论》曰:"尝阅历代史册,见开创之初,及守成之主,政简治约,上下臣民,有所遵守。末世君臣,变乱成法,朝夕纷更,终无补益。所谓天下本无事,庸人自扰之耳。"(《御制文集》)

[译文]

圣祖皇帝《讲筵绪论》说:"我曾经阅览历代的史册,看到开国创业之初,以及守成的君主,政令简明,治理俭约,上下臣民,也都有所遵守。而到了末代的君臣,往往变乱成法,朝夕纷更不断,终究也无所裨益。这就是所谓的天下本无事,庸人自扰之。"

论优礼大臣第五

二十年,圣祖召大学士以下各部员外郎以上,赐宴于瀛台①。谕曰:"内大臣侍卫在朕左右,时加赏赉。惟内阁及部院诸臣,比年以来,办事勤劳,未沾恩赐,故特召集尔等,以尽一日之欢,并非大宴。因朕方驻瀛台,即以太液池中鱼、藕等物,赐诸臣共食。又特赐表里为衣,亦非大赏赉可比。今日宴集诸臣,本当在朕前,但因人众,恐恩泽未能周遍,故不亲莅,诸臣可畅饮极欢,毋拘谈笑,以副朕意。"(《东华录》、《圣训》)

[注释]

①瀛台:明清皇家禁地,三面临水,上建翔鸾阁、涵元殿、丰泽园、怀仁堂等亭台楼阁,似海中仙岛,故名,是帝王后妃的避暑游览地。

[译文]

康熙二十年(1681),圣祖皇帝召见大学士以下各个部院员外郎以上官员,在瀛台赐宴。吩咐说:"内大臣侍卫在我的身边,不时加以赏赐。只有内阁以及各个部院的群臣,多年以来,勤勉办事,未曾沾溉恩赐,所以特地召集你们,以尽一日之欢,也并非什么大宴。因为我住在瀛台,就用太液池中的鱼、莲藕等物,赏赐诸位共同进餐。又特地赏赐表里衣服,也不能与大的赏赐相比。今天召集群臣宴会,本来应当在我跟前,但是因为人数过多,恐怕恩泽不能周遍,所以我就不亲临现场,群臣可以畅饮欢聚,不拘谈笑,以符合我的本意。"

康熙十九年,圣祖以御书大轴赐大学士索额图①、勒德洪②、明珠③、李霨④、杜立德⑤、冯溥⑥。谕曰:"朕万机余暇,留心经史,时取古人墨迹临摹。虽好慕不衰,未窥其堂奥,岁月既深,偶成卷轴。卿等佐理勤劳,朝夕问对,因思古之君臣美恶,皆可相劝,故以平日所书赐卿等,方将勉所未逮,非谓书法已工也,卿等其知朕意。"又以御书卷轴赐学士库勒纳⑦、叶方蔼⑧、詹事格尔古德⑨、沈荃⑩、侍读学士牛钮⑪、常书⑫、崔蔚林⑬、蒋宏道⑭、侍讲学士张玉书⑮、严我斯⑯、侍讲董讷⑰、王鸿绪⑱各一。谕曰："尔等日侍讲筵，夙夜匪懈，启沃之暇，每以朕书为请。朕万几余闲，研精典籍，闲取古人墨迹临摹。尔等既为文学侍从之臣，即有成就德业之责，故因所请，辄以颁赐，其悉朕意。"（《东华录》二十五）

[注释]

①索额图：满洲正黄旗人，官至太子太傅，后以居官贪黩，幽禁而死。②勒德洪：满洲正红旗人，官至武英殿大学士，康熙二十七年（1688）被革职。③明珠：满洲正黄旗人，官至武英殿大学士，后以结党营私、招权纳贿，被劾去职，后任内大臣。④李霨：高阳人，顺治进士，官至太子太师、户部尚书、保和殿大学士，谥文勤。著有《心远堂集》。⑤杜立德：字纯一，宝坻人，崇祯进士，入清官至太子太保、刑部尚书、保和殿大学士兼礼部尚书，卒谥文端。⑥冯溥：益都人，顺治进士，授编修，累官至文华殿大学士兼吏部尚书，谥文毅。著有《佳山堂集》。⑦库勒纳（？—1708）：瓜尔佳氏，由笔帖式历官吏部主事和员外郎、翰林院侍讲学士、掌院学士兼礼部侍郎、明史总裁官、户部尚书、吏部尚书等，奉敕编撰《日讲书经解义》、《日讲四书解义》、《乾坤二卦总论》等。⑧叶方霭：顺治进士，官至刑部右侍郎。⑨格尔古德：满洲镶蓝旗人，官至直隶总督，卒谥文清。⑩沈荃：字贞蕤，华亭人，顺治九年（1652）探花，授编修，官至侍读学士、礼部侍郎，谥文恪。著名书法家，有《充斋集》。⑪牛钮：满洲人，赫舍里氏，康熙进士，官至内阁学士兼礼部侍郎。⑫常书：生平不详。⑬崔蔚林：字夏峰，号定斋，顺治进士，官至詹事。⑭蒋宏道：临汾人，顺治进士，官至礼部右侍郎、左都御史。⑮张玉书：丹徒人，官至文华殿大学士，卒谥文贞。⑯严我斯：归安人，康熙进士，官至礼部侍郎。⑰董讷：字兹重，号默庵，官至漕运总督。⑱王鸿绪：字季友，号俨斋，华亭人，官至户部尚书、明史馆总裁。

[译文]

康熙十九年（1680），圣祖皇帝以亲笔御书大轴赏赐大学士索额图、勒德洪、明珠、李霨、杜立德、冯溥。吩咐说："我在日理万机的余暇，留心经史典籍，不时取古人的墨迹进行临摹。虽然一直热爱书法，但尚未窥见堂奥，年深日久，偶尔写成卷轴。你们佐理政务，勤勉辛劳，朝夕问对咨询，我于是想到古代的君臣之间，美丑善恶都可以相互激励，因而以平日所书写的卷轴赏赐给你们，希望能够勉励所未能达到的方面，并非以为我的书法已经很成熟了，你们应当知晓我的意思。"又以亲笔御书的卷轴赏赐学士库勒纳、叶方霭，詹事格尔古德、沈荃，侍读学士牛钮、常书、崔蔚林、蒋宏道，侍讲学士张玉书、严我斯，侍讲董讷、王鸿绪各一轴。吩咐说："你们每日侍讲经筵，日夜不敢懈怠，开导辅佐的余暇，每每请求我的书法。我在日理万机之余，精心研究古代典籍，闲暇时取古人墨迹临摹。你们既然作为文学侍从之臣，就负有成就德业的责任，因而根据你们的请求，加以颁赐，希望你们知晓我的心意。"

康熙二十二年，圣祖召大学士、九卿、詹事、科道等，赐上元节宴于乾清宫。宴毕，谕曰："从来君臣之分，虽甚尊严，上下之情，贵相浃洽。观古昔盛时，惟堂廉不隔，用成交泰之美。①今卿等朝夕勤劳，出入奏对，朕心时切嘉念。特将内厩马匹，择其驯良易于控御者，颁赐卿等，加以内纻，卿等其各承受，示朕优眷之怀。"（《圣训》）

[注释]

①堂廉：语出《仪礼·乡饮酒礼》："设席于堂廉，东上。"堂廉，谓堂基之侧，廉陵之上。后泛指殿堂，引申为朝廷。交泰：语出《易经·泰卦》："天地交，泰。"意谓天地之气通融，则万物各遂其性。

[译文]

康熙二十二年（1683），圣祖皇帝召见大学士、九卿、詹事、科道等官，上元节赐宴于乾清宫。宴请之后，吩咐说："自古以来君臣之分，虽然很严格，但是上下之情，则以融洽为贵。考察古代盛世，朝廷与民间没有隔阂，因而成就天地通融，各遂其性的美谈。如今你们日夜勤勉辛劳，出入朝堂，奏请应对，我心中时时感念不已。特地将内廷饲养的马匹，选择其中驯服良好容易驾驭的，赏赐给你们；另外再加上内廷的纻丝，你们各自接受不要推辞，以表示我优渥眷念大臣的心怀。"

康熙三十二年，圣祖谕大学士等曰："朕每日听政，必于辰刻中御门。闻部院奏事大臣，每日黎明，即齐集午门，久候方始入奏。迨奏毕，复各归署理事，无乃过劳。朕观大臣内有年及六旬者，亦有六旬以上者，此后于家中各进糜粥，按时来奏，亦不至迟误。大臣节劳养体，亦可多为朕效力数年。尔等可将朕旨传与部院大臣知之。"是年，贵州总督范承勋①陛见。圣祖谕曰："尔系盛京旧人，尔父兄累朝效力，尔兄又为国尽节，朕因见思及尔兄，心为惨切。不见尔八九年矣，尔须发遂皓白如此！今因郊外寒冷，将朕貂帽、貂褂、白狐腋袍赐尔。此时更换，恐受风寒，可明日服之来谢恩。"（《圣训》、《东华录》五十二）

[注释]

①范承勋（1641—1714）：字苏公，号眉山，范文程第三子，康熙间官云贵总督、两江总督、兵部尚书、太子太保。其兄范承谟官至福建总督，耿精忠反，被迫自尽。

[译文]

康熙三十二年（1693），圣祖皇帝吩咐大学士等说："我每天听政，一定在辰时来到宫门。听说各个部院奏事的大臣，每天黎明就齐集午门，等候很久才入宫奏事。奏事完毕，再各回官署处理政事，恐怕过于辛劳。我观察大臣中有年过六旬的，也有六旬以上的，今后请在家中各自进食肉粥，然后按时来奏事，也不至于迟误。大臣调节劳逸，颐养身体，也可以为我多效力数年。你们可以将我的旨意传达给部院大臣知道。"这一年，云贵总督范承勋来京觐见。圣祖皇帝吩咐说："你是盛京的旧臣，你父亲、兄长历朝效力，兄长又为国尽忠死节，我见到你就想到你的父亲、兄长，心中十分悲切。我已经八九年未见到你，想不到你的须发已经这样皓白！如今因郊外寒冷，将我的貂皮帽子、貂皮褂、白狐腋袍赏赐给你。现在更换，恐怕会受风寒，可以明天穿着来谢恩。"

康熙五十年，圣祖谕大学士等曰："朕自幼读书，见大臣多不能保其初终，故立志待大臣如手足。不论满汉蒙古，非大奸大恶、法不可容者，皆务保全之。五十年来，如大学士蒋赫德①、卫周祚②、李霨、杜立德、冯溥、黄机③、吴正治④、王熙⑤、李之芳⑥、宋德宜⑦、梁清标⑧、李天馥⑨、张英⑩、熊赐履、吴琠、陈廷敬，皆以年老告辞，林下怡养，保全名节。朕亦未尝少忘，常使人存问，始终如此。凡在朝诸大臣，朕待之甚优厚，伊等亦矢忠尽力，历数十年之久，与朕同须发皤然矣。朕念宿学老臣，辞世者辞世，告退者告退，每每伤心痛哭。今又有大学士张玉书之事，朕悲悼不已，故援笔作挽诗一首，令尔等知之。"又谕吏部曰："原任大学士熊赐履，夙学老臣，历任多年，朕初立讲官，熊赐履早夜惟谨，未尝不以内圣外王之道，正心修身之本，直言讲论，务得至理而后已。况品行清正，学问优长，身殁以后，朕屡加赐恤，至今犹轸于怀。原任大学士张英、张玉书，朕因眷念旧劳，伊等之子，俱已擢用优升。熊赐履之子，虽未中式，但伊止有一子，长成应照张英、张玉书之子，一例推恩，著调取来京，酌量录用，以示朕不忘耆旧至意。"(《圣训》、《东华

录》）

[注释]

①蒋赫德：遵化人，隶汉军镶白旗，清初任国史院大学士、文华殿大学士兼礼部尚书，康熙初任弘文院大学士、国史院大学士，卒谥文端。②卫周祚：曲沃人，官至保和殿大学士。③黄机：字次辰，钱塘人，官至文华殿大学士，卒谥文僖。④吴正治：汉阳人，官至武英殿大学士。⑤王熙：字子雍，宛平人。顺治进士，授检讨，官至保和殿大学士，谥文靖。有《宝翰堂集》。⑥李之芳：山东武定人，康熙间以吏部尚书入为文华殿大学士，卒谥文襄。⑦宋德宜：长洲人，官至吏部尚书、文华殿大学士，卒谥文恪。⑧梁清标：官至保和殿大学士。⑨李天馥：合肥人，官至吏部尚书、武英殿大学士，卒谥文定。⑩张英：康熙进士，官至文华殿大学士兼礼部尚书，卒谥文端。

[译文]

康熙五十年（1711），圣祖皇帝吩咐大学士等说："我自幼读书，看到大臣多不能善始善终，所以立志对待大臣亲如手足。不论满汉蒙古，只要不是大奸大恶、法律不可饶恕的，都务必保全他们。五十年来，如大学士蒋赫德、卫周祚、李霨、杜立德、冯溥、黄机、吴正治、王熙、李之芳、宋德宜、梁清标、李天馥、张英、熊赐履、吴琠、陈廷敬等，都以年老告辞，还乡颐养天年，保全名节。我也不曾稍微忘记他们，经常派人慰问，始终如一。凡是在朝的大臣，我对待他们非常优厚，他们也都效忠尽力，坚持不懈数十年，和我一样须发皆白了。我感念学识渊博、修养有素的老臣，去世的去世，告老的告老，常常伤心痛哭。如今又有大学士张玉书去世，我悲痛悼念无法自已，因此提笔作挽诗一首，让你们知道。"又吩咐吏部说："原任大学士熊赐履是一个博学的老臣，在朝任职多年，我初设讲官，他就日夜谨慎进讲，未尝不以内圣外王之道，正心修身之本，直言讲解讨论，一定求得真理而后已。况且他品行清正，学问优长，去世之后，我多次加以赏赐抚恤，至今依然心怀轸念。原任大学士张英、张玉书，我因为眷念他们旧日的勤勉辛劳，他们的儿子也都予以擢用提升。熊赐履的儿子虽然没有科举中式，但他只有一个儿子，成年后也应按照张英、张玉书儿子的先例推恩任用，调取来京，酌量录用，以表示我不忘耆旧大臣的至意。"

圣祖尝作《八议解》曰："尝读《周礼·小司寇》，以八辟丽邦法①，曰议亲、议故、议贤、议能、议功、议贵、议勤、议宾，窃叹古圣人之统御臣下，何仁至而义尽也。无论堂陛相得之时，歌蓼萧、赋湛露②，蔼然其有礼意焉。即为之臣者，职业或有所忝，以罪戾贻羞，势不得不绳之于法，而犹必多为之解，以君子长者之道待之。夫岂圣人之有所私于其间，而故以屈天下之法哉？特以亲故贤能功勤贵宾八者，皆素所倚重而礼貌之者也。若一旦有罪，竟与疏贱之侪、舆隶之辈，同罚而并辱，非所以厉廉耻而彰仁恩也。故严其防于五刑，而通其权于八议。语曰：'礼义廉耻，以治君子。'又曰：'履虽鲜，不加于枕；冠虽敝，不以苴履。'③言乎贵贱之有体也。秦用商申之术，行督责之令，专尚峻法，治以大坏。汉初犹有余风，至文帝用贾谊之言，而大臣遂有廉耻自重者。朕礼遇臣下，惟期其砥砺于无过，即间有微眚，亦不忍斥言之也。庶几百尔卿士，其自争勉于道义之途，而渐有礼让之风焉。由是而往，将八议亦可存而弗论也夫。"（《御制文集》）

[注释]

①八辟丽邦法：典出《周礼·秋官·小司寇》，意谓以八种条件减免罪行。②歌蓼萧、赋湛露：指《诗经·小雅》的《蓼萧》、《湛露》两篇，意谓君臣一起宴乐。③履虽鲜，不加于枕；冠虽敝，不以苴履：语出《汉书·贾谊传》。

[译文]

圣祖皇帝曾御撰《八议解》,其中写道:"我曾读《周礼·小司寇》,以八种条件减免罪行,即议亲、议故、议贤、议能、议功、议贵、议勤、议宾,内心感叹古代圣王统御臣下,是何等的仁至义尽!且不说君臣相得的时候,如《诗经》的《蓼萧》、《湛露》所歌咏的一起宴乐,其礼节意蕴温暖和善,即使是作为臣下,其职责有时会有失误,甚至以罪责蒙羞,情势不得不绳之以法,也还要用多种条件为他们解脱,以君子长者之道对待他们。这难道是圣人在其中要图什么私利,因而故意徇天下之法吗?只是因为亲属、故旧、贤明、才能、功业、显贵、勤劳、宾客这八种条件,都是平素所倚重并以礼优待的人。如果一旦犯罪,竟然与疏远微贱之类、力役皂隶之辈同罪并罚,一样受辱,不是激励廉耻之心、彰显仁政德治的做法。因此,以五刑来严格法制,以八议来通权达变。俗语说:'礼义廉耻,用来约束君子。'又说:'鞋子虽新不能置于枕上,冠冕虽破不能垫于脚下。'说的都是贵贱之间有其分别。自秦朝采用商鞅、申不害的法家之术,推行督责之令,崇尚严刑峻法,政治因此而大坏。汉朝初年还有余风,到汉文帝刘恒采用贾谊的建言,于是大臣才有了礼义廉耻自重的。我礼遇臣下,只希望相互砥砺以避免过错,即使偶尔出现小的过失,也不忍心斥责他们。这样,希望百官群臣在道义的途程中争相勉励,从而逐渐形成礼让的风气。从此以后,教化大行,就是八议也可以存而不论了。"

圣祖阅史,至李晟①表请为僧不许,肯辞方镇亦不许。曰:"李晟虽遭谗间,不能坦然自信,则亦未尝学问之故也。凡人臣善处功名者,不多概见,惟在帝皇加意保全之,斯可得善始善终耳。"(《御制文集》)

[注释]

①李晟：字良器，唐代临潭人，德宗时平定朱泚叛乱，收复京师，以功累官至司徒，封平西王，卒谥忠武。德宗尝曰："天生李晟，以为社稷，非为朕也。"

[译文]

圣祖皇帝读史，读到唐朝大将李晟上表请求出家为僧不允准，恳切辞去节度使之职也不允准。说道："李晟虽然遭到诬陷离间，不能坦然自信，但这也是皇帝不曾钻研学问的缘故。大凡人臣善处功名的，历史上并不多见，关键只在皇帝如何加意保全他们，这样才可以善始善终。"

圣祖《讲筵绪论》曰："汉高帝之待韩信，不能如汉光武、宋太祖之待功臣者，亦时势不同也。光武、宋祖之时，功臣归于京师，无握兵之权，无震主之势，故保全之甚易。韩信居楚，兵柄在握，天下初平，人心未定，高帝收之，亦非得已。总由所遇之时不同，故所行亦各异耳。"（《御制文二集》）

[译文]

圣祖皇帝《讲筵绪论》说："汉高祖刘邦对待韩信，不能像汉光武帝刘秀、宋太祖赵匡胤那样优待功臣的原因，也是由于时势的不同。光武帝、宋太祖的时候，功臣都回到京城，没有掌握兵权，也没有功高震主的趋势，因而保全他们很容易。韩信被封为楚王，手握兵权，而天下初定，人心不稳，汉高祖收其权而诛杀之，也是出于不得已。总之是因为所处的环境不同，所以所采取的行动也各不相同。"

康熙政要卷六

论求谏第六

康熙六年，圣祖谕吏部、都察院曰："设立言官，原为国家大事。兵民疾苦、内外官员贪酷等项，应许陈奏。理宜简约，真切直陈，以备采择。近见言官条奏，于事理之外，牵引比拟，多用浮饰之言。或有将已结之事，剿袭充数者，或有挟私纷更国家已定良法者。且本章原令不得逾三百字，今逾额浮词甚多。以后陈奏，此等无益之处，俱著更改。如仍前不改，严加治罪。至言官如有所见，既许不时陈奏，其拾遗永行停止。尔部院即传谕严饬遵行。"（《圣训》、《东华录》）

[译文]

康熙六年（1667），圣祖皇帝吩咐吏部、都察院说："设立言官，本来就是国家的大事。军中、民间的疾苦，内外文武官员的贪污残暴等项不法行为，应当允许言官陈奏。言官奏事理当简明扼要，真实直白地加以陈述，以备朝廷斟酌选择。近来看到言官的奏疏，于事理之外，牵引比附，有很多虚浮修饰的言论。有的将已经结案的事情，抄袭编排，滥竽充数；有的假公济私，变乱国家已经确定的良法。况且奏章原来命令不能超过三百字，现在远超定额，浮词很多。以后言官陈奏，这样的无益之处，都要更改过来。如果仍然不改，严加治罪。至于言官如果有所见所闻，既然允许不时陈奏，那么拾遗之职就永行停止。你们吏部、都察院即刻传达谕旨，严饬遵行。"

康熙十八年，圣祖召满汉九卿、詹事、科道等官集中左门，先召吏部侍郎哲尔肯屯泰①至内殿。谕曰："朕亲决机务，十年余矣。科道为朝廷耳目之官，每览奏疏，实能为国有裨政事者甚少，草率塞责者甚多。尔可传谕九卿各官，并将朕谕旨宣示。少顷进见，朕将面询得失，各抒所怀，直陈勿隐。"哲尔肯屯泰出至中左门，向各官先宣口谕讫。随读上谕曰："今将科道两衙门本章情弊，无益国计民生之处，一一讲究。卿等必有至公之众论，以佐朕意。卿等但有所见，即直言不可隐讳。即如科道条陈一事，部议准行，又有科道官言其不可者。今日之所谓是，明日又转而为非。朝更夕改，茫无成宪，难取信于天下，岂治道至理哉？……"

圣祖顾科道诸臣问曰："风闻言事，尔等以为可行否？如有欲言，可悉陈奏。"吏科掌印给事中李宗孔②、礼科掌印给事中余国柱③等奏："言官风闻言事，皇上原未禁止，但径开风闻之例，恐有未便。"圣祖曰："此系明末陋习。若此例一开，恐有不肖言官，借端挟制，罔上行私，颠倒是非，诬害良善等弊。"圣祖问姚缔虞④曰："尔云言官风闻言事，尔意如何？"姚缔虞奏："皇上从不曾处分言官，但有处分条例，在言官皆生畏惧。"

圣祖曰:"人臣为国,不择利害。有志之士,虽死不畏,况降级乎?尔等皆以风闻为言,朕亦何曾无风闻,姑举一二端言之。君臣分谊,休戚相关,当吴逆初叛时,诸臣中有一闻变乱,即遣妻子回原籍者,此属何心?视国如家之谊,当如是耶?又有占人田土,受人贿赂,徇情行私,大为不法者,尔言官何曾有一言参奏?言官奏事,宜将国家重大事务,确加敷陈。今尔等所言,多举细事,无关治要。嗣后慎勿草率塞责。如有大奸大贪,参劾得实。朕法在必行,决不姑贷。"(《东华录》二十四)

[注释]

①哲尔肯屯泰:满洲人,生平不详。②李宗孔:江都人,顺治四年(1647)进士,康熙间任吏科给事中。③余国柱:大冶人,顺治九年(1652)进士,历任户部主事、给事中、副都御史、江宁巡抚、左都御史、户部尚书等,康熙二十六年(1687)升任武英殿大学士。后随明珠罢相而解职。④姚缔虞:黄陂人,顺治进士,康熙年间官至四川巡抚。

[译文]

康熙十八年(1679),圣祖皇帝在中左门召集满汉九卿、詹事、科道等官,召见前先在内殿召见吏部侍郎哲尔肯屯泰,吩咐说:"我亲自处理政务,已经十多年了。科道官员是朝廷的耳目,我每每阅览他们的奏疏,感到其中切实为国家大局着想、有益于政事的非常少,而草率搪塞应付的非常多。你可以传达我的口谕给九卿等官员,并宣示我的亲笔谕旨。一会儿群臣进见,我将当面咨询其得失,希望大家各抒己见,直言陈奏,不要隐瞒。"哲尔肯屯泰出内殿来到中左门,向各位官员传达皇帝的口谕完毕,随即宣读上谕道:"今天将六科给事中、都察院十三道监察御史两衙门奏章的弊病,无益于国计民生的地方,一一讲明白。你们一定有至为公正的议论,以辅佐朕躬。你们只要有所建白,就直言陈奏,不可隐讳。譬如科道官条陈一事,六部会议准行,又有科道官上言其不可。今天所谓的是，明天就又转为非，朝令夕改，使人茫然无成例可循，难以取信于天下，这难道是治国之道的至理吗？……"

圣祖皇帝面向科道诸臣问道："风闻传言就上疏言事，你们认为可行吗？如果有话要说，可以一一陈奏。"吏科掌印给事中李宗孔、礼科掌印给事中余国柱等奏道："言官根据风闻传言而上疏言事，皇上原本没有禁止，但一旦开此先例，恐怕有不便之处。"圣祖皇帝说："这是明末的陋习。如果此例一开，恐怕有些言官中的不肖之徒，借端挟制，罔上行私，颠倒是非，诬害良善，造成弊端。"圣祖皇帝问姚缔虞道："你说言官根据风闻传言上疏言事，你认为怎么样？"姚缔虞回奏道："皇上从来不曾处分过言官，只要有处分条例在，对于言官来说都会心生畏惧。"圣祖皇帝说："作为人臣，为国尽忠，不择利害。有志之士，就是死也不畏惧，何况是降级处分呢？你们都根据风闻传言上疏言事，我也何尝不曾有过风闻，姑且举其一二事例说明。君臣之间的职分情谊，休戚相关，当吴三桂刚刚叛乱之时，大臣中有人一听说叛乱，就把妻子儿女遣返原籍，这是何等居心？把国家视为家庭的情谊，应当这样吗？又如有人强占他人田地，受人贿赂，徇情枉法，大行私利，大为不法，你们言官何曾有一言参奏？言官奏事，应当将国家重大事务，确切加以条陈。如今你们所说，大多是列举小事，无关乎治国之要。今后千万不要再草率搪塞。如果有大奸大贪，经参奏弹劾属实，我一定有法必依，决不宽贷！"

是年，圣祖又谕九卿、詹事、科道等曰："自古设立台省①，原系朝廷耳目之官。上之则匡过陈善，下之则激浊扬清，务求知无不言，言无不尽，乃称厥职。近见言官徇私好名者，不可胜数。朕自临御以来，每期言路诸臣，化其偏私，实陈得失，辅登上理。顷有以风闻言事者，试约略论之。如今之章奏已见施行者,虽不明言为风闻,何尝不是风闻?今若开风闻之条,使言事者果能奉公无私,知之既确,言之当理,即当敷陈,何必名为风闻方入告也?倘生事之小人,恃为可以风闻入告,但徇己之好恶,必致擅作威福,以行其私。彼言之者既无确见,听之者安能问其是非?故曰:'无稽之言勿听,弗询之谋勿庸。'②正所以诫言之无据,谋之自专也。况天下之大,臣民之众,道之以礼,晓之以法,待臣下须宽仁有容,不因细事而即黜之,所以体群工也。用人则随才器使,无求全责备之心,盖以人才有不齐也。若关天下之重,朋党徇私之情,皆国家可参可言之大事,不但科道而已。有志之臣民,概可以言之,何在区区风闻之言,能敛戢奸贪之志气哉?治国家者在有治人,不患无治法耳。"(《圣训》)

[注释]

①台省:汉代尚书属少府,在宫禁台阁之中,故称尚书台为台省。唐代称尚书省为中台、门下省为东台、中书省为西台,总称台省。亦有以三省及御史台合称台省的。②无稽之言勿听,弗询之谋勿庸:语出《尚书·大禹谟》。

[译文]

这一年(1679),圣祖皇帝又吩咐九卿、詹事、科道等官说:"自古以来,国家设立台省之官,原本就是作为朝廷的耳目。对上主要是匡正错误、陈奏善言,对下则主要是激浊扬清、端正风气,因而务求知无不言,言无不尽,才能够称职。近来,看到言官徇私舞弊、沽名钓誉之辈,不可胜数。我自从即位以来,每每期望言路的各位大臣,改变其偏私的弊病,实事求是地陈奏政治得失,辅佐朝廷达到最好的治理。前不久有根据风闻传言上疏言事的,现今就简略地讨论一下这件事。如今的奏章已经批准实施的,虽然没有明言是根据风闻传言上疏言事,但何尝不是根据风闻传言上疏言事?现在如果开此先例,让上疏言事的人真正能够奉公守法,无偏无私,知道得已经很确切,陈述得也符合情理,就应当上疏陈奏,为什么一定要称为风闻才入奏呢？倘若遇到造谣生事的小人，依凭这可以根据风闻传言上疏言事的先例，只求根据个人的好恶，一定会导致擅作威福，以行其私欲。那些根据风闻传言上疏言事的人既然没有确切见解，那么听者如何能够问清其是非？所以《尚书》上说：'没有考据的言论不要听信，没有详细询察的谋略不可运用。'正是为了力戒言论没有根据，谋略独自专断。况且以天下之大，臣民之众，用礼仪加以引导，以法令加以晓谕，对待臣下必须宽厚仁慈，有包容之量，不要因为小事就动辄加以黜陟，这是为了体察广大臣民的心意。至于用人，就要根据其才能加以任使，不要存求全责备之心，这是因为人才并非各个方面等量齐观，均其所长。如果关系到天下国家的重务，大臣朋党徇私的情弊，这些都是可以参劾、可以陈奏的大事，不仅仅是科道官的职责罢了。有志于此的臣民都可以上疏言事，何必专注于区区的风闻传言，根据风闻传言上疏言事难道能够让奸臣、贪官收敛乃至停止其行为吗？治理国家关键在于治理的人，不用担心没有治理之法。"

康熙二十四年，圣祖谕大学士等曰："九卿咸有条奏之责，科道亦为耳目之官，凡有见闻及应行事宜，当不时入告，以明尽忠补过之义。今天下虽已升平，而兵刑礼乐之大，国计民生之繁，岂皆事事允厘，无一可言者耶？尔等其以此旨遍谕廷臣焉。"（《圣训》）

[译文]

康熙二十四年（1685），圣祖皇帝吩咐大学士等说："九卿都有条奏的责任，科道官员也是耳目之官，凡有所见所闻以及应当推行的事宜，就应当不时入奏，以昭明尽忠皇上、补救朝廷过失的大义。如今天下虽然已经升平无事，但是军事、刑律、礼乐教化的大事，国计民生的浩繁，难道能够做到事事处理妥当，没有一点值得探讨的吗？你们把我这道谕旨全部传达到朝廷群臣知晓。"

康熙二十八年，先是，圣祖以雨泽愆期，问九卿等政事得失，令详议陈明。至是九卿等奏："皇上仁恩浩荡，蠲免钱粮，慎重刑狱，诸事尽善，臣等实无可言。"圣祖谕曰："自去秋以来，雨雪不能沾足，直隶、山西、山东以至江南、浙江皆旱，心甚忧之。屡谕九卿，或有未当及应行之事，令其陈奏，曾不得一。朕思政事失于下，则灾患应于上，如影响然。《尚书·洪范》曰：'僭恒旸若，蒙恒风若。'①去岁将旧任诸臣，罢斥甚多，择其有品有守者用之。至于在外督抚司道等官，近亦颇有令闻，似应风雨以时。以此观之，所关必在于上，非由他故，诸臣肯直言乎？至祈雨一事，朕非不留意，前此屡率诸臣祷于天坛，幸皆遇雨，此天爱苍生，于朕毫无与焉。目今诸臣诚心祈祷，与朕无异，若能切直言事，是即所以召甘霖也。朕一身之识见精力，不敢自恃，惟尔诸臣之勤慎是赖。明示朕怀，与诸臣共悉之。"（《圣训》）

[注释]

①僭恒旸若，蒙恒风若：语出《尚书·洪范》，意谓视察不聪，蒙蔽不通，意象不昭，有失君德。

[译文]

康熙二十八年（1689），起初圣祖皇帝因为雨泽过期不下，询问九卿等政事的得失，指示他们详细讨论，陈奏明白。到这时九卿等奏道："皇上仁恩浩荡，蠲免各地的钱粮赋税，慎重处理刑狱之事，各种事务尽善尽美，臣等实在无可奏言。"圣祖皇帝吩咐说："自从去年秋天以来，雨雪不足沾溉万物，直隶、山西、山东以及江南、浙江等地皆出现旱情，我内心十分忧虑。多次谕令九卿，如有朝野未当之事以及应当举行之事，让他们一一陈奏，却不曾得到一件回应。我考虑政事失策于下，那么灾祸就反应于上，就好像物体与影子、声响与回音一样。《尚书·洪范》上说：'视察不聪，蒙蔽不通，意象不昭，有失君德。'去年将朝中原任的诸位大臣，罢免斥退的很多，可以选择其中有品行有操守的加以任用。至于在外的总督、巡抚、司道等官，近来也颇有好的名声，似乎应当风调雨顺。以此观察，其关键还在于上面，不是其他的缘故，诸位大臣能够直言不讳吗？至于说到祈雨一事，我也并非不予留意，此前曾多次率群臣到天坛去祈祷，所幸都遇到甘雨降临，这都是上天爱护苍生，与我本人毫不相干。如今群臣诚心祈祷，与我的作为没有不同，如果能够切实地直言奏事，这就是所以招来甘霖的方法。我一人的识见和精力，不敢自恃，只有依赖诸位大臣的勤勉谨慎。这里我明确昭示我的心怀，希望诸位大臣共同知悉。"

康熙三十六年，圣祖谕吏部、都察院曰："国家设立都御史及科道官员，以建白为专责，可以达下情而祛壅蔽，职任至重。使言官果能奉法秉公，实心尽职，则闾阎疾苦，咸得上闻；官吏贪邪，皆可厘剔。故广开言路，为图治第一要务。近时言官条奏参劾章疏寥寥，虽间有入告，而深切时政，从实直陈者甚少。此岂委任言路之初旨乎？自今以后，凡事关国计民生，及吏治臧否，但有确见，即应指陈。其所言可行与否，裁酌自在朝廷。虽言有不当，言官亦不坐罪。自皇子诸王及内外大臣官员，有所为贪虐不法，并交相比附，倾轧党援，理应纠举之事，务必大破情面，据实指参。勿得畏惧贵要，瞻徇容隐。即朕躬有失，亦宜进言，朕决不加责。其有怀挟偏私，借端倾陷者，朕因言察情，隐微自能洞悉。凡属言官，尚各精白乃心，力矢忠悫，以无负朕殷切责望至意。尔部院传谕行。"（《圣训》）

[译文]

康熙三十六年（1697），圣祖皇帝吩咐吏部、都察院说："国家设立都御史及科道官员，就是以建言陈奏为专门职责，可以此晓达下情，祛除壅蔽，职责至为重要。假如言官都能够遵奉法律，秉公行事，实心尽职，那么民间的疾苦，都可以让朝廷知道；官吏的贪婪奸邪，都可以整治革除。因此，广开言路，是励精图治的第一要务。近来言官的条奏、参劾奏章寥寥无几，即使偶有入奏，而能够深切时政，从实直言陈奏的非常少。这难道是我们委任言官的初衷吗？从今以后，凡是事关国计民生，以及吏治的好坏，只要有确切见解，就应当直言陈奏。至于其所言可行与否，自有朝廷斟酌裁定。即使言论有所不当，言官也不会因此获罪。从皇子、诸王以及内外大臣官员，如果有所为贪虐不法，以及交相比附，结为朋党，相互倾轧，理应纠察检举之事，务必打破情面，根据实际情况指陈参劾。不得畏惧权贵势要，徇顾私情，亲亲容隐。即便是我有过失，也应当直言进谏，我决不加以责备。至于那种怀挟偏私，借端倾轧陷害无辜的人，我根据上言访察事实，其间隐微细节自能洞悉无遗。凡属言官，希望各自内心精忠清白，矢志忠心报效朝廷，不要辜负我殷切期望之意。你们吏部、都察院把我的谕旨传达下去，切实奉行。"

康熙三十九年，圣祖谕大学士等曰："臣下之贤否，朕处深宫，何由得知？缘朕不时巡行，凡经历之地，必咨询百姓，以是知之。朕欲开风闻言事之例，科道官以风闻题参，即行察该督抚，贤者留之，不贤者去之。如此，则贪暴敛迹，循良竞劝，于民生大有裨益。嗣后各省督抚、将军、提镇以下，教官、典史、千把总以上官员贤否，若有关系民生者，许科道官以风闻入奏。倘怀私怨，互相朋比受属托者，国法自在。著谕满汉掌印与不掌印科道官知之。"又谕大学士等曰："九卿诸臣，但以朕可者可之，否者否之，无一人有直言者。伊等皆系读书之人，岂不知忠为事君之大义？顷者，以九卿不足信，将行取知县及科场事宜，遣问张鹏翮、郭琇、李光地、彭鹏，九卿独不抱愧乎？四人居官之善，朕何以知之？盖以彭鹏任三河知县，朕谒陵往返，稔闻其贤。张鹏翮曾任兖州知府，居官深善。郭琇曾任吴江知县，朕南巡时，百姓俱称其贤。李光地为学院时，官声最优。凡居官贤否，惟舆论不爽。果其贤也，问之于民，民必极口颂之。如其不贤，问之于民，民必含糊应之。官之贤否，于此立辨矣。若张鹏翮等偶有他过，朕尚可曲宥。如九卿不肯直言，朕必重惩一二人，彼时勿谓朕不宽也。朝廷设九卿，所司何事？其以朕旨晓谕之。"

[译文]

康熙三十九年（1700），圣祖皇帝吩咐大学士等说："臣下的贤能与否，我处在深宫，如何能够知道？这就是因为我不时巡行各地，凡是经历的地方，必定访察咨询百姓，因此知道官吏的贤能与否。我想开根据风闻传言上奏之例，科道官员根据风闻传言题本参奏，当即察访该总督、巡抚，贤能者留任，不贤者去职。这样就能够使得贪婪暴虐之徒敛迹，循吏良臣奋进，对于民生大有裨益。今后各省总督、巡抚、将军、提督、总兵以下，教官、典史、千总、把总以上官员的贤能与否，如果有关国计民生的，允许科道官员根据风闻传言上疏言事。倘若怀有私怨，受人请托，相互朋比为奸，自有国法惩治。谕令满汉掌印与不掌印科道官员知晓。"又吩咐大学士等说："九卿诸臣，只是以我认可的为可以，以我否定的为不可以，没有一个人敢于直言进谏的。你们都是读书人，难道不知道忠诚侍奉君主的大义所在？不久前，我认为九卿不足信任，就将有关行取知县以及科举考试事宜，派人咨询张鹏翮、郭琇、李光地、彭鹏，九卿就不觉得惭愧吗？这四个人居官之善，我是如何得知的呢？因为彭鹏任三河知县时，我拜谒祖陵往返经过其地，颇闻其贤能。张鹏翮曾任兖州知府，居官甚善。郭琇曾任吴江知县，我南巡时，百姓都称赞其贤能。李光地为官翰林院时，官声最好。大凡居官贤能与否，只要舆论证明，不会有错。果真为官贤明，询问百姓，百姓一定极口称颂；如果不贤，询问百姓，百姓一定含糊应付。那么，官员的贤能与否，在此就可以立即辨别了。像张鹏翮等人，偶然有一些其他的过失，我还可以曲为原谅。如果九卿不肯直言进谏，我一定要重重地惩治一二人，那时不要说我不够宽大。朝廷设立九卿，所掌管何事？把我的谕旨晓谕他们知悉。"

是年，颁御制《台省箴》，以儆言事诸臣。箴曰："台省之设，言责斯专。寄以耳目，宁取具员。通明无滞，公正无偏。党援宜化，轸域宜捐。洞达政体，斯曰能贤。古昔争臣，风规凛然。讦谟谠论，垂光简编。朕每览绎，如鉴在悬。居是官者，表里方直。精白乃心，克广其识。国计民生，臧否黜陟。凡所敷陈，敬将悃愊。风霜之任，以惩奸慝。搏击之威，以儆贪墨。毋摭细务，苟塞言职。毋纷我宪，妄逞胸臆。书思入告，当宁对扬。沽名匪正，营私孔伤。或藏嫌怨，谬为雌黄。受人指属，尤为不臧。形诸奏牍，有玷皂囊。职司献替，亟宜审详。敬尔在公，风纪岩廊。词箴用勖，诞告联常。"

又《给事中箴》曰："咨尔给事，实专言职。厥地惟亲，禁闼之侧。入纳奏札，出奉纶章。清勤斯称，敬慎斯臧。六曹有失，汝其正之。百僚有邪，汝其净之。予怀邦直，謇谔足多。庶兹有位，胥周濯磨。罔逞己私，小心乃集。罔见近利，不阿乃立。勿流于党，而苟为同。勿慑于威，而戾夫公。道贵毋欺，论尚执要。弃佞励忠,令闻始劭。尔之无忝,宠锡是承。尔之弗率,谴罪是膺。宪典丕昭,视尔贤否。靖献克诚,国恩孔厚。毋曰秩卑,补阙拾遗。夙夜匪懈,勖哉攸司。"

又《御史箴》曰:"柱下一星,列曜太紫。其象维何,今也御史。淬厉风裁,检齐霜纪。下饬官方,上参国是。肃肃柏府,峨峨豸冠。其职清要,簪笔朝端。百司有阙,是绳是弹。民泽或壅,是宣是殚。汝不自克,何以惩墨?汝不自正,何以纠慝?毋畏强御,毋纵残贼。庶几夙夜,邦之司直。昔之法吏,正色台中。为我耳目,效彼股肱。驰声简册,流美无穷。敬之敬之,罔不克恭。"(《御制文三集》、《圣训》、《东华录》六十六)

[译文]（略）

康熙五十一年,圣祖谕领侍卫内大臣、大学士、都统、尚书、副都统、侍郎、学士、副都御史等曰:"自古帝王统驭天下,君臣一心,无有异意,故凡事无不就理。倘上下暌隔,各怀一心,则凡事无不滋弊,此理所必然也。朕今春秋已高,听政年久,众以为朕事事经历,无不周知。但不闻不见之事甚多,虽有言官,若以不可发抄之事入告,必关身命,不惧者有几?是以托合齐①等辈小人,常昂然张胆,构集羽党,今已显露。若渐使滋蔓,其弊不可胜言矣。朕为国为民,宵旰勤劳,亦分内常事,此外所不得闻者。令各该将军、总督、巡抚、提督、总兵官,因请安折内,附陈密奏,故各省之事,不能欺隐。此于国计民生,大有裨益之效也。尔等皆朕所信任,位至大臣,当与诸省大臣,一体于请安折内,将应奏之事,各罄所见,开列陈奏。所言是,朕则择而用之;非,则朕心既明,亦可手书训谕,而尔等之善恶真伪,亦昭然可见。朕于诸事谨慎,举朝无不知之。凡有密奏,无或漏泄。但不肖大胆憨不畏死之徒，从中拆视，或原奏之人，朋友众多，口不密而泄漏者有之。况一概奏折，不迟时刻，皆不留稿，朕亲自手批发还。凡奏事者，皆有朕手书证据，在彼处不在朕所。如是，则大贪大奸，自知畏惧，或有宵小班主，窃卖恩威者，亦自此顾忌收敛矣。为此特谕。"（《圣训》）

[注释]

①托合齐：满洲人，康熙四十一年（1702）任步军统领，恃宠不法。四十八年多罗安郡王去世，托合齐在丧事期间纠集刑部尚书、兵部尚书等官员多次聚集在都统鄂善家宴饮，被人告发，后以朋党治罪下狱，康熙五十二年病死狱中。

[译文]

康熙五十一年（1712），圣祖皇帝吩咐领侍卫内大臣、大学士、都统、尚书、副都统、侍郎、学士、副都御史等说："自古以来，帝王统治天下，君臣一心，没有任何异意，所以凡事无不治理得井井有条。倘若上下悬隔，各怀一心，那么凡事就没有不滋生弊端的，这是理所必然的。我如今年事已高，听政也已经很久了。大家都以为我什么事都经历过，没有不知道的。但是其实我没有见闻的事情还很多。虽然有言官，但如果以不可抄送、传播的机密事情入告，一定关乎身家性命，内心不害怕的有几个人？因此，托合齐等奸邪小人，经常明目张胆，勾结党羽，如今已经败露。如果逐渐使其滋生蔓延，其弊端就不可胜言了。我为国为民，日夜勤劳，也是分内常事，除此之外就是我所听不到的。诏令各直隶省的将军、总督、巡抚、提督、总兵官，借这请安奏折之内，附上密折陈奏，所以各省的事情，不能对我欺瞒。这一点，对于国计民生，都是大有裨益的。你们都是我所信任的，居于大臣高位，应当与各直隶省的大臣一样，在请安奏折内将应当奏明的事情，罄尽所见所闻，开列陈奏明白。所言正确，我就择其善者而采纳；所言不对，我内心明白，也可以手书训谕，而你们的善恶真伪，也都昭然可见。我对于各种事务唯求谨慎，朝廷之中无不知道。凡有密折奏事，从无泄漏的。但不肖之徒不怕死刑大胆妄为，从中间拆开观看，或者是原奏之人朋友众多，口风不密不慎泄漏，也是有的。况且所有的奏折，我从来不耽搁一时一刻，都不留中奏稿，而亲手批示发还。凡是上疏奏事的，都有我手书批示为证，在他处而不在我处。这样，大贪大奸之臣，自知畏惧，即使偶尔有些奸佞小人欺瞒罔上，窃卖恩威，也会从此有所顾忌，为之敛迹。为此特下谕旨，使朝臣周知。"

圣祖《讲筵绪论》曰："人臣进言，固当直切无隐。人君纳谏，尤当虚怀悦从。若勉听其言，后复厌弃其人，则人怀顾忌，不敢尽言矣。每阅唐太宗、魏征之事，叹君臣遇合之际，千古为难。魏征对太宗之言：'臣愿为良臣，毋为忠臣。'尝思忠良原无二理，惟在人君善处之，以成其始终耳。"（《御制文二集》）

[译文]

圣祖皇帝《讲筵绪论》写道："作为大臣，进言讽谏，固然应当直言切谏，没有隐瞒；作为君主，采纳谏言，尤其应当虚怀若谷，心悦诚服。如果勉强听进谏言，随后又厌弃其人，那么臣下就会心怀顾忌，不敢尽进忠言了。每当读到唐太宗、魏征君臣之事，感叹君臣知遇之际，千古以来难以再现。魏征对唐太宗说：'我愿意作为良臣，不要作为忠臣。'我曾经思考忠臣、良臣本来没有两种道理分别，关键在于君主善于处理，以成就其始终罢了。"

论纳谏第七

圣祖登极时，因旱求直言。新例流罪，皆徒乌喇①，诏九卿会议。御史沈荃②谓乌喇距蒙古三四千里，地不毛极寒，人兽冻辄毙。徒流不当死，不应驱之死地，乃独为疏上之。有旨令画一。荃持前议益坚，且曰："臣此议行，三日不雨者，愿伏欺罔之罪。"圣祖方冲龄，改容纳之。越二日，大雨盈尺，新例竟罢。(《郎潜纪闻》③卷二)

[注释]

①乌喇：即吉林乌喇，满语意谓沿江的城池，康熙二十四年（1685）改称吉林（今吉林省吉林市）。②沈荃（1624—1683）：字贞蕤，号绎堂，别号允斋，华亭人，顺治九年（1652）探花，累官翰林院侍读学士、礼部侍郎，卒谥文恪。工书法，宗法米芾、董其昌。③《郎潜纪闻》：清陈康祺[1840—1890，鄞县人，同治十年（1871）进士，官刑部员外郎]撰，分初笔、二笔、三笔、四笔，共十一卷，是一部有价值的史料笔记。

[译文]

圣祖皇帝登极之时，因为天气大旱诏求直言。而根据朝廷的新例，流放罪都要流放到吉林乌喇地方，下诏请九卿会议讨论。御史沈荃认为：吉林乌喇距离蒙古三四千里，不毛之地，又极其寒冷，人口、牲畜遇到冰冻往往死去。流放罪按律不当死，不应该驱使他们到这等必死之地，于是单独上疏陈奏。朝廷传达旨意，刑法律例统一执行，而沈荃坚持前面奏疏提出的建议更为坚定。而且还公开说："我的这个建议如果实施，三天之内不下雨，甘愿领受欺君罔上的罪名。"当时圣祖皇帝年龄尚幼，为之动容，接受了他的建议。过了两天，大雨降临，积水超过一尺深，朝廷所定的新例竟然因此撤销了。

康熙十八年，滇闽方用兵，征调四出。又广开捐纳事例。御史蒋伊①绘十二图以进。其疏曰："臣惟圣王之治天下也，虽当已安已治之时，必存犹溺犹饥之念，诚欲周知万方之疾苦，而轸其艰难也。臣三年于外，凡有见闻，登之图绘，计十二帧。第一为《难民妻女图》，第二为《刑狱图》，第三为《寒窗读书图》，图中情事，各为一本。第四为《春耕夏耘图》，第五为《催耕图》，第六为《鬻儿图》，见在催征不得钱粮，已蒙皇上浩荡皇恩，仰见圣天子恫瘝至意，固已洞悉民瘼矣。第七为《水灾图》，第八为《旱灾图》，备荒积谷，业经诸臣会议，虽有刍荛末议，臣亦不敢复赘。第九为《观榜图》，第十为《废书图》，第十一为《暴关图》，第十二为《疲驿图》。学校则以取数太隘，而贫士有改业之嗟；关课则以蠹弊丛兴，而商人有裹足之叹。以致冲邑之转输，疲邑之烦苦，此皆久在皇上离照中。方今军需正殷，臣一时未敢连章累牍，冒渎宸衷也。伏念皇上爱民如子，求贤若渴，鉴民迁疏，俯赐观览，则四方颠连琐尾②之状，累累乎如在目也。呻吟忾叹之声，殷殷乎如在耳也。我皇上一举念间，而斯民日被尧舜之泽矣。"疏入，圣祖动容嗟叹，置诸左右。蒋伊又尝为五疏，论救荒之策，言切而哀。逾年驾东巡，道多饥民，圣祖顾近臣曰："此蒋伊所绘难民图也。"（《经世文编》③卷十、《燕下乡脞录》④卷二）

[注释]

①蒋伊（1631—1687）：字渭公，号莘田，常熟人，康熙十二年（1673）进士，官至陕西道监察御史、河南提学副使、广东参议。善绘事，通诗文。著有《万世玉衡》等。②颠连琐尾：一作流离琐尾、琐尾流离，语出《诗经·邶风·旄丘》："琐兮尾兮，流离之子。"朱熹集传："琐，细；尾，末也。流离，漂散也……言黎之君臣，流离琐尾，若此其可怜也。"③《经世文编》：全称《皇朝经世文编》，一百二十卷，清贺长龄辑，实为魏源代编，成于道光六年（1826），为清代官方文献的权威选本。其后陆续有续编、三编、新编、统编等。④《燕下乡脞录》：十六卷，清陈康祺撰。

[译文]

康熙十八年（1679），云南、福建正在用兵之际，四方粮饷征调频繁。又广开捐纳事例。御史蒋伊绘成十二幅图进呈御览。其奏疏中写道："我考虑古圣先王治理天下，即使生当天下平安、政治清明的时候，也一定心存危机、饥馑之念，实在是要想周知四方百姓的疾苦，而深深思念创业的艰难。我在外任职三年，凡是有所见闻，就绘成图案，共计十二幅。第一幅叫做《难民妻女图》，第二幅叫做《刑狱图》，第三幅叫做《寒窗读书图》，图中的事情，各自绘成一本。第四幅叫做《春耕夏耘图》，第五幅叫做《催耕图》，第六幅叫做《鬻儿图》，现在催征不到的钱粮，已经蒙皇上洪恩浩荡，予以减免，可见圣明天子关心民间疾苦犹如病痛在身的至意，皇上可以说已经洞悉民间的疾苦了。第七幅叫做《水灾图》，第八幅叫做《旱灾图》，积贮米谷，预备饥荒救助，业已经过大臣会议讨论，我即使有草野之人的鄙陋建议，也不敢再附赘其后。第九幅叫做《观榜图》，第十幅叫做《废书图》，第十一幅叫做《暴关图》，第十二幅叫做《疲驿图》。学校教育因为录取率太低，贫穷士人多有改业转行的感慨；关税征收因为弊端丛生，经商之人多有裹足不前的叹息。以至于城乡为粮饷征调转输所累，为赋役繁重所苦，这些都早已在皇上的明察之中。当今军备粮饷的需求正紧，我一时也不敢连篇累牍，冒犯亵渎皇上的思虑。但是考虑到皇上爱民如子，求贤若渴，一定能明鉴臣民的愚阔疏漏，加以观览，那么天下四方颠沛流离、处境艰难的状况，接连不断，如在目前；呻吟哀叹的声音，殷殷之意，言犹在耳。皇上一念之间，天下百姓就可以每日沾溉尧舜之德泽了。"奏疏呈上之后，圣祖皇帝观之动容，嗟叹不已，将图画放置左右，不时观摩。蒋伊又曾经上疏五次，讨论救荒的对策，言语深切，悲戚动人。一年后皇上圣驾东巡，道路上多见饥民，圣祖皇帝对随行的近臣说："这些就是蒋伊所画的难民图啊！"

康熙四十年，广东巡抚彭鹏因云南道御史王度昭①疏参，遵旨明白回奏。圣祖谕大学士等曰："朕于科道官许其风闻入告者，专为广开言路，使自督抚以下各官，有任意妄为及贪劣害民者，皆知所顾忌而警戒也。科道官员纠参不实，例有处分。又或言不合理及生事妄奏者，外转有之，罢职亦有之。至于被参之人，具疏回奏，止应辨晰是非，不应支离牵引。因彼一身被参，而举原参之父子兄弟亲戚，皆受指摘，以逞报复，则自此以后，孰敢更纠一人耶？彭鹏身为言官时，亦曾参人，兹为王度昭所劾，理应止以切己之事剖晰奏明。乃今讦奏王度昭，谓其曲庇亲戚，而其间所有夙怨，又未指出实据。彭鹏虽操守清廉，居官亦善，此回奏反复渎陈，辞气不胜忿激。凡在君上之前不应陈奏之言，辄形于章疏，粗戾已极，著严饬行。"（《圣训》）

[注释]

①王度昭（1649—1723）：诸城人，康熙二十一年（1682）进士，累官监察御史、光禄寺卿、顺天府丞、太常寺卿、浙江巡抚、江宁巡抚、工部侍郎、兵部左侍郎等。

[译文]

康熙四十年（1701），广东巡抚彭鹏因为云南道御史王度昭上疏参劾，遵照圣旨明白回奏。圣祖皇帝吩咐大学士等说："我对于科道官员，允许他们根据风闻传言上疏言事，主要是为了广开言路，从而使自总督、巡抚以下各级官吏如果有任意妄为、贪污劣迹、祸害平民的，都知道有所顾忌，引为警戒。科道官员如果纠察参劾不实，照例要有所处分。有的言事不合情理，有的借端生事、诬陷参奏，这样的言官有的外转为地方官，也有的因此罢官。至于被参劾的人，具疏回奏，只应当辨明是非，不应当漫无边际，牵引株连，借其一人被参劾，而举报原来参劾他的人的父子兄弟亲戚，使他们都受到指摘攻击，以逞其报复之心，如果这样，那么从此以后，谁还敢再参奏一个人呢？彭鹏自己做言官时，也曾经参劾别人，这次被王度昭参劾，理应只以关乎其个人之事剖析明白。可是他却上疏攻击王度昭，说他包庇亲戚，而其中的所有夙怨，又没有指出其切实的证据。彭鹏虽然操守清廉，居官也名声不错，但这次的回奏却反复指陈，言辞不胜愤激。凡是在君王面前不应该陈奏的话，都形之于奏章之中，粗暴狂戾至极，要严厉地加以申饬。"

康熙四十四年，圣祖南巡回銮，召李光地侍御舟讲论，因间奏曰："官俸累杀，百僚几无以自给。遭上宽仁，悯其禄薄，容隐其需求细故。然臣心窃有未允者。俸以养廉，防官邪也。今乃仰恃宽仁之恩，借口禄薄之故，竟为需求，以陷于邪。其不至卖法黩货者，即抗颜扬声，以廉自负。此于澄叙官方之道，似有未尽。臣愚以为兵费既省，则经费益充，因而量加百官之俸，使足自给。一绝其需求之门，以杜其乱法干犯之路，则庶绩咸熙①矣。"又奏曰："礼乐不兴，千载梦梦。然今乐犹古乐也。臣少时见优剧有为贞臣、孝子、义夫、顺妇、信友、悌弟之行者，当其慷慨凄激，悍卒童孺，莫不沾襟焉。然则即今优剧文以贞、孝、义、顺、信、悌之迹，亦足以感风俗而成治道。独其鄙俚不经，于古无事实者，为当立以厉禁耳。方今承平日久，礼乐可兴，钟黍律吕②，难以遽议。若因民间之乐，顺而道之，此亦用力少而成功大者也。"圣祖皆然之。而重慎改作，未及施行。又奏曰："上视民如伤③，屡赐蠲免。然蠲免之岁，旧逋未与停止，故官吏追呼不辍。不肖者或缘旧逋，以罔新额。若遇蠲免之岁，概停旧逋之征，则民终岁休息，实沾鸿恩矣。"圣祖立予施行。著为令。(《李光地年谱》④)

[注释]

①庶绩咸熙：语出《尚书·尧典》："允釐百工，庶绩咸熙。"孔传：

"绩,功也;言众功皆广。"②钟黍律吕:钟黍即乐器,律吕即正乐律之器,也称音律。③视民如伤:语出《左传·哀公元年》:"臣闻国之兴也,视民如伤,是其福也。"形容统治者极其顾恤民众疾苦。④《李光地年谱》:一作《李文贞公年谱》,二卷,李清植编撰,有道光五年(1825)安溪李氏刻本。

[译文]

康熙四十四年(1705),圣祖皇帝南巡回銮途中,召见大学士李光地到乘坐的御舟中进讲经义。李光地借着这个机会上奏说:"官员俸禄经多次降低,百官几乎无法自给。遇到皇上宽厚仁慈,可怜他们俸禄微薄,容忍他们需索苛求的种种细故。但是我内心感到这种办法未必允当。俸禄的本意就在于养廉,防止官员奸邪贪黩。如今乃依赖皇上的宽厚仁慈,借口俸禄微薄的缘故,竞相需索苛求,从而陷于奸邪的境地。那些不至于贪赃枉法、营私舞弊的官员,就可以抗颜扬声,以清廉自负。这对于澄清、叙明为官之道,似乎还很不够。我认为如今天下统一,军费节省之后,那么国家财政经费更加充裕,因而应该适当增加百官的俸禄,使他们足以自给。这样一来可以杜绝需索苛求的门路,进而杜绝违法乱纪的门路,从而达到政治清明,成就千秋功业。"又上奏说:"礼乐教化不兴盛,千年之下依然昏沉黑暗。然而,今天的礼乐犹如古之礼乐。我少年时代看到演员饰演忠臣、孝子、义夫、顺妇、信友、悌弟之行为的,每当他们慷慨激昂、凄惨悲切的时候,即使是强悍的士兵、年幼的儒生,没有不泪沾衣襟的。既然这样,那么就以今天的演员来演绎忠、孝、义、顺、信、悌的事迹,也足以感化风俗,成就治国之道。只有其中粗浅鄙陋、荒诞不经的,在古代没有事实依据的,应当严厉加以禁止罢了。如今天下承平日久,礼乐教化可以兴盛,而乐器音律,难以在仓促之间创造发明。如果能够根据民间音律,因势利导,这样不仅用力较省,而且成就也会较为明显。"圣祖皇帝深以为然。但对于改弦更张极为慎重,还未来得及施行。

李光地又上奏说:"皇上顾恤民间疾苦,屡次下诏蠲免钱粮。然而在蠲免的年岁,旧日所欠赋役没有停止,因而官吏依然追讨不止。其中不肖之徒有的甚至以旧日所欠赋役,来抵补新近蠲免的数额。如果遇到蠲免的年岁,一概停止旧日所欠赋役的征收,那么民众就可以终岁休养生息,实实在在地沾溉朝廷的浩荡洪恩了。"圣祖皇帝立即予以施行,并作为政令颁布天下。

圣祖《庭训》曰:"舜好问而好察迩言。[①]不自用而好问,固美矣。然不可不察其是否也,故又继之以好察。孟子论用人[②]、用刑,则曰:'询之左右及诸大夫及国人。可谓不自用、不偏听,而谋之广矣。'然终必继之以察,而实见其可否,然后信之。至若舜,又曰:'官占惟先蔽志,昆命于元龟。朕志先定,询谋佥同。鬼神其依,龟筮协从。'[③]箕子亦曰:'汝则有大疑,谋及乃心,谋及卿士,谋及庶人,谋及卜筮。'[④]此则又先断之以己意,然后参之于人与鬼神。可见古之圣人,或先参众论,而后审之以独断。或先定己见,而后稽之于人神。其慎重不苟如此。盖众谋独断,不容偏废,但先后异用,而随事因时可耳。"(《庭训格言》)

[注释]

①舜好问而好察迩言:语出《中庸》。②孟子论用人:事见《孟子·梁惠王下》。③官占惟先蔽志……龟筮协从:语出《尚书·大禹谟》。④汝则有大疑……谋及卜筮:语出《尚书·洪范》。

[译文]

圣祖皇帝《庭训格言》写道:"虞舜喜欢询问别人和访察身边的人说的话。不自以为是而喜欢询问别人,是很美好的事。然而对别人的话不可不分辨是否正确,所以又继之以考察辨别。孟子在谈到用人、用刑时则说:'向身边的人以及诸位大夫及京城里的人询问。这可以说是不自以为是、不偏听偏信,谋划已经很广了。'然而最后必定继之以考察,从实际上看是否正确,然后才能相信。至于虞舜,又说:'官卜的方法是先断定志向,然后用大龟占卜。我的意志已先决定了,征询大家的意见也都相同。鬼神依顺,占卜的结果也协同一致。'箕子也说:'你若有大的疑难,先要自己考虑,再与卿士商量,与庶民商量,最后问卜占卦。'又是先自己考虑作决断,然后再参考他人和鬼神的意见。可见古代的圣人或者是先参考众人的意见,然后加以审察作出自己的决定;或者是先审定自己的主见,然后再考核他人和鬼神。其态度慎重一丝不苟如此。这是因为征询众人的意见和自己作决断,不允许有所偏废,只不过是谁先谁后的不同,要根据事情因时而运用就可以了。"

圣祖《讲筵绪论》曰:"论才则必以德为本。故德胜才谓之君子,才胜德谓之小人。司马光之言,洵为笃论。宽宏容纳,正所以开敢言之路,而使人得尽其言。舜之大智,全在于此。"(《御制文集》)

[译文]

圣祖皇帝《讲筵绪论》中写道:"讨论才能,就一定要以德行为根本。所以德行胜过才能,叫做君子;才能胜过德行,叫做小人。司马光的话,可以称为笃实之论。宽宏大量,海纳百川,正是为了大开敢言之路,从而使人们都得以尽其言。虞舜的大智慧,全在于此。"

康熙政要卷七

论勤学第八

康熙十二年,圣祖谕学士傅达礼等曰:"人主临驭天下,建极绥猷,未有不以讲学明理为先务。朕听政之暇,即于宫中披阅典籍,殊觉义理无穷,乐此不疲。向来隔日进讲,朕心犹然未惬。嗣后尔等须日侍讲读,阐发书旨,为学之功,庶可无间。"尝制《讲官箴》曰:"予企至道,覃思简编,朝夕讨习,礼茂讲筵。诗人有云:显示德行。启沃惟贤,庶几金镜。尔列词苑,峨峨在廷。细旃广厦,论史谈经。体之行之,朕躬是力。载献载替,尔职宜饬。毋务剿说,毋苟雷同。毋缪于正,毋悖厥中。在昔大儒,称先则古。皋夔①是师,言规行矩。谊贵翼励,先正其心。尔苟勿欺,吐辞足钦。讵曰名义,可以涂饰。讵曰圣贤,可以蠡测。关闽濂洛②,炳矣心传。撰述大旨,庠序宗焉。用昭儒修,用宏教泽。尔其勉兹,尚无攸斁。"(《圣训》、《御制文集》卷二十五)

[注释]

①皋夔：皋即皋陶，传说中东夷族首领，唐尧任为大理，虞舜任为士师，是我国历史上第一位大法官。夔，传说中虞舜时期的乐官，精通音律。②关闽濂洛：宋代理学的四大流派，即张载为代表的关学、朱熹为代表的闽学、周敦颐为代表的濂溪之学、二程为代表的洛学，这里指正统的理学。

[译文]

康熙十二年（1673），圣祖皇帝吩咐学士傅达礼等说："天子君临天下，治国立法安宁之道，没有不以讲学明理作为首要任务的。我在听政治国的余暇，就在官中阅读经典文献，的确感到义理无穷，读书学习乐此不疲。以前都是隔一天一次进讲，我心中仍然感到不满足。今后你们必须每天随侍在侧，讲学侍读，阐发书中的微言大义，这样勤奋治学之功，差不多才能没有疏漏。"圣祖皇帝还曾经亲笔写下《讲官箴》："予企至道，覃思简编，朝夕讨习，礼茂讲筵。诗人有云：显示德行。启沃惟贤，庶几金镜。尔列词苑，峨峨在廷。细旃广厦，论史谈经。体之行之，朕躬是力。载献载替，尔职宜饬。毋务剿说，毋苟雷同。毋缪于正，毋悖厥中。在昔大儒，称先则古。皋夔是师，言规行矩。谊贵翼励，先正其心。尔苟勿欺，吐辞足钦。讵曰名义，可以涂饰。讵曰圣贤，可以蠡测。关闽濂洛，炳矣心传。撰述大旨，庠序宗焉。用昭儒修，用宏教泽。尔其勉兹，尚无攸敦。"

是年，圣祖又谕学士傅达礼曰："朕以修葺宫殿，明日移驻瀛台，暂留数日。夫进讲所以致知，蓄德期于日新，未容少闲。讲官其日至瀛台，如常进讲。"又谕曰："学问之道，在于实心研索。使视为故事，讲毕即置之度外，是徒务虚名，于身心何益？朕于诸臣进讲后，每再三细绎，即心有所得。尤必考证于人，务求道理明彻乃止。至德政之暇，无间寒暑，惟有读书作字而已。"因御书一行，赐观曰："人君之学不在此，朕非专攻书法，但暇时游情翰墨耳。"又谕讲官熊赐履曰："朕观尔等所撰讲章，较张居正《直解》①更为切要。"熊赐履奏曰："臣等章句小儒，不过敷陈文义。至于明理会心，见诸日用，则在皇上自得之也。"圣祖曰："讲明道理，乃为学切要功夫。修己治人，方有主宰。若未明理，一切事务，于何取则？"又谕曰："学问之道，毕竟以正心为本。"熊赐履奏曰："圣谕及此，得千古圣学心传矣。"又谕讲官等曰："人心至灵，出入无乡，一刻不亲书册，此心未免旁骛。朕在宫中手不释卷，正为此也。"因撰《读书贵有恒论》曰："为学之道，朕既要其本于毋自欺矣。虽然，尤患于始勤而终惰也。盖圣贤入道，非学之难，而有恒之为难。《书》曰：'为学逊志，务时敏，厥修乃来。'②夫虚己受人，勤以励己，则其所修，常若源泉始达，汩汩不已。而必曰时者，则恒之说也。《诗》曰：'日就月将，学有缉熙于光明。'③夫君子博闻强识，敦行不怠，以故知日广而能日崇。若朝勤而夕懈，进锐而退速，则学弥晦矣，何光明之有？是诗人之言，要亦恒之说也。人之为学，非好之笃、嗜之深，其势必不能以持久。何则？诗书之气，未克浸淫于性情之内，则离而去之矣，求其学之有成，讵可得哉？朕自八龄，雅好典籍，无论细旃广厦④，讽咏古训，日与讲臣共之，即至銮车帐殿之间，罔废图史，寻味讨论，弗敢畏其艰深而阻焉，弗敢骛于外物而迁焉。盖初终如一日也。然圣贤理道，至为精妙，朕孜孜矻矻，愧仅得其糟粕耳。苟能由是而益加勉焉，庶于学问之途，或尚有所获，但恐志气怠弛，乘于不觉。《书》曰：'为山九仞，功亏一篑。'⑤此言克终之不易也。朕用是兢兢焉，以有恒为警云。"（《圣训》、《御制文集》）

[注释]

①张居正《直解》：明朝隆庆、万历间大学士张居正所撰《书经直解》，亦为辅导皇帝而编撰的读本。②为学逊志，务时敏，厥修乃来：语出《尚书·说命》。③日就日将，学有缉熙于光明：语出《诗经·周颂》。④细旃广厦：亦作广厦细旃，语出《汉书·王吉传》："广厦之下，细旃之上，明师在前，劝诵在后。"颜注："广厦，大屋也。旃，与毡同。"⑤为山九仞，功亏一篑：语出《尚书·旅獒》。

[译文]

这一年（康熙十二年，1673），圣祖皇帝又吩咐学士傅达礼说："我因为修葺宫殿，明天将移居瀛台，暂时留居数日。每日进讲经义是获取知识的重要途径，修养德行也期望日日进步，不容许稍有停顿。因此请各位讲官每天到瀛台来，照常进讲。"又吩咐说："学问之道，在于实心实意研究探索。假使视为虚应故事，进讲完毕就置之度外，这是徒务虚名，对于身心有何裨益？我在各位大臣进讲以后，每每再三仔细寻绎，从而有所心得。尤其必须针对具体人与事加以考究，务求道理明确透彻，方才罢休。至于政务余暇，无论寒暑，惟有读书练字罢了。"于是御笔亲书一行，赐给他观看，并说："帝王之学不在此，我并非专攻书法，只是闲暇时节游情翰墨罢了。"又吩咐讲官熊赐履说："我考察你们所撰写的讲章，比张居正的《书经直解》更为切要。"熊赐履上奏说："臣等只是寻章摘句的小儒，不过是敷陈文义罢了。至于明达道理，有会于心，并在日用实践中加以运用，就在皇上自己所得了。"圣祖皇帝说："讲明道理，乃是做学问最为切要的功夫。这样，自我修身，治理他人，内心才有所主宰。如果未能讲明道理，那么一切事务，从何处取则呢？"又吩咐说："做学问的方法，毕竟以端正心意为根本。"熊赐履上奏说："皇上的谕旨洞见及此，可谓得到了千古圣学的心脉相传了。"又吩咐讲官等说:"人心至为灵通,出入没有羁绊,一刻不亲近图书册籍,其心灵就未免会有所旁骛。我在宫中手不释卷,正是由于这个缘故。"于是撰写了《读书贵有恒论》,说:"做学问的方法,我既要以不自欺作为根本,又要以开始勤奋而最终怠惰为大患。这是因为圣贤入道,并非以学为最难,而是以持之以恒为最难。《尚书》上说:'学习只有谦虚而专心致志,则无时不敏,那么所修之学就会源源不断而来。'谦虚以接受别人,勤奋以激励自己,那么所修之学就会经常像源泉一样畅达,汩汩长流不断。而一定要说无时不敏,就是持之以恒的说法。《诗经》上说:'学习当日积月累,精进不止,就能达到无比光明的境界。'君子博闻强记,勉力实践,因此知识日益广博,才能日益提高。如果是早晨勤奋而晚上就懈怠,锐意精进却加速退步,那么学习就会更加晦涩,哪里谈得上无比光明的境界?这是诗人的说法,但关键也是持之以恒的说法。人们做学问,如果不是非常喜欢甚至深为嗜好,势必不能坚持长久而不懈怠。为什么呢?诗书之气,如果没有浸淫于个人的性情之中,就会离他而去,这样要求其学业有成,怎么可以做到呢?我从八岁登基以来,就雅好典籍,不要说在广厦细旃(传道授业的场所)之上,讽诵古训,每天与讲官共同探讨,就是到銮舆之中、帷帐殿阁之间,也不荒废研图读史,寻味讨论,不敢因为其内容艰深而心存畏惧有所退缩,不敢因为追求外物而有所变化,从而自始至终犹如一日。然而圣贤道理,至为精妙,我勤奋不懈,自愧只能得其糟粕罢了。如果能够因此而更加勤勉,差不多在学问的道路上,或许还会有所收获,唯恐志气懈怠废弛,于不知不觉间为其所乘。《尚书》上说:'为山九仞,功亏一篑。'这句话就是说的善始善终多么不容易。我因此谨慎戒惧,以持之以恒作为警策。"

康熙十三年,圣祖谕学士傅达礼曰:"日讲关系重大,日月易迈，恐致荒疏。虽当此多事之时，不妨乘间进讲，于军事无误，工夫不间，则裨益身心，良非浅鲜。尔衙门议奏。"寻翰林院奏曰："机务繁重，请间一日进讲。"圣祖曰："军机事情，有间数日一至者，亦有数日连至者，非可限以日期，其仍每日进讲，以慰朕惓惓向学之意。"（《圣训》）

[译文]

康熙十三年（1674），圣祖皇帝吩咐学士傅达礼说："日讲关系重大，时光容易虚度，恐怕影响日讲，有所荒废。因此即使在当前这样的多事之秋，也不妨见缝插针进行进讲，于军事斗争也不会耽误，时间也不荒废。这样对身心裨益，其实不小。你们相关的衙门议论后奏来。"不久，翰林院上奏说："国家机密事务异常繁重，请求允许隔一天进讲一次。"圣祖皇帝说："军机大事，有间隔数天一来的，也有数天接连而至的，不能按限定日期进行安排，所以日讲仍然按照旧例每天进讲，以慰我一心向学之意。"

康熙十四年，圣祖谕曰："日讲原期有益身心，增长学问。今止讲官进讲，朕不复讲，但循旧例，日久将成故事。不惟于学问之道无益，亦非所以为法于后世也。嗣后进讲时，讲官讲毕，朕仍复讲。如此互相讨论，庶几有裨实学。"讲官喇沙里、孙在丰、张英进讲《孟子》道性善节，圣祖曰："人性之善，无分贤愚，止有强勉行道。董仲舒[①]有言：'事在强勉而已矣。强勉学问，则闻见博而知益明；强勉行道，则德日起而大有功。'此诚为学之要也。"（《东华录》十五）

[注释]

①董仲舒（前179—前104）：广川（今河北景县西南）人，汉代思想家，汉景帝时为博士，武帝时为江都王相、胶西王相，后居家讲学著书，著有《春秋繁露》等。他于答武帝策问贤良文学之士的三篇策文中提出"天人感

应"、"大一统"、"罢黜百家独尊儒术"的主张，影响后世甚巨。

[译文]

康熙十四年（1675），圣祖皇帝吩咐说："日讲原本期望有益身心，增长学问。如今只是讲官进讲，我不再复述、讲评，只是遵循旧例，这样时间长了就会成为虚应故事。不仅对于学问之道没有益处，也不足以为后世所效法。从今以后，凡遇日讲，讲官进讲完毕之后，我仍然要复述、讲评。这样相互讨论，差不多才能对于倡导实学有所裨益。"讲官喇沙里、孙在丰、张英进讲《孟子》中讨论性善的一节，圣祖听讲后说道："人性的善良，不分贤愚，只有勉力而为，遵行大道。董仲舒说过：'凡事关键就在勉力而为罢了。勉力于学问，就会闻见广博，智慧明达；勉力于行道，就会德行日益精进，功业大成。'这的确是为学的要旨。"

是年，圣祖南巡，泊舟燕子矶①，读书至三鼓。侍讲学士高士奇②奏请宜少节养。圣祖谕曰："朕自五龄，即知读书，八龄践祚，辄以学庸训诂，询之左右，求得大意而后愉快。日所读书，必使字字成诵，从来不肯自欺。及四子之书③，既已通贯，乃读《尚书》，于典、谟、训、诰之中，体会古帝王孜孜求治之意，期见之施行。及读《大易》，观象玩占，于数圣人扶阳抑阴，防微杜渐，垂世立教之精心，朕皆反复探索，必心与理会，不使纤毫扞格，实觉义理悦心，故乐此不疲耳。"（《圣训》）

[注释]

①燕子矶：位于南京北郊观音门外，长江重要渡口，山石直立江上，三面临空，形似燕子展翅欲飞，故名。康熙、乾隆南巡，均曾驻跸于此。②高士奇：字澹人，号江村，钱塘人，康熙中入值南书房，官至礼部尚书，卒谥文恪。能诗文、擅书画、精赏鉴，著有《清吟堂全集》、《左传纪事本末》等。③四子之书：孔子、曾子、子思、孟子的著作，也就是后世所谓"四书"。

[译文]

这一年（康熙二十三年，1684），圣祖皇帝南巡，泊舟于南京燕子矶，夜里读书到三更。侍讲学士高士奇奏请皇上应当稍微注意保养龙体。圣祖皇帝吩咐说："我从五岁时起，就知道读书学习，八岁即位，就以《大学》、《中庸》的训诂问题请教左右大臣，得知大意而后感到身心愉悦。每天所读的书，一定要做到每字每句都能成诵，从来不肯怠惰自欺。等到四子之书已经贯通之后，于是读《尚书》，从其中典、谟、训、诰各种文体之中，体会上古帝王孜孜求治的深意，以期见之于实践应用。等到读《周易》，观察天象，占卜吉凶，对几位圣人扶阳抑阴、防微杜渐、垂世立教的良苦用心，我都反复探索，一定要做到心与理融会贯通，不使其相互抵触，这样，的确觉得义理使人心情愉悦，因而也就乐此不疲了。"

康熙四十三年，圣祖谕大学士等曰："朕览过之书，虽日月间隔，不甚遗忘。今虽年岁稍增，而记性更进。即目前陈列诸书内，欲稽考某卷某字，但令近侍取之，亦可即得，不至错误。大约存心清虚，不但事不遗忘，于养生亦为有益。"（《圣训》）

[译文]

康熙四十三年（1704），圣祖皇帝吩咐大学士等说："我阅读过的书籍，即使间隔数日乃至数月，也不怎么遗忘。如今虽然年事增高，但记忆力却更加精进。就目前陈列于架上的各种书籍文献而言，要想考证、查找某一卷某个字，只要让近侍按照我的吩咐拿来，也可以当即查到，不会出现差错。这大概是因为我存心清虚，不仅仅事情不致遗忘，就是对于养生保健也大有益处啊！"

康熙五十年，圣祖御经筵①，谕大学士等曰："从来经筵之设，皆帝王留心学问，勤求治理之意。但当期有实益，不可止饰虚文。朕观前代讲筵，人主惟端拱而听，默无一言。如此则虽人主不谙文义，臣下亦无由而知之。若明万历、天启之时，何尝不举行经筵，特存其名耳，何裨实用？朕御极五十年，听政之暇，勤览书籍，凡"四书"、"五经"、《通鉴》、《性理》等书，俱曾研究。每儒臣逐日进讲，朕辄先为讲解一过，偶有一句可疑、一字未协之处，亦即与诸臣反复讨论，期于义理贯通而后已。盖经筵本系大典，举行之时，不可以具文视也。"（《圣训》）

[注释]

①经筵：汉唐以来帝王为讲论经史而特设的御前讲席，宋代始称经筵，清代以大学士知经筵事，以尚书、左都御史、通政使、翰林等侍讲，皇帝在文华殿行经筵仪，讲官讲四书五经，然后皇帝宣示御论，各官听讲，事毕，于文渊阁赐茶。

[译文]

康熙五十年（1711），圣祖皇帝驾临经筵，吩咐大学士等说："历来设立经筵，都是帝王留心学问，勤于探求治国理政之道。但经筵应当具有实际效益，而不可只是粉饰虚文。我考察前代的经筵，君主只是垂首听讲，默默地不发一言。这样即使君主不晓得经文的微言大义，臣下也无从得知。就像明朝万历、天启年间，何曾不举行经筵，只是保存其名义罢了，有何实际作用？我即位五十年来，处理政事的余暇，勤奋阅览各种书籍，大凡"四书"、"五经"、《资治通鉴》、《性理大全》等书，都曾经反复研讨。每当儒臣逐日进讲之时，我就预先讲解一遍，偶尔有一句可疑、一字不顺的地方，也要与各位大臣反复讨论，以期义理贯通而后才结束。正因为经筵原本是一项重大的礼仪，每当举行之时，切不可视为徒具形式而不起实际作用的典章。"

康熙五十四年，圣祖谕侍卫内大臣等曰："朕常讲论天文地理,及算法声律之学。尔等闻之,辄奏曰:'皇上由天授,非人力可及。'如此称誉朕躬,转掩却朕之虚心勤学处矣。尔等试思,虽古圣人,岂有生来即无所不能者。凡事俱由学习而成。务学必以敬慎为本。朕之学业,皆从敬慎中得来,何得谓天授非人力也?"(《圣训》)

[译文]

康熙五十四年(1715),圣祖皇帝吩咐侍卫内大臣等说:"我经常谈论天文地理,以及算法、声律之学,你们听了之后,就上奏说:'皇上的天才是上天所授,不是人力所可企及的。'这样来称赞我,反而掩盖了我虚心勤学的真相了。你们试想,即使是古代的圣人先贤,难道有生来就无所不能的吗?大凡事情都是通过学习而得到的。而学习务必以敬慎为本。我的学业,都是从敬慎之中得来的,为什么要说是上天所授而不是个人努力的结果呢?"

《训》曰:"为学之功,不在日用之外。检身则谨言慎行,居家则事亲敬长,穷理则读书讲义。至近至易,即今便可用力;至急至切,即今便当用力。用一日之功,便有一日之效。至有所疑,寻人问难,则长进通达,自不可量。若即今全不用力,磋过少壮时光,即使他日得圣贤而师之,未必能有益也。"

[译文]

圣祖皇帝《庭训格言》写道:"做学问的功夫,不在日常事用之外。约束自身就要言谈和行为谨慎,在家里要侍奉亲人、尊敬长辈,穷究道理就要读书讲论道义。最接近最容易的事,现在便可用力实行;最紧急最重要的事,现在便当用力实行。用一天的力量,便有一天的效果。遇到有疑问的地方,便找人请教解释,那么学业的长进通达,就不可限量了。如果现在全不用功努力,浪费掉青春壮年的时光,即使以后再拜圣贤为师,也未必能有益处。"

《训》曰:"凡人进德修业,事事从读书起。多读书,则嗜欲澹;嗜欲澹,则费用省;费用省,则营求少;营求少,则立品高。读书之法,以经为主。苟经术深邃,然后观史。观史则能知人之贤愚,遇事得失,亦易明了。故凡事可论贵贱老少,惟读书不论贵贱老少。读书一卷,则有一卷之益;读书一日,则有一日之益。此夫子所以发愤忘食,学如不及也。"

[译文]

圣祖皇帝《庭训格言》写道:"大凡人要提高德行、修习学业,事事都要从读书开始。多读书,各种嗜好和欲望就淡薄了;嗜欲淡薄,生活费用就节省了;费用节省,谋求就少了;谋求少,树立的人品就高。读书方法,应以读经书为主。如果经书已经理解透彻,然后再看史书。观看史书能够知道人的贤愚,遇到事情,得失也就容易明白了。所以凡事可以分别贵贱老少,只有读书不问贵贱老少。读书一卷,就有一卷的好处;读书一天,就有一天的好处。这就是孔夫子为什么发愤忘食,努力学习还恐怕赶不上的原因。"

康熙政要卷八

论君臣鉴戒第九

康熙七年,圣祖将巡幸边外,内秘书院侍读学士熊赐履奏曰:"皇上一身,宗庙社稷所倚赖,中外臣民所瞻仰。近闻车驾将幸边外,伏乞俯采刍言,收回成命。如以农隙讲武,则请遴选儒臣,簪笔左右,一言一动,书之简册,以垂永久。"圣祖曰:"是。朕允所奏,停止边外之行。所称应设起居注官,亦如之。"给事中赵之符①亦请暂停远幸,得旨是。因谕吏部、兵部曰:"朕以秋冬农隙讲武之时,欲一往边外阅视,不久即还。今览诸臣前后各奏,称今岁灾变甚多,不宜出边,以致兵民困苦。朕思诸臣抒陈忠悃,直言进谏,深为可嘉,已允所请,停止边外之行。以后国家重大紧要事情,如有未当,务将所见直陈,朕不惮更改。尔二部即传谕遵行。"(《东华录》八)

[注释]

①赵之符:武清人,顺治十六年(1659)进士,历官户、兵、吏科给事

中，迁鸿胪寺卿、左佥都御史，直声著天下。

[译文]

康熙七年（1668），圣祖皇帝将要巡幸边外之地，内秘书院侍读学士熊赐履上奏说："皇上一身，为宗庙社稷所倚赖，中外臣民所瞻仰。最近听说御驾将要巡幸边外之地，请求能够采纳我的草野之言，收回成命。如果说农事闲暇应当讲求武备，那么就请遴选儒臣，侍从左右，一言一行，记录于简册之上，以垂永久。"圣祖皇帝说："说得对。我准你所奏，停止边外之行。至于所奏设立起居注官，也如你所请。"给事中赵之符也请求暂停到远方巡幸，谕旨准奏。于是吩咐吏部、兵部说："我认为秋冬农事闲暇是讲求武备之时，想往边外之地巡阅视察，不久就回。现在看到各位大臣前后所上奏折，称今年灾荒天变很多，不宜出行边外之地，以致军民困苦。我想各位大臣抒发忠心、直言进谏，深可嘉勉，已经准许所请，停止边外之行。以后国家有重大紧要事情，如果有不当之处，务必将所见所闻直言陈奏，我将不惮改过。你们二部即行传达谕旨，遵照执行。"

康熙九年，圣祖谕吏部曰："朕惟致治雍熙，在于大小臣工，悉尚廉洁，使民生得遂。内外满汉文武官员，各有职守，必律己洁清，屏绝馈遗，乃能恪共职业，副朕任使。近闻在外文武官员，尚有因循陋习，借名令节生辰，剥削兵民，馈送督抚、提镇、司道等官。督抚、提镇、司道等官复苛索属员，馈送在京部院大臣、科道等官。在京官员，亦交馈遗。前累经严禁，未见悛改，殊违洁己奉公之义。兵民日渐困乏，职此之由。以后著痛加省改，断绝馈遗，以尽厥职。如仍蹈前辙，事发之日，授受之人，一并从重治罪。"（《圣训》）

[译文]

康熙九年（1670），圣祖皇帝吩咐吏部说："我认为政治达到和乐升平，关键在于大小臣工，都崇尚廉洁，从而使人民生活得遂所愿。内外满汉文武官员，各有自己的职守，必须廉洁自律，清正为民，摒弃一切馈赠礼物，才能够恪守典章，勉力从业，不辜负我的任使。最近听说在外的文武官员，还有人因循陋习，借着节令生辰之名，剥削军民，然后馈送给总督、巡抚、提督、总兵、司道等官员。这样总督、巡抚、提督、总兵、司道等官员再苛索其属官，馈送礼物给在京的部院大臣、科道等官员。在京的官员，也相互馈赠礼物。此前经过多次严禁，还没有加以改正，严重违背了洁己奉公的大义。军民日渐困乏，都是因为这个缘故。以后要痛加反省悔改，断绝馈赠礼物的陋习，从而勉力尽到各自的职守。如果仍然重蹈前辙，事发之时，授受之人，一并从重加以治罪。"

康熙十二年，圣祖谕讲官等曰："从来君臣一心图治，天下不患不治。朕与诸臣，何可不交勉之？"又谕吏部、兵部曰："国家用人，宜先沉静之才，人臣服官，首重廉耻之节。迩来文武官员，或因不得升迁，或因不得差遣，辄称冤抑，纷纷控告，不过图便己私，原非从公起见。纵属应升差遣，而自为辨白，希求荣利，廉耻之道已亏，岂能修举职业，克副任使？理宜严禁，以肃官常。"（《东华录》十四）

[译文]

康熙十二年（1673），圣祖皇帝吩咐讲官等说："自古以来君臣一心，励精图治，天下就不怕得不到治理。我与各位大臣怎么可以不相互勉励呢？"又吩咐吏部、兵部说："国家用人，应当以沉静之才为先；大臣做官，则要以廉耻之节为重。近来文武官员，有的因为不能升迁，有的因为不得差遣，就声称被冤枉、压制，纷纷控诉入告，其实只不过是图谋一己私利，本非从公事起见。纵然属于应当升迁、差遣的，如果是自己进行辩白，追求荣利，于廉耻之道已有所亏欠，难道能够勤于职守，圆满地完成任务吗？按理应当加以严禁，以期肃清官场的风气。"

康熙十六年，圣祖谕大学士等曰："人臣服官，惟当靖共匪懈，一意奉公。如或分立门户，私植党与，始而蠹国害政，终必祸及身家。历观前代，莫不皆然。在结纳植党者，形迹诡秘，人亦难于指摘。然背公营私，人必知之。凡论人议事，间必以异同为是非，爱憎为毁誉。公论难容，国法莫逭。百尔臣工，理宜痛戒。若夫汲引善类，不矜己长，同寅协恭①，共襄国事，是又不可以朋党论也。"（《圣训》）

[注释]

①同寅协恭：语出《尚书·皋陶谟》："百僚师师，百工惟时……同寅协恭，和衷哉！"孔传："使同敬合恭而和善。"后用为同僚恭谨事君，共襄政事之典。

[译文]

康熙十六年（1677），圣祖皇帝吩咐大学士等说："大臣做官，惟有恭谨职守不敢懈怠，一心奉公。如果有人分立门户，结党营私，开始就会危害国家的政治，最终则会祸乱自己的身家。考察历朝历代，没有不是这样的。对于结党营私者而言，似乎形迹诡秘，人们难以指摘其罪行。然而背弃公义，谋取私利，人们必定会知道其阴谋。大凡议论人或事，其间必定会以是否同党作为是非的标准，以私人的爱憎作为毁誉的尺度。这样一定会为公论所难以容忍，为国法所难以宽恕。你们广大臣工理当痛加戒除。至于引荐良善之才，而不夸耀自己所长，同僚恭谨事君，共襄国政，这又是不可以作为朋党来说的。"

是年，集廷臣于左翼门①，遣侍卫费耀色②赍谕旨，仍口传上谕曰："顷者，地震示警，实因一切政事，不协天心，故召此灾变。在朕固宜受谴，尔诸臣亦无所辞责。然朕不敢诿过臣下，惟有力图修省，以冀消弭。兹朕于宫中勤思召灾之由，力求弭灾之道，约举大端，凡有六事，尔等其详议举行，勿仍以空文塞责。"传谕毕，宣读上谕曰："朕薄德寡识，愆尤实多。遘此地震大变，中夜抚膺自思，如临深渊，兢惕悚惶，益加修省。朕意中素有数事，使尔诸大臣、总督、巡抚、司道、有司各官，咸共闻知。务期洗心涤虑，实意为国为民。斯于国家有所裨益，即尔等亦并受其福，庶几天和可致。若乃虚文掩饰，致负朕意，询访得实，决不为尔等姑容也。一、生民困苦已极，大臣长吏之家，日益富饶。民间情形虽未昭著，近因家无衣食，将子女入京贱鬻者，不可胜数，非其明验乎？此皆地方官吏，谄媚上官，苛派百姓。总督、巡抚、司道，又转而馈送在京大臣。以天生有限之物力，民间易尽之脂膏，尽归贪吏私橐。小民愁怨之气，上干天和，以致召水旱、日食、星变、地震、泉涸之异。一、大臣朋比徇私者甚多。每遇会推选用时，皆举其平素往来交好之人。但云办事有能，并不问其操守清正，如此而谓不上干天和者，未之有也！一、用兵地方诸王、将军、大臣，于攻城克敌之时，不思安民定难，以立功名，但志在肥己，多掠占小民子女，或借名通贼，将良民庐舍焚毁，子女俘获，财物攘取。名虽救民于水火，实则陷民于水火之中也。如此有不上干天和者乎？一、外官于民生疾苦，不使上闻。朝廷一切为民诏旨，亦不使下达。虽遇水旱灾荒，奏闻部覆，或则蠲免钱粮分数，或则给发银米赈济，皆地方官吏苟且侵渔，捏报虚数，以致百姓不沾实惠，是使穷民而益穷也。如此有不上干天和者乎？一、大小问刑官员，将刑狱供招，不行速结，使良民久羁囹圄。改造口供，草率定案，证据无凭，枉作人罪。其间又有衙门蠹役，恐吓索诈，致一事而破数家之产。如此有不上干天和者乎？一、包衣③下人，及诸王、贝勒、大臣家人，侵占小民生理。所在指称名色，以罔市利，干预词讼，肆行非法，有司不敢犯其锋，反行财贿。甚且身为奴隶，而鲜衣良马，远胜仕宦之人。如此则贵贱倒置，所关匪细。以上数条，事虽异而原则同。总之，大臣廉则督抚有所畏惮，不敢枉法以行私；督抚清正，则属下官吏操守自洁，虽有一二不肖有司，亦必改心易虑，不致大为民害。此事朕非不素知，但以正在用兵之际，每示宽容。今上天屡垂警戒，敢不昭布朕心，严行戒饬，以勉思共回天意。作何立法严禁，务期尽除积弊。著九卿、詹事、科道会同详议以闻。"又谕吏部等衙门曰："凡为臣子者，同寅协恭，自古皆然。今各部院办理事务，大小汉官，凡事推诿满官。事之得当，则归功于己；如事失宜，则卸过于人。至于入署，不待事毕，诿于满官，止图早归宴会游嬉，不为国家尽力担当，料理公务。自此以后，各宜协力同心，务尽厥职，不可仍前推诿。至科道各官平日章奏内，将一二可行之事，隐附私情，希图作弊。凡有条议，鲜非无因。阅览奏疏，多以己为至公至廉，其属托公事，肆行妄为。外播威势，挟制多端，地方督抚等官，莫不畏惧。小民困苦，未必不由于此。作何惩戒，著九卿、詹事、科道详议具奏。"又谕大学士等曰："满汉论事，往往不能和衷。汉官每谓满官偏执，若汉官肯实心为公，据理辩论，满官岂有不从之理？若满官坚意偏执，汉官即当奏闻。从来有治人无治法，为政全在得人。人臣事君，全在辨心术之公私。今尔诸臣之才，皆能料理政务，但徇私利己者多，公忠为国者少。若诸臣肯洗心涤虑，公尔忘私，国尔忘家，和衷协恭，实尽职业，庶务何患不就理，国家何患不治平哉？尔诸臣其勉之。"（《东华录》二十四、《圣训》）

[注释]

①左翼门：故宫太和殿广场西侧弘义阁北边为右翼门，东侧体仁阁北边为左翼门。②费耀色：清廷一等侍卫，康熙亲随侍卫首领。③包衣：满语包衣阿哈的简称，意为家奴、奴隶、奴仆。

[译文]

这一年（康熙十八年，1679），圣祖皇帝召集大臣到左翼门，派遣侍卫费耀色带着谕旨，仍口传上谕说："前不久，发生地震以为警示，实在是因为一切政事不协和上天的意志，所以招致这次灾变。对于我固然应当接受谴责，你们各位大臣也难辞其咎。然而我不敢诿过于臣下，惟有力图修身反省，希望加以消弭。现在我在宫中勤力思索招致灾变的缘由，努力寻找消弭灾变的办法，约略举其大端，共有六个方面，你们详细讨论并加以实行，千万不要以空头文章聊且塞责。"口传上谕之后，宣读皇上的谕旨："我德行浅薄，见识短浅，而过错却很多。遭遇这次地震大灾，深夜扪心自问，沉痛反思，如临深渊，如履薄冰，更加恭谨地修习反省。我考虑素来有此数事，让你们各位大臣、总督、巡抚、司道以及其他有关官员知晓，希望务必洗心涤虑，真心实意为国为民，这样不仅对国家有所裨益，就是你们也会一并受其福祉，差不多可以达到天地和气。如果虚文掩饰，以致辜负我的旨意，一旦查访得知，决不宽容。第一，人民艰难困苦已达极点，而大臣长吏之家却日益富饶。民间的具体情形虽然还没有明显表现，但近来家中没有衣食，将子女带到北京贱价出卖的，不可胜数，难道不是有力的证明吗？这种情况都是因为地方官吏献媚上司，严重征派百姓。总督、巡抚以及司道官员，又转而馈赠礼物给在京的大臣。因为天生万物毕竟有限，民脂民膏也容易罄尽，最终都归于贪官污吏的私囊。小民的愁怨之气上升，必然扰乱天地和气，从而招致水旱、日食、星变、地震、泉涸等灾异的发生。第二，大臣朋比为奸、徇私舞弊者很多。每遇会推选用官员之时，都是推举平素往来交情很好的人。只说其办事有能力，却不问其操守是否清正廉洁，这样还说不会扰乱天地和气，从来没有这样的事情。第三，用兵地方的诸王、将军、大臣在攻城破敌之时，不考虑安定民生，平定灾难，名义上是为了建立功勋，但真实意图却是中饱私囊，大多掠夺霸占小民子女，有的借交通贼寇之名，将良民的家宅焚毁，子女俘获，财物掠夺。名义上是救民于水火，实际上则是陷民于水火之中。如此行径，有不扰乱天地和气的吗？第四，外地官员对于民生疾苦，不让朝廷知道；朝廷一切为民的诏令，也不让人民知道。即使遇到水旱灾害，上奏朝廷得到回复，有的蠲免钱粮，有的拨发银两米麦进行赈济，都被地方官吏侵占渔利，捏报虚数，以至于老百姓得不到实惠，这就使得穷苦人民更加贫穷。这样，有不扰乱天地和气的吗？第五，大小司法行政官员，将刑狱的招供，不迅速结案，而使得良民长期身陷囹圄。甚至改造口供，草率定案，无凭无据，冤枉定人之罪。其间又有衙门的贪黩吏役，恐吓索贿，欺上瞒下，以至于一件事情导致数家破产。这样，有不扰乱天地和气的吗？第六，八旗的奴仆下人，以及诸王、贝勒、大臣的家人，侵占小民的生业。各地假借各种名色，以垄断市利，干预词讼，肆行非法勾当，有关官吏也不敢犯其锋芒，反而要以钱财贿赂。甚至身为奴隶，却良马轻裘，远远胜过仕宦之人。这样贵贱颠倒，所关不小。以上数条，事情虽然各异，原则却相同。总之，朝廷大臣廉洁自律，总督、巡抚自然有所畏惮，不敢枉法而徇私。总督、巡抚操守清正，那么属下官吏操守自然廉洁，即使有那么几个不肖之徒，也必然洗心革虑，不至于对人民造成大的危害。这些事情我并非平素不知道，只是因为正处在用兵之际，每每加以宽容。如今上天屡次垂示警戒，怎么敢不昭示我的心意，严加整饬，以期回转天意。如何立法严禁，务必尽行革除这些积弊。令九卿、詹事、科道会同详加讨论，上报朝廷。"又吩咐吏部等衙门说："大凡作为臣子，恭谨事君，共襄政事，自古以来就是这样。如今各个部院办理事务，大小汉族官员凡事都推诿给满洲官员。事情处理得当，就归功于自己；如有不当，就诿过于别人。至于入公署办事，不等完毕，就推诿于满洲官员，只图早些归去，宴会游戏，不为国家尽力担当责任，料理公务。从此以后，大小官员都应当同心协力，务必恪尽职守，切不可仍然像以前那样推诿。至于科道官员，各人平日奏章之内，往往将一二可行之事暗中隐藏私情，希望借此作弊。凡是条奏议论，很少不是没有原因的。阅览奏疏，多以自己至为公正，至为廉洁，而其嘱托公事，却肆意妄为。对外播散威势，多方挟制，地方总督、巡抚等官，没有不畏惧的。小民生计困苦，未必不是因为这些。如何进行惩戒，令九卿、詹事、科道官员详加议论，具疏奏闻。"又吩咐大学士等说："满汉官员讨论公事，往往不能和衷共济。汉族官员往往认为满洲官员偏执，如果汉族官员能够实心为公，据理力争，满洲官员岂有不听从的道理？如果满洲官员坚持偏执之见，汉族官员就应当奏闻朝廷。从来就是有治人而无治法，为政完全在于得人。人臣侍奉君主，完全在于辨别心术是出于公或私。如今你们各位大臣的才具，都能够料理好政事，只是徇私利己的人过多，而公忠为国的人太少。如果各位大臣能够洗心涤虑，公而忘私，国而忘家，和衷共济，恪尽职守，那么各种事务何愁不能治理？国家又何愁不能治平呢？希望你们各位大臣共勉！"

康熙二十二年，圣祖谕大学士等曰："一切政事，皆国计民生所关，最为重大。必处置极当，乃获实效。朕每详览奏章，内有所疑。或择五六本、七八本咨询尔等者，务欲得至当耳。今尔等不各以所见直陈，一切附会迎合朕意，则于事何益？朕从来不惮改过，惟善是从。即如乾清门听政时，虽朕意已定，但视何人之言为是，朕即择而行之。此尔等所共知也。坚执己见，独持议论之人，朕素所不悦。观今之大臣，甚不如昔之大臣；今之政事，亦不如昔日。部院无事无弊，大臣无人无私。外间之弊，较内更多。朕知之久矣。欲严治之，则其人甚多，难于尽处。所以朕数年来，屡下严旨，加意剔厘。今虽较前差善，而弊尚未除。且部院堂官，止图己身安逸，办事不勤。堂官推诿司官，司官推诿笔帖式。早归私家，诡称终日在署，此何理也？"（《圣训》）

[译文]

康熙二十二年（1683），圣祖皇帝吩咐大学士等说："一切政事，都是有关国计民生的，意义最为重大。一定要处置极其妥切，才能获得实际效果。我每次详细阅览奏章，内心有所疑虑。有时会选择其中五六本、七八本向你们进行咨询，就是务必要求极其妥当罢了。如今你们不以各自所见所闻直言陈奏，一切都附会甚至迎合我的旨意，那么对于处理政事有什么裨益呢？我从来不怕改正过错，一切唯善是从。就像在乾清宫听政之时，即使我的主意已定，只要看何人的言论正确，我就择善而从，加以实行。这些都是你们所共知的。坚持自己意见，顽固进行议论的人，是我一向不喜欢的。考察当今的大臣，颇不如过去的大臣；当今的政事，也不如过去。各个部院没有哪一件事情没有弊端，大臣没有哪一个人没有私心。朝廷以外的弊端，比朝廷内部更多，这是我早就知道的。想要严加治理，那么其人太多，难以尽加处置。所以数年以来，我曾多次严厉颁布诏旨，用心加以剔除和清理。现在虽比以前略有改善，但弊端尚未完全祛除。况且部院的堂官，只图自身安逸，办事并不勤奋。堂官推诿给司官，司官推诿给笔帖式。只图早点回归自家，却诡称终日在公署办事，这是何等道理啊！"

康熙二十四年，圣祖谕大学士勒德洪等曰："九卿、詹事、科道，令其会议会推，本期至公至正，务得真实。今闻九卿会议之事，间或不据实具议，草率苟且，因循而行。有此一次立议争胜，以冀下次不与相拂而从之者。或者此一次将彼意中之人荐出，冀下次将其亲朋荐出以相报者。或有荐其门生者，有荐其同年者，有荐其同乡亲友者。夫九卿会议会推，理宜虚公持论，岂可一二人擅专以行？且设立科道，本欲其凡从实建言，有执拗护庇者，即为指参也。其擅专执拗护庇之人，何未见纠劾耶？众议之时，亦有一同具议。后因其事不当，复云：彼时我原如此说者。如果原议时众论与伊不合，即宜将己见明白敷陈，另立一议。既不另立一议，同列职名，又称我曾如此说，是断断不可者。朕于康熙十八年，亦因此等事，曾经有旨申饬。可查前旨一并复行传谕。凡事会议，不必询问本省大臣官员。若每加询问，或致不肖之人益在地方生事横行，本省督抚地方官无不畏惧。且将凡属会议之事，无不嘱托本省大臣官员矣，政务何由得平？今会议山西巡抚穆尔赛①，因系满洲，恐致败露，意欲从平易归结耳。若是，何不于事前豫为劝戒，令其公廉？乃不为豫戒，徒于事发之后，欲如此结案，可乎？尔等齐集满汉大臣传谕申饬之。"（《御制文二集》）

[注释]

①穆尔赛：满洲正蓝旗人，官至山西巡抚，康熙二十四年（1685）被革职，后被杀。

[译文]

康熙二十四年（1685），圣祖皇帝吩咐大学士勒德洪等说："九卿、詹事、科道官员，让他们共同讨论推选官员，原本期望他们至为公正，务必得其真才实学。现在听说九卿共同讨论的事情，间或不根据实情详细讨论，草率苟且，因循行事。如果有这么一次立议争论胜利，就希望下次不与对方意见相左，因而顺从其意。有时这一次将他人意中之人推举出来，希望下次将自己的亲朋好友推举出来作为报答。有的推举其门生，有的推举其科考同年，有的推举其同乡亲友。九卿共同讨论推选官员，理当以公正之心持论，怎么可以一两个人专擅行事呢？况且设立科道官员，原本想要让他们根据实情提出意见，如果有固执己见、妄加庇护的，当即提出参劾。可是那些专擅行事、固执己见、妄加庇护的人，为何不见受纠察参劾呢？众人讨论之时，也有一同具疏讨论的，后来因为其事议论不当，又说当时我原本就是这样说的。如果原来讨论时众人的议论与自己不合，就应当将自己的意见明确表达出来，另立一说。既然没有另立一说，而且共同署名具奏，却又声称自己曾经这样说，这是断断不可的。我在康熙十八年也曾经因为这样的事情，下旨严厉申饬，可以查一查原来的圣旨一并再次传达下去。凡事共同讨论，不必询问本省的大臣和官员。如果每次都询问本省官员，有时会导致不肖之人，越发在地方上生事，横行无忌，本省的总督、巡抚等地方官员没有不畏惧的；况且将属于共同讨论的事情，无不嘱托给本省的大臣官员了，那么政事怎么能够做到公平？现在共同讨论山西巡抚穆尔赛的案子，因为他是满洲人，恐怕事情败露，就想简单结案罢了。像这样，为什么不在事前预先加以劝诫，让他公正廉明呢？事前不预先加以劝诫，只是在事发之后，想这样草草结案，可以吗？你们可以召集满汉大臣传达谕旨，加以申饬。"

康熙四十五年，圣祖谕大学士等曰："朕观前史，汉因灾异而重处宰相，此大谬也。夫宰相者，佐君理事之人，倘有失误，君臣共之，竟诿之宰相，可乎？或有为君者，凡事俱付托宰相，

此乃其君之过，不得独咎宰相也。"(《圣训》)

[译文]

康熙四十五年（1706），圣祖皇帝吩咐大学士等说："我考察前代的历史，汉朝曾经因为发生灾异而从重处置宰相，这是大谬不然的。宰相，是辅佐君主处理政事的人，倘若有所失误，那是君臣共同的责任，最后诿过于宰相，可以吗？有的君主，所有事情都托付给宰相处理，这就是君主的过错，不能单单归咎于宰相。"

是年，圣祖又谕大学士等曰："往代之君，不接见诸臣，臣下之意，无由上达，政何以得理耶？"又《讲筵绪论》曰："君臣之际，当使情谊浃洽，则下志得以上通。孔子所谓'君使臣以礼'①，孟子所谓'君之视臣如手足'②，皆此义也。"（《圣训》、《御制文集》）

[注释]

①君使臣以礼：语出《论语·八佾》："君使臣以礼，臣事君以忠。"
②君之视臣如手足：语出《孟子·离娄下》："君之视臣如手足，则臣视君如腹心；君之视臣如犬马，则臣视君如国人；君之视臣如土芥，则臣视君如寇仇。"

[译文]

这一年（康熙四十五年，1706），圣祖皇帝又吩咐大学士等说："前代的君主，不经常接见各位大臣，这样臣下的意见，无从上达，政事怎么可以治理得好呢？"另外在《讲筵绪论》中也写道："君臣之间，应当相处得情谊融洽，这样下面的意志才得以上达。孔子所说的君主对待大臣也要符合礼仪，孟子所说的君主要把大臣视为自己的手足，都是这个意思。"

圣祖阅史至吴臣赵咨①称其主之学不在寻章摘句，曰："赵咨对魏主之言，可谓得体。盖人主万机待理，自当博览载籍，扩充闻见。然所贵者，在于上下古今，得其要领，辨别是非，归于至当。使天下之人情物理，靡不洞悉其隐微，熟识其常变，因以措诸施行，期为有益。岂如士庶之学，仅娴习词章而已哉？"（《御制文二集》）

[注释]

①赵咨：字得度，三国南阳人，仕吴为中大夫，博闻多识，应对辨捷，出使魏国，魏主嘉美之，归拜都骑尉。

[译文]

圣祖皇帝读史，读到三国吴臣赵咨称其君主的学问不在寻章摘句时，评论说："赵咨应对魏主的话，可以说非常得体。因为君主每天都有各种要事等待处理，自然应当博览各种文献典籍，以开阔视野，增广见识。然而，君主之学最为可贵的，还在于纵观上下古今，得其要领，辨别是非，并力求至为妥当。这样，就可以使天下的人情物理，没有不洞悉隐含其中的微言大义，熟知其日常与变异，并据此制定对策加以施行，以期达到有益的功效。怎么能够像士人、庶民之学，仅仅熟悉词章罢了呢？"

圣祖深鉴明代上下壅阂，以至于亡之弊，特制《君臣一体论》曰："泰交之治①，其惟唐虞之世乎？天尊地卑，自然之定位也。泰之象乾下坤上，天之气下降，地之气上升，阴阳交而成岁功也。君尊臣卑，百王之大经也。唐虞之时，君都而臣俞，君吁而臣咈，同其寅焉，协其恭焉，上下交而成治功也。昔人谓天下犹一身，君为元首，大臣为心腹，其次为股肱，又其次为耳目，又其次为爪牙。天下之疲癃残疾，则养疴疾痛，举切吾身者也，而况于君臣之际乎？三代以还，堂廉②疏远，志气日暌。上之情无以达于下，下之情亦往往至于壅阂而难以自通。政治之衰，率由于此。唐之太宗，受言纳谏。时时延访群臣，蔼然有家人之谊。故贞观之政，庶几近古。后之图治者，莫能及焉。有明之世，君臣阔绝，至有辅弼之臣经年不见颜色者。凡出纳之命，皆假于宦竖之手，相沿不变，以至于亡。此上下不交之所致也。我列圣相承，上下一心，志气感孚，罔不周浃。朕嗣守丕基，临御以来，无一日不与群臣接见，恒恐席崇高之势，不克尽群下之情。尝读《易》至'泰之二'曰'包荒用冯河，不遐遗，朋亡，得尚于中行'。言保泰之臣，能以中道合乎君也。'泰之五'曰'帝乙归妹，以祉元吉'。言主泰之君，能柔中虚己，以应乎臣也。五之义，朕方自勉，以抑企乎唐虞之治。二之义，则尚赖百尔有位，一乃心德，以匡不逮，此又君臣一体之实也。"（《御制文集》）

[注释]

①泰交之治：《易经·泰卦》："天地交，泰。"谓天地之气相交，物得大通。引申为上下不隔，互通声气。②堂廉：《仪礼·乡饮酒礼》："设席于堂廉，东上。"郑玄注："侧边曰廉。"《礼记·丧大记》："卿大夫即位于堂廉楹西，北面东上。"孔颖达疏："堂廉，谓堂基南畔，廉陵之上。"后泛指殿堂，借指朝廷。

[译文]

圣祖皇帝痛感明代君臣上下阻塞以至于灭亡的弊端，引以为鉴，特地撰写了《君臣一体论》。其中写道："上下不隔、互通声气的政治，大概是说上古唐尧虞舜时代吧！天尊地卑，这是自然的定位。《易经·泰卦》的卦象是乾下坤上，处在上位的天之气下降，处在下位的地之气上升，阴阳相交，从而成就一年的时序。君尊臣卑，这是古往今来的大道理。唐尧虞舜的时代，讨论政事时君主赞美、臣下同意，君主不同意、臣下反对，气氛很融洽，恭谨敬畏，友善合作，上下交通从而成就政治功业。昔日有人说过天下就像是一个人的身体，君主是头脑，大臣是心腹，其次是股肱，再次是耳目，最后是爪牙。天下无论出现何种灾害疾病，都会感到痛苦需要疗养，一举一动就关乎我们自身，更何况君臣之间呢？夏、商、周三代以后，朝廷之上君臣愈加疏远，其志气也日益悬隔。君主的上情无法及时准确地传达于大臣，而臣民的下情也往往由于阻塞无法上达，君臣之间沟通不畅。政治的衰颓，都起因于此。唐朝的太宗李世民，虚心接受臣下的谏言，并不时延访群臣，从而使得君臣之间相处融洽，有如家人的氛围。所以贞观之治，差不多接近上古的传统。以后即使励精图治的君主，也没有能够比得上他的。有明一代，君臣之间的悬隔更甚，以至于朝中的辅弼大臣经年见不到皇上的面。所有发出的旨意，都是假借太监之手，这样相沿不变，以至于灭亡。这就是上下不相交通所导致的结果。我朝历代帝王相承，上下一心，君臣志气感动信服，无不周到融洽。我继承先辈基业，即位以来，没有一天不接见群臣，经常担忧自己居于崇高地位，不能尽得群臣下情。我曾经读《易经》读到泰卦之二说：'包荒用冯河，不遐遗，朋亡，得尚于中行。'意思是说度量宽大的保泰之臣，能以中庸之道合乎君主。泰卦之五说：'帝乙归妹，以祉元吉。'意思是说能够得到帝位的君主，能够柔中虚已，接应臣下。泰卦之五的意思，我正当以此自勉，从而期望实现唐尧虞舜时代的理想政治。而泰卦之二的意思，就要依靠各位大臣同心同德，以匡正我思虑不周的地方，这就是君臣一体的实际意义。"

康熙政要卷九

论择官第十

康熙元年，圣祖谕曰："内外官员历俸三年考满，即可分别去留。此外又有京察大计①，实属繁文，仍停京察大计，专用考满，以五年②分别劝惩。一二等称职，加级记录，平常者留任，不及者降调，不称职革职。以后升转，一等者先用。"三年，御史张冲翼③请以部院员数之多寡，定一二等名数，以息奔竞。四年，御史季振宜④请停考满三疏，其一曰："自行考满以来，大臣上疏自陈，不过铺张功绩，博朝廷表里羊酒之赐。至堂官考核司属，朝夕同事，孰肯破情面秉至公？其中钻营奔竞，弊不胜言。况今自尚书以下，悉按品升补，与考满无涉。自正月至四月皆考满自陈之日，一人一疏，以数千计，诸务丛脞，弊从此生。请停考满之法，照序升转。"从之。六年，遂〔复〕行京察，次年甄别不及官三十七员。有旨不必调任，俱镌二级，满官随旗，汉官致仕。八年，甄别尚书布颜等七人。十九年，甄别部院司官十一员。二十二三年，甄别各二十三员。盖往往于京察之外，特令纠察，未尝以年为限。又以汉军皆用汉缺，重在文义。考试侍郎以下官于太和门，分别去留。三十四年，部院遵旨保举四十七员，甄别四十二员，复遵旨保举九十五员，以次内升。（《石渠余记》）

[注释]

①京察大计：清代官吏考核制度，每三年一次，京官称京察，外官称大计，由吏部考功清吏司依例进行，分别奖惩升黜。②五年：依下文当为五等。③张冲翼：康熙初任御史，后官至长芦巡盐御史、大理寺少卿等。④季振宜：号沧苇，泰兴人，顺治进士，官至御史，著有《静思堂诗集》、《季沧苇书目》等。

[译文]

康熙元年（1662），圣祖皇帝吩咐说："内外官员历来三年一次任满考核，就可以分别情况予以奖惩升黜。此外又有京察和大计，实属繁文缛节，今后仍旧停止京察、大计，专门实行任满考核制度，以五个等级，分别情况予以奖惩。第一、二等为称职，加级记录在案，第三等政绩平常者留任原职，第四等政绩不及者降级调任，第五等不称职者革职。以后升职转任，一等者优先选用。"康熙三年，御史张冲翼奏请按照部院官员人数多少，确定第一、二等名额，以平息奔走竞争之风。康熙四年，御史季振宜上奏请停考满三疏，其一说："自从施行任满考核以来，大臣上疏自行陈奏，不过铺陈个人功绩，以博取朝廷的赏赐。至于由部院堂官考核属官，朝夕相处的同事，谁肯撕破情面秉公行事？其中投机钻营、奔走竞争，弊病不可胜言。况且如今自尚书以下，都是按照品级升迁补转，与任满考核没有关联。从正月到四月都是任满考核自行陈奏的时间，一人一本奏疏，数以千计，事务丛集，弊病也由此产生。请求停止任满考核的办法，按照次序升迁补转。"获得允准。康熙六年，又恢复京察。七年，甄别第四等政绩不及的官员三十七人。有谕旨这些人不必调任，一律记录二级，满洲官员回归旗籍，汉族官员退休。八年，甄别尚书布颜等七人。十九年，甄别部院司官十一人。二十二年、二十三年，分别甄别二十三人。另外，往往在京察之外，特令纠察官吏，并不以年为限。又因汉军八旗官员都是任用汉官职位，所以重在考察文义，于是在太和门考试侍郎以下官员，根据考试结果分别去留。三十四年，部院遵照圣旨保举四十七名官员，甄别四十二名官员，又遵照圣旨保举九十五名官员，按照程序加以擢升。

康熙元年，停藩臬入觐，以参政副使等官代（十二年，以御史马大成请复令入觐，二十五年又停）。于是罢大计，行考满，以五等分优劣。科臣俞之炎请并俸通考。御史张冲翼请申严卓荐定额，皆以详核事迹，使名实相副为言。旋以每人一本，题奏繁多，改为五等各一疏。四年，御史季振宜言："自改八法①为五等，其弊更大。即如州县由府厅至督抚，岂尽不受贿赂？层层剥核，必至侵帑殃民。请嗣后止责督抚不时举劾，其无参罚讹误者，照俸升转。"六年，复行大计。御史田六善②疏言："卓异之官，宜以清廉为本。凡司道等官，必开不派节礼、索馈送。州县等官，必开不派杂差、重火耗、亏损行户、强贷富民。即以清吏之有无，定督抚之贤否。"并从之。二十三年，停藩臬卓异，以督抚官资相近，易于结纳也。二十五年，圣祖谕："凡朝觐之期，每借端科派，私通交际，是察吏本以安民，而反以扰民。嗣后蹈常习故，决不尔贷。"会都御史佛伦③疏言："藩臬专理一省钱谷刑名，朝觐来京，委员代理，或至舛错稽迟。虽有条奏，不过细事塞责，况道途供应官员，或借端私派。请嗣后将藩臬及府佐官员入觐之例停止,照庆贺万寿表章例,每省委道一员,赍册入觐。至官员贤否,止以督抚文册为凭。藩臬造册,亦请停止。"从之。盖省一繁文,即省一繁费。免虚縻于官吏,即留气力于闾阎,故立法莫若简,又不独大计然也。二十八年,山西巡抚叶穆济④疏言:"不谨等官,必俟部文离任,恐此等自知被劾,官箴民瘼,益罔顾恤。请以后计参及不时题参官,拜疏之日,即遴员署理。"从之。四十三年,以教官多不谙文义,圣祖谕:"巡抚不时考试。"又谕:"荐举卓异,务期无加派、无盗案亏空,民生得所,日有起色,其他虚文,俱不必入。"(《石渠余记》)

[注释]

①八法:清代官吏考核制度有所谓四格八法,四格为考核内容——守、才、年、政;八法为考核标准——贪、酷、不谨、浮躁、疲软、才力不及、年老、有疾。②田六善:字兼山,山西阳城人,顺治三年(1646)进士,历官户部主事、御史、给事中、右佥都御史、工部侍郎、户部侍郎等。③佛伦:舒穆禄氏,满洲正白旗人,自笔帖式累官至山东巡抚、川陕总督、礼部尚书、内阁大学士。④叶穆济:满洲镶白旗人,官至甘肃巡抚、山西巡抚。

[译文]

康熙元年(1662),停止藩司(布政使司)、臬司(按察使司)入朝觐见制度,由参政副使等官代替(十二年根据御史马大成的奏请恢复入朝觐见,二十五年又令停止)。于是废除大计之制,实行任满考核制度,按照五等分别优劣。科道官俞之炎奏请合并俸禄待遇统一考核。御史张冲翼奏请严厉申明推荐卓异的定额,这些都是以翔实考核事迹,务必使名实相副来立言的。不久,因为每位题奏一本,过于繁多,改为五等中每一等各为一疏。康熙四年,御史季振宜上奏说:"自从八法改为五等,其间弊端更大。从州县官到府厅再到总督、巡抚,怎么能够做到都清廉公正、不受贿赂?如果层层盘剥，必然导致侵吞帑金、祸害百姓。请求今后只要求总督、巡抚不时检举弹劾不法官员，而没有被参劾、处罚错误的官员，就可以提高职级待遇、升迁补转。"康熙六年，又恢复实行大计。御史田六善上疏说："推荐卓异的官员，应当以清正廉洁为本。凡属司道等官员，一定不能分派节礼、索取馈赠；州县等官员，一定不能摊派杂差、加重火耗、亏损商人、强贷富民。也就是以有没有清廉官吏，来确定总督、巡抚的贤能与否。"得到允准。康熙二十三年，停止卓异布政使、按察使的推荐，因为他们与总督、巡抚官资相近，容易结纳。康熙二十五年，圣祖皇帝谕旨说："凡遇入朝觐见之时，官员往往借端科派，私通交际，这样考核官吏本来是为了安民，却反而扰民。今后发现有重蹈故习的，决不宽贷。"正好遇上都御史佛伦上疏说："布政使、按察使专门管理一省之钱粮刑名，来京朝觐，政务委托官员代理，有时会出现差错、迟延。即使有政务条奏，也不过是以小事聊且塞责。况且沿途负责供应的官员，往往借端私自加派。请求今后停止布政使、按察使以及知府、佐贰官员入朝觐见之例，按照庆贺皇上寿辰表章之例，每省委派一名道员，带着文书入朝觐见。至于官员的贤能与否，只以总督、巡抚的文书为凭。布政使、按察使造册述职，也请一并停止。"得到允准。这样节省一应繁文缛节，也就节省了一应繁重支出。免除了官员的虚縻钱财，也就是保留了老百姓的气力，所以说立法莫若简明，这又不仅仅大计之事如此啊！康熙二十八年，山西巡抚叶穆济上疏说："在考核中被列为做事不合为官体统等的不称职官员，一定要等到吏部文书到来再离任，恐怕他们自知被参劾，对于为官之道（清、慎、勤）和民间疾苦，更不顾惜。请求今后大计时被参劾以及不时被题奏参劾的官员，从拜疏之日，就遴选官员署理。"得到允准。康熙四十三年，因为教官多不谙熟文义，圣祖皇帝谕旨说："巡抚要不时进行考试。"又说："推荐卓异的官员，务必要求没有加派、没有盗案亏空,这样使得民生各得其所,政务日见起色,其他虚文故事,一概不必条列其中。"

康熙三年,圣祖谕吏部曰:"都察院近日内外文武各官考满,一等二等甚多,岂无一才力不及不称职者?此后各部、直隶各省文武官员考满,将三年之内,某官所办某事,查明保奏。若考过一等二等官员,不能称职者,事发之日,将考核时具保之官一并治罪。"(《圣训》)

[译文]

康熙三年(1664),圣祖皇帝吩咐吏部说:"都察院近日对内外文武官员进行任满考核,考评为一等、二等的很多,难道就没有一个才力不及、不称职的官员吗?今后各部以及各个直隶省文武官员的任满考核,要将三年之内某官所办某事,一一查明保奏。如果经过考核的一等、二等官员,还存在不能称职的情况,事发之日,一定要将考核之时保奏的官员一并严厉治罪。"

康熙十二年,圣祖谕学士熊赐履等曰:"从来民生不遂,由于吏治不清。长吏贤则百姓自安矣。天下善事,俱是分所当为。近见寸长片善,便自矜夸,是好名也。"又谕曰:"有治人无治法,朕观人必先心术,次才学。心术不善,纵有才学何用?"(《圣训》)

[译文]

康熙十二年(1673),圣祖皇帝吩咐学士熊赐履等说:"自古以来,人民生活不顺遂,就是因为吏治不清。官吏贤能,老百姓自然就安生了。天下的善事,都是官吏分内所应当做的。近来官吏有一点点长处、一点点善政,便自吹自擂,这就是所谓的好名。"又说:"有治人无治法,我观察人才,一定以心术为先,其次是才学。如果心术不善，纵有才学，又有什么用呢？"

是年，御史宁尔讲①敬陈用人之道。疏曰："窃惟治天下之道，莫大于用人。然知人则哲，古帝其难之。故虞廷命官，犹咨岳牧，岂聪明睿哲，尚有所不及哉？诚以我用人，不若以人用人之大也。我皇上身居九重，廉远堂高，官尚之贤否，吏治之清浊，岂必尽烦圣虑？阁部大臣为朝廷股肱心膂之托，倘不专其责成，勤于咨访，臣恐望治心切，而终未得其要也。臣惟宰相之职，首在荐贤。而职掌之重，莫过六卿。其分理庶务者，六曹之属也。表率外吏者，直省之督抚也。此司属督抚者，谁总其成，非部院乎？此部院者谁挈其领，非内阁乎？则六卿之贤否，当于内阁是问；司属之贤否，当于堂官是问；督抚之贤否，当于部院是问。敢请圣上于万机之暇，时御便殿，特召内阁、部院诸大臣，俯赐清问，某人才品优长，某人才具疏劣，某人存心正大，某人存心险邪。令其一一陈奏，给以笔札，书记姓名。更祈皇上略仿唐太宗故事，于召对咨访之时，令谏官随其后，脱有不公不法，毁誉失真者，许谏官立行纠驳，不得容隐。倘谏官通同蒙蔽，不尽职掌者，事发一体治罪。如是则天威咫尺之下，属托难行。大庭广众之中，亦且良心难昧。即有瞻顾，断不敢欺皇上之圣明。傥有偏徇，亦必畏群僚之指摘，谁敢置清议于不顾，而怀私罔上者乎？于是上下一体，君臣相接，而据外以察其内，因迹以求其心。或忠或伪，或正或邪，或抒诚体国，或固宠怀私，久之未有能逃睿鉴者。本之乾断，量为去留，则人人悚惕。而在外大臣，度无不公忠尽职，仰答皇上用人求治之盛心矣。臣昼夜思维，有治人无治法，故《书》曰：'股肱良哉，庶事康哉！'②以见用得其人，而天下之事，自然就理。《皋陶谟》有曰：'在知人,在安民。'又曰:'知人则哲,能官人。'是知人君代天理物,其职专在于安民。然安民之要,又在于能知人,而使官称其才也。臣谨斟酌古今事宜,拟为知人善任之法。上塵圣览。倘蒙睿鉴采纳,天下幸甚,臣民幸甚。"(《皇清奏议》)

[注释]

①宁尔讲:清代诗人,顺治进士,入翰林院,康熙初任巡盐御史。②股肱良哉,庶事康哉:语出《尚书·皋陶谟》。

[译文]

这一年(康熙十二年,1673),御史宁尔讲敬陈用人之道。其奏疏中说:"窃以为治理天下的方法,没有比用人更为重要的。然而能够鉴察人的品行才华可谓明智,自古以来的帝王都认为很难。所以虞舜任命官员,还要咨询四岳、十二州牧的意见。难道以虞舜的聪明睿智,还有所不及吗?的确,以个人的意见用人,不如以众人的意见用人更为重要。皇上深居九重宫阙,庙堂高远,官员的贤能与否,吏治的清廉污浊,岂能都烦劳圣上思虑?内阁部院大臣作为朝廷股肱,倘若不能专其责成,勤于咨询探访,我恐怕虽然期望治平之心甚切,却终究不能得其要领。我认为宰相的职责,首先在于举荐贤才。而职掌之重,没有比六部堂官更重要的。而分管具体事务的,则是六部的属官。作为外官表率的,是各个直隶省的总督、巡抚。这样,隶属总督、巡抚的官员,总其成者,难道不是各个部院吗?而隶属各个部院的官员,挈其领者,难道不是内阁吗?那么六部堂官的贤能与否,就应当以内阁是问;部院属官的贤能与否,就应当以六部堂官是问;总督、巡抚的贤能与否,则应当以部院堂官是问。请求皇上于日理万机之余暇,不时驾临便殿,特地召见内阁与部院大臣,咨询某人的才能品行优长、某人的才疏品劣、某人的心存光明正大、某人的心存险恶奸邪,让他们一一陈奏,并给他们纸笔,记录下姓名。另请皇上仿效唐太宗的故事,在召见对策、咨询探访之时，命谏官随其左右，一旦有不公正和不合法的言行，毁誉失真的情况，允许谏官当下纠察批驳，不得有所包庇隐瞒。倘若谏官通同作弊，不能尽职尽责的，事发之后一并治罪。这样，在皇上天威之下，近在咫尺，请托作弊难以施行。大庭广众之中，也难以昧其良心。即使有所瞻顾隐情，也断不敢欺瞒皇上的圣明。一旦有所偏袒徇私，也一定惧怕群臣的指摘，谁还敢于置朝野清议于不顾，而心怀私情欺骗君上呢？于是上下一体，君臣相接，根据其外表来考察其内心，根据其表现考察其心术。有的忠诚、有的虚伪，有的正直、有的奸邪，有的公忠体国、有的固宠怀私，久而久之，没有能够逃过皇上的睿智鉴察的。然后由皇上乾刚独断，酌情决定各人的去留，就会使人人敬畏。在外的大臣们，也都会公忠体国，尽职尽责，以报答皇上用人求治的良苦用心。我昼夜思索，有治人无治法，所以《尚书》上说：'大臣贤良，庶事皆有成效。'可见用得其人，那么天下之事自然就得到治理。《皋陶谟》有言：'君主的职责在于知人，在于安民。'又说：'能够鉴察人的才学品行就称得上睿智，因而就能选用称职之官。'由此可知君主代表上天治理万物，其职责专在安民。然而安民的关键，又在于能够知人，从而使官职与其才能品行相符合。我仔细斟酌古往今来的事例，拟定了知人善任的办法，奉请皇上圣览。如果蒙皇上睿智鉴察加以采纳，那么就是天下幸甚，臣民幸甚！"

康熙二十四年，左都御史陈廷敬《请严督抚之责成疏》曰："今天下之事，系于督抚。督抚之职，在察吏安民。若民犯法者多，刑辟不止，恶在其能安民也？察吏之意欲令安民，若民犯法者多，刑辟不止，恶在其能察吏也？臣见直省各督抚所上刑狱章奏繁多。夫督抚之职在安民者，非谓民既犯法，而明于击断之为能尽其职也。谓民未犯法，而严禁令，谨科条，使民迁善远罪，至于刑清政简之为能尽其职也。故督抚之能与不能，视其所治之民而已矣。民之安与不安，视其刑之清与不清，政之简与不简而已矣。直省之刑清，而朝廷之刑清矣。直省之政简，而朝廷之政简矣。政简刑清，王道之大端也。或曰民自犯法耳，于督抚何尤？孔子有言：'上教之不行，罪不在民也。'①故欲使民不犯法，而刑辟衰止，莫先于行上之教。欲行上之教，繄惟督抚是问。督抚曰是将在群吏。夫吏果廉能，毋敢有加派，毋敢有火耗，毋敢黩货于词讼，毋敢朘削夫富民，然后一意行上之教，而民不罹于刑。今吏或不能，诚有罪焉。然非尽吏之罪也。人苟稍稍知诗书识道理，一行作吏，谁忍自弃？而今或不能者，非尽吏之欲私肥其家，盖迫于上官耳。上官廉则吏自不敢为贪，上官不廉则吏虽欲为廉而不可得。吏既不得廉，则凡所为加派火耗、黩货朘削之事，日以曲事上官之不暇，而又何有于行上之教，使民不罹于刑？虽使吏勉强行之，而民习见吏之所为多不法也，曰：'是恶能教我，谁其从之？'是教之不行，刑之不止，吏为之也。吏之为之者，督抚使之然也。方今要务，在督抚得人。为督抚者，既不以利欲动其心，然后能正身以董吏。吏既不复以曲事上官为心，然后能加意于民。向之所为加派火耗、黩货朘削之事，举皆无之。夫然后民可徐得其养，养立而后教可行也。至于教民之法，三代盛矣。古今异宜，所贵得其意而神明之，而其大要莫重于读法之令。《周礼》：'乡大夫之职，各掌其乡之政教禁令。正月之吉，受教法于司徒，退而颁之于其乡吏，使各以教其所治。'②历代以来，有讲读律令之法，皆《周礼》之遗意，为教民之要务也。夫欲教民以道，必先信上之令，以实致乎民。《管子》曰：'国之重器，莫重乎令，令重则君尊，君尊则国安。'③贾山④曰：'臣闻山东吏布诏令，民虽老羸癃疾，扶杖而往听之.'思见德化之成,是以人臣敬君之命令,尊之如雷霆之不敢侮。盖以人君之所以为国,鼓舞群下者,恃其命令而已。臣伏读皇上《圣谕十六条》,颁行已久,彼时虽一经张挂晓谕,而乡村山谷之民,至今尚有未知者。臣近日惟见山东巡抚张鹏有《上谕十六则讲义》,及臣乡山西宁乡县知县龚应霖《讲约书》,其实心奉行与否,当俟之事久论定之时。至于一经晓谕,而旋视为具文者,比比皆然。臣所谓信上之令,以实致乎民者,责在有司,而督抚为要矣。臣欲祈皇上特降严纶,通饬督抚,使贤者知勉,而否者知惧。洗涤旧染,专以洁己教吏,吏得一心养民、教民为事。其督抚保荐府州县官也,须要第一条,实填'一本官无加派、无火耗、无黩货词讼、无朘削富民'十九字。第二条,实填'一本官实心奉行上谕,每月吉,聚众讲解乡村、乡约讲解'二十二字。如保荐不实者,请敕部将保荐之督抚,具揭之司道,并所保荐之官,严议处分。定例不得,仍用常例处分。余条仍照旧例开具实迹。凡若此者,所贵督抚知功令之重在此。顾名思义,触目惊心,以导群吏也。而皇上之考察督抚,则以洁己教吏。吏得一心养民、教民为称职。否则罢黜治罪。圣主在上,坐照如神,自有洞鉴。臣之愚心,惟祈朝廷切责督抚,以几刑清政简之风,故敢献其鄙言,助成王道之治,统冀鉴宥施行。"(《陈廷敬文集》)

[注释]

①上教之不行,罪不在民也:语出《孔子家语·始诛第二》。②"乡大夫之职"六句:语出《周礼·天官·大宰》。③"国之重器"四句:语出《管子·重令》。④贾山:西汉颍川人。事文帝,言治乱之道,借秦为喻,名曰至言。《汉书》有传。

[译文]

康熙二十四年(1685),左都御史陈廷敬上奏《请严督抚之责成疏》说:"当今天下之事,关键系于总督、巡抚。总督、巡抚的职责在于考察官吏、安定民生。如果人民犯法的多，刑事案件不断，如何能够安定民生？考察官吏的本意就是让他们安定民生，如果人民犯法的多，刑事案件不断，如何能够考察官吏？我看到各个直隶省总督、巡抚所上报的刑狱案件，奏章繁多。总督、巡抚的职责在于安定民生，这并不是说人民犯法之后，能够廉明断案就称得上尽职尽责了；而是说人民尚未犯法，就严明禁令，严谨科条，使人民一心向善，远离罪恶，以至于刑法清明，政事简要，才称得上尽职尽责。所以总督、巡抚的贤能与否，只要看其治下的人民就可以了。民生的安定与否，只要看其刑法是否清明、政事是否简要就可以了。各个直隶省的刑法清明了，那么朝廷的刑法也就清明了；各个直隶省的政事简要了，那么朝廷的政事也就简要了。政事简要、刑法清明，乃是治国之道的大端。有人说人民自己犯法，于总督、巡抚何罪？孔子曾经说过：'君上的教化未能推行，罪责不在人民。'所以要想使人民不犯法，刑事案件逐渐绝迹，首先在于推行君主的教化。要想推行君主的教化，就要唯总督、巡抚是问。总督、巡抚会说这是群吏的职责。群吏如果廉洁贤能，不敢有加派，不敢有火耗，不敢贪污受贿，不敢剥削富民，而后一心一意推行君上的教化，人民就不会触犯刑法。但如今的群吏中有人做不到，的确是有罪于此。然而，并非都是群吏的罪责。人们如果稍微通晓诗书，明白道理，一旦做了吏，谁肯自我放弃？如今有人做不到，并非群吏想要徇私自肥，大概是迫于上司的压力罢了。上司廉洁自律，群吏自然不敢贪婪；上司不能廉洁自律，那么群吏即使想要廉洁自律也不可能。群吏既然不能廉洁自律，就会做那些加派、火耗、贪贿、剥削之事，每日曲意逢迎上司尚不得暇，怎么能够推行君上的教化，使得人民不致触犯刑法呢？即使让群吏勉强推行，可是人民平常看到群吏所作所为多不合法，就会说：'这样怎么能够教化我等，谁肯听从他们呢？'这样，教化无法推行，刑罚不能绝迹，似乎是群吏所造成的。而群吏之所为，又是总督、巡抚使他们这样做的。当今的要务，就在于总督、巡抚用得其人。作为总督、巡抚，不利欲熏心，才能端正自身，从而作为群吏的表率。群吏不以曲意逢迎上司为心，才能够着意于民生，以前所为的加派、火耗、贪贿、剥削之事，也都不会有了。如此，人民慢慢得以休养生息，人民休养生息之后教化才可以推行下去。至于教化民众的方法，夏、商、周三代良法美意最盛。古今异同，贵在得其本意，加以申明，而其中的关键则在于让人民读懂法令。《周礼》上说：'六乡大夫的职责，就是掌管所在地方的政教禁令。正月吉日，接受司徒的教诲，回来后颁示给其乡的吏员，让他们各自教化治下的人民。'以后历代，都有讲读律令的规定，这都是《周礼》的遗风，是教化人民的要务。要想教人民以道义，一定要首先信奉君上的政令，如实地传达给人民。《管子》上说：'国家最重要的是法令，法令为重则君主为尊，君主为尊则国家安宁。'贾山说：'我听说山东地方官吏发布诏令，民众中即使年老、羸弱乃至患病的人，都挂着拐杖去听讲。'可以想见其道德教化的成功。因此，大臣敬畏君主的命令，像对待雷霆一样尊重而不敢丝毫亵渎。这是因为君主用来治国、鼓舞臣民，就是依赖这些命令罢了。我恭读皇上的《圣谕十六条》，颁行天下已经很久了，当时虽然也经过张挂晓谕，但是乡村山谷地方的民众，至今还有不知道的。我最近只见到山东巡抚张鹏的《上谕十六则讲义》和我故乡山西宁乡县知县龚应霖的《讲约书》，至于他们是否实心奉行，还要等待事后论定的时候。至于一经颁布晓谕，不久就视为空文的，却比比皆是。我所说的信奉君上的政令，如实传达给民众，其职责在于有关官吏，而总督、巡抚最为重要。我想请皇上颁布严旨，饬令总督、巡抚，使贤能者知道勉励，不贤者知道恐惧，从而涤荡旧有恶习，专门以廉洁自律教导吏员，吏员则一心一意休养生息、以教化民众为务。总督、巡抚保举推荐府州县官员，第一条，必须如实填写'一本官无加派、无火耗、无黩货词讼、无朘削富民'十九字；第二条，必须如实填写'一本官实心奉行上谕，每月吉，聚众讲解乡村、乡约讲解'二十二字。如果保举推荐不实，请敕令吏部将保举推荐的总督、巡抚，上奏的司道官员，与所保举推荐的官员，严加处分。如果定例不妥切，仍按照常例处分。其余各条仍然按照旧例开列实在政绩。这样，关键使得总督、巡抚知道功令之重在此。顾名思义，触目惊心，从而督导群吏。皇上考察总督、巡抚是否贤能，就以是否廉洁自律、教导群吏作为标准；考察吏员，就以是否一心一意休养生息、教化民众作为称职的标准。否则予以罢黜治罪。圣明的君主在上，观照正理犹如神明，自有洞彻鉴察。我的愚昧之心，只希望朝廷切实督责总督、巡抚，以期达到刑法清明、政事简要的风气，因而敢于献上自己的粗浅意见，希望助成王道之治，请皇上鉴察施行。"

康熙二十六年，圣祖谕吏部曰："国家用人，凡才优者固足任事，然秉资诚厚者，亦于佐理有裨。比部院中亦有一二才优之人，所以未即升擢者，因其有才又能循分，故久任之。朕听政有年，见人或自恃有才，辄专恣行事者，思之可畏。朕意必才德兼优为佳。若止才优于德，终无补于治理耳。"又谕大学士等曰："设官分职，原以为民，所在得一良吏，则民遂其生。今观各官虽有品行清洁者，但畏国法而然。如直隶巡抚于成龙之真实清廉者甚少。观其为人天性忠直，并无交游，惟知爱民。即伊本旗王等门上，亦不行走。直隶地方百姓旗人，无不感戴称颂。如此好官，若不从优褒奖，何以劝众？可令九卿集议。于成龙前因九卿推荐，朕始擢用，若再有如此好官，不拘大小，亦令九卿保举来奏。"（《圣训》、《东华录》三十九）

[译文]

康熙二十六年（1687），圣祖皇帝吩咐吏部说："国家用人，大凡才能优异的人固然足以担当政事，然而天资诚实忠厚的人，也于佐理政事有所裨益。现在六部、都察院之中也有一两个才能优异的人，之所以没有立即升迁，就是因为他们有才能，又能够遵循职分，所以长期得到重用。我听政多年，看到有的人自恃有才能，就专权独断、恣意行事，想起来很可怕。我认为官员一定要德才兼备为佳。如果只是才能优异，德行其次，终究对于政事治理没有好处。"又吩咐大学士等说："国家设官分职，原本是为了安定民生，一个地方得一好官，那么民生就得以顺遂。观察现任官员，虽然也有品行清廉、洁己奉公的人，只不过是畏惧国法，才如此表现的，像直隶巡抚于成龙那样真正清正廉洁的人非常少。观察于成龙的为人，天性忠诚率直，并无多少交游，只知道勤政爱民。就是他所在的本旗王公大臣门上，他也不走动。直隶地方的百姓和旗人，无不感恩戴德，称颂不已。像这样的好官，如果不从优褒奖，如何能够劝勉众人？可以让九卿集中讨论。于成龙从前也是因为九卿的保举推荐，我才加以提拔重用。如果再发现有这样的好官，不论官职高低，也让九卿保举上奏，予以重用。"

康熙四十年，圣祖谕大学士等曰："自古帝王用人行政，皆赖大臣荐举贤良，尽事君之大义。虽或荐举偶有未当，若为所举者，因有贤吏为名，遂力改所为，不负所举，斯即良吏也。若始以贤而举之，乃改行而为不肖，既玷祖父之名，复绝功名之路，以致贻累于所举，斯则国家之大罪人也。天下至大，为人君者焉能人人面识别之？且官方贤否，或操守清正，或贪污不肖，必难逃于众论，其居官即此可知。傥所举之人，居官皆善，此乃实心为国无私之贤臣也。所举有善有不善，此其心虽为国，特识鉴未到之故耳。若所举皆贪污行私，此则大玷为臣之义，不可一日容于世者也。辨别臧否，以鼓励实行，权在人主。或居小吏时亦有善名，及得志之后，改行者甚多，此则焉能预料？自兹以后，朕惟视其居官操守清廉，以为实据，无庸预为疑度也。"又谕曰："朕听政四十余年，凡条奏之事，稍有私意，断不能欺朕。马士芳①特不喜汉军居督抚之任，故将王国昌②等俱行参奏。朕所知之汉人数员，已尽置外任。今郭琇病甚，欲选一人代之，尚患不得。果如张鹏翮、李光地、郭琇者，能有几人？若云汉人内人人皆优，此亦不可。原任福建巡抚宫梦仁③，居官无状。朕问李光地：'邻省河南、山东巡抚居官如何？尔等有文移往来之事，必能知之。'李光地言：'河南巡抚徐潮居官甚优，山东巡抚王国昌虽无过人之才，心性和平，地方尚受其益。果在地方安静，即百姓之福矣。'"又谕大学士曰："近见督抚内张鹏翮、李光地、郭琇、彭鹏、华显④等居官最优。阿山⑤到任虽不久，居官亦甚善。徐潮自到河南，声名即尔茂著。顷彭鹏荐知县三人。彭鹏所举，定皆良吏。张鹏翮、李光地皆不轻于荐人，惟恐荐后或有不法，故甚郑重之。若于成龙则乐于荐人，故常失之。"（《东华录》六十八）

[注释]

①马士芳：康熙进士，书法家，历官吏科给事中、太常卿、大理寺卿。②王国昌：籍隶汉军八旗，官至山东巡抚。③宫梦仁：字充宗，号定山，泰州人，康熙十二年进士，历官监察御史、湖广按察使、大理寺少卿、都察院副都御史、通政使、福建巡抚。④华显：字觉罗，汉军正黄旗人，官至川陕总督，谥文襄。⑤阿山：伊拉哩氏，满洲镶蓝旗人，由笔帖式历官翰林侍讲、户部侍郎、礼部侍郎、翰林院掌院学士。康熙三十九年授江南江西总督。

[译文]

康熙四十年（1701），圣祖皇帝吩咐大学士等说："自古以来帝王用人行政，都依赖大臣保举推荐贤良人才，以尽臣民事君治国的大义。即使有时保举推荐偶尔会有失当之处，如果被保举推荐的人才，为了贤良官吏的名声，就勉力改进所作所为，不辜负被保举推荐的本意，也就堪称良吏。如果起初以贤良人才保举出来，而后竟改其素行，行为不肖，不仅玷污了祖宗的名声，也断绝了获取功名的道路，以至于连累了保举推荐的大臣，这就是国家的大罪人。天下至为广大，作为君主怎么能够人人当面加以鉴察？况且一个人做官贤能与否，有人操守清正廉洁，有人贪黩受贿做不肖之徒，一定难逃众人的公论，其居官如何从公众舆论评价中就可以知道。如果所保举推荐的人才，居官都很好，那么举荐的大臣就是实心为国、大公无私的贤臣；如果所保举推荐的人才，有好有不好，那么举荐的大臣内心虽然是为国选贤，只是其识别鉴察还有不到的缘故；如果所保举推荐的人才，都是贪污徇私的人，那么就会大大玷污举荐的大臣的大义，使之不可一日为世所容。辨别贤否，臧否人才，以鼓励士气，推行实政，其权衡取舍关键在君主。有人在做小吏的时候也有令名，等到得志之后，行为改变很多，这些怎么能够预料呢？从此以后，我只观察其居官操守清正廉明，作为实际依据，不必预先加以揣度。"又吩咐说："我听政四十多年，大凡大臣条奏的事情，稍微含有私意，断然不能骗过我。马士芳只是不喜欢汉军八旗之人居总督、巡抚之位，所以将王国昌等都予以参奏弹劾。我所知道的汉族大臣数员，已经都放了外任。如今郭琇病得很重，想选调一人代替他，还担忧未得其人。真正像张鹏翮、李光地、郭琇这样的大臣，能有几个人？如果说汉族人人都很优异，这也是不可能的。原任福建巡抚官梦仁居官没有政绩。我问李光地：'其他省份如河南、山东巡抚居官如何？你们都有文书往来之事，一定能够知道。'李光地回答说：'河南巡抚徐潮居官甚好，山东巡抚王国昌虽然没有过人的才能，但心性和平，地方还能受其裨益。真正能使地方安静无事，就是百姓的福分。'"又吩咐大学士说："近来看到总督、巡抚中张鹏翮、李光地、郭琇、彭鹏、华显等居官最为优异。阿山到任虽然不久，居官也很好。徐潮自从担任河南巡抚，声名就很好。前不久彭鹏推荐知县三人，所举都是贤良官吏。张鹏翮、李光地都不轻易保举推荐人才，惟恐荐举之后有时会发生不法之事，所以非常郑重其事。像于成龙则乐于保举推荐人才，所以也经常会有失。"

是年，御史靳让①奏凡为州县者，须令百姓家给人足，野无荒亩，方为良吏。圣祖谕大学士等曰："朕御极四十年，惟冀天下黎庶尽获安全，边疆无事。果如靳让所言，必令海宇生民，家给人足，不致一人饥馁，此非朕所可必者。今李光地、张鹏翮、赵申乔等皆以居官优长见用之人，诚如所言，此辈皆不足为良吏矣！靳让亦不过徒为空言耳。曩者钱珏②、卫既齐③亦曾为此大言，及后用至大吏，皆不能自践其语，品亦不端，大言又何益哉？靳让曾为县令，其在任所行，能如是乎？通州驿马事繁，著调靳让为通州知州。彼果能如其所言，朕即超用之。其通州知州祖应世，著巡抚李光地调用别地。"又谕大学士等曰："朕凡用人，皆咨询诸大臣而后用。于诸大臣不信，将谁信耶？朕听政四十余年，观尔诸臣保奏，皆各为其党。尔等致位宰辅，皆有可否人才之责。朕凡咨访人才，当以实对。若惟恐结怨，不行陈奏，何以责人耶？"嗣大学士等以湖南按察使员缺，将九卿保举道员施世纶④等开列具奏。圣祖谕曰："施世纶朕深知之。其操守果廉，但遇事偏执。百姓与生员讼，彼必庇护百姓；生员与缙绅讼，彼必庇护生员。夫处事惟求得中，岂可偏私？如施世纶者，委以钱谷之事，则相宜耳。"（《东华录》、《圣训》）

[注释]

①靳让：字益庵，河南尉氏人，康熙十八年（1679）进士，历官御史、

通州知州、广西及浙江佥事等。②钱珏：字霖玉，号朗亭，长兴人，历官监察御史、左佥都御史、顺天府尹、山东巡抚等。③卫既齐：字伯严，山西猗氏人，康熙三年（1664）进士，历任翰林检讨、山东布政使、顺天府尹、副都御史等。④施世纶：字文贤，施琅之子，官至漕运总督。

[译文]

　　这一年（康熙四十年，1701），御史靳让上奏说：凡是做州县官的，必须让老百姓家给人足，野外没有荒芜的土地，这样才称得上良吏。圣祖皇帝吩咐大学士等说："我即位四十年，只希望天下老百姓都获得安全生活，边疆国防平安无事。如果真像靳让所说的，一定能让四海之民家给人足，不至于有一个人遭受饥寒，这些不是我所能做到的。当今大臣像李光地、张鹏翮、赵申乔等做官优秀而受到重用的人，如果真的像靳让所说的那样，这些人都不足以称得上良吏了。靳让也不过是空说大话罢了。以前钱珏、卫既齐也曾经说过类似的大话，到了后来被任用为大吏，都不能践行自己的说法，品行也不端正，空说大话又有什么益处呢？靳让曾经做过县令，其在任上所行，能够如此吗？通州驿马枢纽，政事纷繁，就调靳让担任通州知州。他果真能够做得像所说的那样，我就越级提拔任用他。现任通州知州的祖应世，令巡抚李光地把他调到其他地方任职。"又吩咐大学士等说："我凡是用人，都要咨询各位大臣然后才任用。如果不信任各位大臣，我将信任谁呢？我听政四十多年了，观察各位大臣所保奏的人才，都是各自的党羽。你们位登宰辅，都有识别人才可否任用的职责。我凡是向你们咨询探访贤才，应当如实回答。如果唯恐结怨于人，不予陈奏，那么如何苛责别人呢？"后来大学士等因为湖南按察使职位缺员，将九卿所保举的道员施世纶等开列具奏。圣祖皇帝谕旨说："对于施世纶我非常了解，他操守清廉，但是遇事容易偏执。如果遇到百姓与生员诉讼，他一定庇护百姓；如果生员与缙绅诉讼，他一定庇护生员。处理政事唯求得其中庸之道，岂可偏执？像施世纶这样的人，如果以钱粮之事委托给他，就相适宜了。"

康熙五十三年，圣祖谕大学士等曰："昔人有言，正朝廷以正百官，正百官以正万民。举贤退不肖，正百官也，二者不可偏废。如但举贤而不退不肖，则贤者知所勉，而不肖者不知所惩，终非劝众之道。惟黜退不肖之员，则众人方知所戒，俱勉为好官矣。"（《圣训》）

[译文]

康熙五十三年（1714），圣祖皇帝吩咐大学士等说："古人有话说：端正朝廷风气以端正百官，端正百官以端正天下万民。举荐贤能人才，黜退不肖之徒，就是所谓的端正百官，这两个方面不可偏废。如果只是举荐贤能人才，而不能黜退不肖之徒，那么贤能人才知道勉励，可是不肖之徒却不知道惩戒，终究不是劝谕众人的方法。只有黜退官场中的不肖之徒，众人才知道惩戒，都相互勉励，努力做好官。"

康熙间，令月官①写履历以三百字为限。（初用八股，康熙五十七年停）又令会同九卿验看。有行止不端、出身不正者，据见闻直奏。是为验看月官之始。（康熙五十三年定）又令选人，将地方繁简难易，预为筹画。何以治民，何以厚俗，以及催科抚字之术，谳狱听讼之才，各出己见，详陈一二事于履历之后。其调补升任之官，将旧地方利弊明白敷陈。盖使之敷奏以试其言，验看行止以观其行，凡所以澄叙于入官之始也。（《石渠余记》）

[注释]

① 月官：清制，每月京外官有缺，由吏部递补，初授官于双月大选，改

授官于单月急选,谓之月选,所选之官称为月官。

[**译文**]

康熙年间,规定月官撰写履历以三百字为限。(起初采用八股文,康熙五十七年停止。)又规定吏部会同九卿察验。如果有行为不端、出身不正的人,可以根据所见所闻直接具奏。这就是所谓的验看月官的开端。(康熙五十三年规定。)另外,还要求被选拔的人,将各该地方政务的繁简难易,预先进行筹划。如何治理人民,如何醇厚风俗,以及如何催促赋役、安抚民众的方法,听讼断案的才能,各抒己见,详细陈奏一两件事,列于各人履历之后。其中调补升任的官员,要求将原任地方的利弊明白陈奏。这样做,就是通过让他们陈奏以考察其言论,考察其行为举动,以观其操行,这些都是为了在其进入官场的开始就加以清晰了解。

康熙政要卷十

论教戒诸皇子贝勒第十一

康熙二十七年,圣祖谕宗人府曰:"自古帝王展亲睦族,列爵锡封,原欲选贤建能,旌别淑慝①。俾咸知劝勉,庆流奕世,此国家之常经,奖励之至意也。朕笃念亲亲,恩礼罔替,年至十五,即行受封。但谊属本支,必皆饬躬砥行,端良醇谨,益自刻励,动不逾则,始无忝于宗潢。今亲王以下,奉恩将军以上,年至十五,不问贤否,概予封爵,以致视为故典,罔知激劝。嗣后亲王以下,奉恩将军以上子孙,应俟其年至何岁、作何,辨其贤否,定其品级等第,始应授封。著议政王、贝勒、大臣及亲王以下,奉恩将军以上,会同确议具奏。"(《圣训》)

[注释]

①旌别淑慝:语出《尚书·毕命》,意谓识别民众之善恶。

[译文]

康熙二十七年(1688),圣祖皇帝吩咐宗人府说:"自古以来,帝王敦睦亲族，列爵分封，原本希望选贤任能，识别其中的善恶优劣，从而使他们都知道劝勉奋进，世代流芳，这是国家的大政方略，也是奖励宗室的深切含义。我笃念亲亲之谊，加恩礼遇从不间断，宗室子弟长到十五周岁，就进行加封。只是本支的宗室亲属，一定都要加强修养，砥砺品行，做到品德端方，行事恭谨，更加刻意勉励，行为不能超越规矩，这样才能无愧于祖宗。现今亲王以下，奉恩将军以上，只要到十五周岁，不论贤能与否，一概予以封爵，以至于视为旧例法典，而却不知道激励劝勉。今后亲王以下，奉恩将军以上的宗室子孙，都应当等到其年龄到规定岁数，据其所行何事，分辨其贤能与否，确定品级等次，才应当授官封爵。请议政王、贝勒、大臣以及亲王以下，奉恩将军以上宗室，会同详加讨论具奏。"

康熙三十二年，圣祖谕大学士等曰："宗族之始，皆一祖所生，当力敦亲睦，共相爱恤、扶持以为生也。今见诸王以下，略无亲睦之谊，或者同为宗室①，以他祖父之名，名其子若孙者有之。朕意此后入八分公②以上，诸吉凶事会集之礼，仍照旧行。其未入八分公以下，至于闲散宗室，吉凶之事，亦宜定会集仪式，止令本翼会集。若皆令八旗会集，则不胜其烦矣。如遇丧事，则一旗之中为之服，别旗惟去其缨。又闲散宗室中有极贫者，一有吉凶之事，诸王以下，闲散宗室以上，各以其意量为资助。在与者，既不以为难，而受者，亦良有所益。其会集时，视其身之品级以下者一体会集。闲散宗室无品级者，则视其父之品级会集。凡会集不至者，有司察参，如此则皆相识而相亲矣。又宗室中见在名字有相犯者，宗人府悉行察改。自兹以往，每岁所送宗室人名，亦即详察，其有犯者，驳之令改。尔等将朕此旨同满洲尚书、侍郎宣示诸王及闲散宗室，令其定议以闻。"（《圣训》）

[注释]

①宗室：清制，太祖努尔哈赤之父显祖塔克世的直系子孙，始称为宗室，系金黄色丝带为标志，故称黄带子。②八分公：清入关前，八和硕贝勒共治国政，称为八分；后宗室十二等封爵中，亲王、君王、贝勒、贝子以上皆入八分，称为八分公。

[译文]

康熙三十二年（1693），圣祖皇帝吩咐大学士等说："宗族的原始，都是一个祖先所生，应当敦亲和睦，相互爱护、体恤、扶持，以便更好生存。如今看到诸王以下，一点也没有亲爱和睦的情感，有的同为宗室子弟，用别人祖父的名字，来命名自己儿子甚至孙子。我以为今后入八分公的宗室以上，凡遇吉凶大事会集的礼仪，仍然照常进行。那些没有入八分公以下的宗室子弟，一直到疏远的闲散宗室，凡遇吉凶大事，也应当会集起来举行仪式，只令本旗宗室会集。如果都让八旗子弟来会集行礼，就不胜其烦了。如果遇到丧事，就一旗之中为之服丧，其他旗的宗室只去掉顶戴上面的缨络。另外，闲散宗室之中如果有非常贫穷的子弟，一旦遇到吉凶大事，诸王以下，闲散宗室以上，各自根据自己的心意酌量加以资助。给予资助的人既不因此作难，而接受资助的人，也受到助益。至于会集行礼之时，根据其自身的品级以下的宗室子弟全体会集。闲散宗室没有品级的，就根据其父亲的品级来进行会集。凡是会集行礼不到的，有关官吏纠察参劾。这样，宗室之间就都得以相识而且相互亲近了。另外，宗室子弟现在名字有相互冒犯的，宗人府一一进行查证，予以改正。从此以后，每年所报来的宗室人名，也要当即进行详细查证，其中如有重复冒犯的，驳回令其改正。你们要将我的谕旨会同满洲尚书、侍郎等官一起向诸王及闲散宗室加以宣示，令其制定为条例报告批准。"

圣祖《庭训》曰:"朕自幼龄学步能言时,即奉圣祖母慈训,凡饮食、动履、言语,皆有矩度。虽平居独处,亦教以罔敢越轶。少不然,即加督过,赖是以克有成。八龄缵承大统,圣祖母作书训诫冲子曰:'自古称为君难。苍生至众,天子以一身君临其上,生养抚育,无不引领而望。必深思得众则得国之道,使四海之内咸登康阜,绵历数于无疆,惟休!汝尚其宽裕慈仁,温良恭敬,慎乃威仪。谨尔出话,夙夜恪勤。以祗承乃祖考遗绪,俾予亦无咎于厥心。'朕仰戴斯言,大惧弗克遵兹丕训,惟日庶其自强不息,以日新厥德。益思学问者,百事根本,不能学问,则渐即于非几。以故自少读书,深见夫为学之要,在乎穷理致知。天德王道,本末该贯。存心养性,非此无以立体。齐治均平,非此无以达用。于是孜孜焉日有程课,乐此忘疲。虽帝王之学,不专纂组章句,顾由博而约。往哲遗训,惟能网罗记载,搜讨艺文,斯足增长见闻,克益神智。朕机务之暇,讲诸经,参稽易学,于太极西铭之义①,河图洛书之旨,往往潜心玩味。以次历观史乘,考镜得失,旁及古文诗赋诸子百家。《说命》言:'念终始典于学。'②《周颂》言:'学有缉熙于光明。'③朕所以朝斯夕斯,至今弗辍者也。书亦六艺之一。朕每念心正笔正,作字自来未敢轻易。喜临摹古书法,考其源委。又《礼记·射义》称:'事之尽礼乐而可数为以德立行者,莫若射,故圣王务焉。'④《易·大传》言:'弧矢之利以威天下。'⑤朕自少习射,亦如读书作字之日有课程。久之心手相得,辄命中。用率虎贲羽林以时试肄。念祖宗以来,以武功定乱,文德致太平,岂宜一日不事讲习?朕凡此既以自勉,还用督率汝曹。《周书》曰:'不学墙面,莅事惟烦。'⑥孔子曰:'少年若天性,习惯如自然。'⑦盖蒙以养正,盛年力学,如朝日舒光。元良国之根本,支庶国之藩附。朕深惟列后付托之重，谕教宜早，弗敢辞劳。未明而兴，身亲督课。东宫及诸子，以此上殿，背诵经书，至于日昃。还令习字习射，复讲犹至宵分。自首春以及岁晚，无有旷日。每思进修之益，必提撕警诫，斯领受亲切。汝曹生长深宫，未离阿保，薰陶涵养，正在此时。尚其爱日惜阴，黾勉勿怠，故复谆谆，欲令汝曹皆知吾心也。木受绳则直，金就砺则利⑧。穷理格物，多识前言往行，是惟作圣之功。汝曹今日为子弟，他日为人父兄，取资匪远，当思吾言。"（《御制文二集》）

[注释]

①太极西铭之义：宋代理学以太极总天地万物之理，以此为中心建立其宇宙社会观。周敦颐著有《太极图说》，朱熹有《太极图解》，张载有《西铭》。②念终始典于学：语出《尚书·说命》。③学有缉熙于光明：语出《诗经·周颂》。④"事之尽礼乐"三句：语出《礼记·射义》。⑤弧矢之利以威天下：语出《易经·系辞下传》。⑥"不学墙面"二句：语出《尚书·周官》。⑦"少年若天性"二句：语出《汉书·贾谊传》。⑧木受绳则直，金就砺则利：语出《荀子·劝学》。

[译文]

圣祖皇帝《庭训格言·序》写道："我自从幼年学步能够说话之时，就奉圣祖母的慈训，凡是饮食、行动、言语，都有规矩。即使平时单独居处，也教导我不敢越礼犯分。稍有不然，就加以督责，正因为这样才得以有所成就。我从八岁起继承皇位，圣祖母亲自撰文训诫幼孙说：'自古以来，均称作为君主很难。天下苍生至为众多，君主以一人之身君临其上，人民的生养抚育，无不仰望君主的恩泽。君主必须深入思考得民心就能得天下的方法，使得四海之内，都能达到富足康乐，政权能够绵延不断，万寿无疆。你要崇尚宽厚仁慈，温良恭敬，谨慎自己的威仪，小心自己的话语，日夜敬畏勤勉，从而恭敬地继承祖父、父亲的遗志，也使我能够无愧于心！'我感戴祖母的这些话语，非常害怕不能遵照她的训诫，只有自强不息，从而每日增益自己的道德修养。同时思考勤学好问是万事的根本，不能勤学好问，就会逐渐脱离正道。因此，我从小读书学习，深刻认识到学习的关键，在于穷理尽性，格物致知。自然之理，治国之道，其本末始终都是贯穿一体的；而人的存心立意、修养心性，离开这个根本就无法立足；而齐家治国、均平水土，离开这个根本就无法成其功用。所以我能够孜孜不倦，每日研习功课，乐此不疲。虽然说帝王的学问，并不专在于寻章摘句，而贵在由博返约，经世致用，然而古圣先哲的遗训，只有能够网罗各种文献记载，搜集整理文学名篇，才足以增广见闻，裨益神智。我在日理万机之余暇，讲解群经，参考易学，对于太极西铭的含义，河图洛书的旨趣，常常潜心玩味。然后考究历代的历史文献，总结历朝的政治得失，旁及古文、诗词歌赋、诸子百家的著作。《尚书·说命》上说：'意念始终在于学问。'《诗经·周颂》上说：'勤奋学习就能渐积广大以至于光明。'这就是我之所以朝夕勤学，至今坚持不辍的原因。书法也是儒家传统的六艺之一。我常常思索心正则笔正，所以写字从来不敢轻易下笔。喜欢临摹古人书法，考察其源流。《礼记·射义》上说：'诸事之中，能够穷尽礼乐而又可计数，以兴立人之德行者，没有能比得上射箭的，所以古圣先王很重视射箭。'《易·大传》上也说：'弓矢之利可以威震天下。'我从小练习射箭，也像读书写字一样作为每日的功课，久而久之，逐步达到心手合一，就屡屡命中，因此经常率领宫廷侍卫部队定期比武。我想自太祖、太宗以来，我们国家以武功平定暴乱，以文德达到太平，岂能一日不讲习武功骑射？我说这些既是为了自勉，更是用来督促鞭策你们。《周书》上说：'不学不知政事之理，犹如面对墙壁；一旦临事，惟有烦乱出错。'孔子说：'少年时期养成的天性，习惯就会成为自然。'蒙童时代修养正气，壮年时代奋力勤学，就像早晨的太阳、舒适的阳光。太子是国家的根本，其余皇子宗室则是国家屏藩。我深深感到列祖列宗的托付至为重大，教导子孙应当趁早，不敢因为辛劳而有所推辞。天尚未明就起来，亲自督导他们学习。太子及诸位皇子按照次序上殿背诵经书，直到太阳偏西。还要让他们写字、练习骑射，然后再讲解到深夜。自从早春直到岁末，没有哪一天停止的。我常想进德修学的好处，一定要耳提面命，警策训诫，使之亲身体会、真心接受。你们生长在深宫之中，没有离开过左右的养育，熏陶道德，涵养精神，正当其时。还希望你们能够爱惜光阴，勤勉修习，不要懈怠，所以我谆谆教诲，想要让你们都深知我的用心。木材经过墨斗画线加工后就取直了，金属刀剑在磨刀石上磨过之后就锋利了。穷理尽性，格物致知，多了解古圣前贤的嘉言懿行，这些都是成就圣贤的基本功课。你们今日做人子弟，他日将要为人父兄，可以取资的东西就在身边，你们都要深刻思考我的话语。"

《训》曰："孔子云：'君子有三戒：少之时，血气未定，戒之在色；及其壮也，血气方刚，戒之在斗；及其老也，血气既衰，戒之在得。'[①]朕今年高，戒色戒斗之时已过，惟或贪得，是所当戒。朕为人君，何所用而不得，何所取而不能，尚有贪得之理乎？万一有此等处，亦当以圣人之言为戒。尔等有血气方刚者，亦有血气未定者，当以圣人所戒之语，各存诸心，而深以为戒也。"

[注释]

①君子有三戒……戒之在得：语出《论语·季氏》。

[译文]

圣祖皇帝《庭训格言》写道："孔子说：'君子有三种禁戒：少年时血气尚未稳定，应戒贪恋女色；到了壮年，血气方刚，应戒逞强好斗；到了老年，血气已经衰竭，应戒贪得无厌。'我现在年事已高，戒色、戒斗的时候已经过去，只有贪得无厌，是应当戒除的。作为君主，有什么想用而得不到的，有什么想取而不能取得的，还有贪得无厌的道理吗？万一有此等贪得之念，也应当以圣人的话作为禁戒。你们有的血气方刚，有的血气尚未稳定，应当把圣人告诫的话牢记在心，深深引以为戒。"

论尊敬师傅第十二

康熙二十四年，议准文华殿之东，建传心殿，奉皇师、帝师、王师、先圣、先师之位。皇太子出阁讲书，祭告行礼，春秋会讲亦如之。嗣时列圣祗告，均照康熙二十五年之礼。（《嘉庆事例》、《钦定会典·礼部》）

[译文]

康熙二十四年（1685），廷议批准在文华殿的东边，建造传心殿，供奉皇师、帝师、王师、先圣、先师的牌位。皇太子出阁读书，在这里举行祭告礼，春秋两季举行会讲，也如此行礼。自此以后，历代皇帝虔诚地祭告行礼，都参照康熙二十五年所定的礼仪规范执行。

康熙二十五年，议准日讲官，以翰林院官充补。日以讲官满一人、汉二人轮直进讲。正本先期送进，副本由司经局正字①誊写，讲官恭奉进讲。每日早，讲官进至内左门外坐，赐茶。候内监出，引至毓庆宫惇本殿②，行一跪三叩礼，进至讲案前。皇太子先讲本日书毕。满汉讲官，以次进讲。先讲四子书，后讲五经，讲毕各退。日讲之期，新岁开印后，请旨开讲。遇躬祭坛庙与三大节庆贺日停

讲、忌辰停讲外，虽寒暑斋戒日期，及封印后均不停讲。至岁暮祫祭③斋戒日始暂停。(《乾隆钦定会典》一百五十三)

[注释]

①司经局正字：司经局掌管经籍、典制、图书公文的印制收藏，隶属詹事府，设满汉洗马各一人，另设汉正字二人，掌缮写讲章。②毓庆宫惇本殿：位于故宫东路奉先殿与斋宫之间，前后四进，正殿即惇本殿。这里是皇子居所，后作为皇帝读书处。③祫祭：即合祭群祖，也就是在太庙祭祀所有的祖先。

[译文]

康熙二十五年（1686），廷议批准日讲的讲官由翰林院官员担任。每日由满洲讲官一人、汉族讲官二人轮流入直进讲。讲义的正本要提前送入宫内，讲义副本则由司经局正字官誊写，讲官恭奉进讲。每日早晨，讲官进宫到内左门外落座，赐茶。等候太监出来，引导到毓庆宫惇本殿，行一跪三叩大礼，来到讲案前面。皇太子首先讲解当日的功课，完毕之后，满汉讲官再按照次序进讲。先讲四书，后讲五经，讲完各自退下。日讲的时间，每年岁首开印之后，请示皇上谕旨何时开讲。遇到皇上亲自祭祀坛庙与元旦、冬至、万寿（即皇帝生日）三大节庆贺的日子停讲，忌辰停讲外，即使是寒冬、酷暑或斋戒之日，以及岁末封印之后，均不需停讲。直到岁末在太庙合祭群祖斋戒之日才停讲。

康熙二十五年，奏准会讲礼。每岁二月、八月，驾御经筵后，钦天监择吉具题，皇太子行会讲礼。是日，皇太子恭诣传心殿祗告礼成，升主敬殿座。各大臣官员，排班序立，行二跪六叩礼，退立原班。满汉讲官，诣讲案前，一跪三叩，以次进讲。先四子书，后五经。讲毕，同大臣官员等出殿外丹墀下序立，仍行二跪六叩。礼毕，各退。讲章由詹事府先期送进。讲官满汉各二人。(《乾隆钦定会典》一百五十三)

[译文]

康熙二十五年（1686），奏准会讲礼仪。每年二月、八月，皇上驾临经筵后，钦天监选择吉日具疏题奏，皇太子行会讲礼。这一天，皇太子恭敬地来到传心殿敬告典礼完成，升座主敬殿。各位大臣官员，按照次序排班站立，行二跪六叩大礼，退立原班。满汉讲官来到讲案前，行一跪三叩大礼，按照次序进讲。先讲四书，后讲五经。讲解完毕，同各位大臣官员等走出殿外丹墀下按照次序站立，仍旧行二跪六叩大礼。礼毕，各自退下。讲章由詹事府预先送进宫中。讲官满汉各二人。

论恤勋旧第十三

康熙八年，内秘书院学士禅布奏，伊祖达海巴克式①蒙赐谥文成，请立石碑，以光永久。圣祖曰："达海巴克式通满汉文字，于满书加添圈点，俾得分明。又照汉字增造字样，于今赖之。念其效力年久，著有劳绩，著追立石碑。"是年，又谕吏部、兵部曰："苏克萨哈②奉皇考遗诏辅政，虽系有罪，罪止本身，不至诛灭子孙后嗣。此皆鳌拜等与苏克萨哈不和，挟仇灭其子孙后嗣，深为可悯。其白尔黑图③等并无罪犯，因系族人连坐诛戮，殊属冤枉。其苏克萨哈原官及白尔黑图等官职，俱应给还。尔二部将此案所革官员，俱行查明议奏。"（《御制文集》）

[注释]

①达海巴克式：觉察氏，满洲正蓝旗人，通满、汉文义，太祖召直同文馆，与明、蒙古、朝鲜词命，皆出其手，创制满文，制订朝仪，授三等轻车都尉世职。巴克式，亦作巴克升，乃皇太极赐他的称号。②苏克萨哈：纳喇氏，满洲正白旗人，顺治末受命为辅政大臣。康熙即位后因与鳌拜相忤，坐绞刑。

康熙八年追复原官。③白尔黑图：纳喇氏，满洲正白旗人，以功封一等男，后受苏克萨哈株连而死。追谥忠勇。

[译文]

康熙八年（1669），内秘书院学士禅布陈奏：其祖父达海巴克式承蒙皇上赐谥号文成，请求立石碑记，以垂永久。圣祖皇帝说："达海巴克式精通满、汉文字，将老满文加添圈点，使其更加分明。又依照汉字增造字样，创制满文，至今依赖其惠泽。感念其效力国家时间很久，功绩卓著，令为他追立石碑。"这一年，又吩咐吏部、兵部说："苏克萨哈奉皇父世祖皇帝的遗诏辅政，即使有罪，也罪在其一身，不至于诛灭其子孙后代。这都是鳌拜等与苏克萨哈不和，挟私仇诛灭其子孙后代，深可怜悯。至于白尔黑图等人并无犯罪，因为是苏克萨哈的族人受株连被杀，殊属冤枉。苏克萨哈和白尔黑图等人原来的官职都应当恢复。你二部将这一案件所株连革职的官员，都一一查明，形成决议具奏。"

康熙二十七年，圣祖谕福建提督靖海将军侯施琅①曰："尔前为内大臣，朕特加擢用。尔果能竭心尽力，不负任使。举六十年难靖之寇，殄灭无余，诚尔之功也。迩来或有言尔恃功骄傲者，今尔来京，又有言当留尔勿遣者。朕思寇乱之际，尚用尔勿疑。况天下已平，反疑尔勿遣耶？今命尔复任，自此益加敬慎，以保功名。从来功高者不克保全终始，皆由未能敬慎之故，尔其勉之。更须和辑兵民，使地方安静，以副朕爱兵恤民并保全功臣至意。"（《圣训》）

[注释]

①施琅：字尊侯，号琢公，晋江人。初为郑芝龙、郑成功父子部将，后降清为福建水师提督，率军统一台湾。封靖海将军、同安侯，卒赠太子太傅，谥襄壮。

[译文]

康熙二十七年（1688），圣祖皇帝吩咐福建提督、靖海将军、同安侯施琅说："你以前作为内大臣，我特别加以提拔重用。你果真能够竭忠尽力，不辜负我的任使。六十年难以平定的海寇，一举荡平，的确是你的功劳。近来有人说你居功骄傲，如今你来京，又有人奏请应当留你在朝不要再派遣任使。我想在天下动乱之时，我还重用你没有疑心，现在天下平定，反而疑心你不加派遣任使吗？现在我命你复任原职，从此要更加恭敬谨慎，以保全你的功名。自古以来功劳大者多不得保全始终，都是因为没有能够恭敬谨慎的缘故，你要以此勉励自己。还要团结军民，保障地方安定，从而不辜负我爱护军队、体恤人民、保全功臣的一片心意。"

康熙三十七年，圣祖驻跸盛京，谕内大臣等曰："开国佐运勋臣扬古利①、费英东②、额亦都③三人，效力甚可嘉尚。此三人墓，朕祭昭陵之日，亲临奠酒。其余诸臣效力，亦属可嘉。康熙二十一年，曾经祭奠者，照前举行。颖亲王萨哈廉④、克勤郡王岳托⑤等墓，各遣大臣致祭。"寻扬古利、费英东、额亦都之子孙公福善等奏曰："皇上欲亲临臣等之祖墓奠酒，臣不胜惶惧，伏祈皇上停止。"圣祖谕之曰："太祖、太宗开国定鼎，尔祖辅佐勋劳，尔等未必详悉。朕比来年观阅实录，知尔等之祖于开创时功绩懋著，深属可嘉。朕既亲来谒陵，必当临尔祖墓奠酒，尔等毋庸再奏。"（《圣训》）

[注释]

①扬古利：舒穆禄氏，满洲正黄旗人，从清太祖攻克沈阳，直入长城，以功授一等总兵官，追封武勋王。②费英东：瓜尔佳氏，满洲镶黄旗人，从清太祖征讨三十余年，以功封一等总兵官世职，为清初五大臣之一。③额亦都：钮祜禄氏，满洲镶黄旗人，从清太祖征讨，身经百战，官至一等大臣，清初五

大臣之一,追封弘毅公。④萨哈廉:礼亲王代善第三子,通满、蒙、汉文义,追封颖亲王。⑤岳托:礼亲王代善长子,初封和硕成亲王,后以扬武大将军伐明,卒于军中,封克勤郡王。

[译文]

康熙三十七年(1698),圣祖皇帝御驾亲临盛京(今辽宁沈阳),吩咐内大臣等说:"开国勋臣扬古利、费英东、额亦都三人,效力国家,非常值得褒奖崇敬。这三个人的墓地,我祭拜昭陵的时候,曾经亲临以酒祭奠。其余诸位大臣为国效力,也值得褒奖。康熙二十一年,曾经祭奠的勋臣,按照先例举行。颖亲王萨哈廉、克勤郡王岳托等人的墓地,分别派遣大臣前往祭奠。"不久,扬古利、费英东、额亦都的子孙公福善等人上奏说:"皇上要亲临臣等的祖先墓地以酒祭奠,臣等不胜惶恐,祈求皇上停止这项礼仪活动。"圣祖皇帝吩咐他们说:"太祖、太宗皇帝开国定鼎,你们的祖先辅佐他们,立下功勋,你们未必详细知悉。我近年来观看实录的记载,知道你们的祖先在国家开创时期功绩卓著,深为可嘉。我既然亲临拜谒皇陵,一定要亲临你们祖先墓地以酒祭奠。你们不必再有奏请。"

康熙四十六年,圣祖谕吏部曰:"朕廑念河防,屡行亲阅。凡自昔河道之源流,及历来治河之得失,按图考迹,靡不周知。粤自明末寇氛,决黄灌汴,而洪流横溢,岁久不治。迄于本朝,在河诸臣,皆未能殚心修筑。以致康熙十四五年间,黄淮交敝,海口渐淤。朕乃特命靳辅①为河道总督。靳辅自受事以后,斟酌时宜,相度形势。兴建堤坝,广疏引河。排众议而不挠,竭精勤以自效。故是淮黄故道,次第修复,而漕运大通。其一切经理之法具在,虽嗣后河臣互有损益,而规模措置,不能易也。至于创开中河,以避黄河一百八十里波涛之险,因而漕挽安流,商民利济。其有功于运道民生，至远且大。朕每莅河干，遍加咨访，沿淮一路军民，感靳辅治绩者，众口如一，久而不衰。夫人臣有大建树于国家者，奖勋酬庸，宜从优渥。虽赐恤易名，已循彝典，尚应特予褒叙，赍以殊恩。靳辅著加太子太保，仍给世职，拜他喇布勒哈番。用彰朝廷追美劳臣之典，为矢忠宣力者劝。"（《圣训》）

[注释]

①靳辅（1633—1692）：字紫垣，辽阳人，隶汉军镶黄旗，历官安徽巡抚、河道总督，为古代治理黄河的代表性人物。著有《靳文襄公奏疏》、《治河方略》等。

[译文]

康熙四十六年（1707），圣祖皇帝吩咐吏部说："我惦念这河防工程，多次亲临巡视。大凡昔日河道的源流变迁，以及历代治河的得失，检阅文献图籍，实地考察遗迹，没有不周知的。自从明末流寇叛乱，掘开黄河大堤倒灌开封城，洪水泛滥，很多年得不到治理。直到我朝，担任治河的诸位大臣，都未能竭尽心力去修筑堤坝，根治河患。以致康熙十四五年间，黄河、淮河交相泛滥，入海口逐渐淤积。我于是特任靳辅为河道总督。靳辅自从接受任务之后，斟酌时机，考察河患形势。兴建堤坝，疏通引河。力排众议，不屈不挠，竭尽忠勤，效力河道。因而使得淮河、黄河故道，依次得到修复，大运河的漕粮运输，畅通无阻。他的一切经理之法都在，即使以后诸位河臣互有损益，但其基本规模措置，却是不能改变的。至于其创意开掘中河，以避开黄河一百八十里波涛之险，从而使得漕船安全畅通，商人、民众都受其惠。他对于运道安全、民生安定的功劳，可谓至为深远而且伟大。我每次莅临河岸，就普遍进行咨询探访，沿淮河一带的军民都感戴靳辅治理河道的功绩，众口一词，经久不衰。作为人臣，对于国家有着伟大建树，那么朝廷褒奖功勋、酬谢重用，也应当特加优渥。虽然对于靳辅已经赏赐、抚恤、改名，都按照会典事例进行，还应当特别予以褒奖叙功，给予特殊的恩典。靳辅特加太子太保，仍旧给予世袭职位，加喇布勒哈番封号。以此来彰显朝廷表扬劳苦功臣的重典，从而对于矢志效力国家的大臣进行激励和劝勉。"

敬老附

康熙五十二年，圣祖谕大学士温达①等曰："今岁天下老人，为朕六旬大庆，皆从数千里而来，应赐伊等筵宴，然后遣回。著查八旗满洲、蒙古、汉军、汉人大学士以下，民以上，年逾六十五岁者奏闻。老人内有艰于动履，不能前来者听之。其能来者，俱令之来。即不能来者，朕亦另行颁赐。今天时渐热，赐宴后即令回籍耕种，其家奴勿入所查数内。又八旗满洲、蒙古、汉军以至包衣佐领下，不论官员闲散人等，年七十以上老妇，亦著查奏。俟老人赐宴后，再定一日送诣皇太后宫赐宴。有艰于动履，不能前来者听之。其能来者，俱令之来，若有贫乏不能来者，著各属协助车马，使之前来。俱开确实年岁，不可捏报。再传谕宗人府，诸王以下宗室子孙内二十岁以下、十岁以上，选择其聪明堪供任使者六七十人，令于耆老前执爵。即朕子孙，亦令之出。宗室外不用他人也。"（《御制文四集》）

[注释]

①温达（？—1715）：费莫氏，满洲镶黄旗人，由笔帖式历官御史、内阁学士、户部侍郎、议政大臣、左都御史、工部尚书、文华殿大学士，卒谥文简。

[译文]

康熙五十二年（1713），圣祖皇帝吩咐大学士温达等说："今年天下的老人们，为我六十大寿庆贺，都从数千里外赶来，应当赏赐他们寿宴，然后遣送回去。命令满洲八旗、蒙古八旗、汉军八旗以及汉人大学士以下，平民以上，年龄超过六十五岁的一一奏请朝廷知道。这些老人中有的行动困难，不能前来的就算了。能够前来的，都让他们到京师来。即使不能前来的老人，我也要另行颁给赏赐。现在天气逐渐炎热起来，赐宴之后就让他们回家耕种农田，其家奴不要统计在内。另外，满洲八旗、蒙古八旗、汉军八旗以至于包衣佐领之下，无论官员还是闲散人等，年龄在七十岁以上的老妇，也令查明奏闻朝廷。等到老人赐宴之后，再选定一个日子，把这些老妇人送到皇太后宫中赐宴。其中有行动困难，不能前来的就算了。能够前来的，都让她们来。如果有因为贫穷而不能来的，令各地官府协助车马，以便他们前来。这些老人都要开列确实的年龄，不可谎报。还要传达谕旨给宗人府，诸王以下宗室子孙中二十岁以下、十岁以上的年轻人，选择其中聪明伶俐可供任使的六七十人，让他们在这些老人面前执爵敬酒。即使我的子孙，也让他们出来，宗室子孙以外不用其他的人。"

是年三月，宴直隶各省见任、致仕、给还原品文武汉大臣官员士庶等年九十以上者，三十三人；八十以上者，五百三十八人；七十以上者，一千八百二十三人；六十五以上者，一千八百四十六人。于畅春园正门前，传谕众老人曰："今日之宴，朕遣子孙宗室执爵授饮，分颁食品。尔等与宴时，勿得起立，以示朕优待老人至意。"又谕各直省老人曰："《书》称：'文王善养老者。'[①]孟子云：'五十非帛不暖，七十非肉不饱。'[②]帝王之治天下，发政施仁，未尝不以养老尊贤为首务。近来士大夫，只论做官之能否，而移风易俗之实政，入孝出弟之本心，未暇讲究。朕因今日之盛典，特宣此意。若孝弟之念稍轻，而求移风易俗，其所厚者薄，而其所薄者厚矣。尔等皆是老者，比回乡井之间，各晓谕邻里，须先孝弟。倘天下皆知孝弟为重，此诚移风易俗之本，礼乐道德之根，非浅鲜也。昨日甘霖大沛，四野沾足，朕心大悦。尔等毋误农时，速回本地。特谕。"（《圣谕》、《御制文四集》）

[注释]

①文王善养老者：语出《孟子·尽心上》，原文为"吾闻西伯善养老者"。②五十非帛不暖，七十非肉不饱：语出《孟子·尽心上》。

[译文]

这一年（康熙五十二年，1713）三月，宴请各个直隶省现任、退休、给还原来品级的汉族大臣官员、士人、庶民人等，其中年龄九十岁以上的，三十三人；八十岁以上的，五百三十八人；七十岁以上的，一千八百二十三人；六十五岁以上的，一千八百四十六人。都来到畅春园正门前。传达谕旨给众位老人说："今日的赐宴，我派遣我的子孙、宗室子弟前来执爵敬酒，分别颁赐食品。你们参加宴会的时候，不必起立，以表示我优待老人的心意。"又吩咐各直隶省的老人说："《尚书》上说：'周文王善于奉养老人。'孟子也说：'五十岁非帛制的衣服不保暖，七十岁非肉食品吃不饱。'帝王治理天下，发布政令，施行仁政，未尝不以奉养老人、尊敬贤才作为首务。近来的士大夫，只论做官的贤能与否，而移风易俗的实政，入孝出悌（在家孝顺父母，出门敬爱兄长）的本心，却无闲暇加以讲究。我借着今天这个奉养老人的盛典，特地宣示这一旨意。如果孝悌的观念稍微淡薄些，而想追求移风易俗，那么所以为厚重者就会浅薄，而以为浅薄者就会厚重了。你们都是老人，等到回到故乡之后，各自晓谕邻里同乡，必须首先孝悌。倘若天下人都知道孝悌为重，这的确是移风易俗的根本，礼乐道德的根基，其所关系并非浅鲜。昨天大雨充沛，四方田野雨水沾足，我的心情非常愉快。你们不要耽误农时，迅速回到本地。特地颁布这一谕旨。"

康熙政要卷十一

论宽仁第十四

康熙四年，圣祖谕礼部曰："本朝定鼎以来，故明朱氏宗室归顺，有官品者，给与房地奴隶，俸禄恩养，无官品者，俱照民人归农，令其得所。其故明各帝陵墓，世祖章皇帝有旨设人看守，以时祭祀不绝，此皆昭示恩养宽仁之意。今有朱氏无知之徒，改易姓名，隐藏逃避，致生事端。被人讦告，既累本身，又负国家恩养。尔部行文直隶各省督抚，刊示晓谕，如朱氏宗族改易姓名，隐藏逃避者，俱令回籍，各安生理，勿仍前疑惧，有负朕浩荡之恩。尔部即通行传谕。"（《东华录》五）

[译文]

康熙四年（1665），圣祖皇帝吩咐礼部说："我朝定鼎北京、统一南北以来，明朝皇帝朱氏宗室归顺我朝，其中有官职的，给予房屋土地和奴隶，颁发俸禄加以恩养；没有官职的，都按照平民回乡务农，让他们各得其所。明朝各位皇帝的陵墓，世祖皇帝有圣旨专门派人看守，按时祭祀不断，这些都昭示了恩养宽仁的心意。如今还有朱氏无知之徒，改名换姓，隐藏逃避，以致滋生事端。一旦被人告发，不仅贻累自身，而且辜负了朝廷恩养宽仁的厚意。你部可以行文给各个直隶省的总督、巡抚，张贴晓谕，如有朱氏宗室改名换姓、隐藏逃避者，都让他们回归原籍，各自安心生计，不要像先前那样猜疑惊惧，有负我浩荡皇恩。你部当立即统一行文各地传达谕旨。"

康熙八年，圣祖谕吏部、兵部曰："鳌拜等以勋旧大臣，深受国恩，奉皇考遗诏，辅佐政务，理宜精白乃心，尽忠报国，不意鳌拜结党专权，紊乱国政，纷更成宪，罔上行私，恣意妄为。用伊之奸党班布尔善①、穆里玛②等，凡事先于私家商定乃行。与伊交好者，多方引用，不合者，即行排陷，种种奸恶，难以枚举。朕以罪状昭著，将其事款，命诸王大臣公同究审，俱已得实。以其情罪重大，即拟正法奏闻，朕复面加鞫问，情罪俱实，本当依议处分，但念鳌拜累朝效力年久，且皇考曾经倚任，朕不忍加诛，姑从宽免死，革职籍没，仍行拘禁。遏必隆无结党之事，免其重罪，削去太师及后加公爵。其原有一等公爵，仍准留与伊子。其班布尔善、穆里玛等，皆已正法，余皆系末微之人，一时苟图侥幸，朕不忍尽加诛戮，宽宥免死，从轻治罪。至于内外文武官员，或有畏其权势而倚附者，或有身图幸进而倚附者，本当察处，姑从宽免。自后务须洗心涤虑，痛改前非，遵守法度，恪共职业，以副朕整饬纪纲、爱养百姓之意。尔二部即宣谕内外遵行。"（《圣训》）

[注释]

①班布尔善：努尔哈赤第六子塔拜的第四子，顺治八年（1651）晋辅国公，康熙六年（1667）以领侍卫内大臣拜秘书院大学士，党附鳌拜，康熙八

年被处死。②穆里玛：瓜尔佳氏，满洲镶黄旗人，鳌拜弟，以功拜工部尚书、靖西将军，后坐鳌拜案被处死。

[译文]

康熙八年（1669），圣祖皇帝吩咐吏部、兵部说："鳌拜等人以勋旧大臣的身份，深受国家恩典，又奉世祖皇帝的遗诏以辅政大臣身份佐理政务，理应满怀纯洁之心，尽忠报国，想不到鳌拜却结党营私，专权跋扈，变乱国家政事，改变既定政策，欺君行私，恣意妄为。重用他的奸党班布尔善、穆里玛等人，凡事预先在个人家中商定之后就施行。与他交好的人就多方重用，与他不合的人就排挤陷害，种种奸邪恶行，难以枚举。我认为他罪行昭著，就将其罪行事实开列条款，命诸王和大臣会同追究审问，都已经得以坐实。因为他罪行重大，就拟定将其正法，我又当面审问，其罪行都是事实，本来应当按照拟议处置，只是念其累朝效力国家已经很多年了，况且世祖皇帝曾经倚重信赖他，我就不忍心处死，姑且从宽处置，免其死罪，革去职务，籍没家产，仍旧拘禁。遏必隆并无结党营私之事，免其重罪，撤销太师以及后来所加公爵，他原有的一等公爵，仍然准许他传给儿子。至于班布尔善、穆里玛等人都已经正法，其他人都是卑微之人，一时图谋侥幸，我也不忍心全部诛杀，对他们予以宽恕，免除死刑，从轻治罪。至于内外文武官员，有的是畏惧其权势而依附于他的，有的是图谋晋升而依附于他的，原本应当查处，姑且从宽免罪。从今以后务必洗心涤虑，痛改前非，遵守国家法度，恪守职业操守，从而不辜负我整顿朝纲、爱养百姓的心意。你们二部当即宣示谕旨，令内外一体遵行。"

康熙二十年，以逆寇荡平，圣祖诏谕天下曰："朕缵承丕绪，统御寰区，仰维天地眷佑之庥，祖宗付托之重，圣祖母太皇太后慈训之殷，早夜孜孜，勤求化理，期于兵革寝息，海宇乂安。不意逆贼吴三桂负国深恩,倡为变乱,阴结奸党,同恶相援,抗违诏令,窃据疆土。滇、黔、闽、浙、楚、蜀、关陇、两粤、豫章之间,所在驿骚,肆骋痡毒。吴三桂僭称伪号,逆焰弥滋,负罪尤甚。朕躬行天讨,分命六师,剿抚并施,德威互济,或絷颈于阙下,或骈戮于师中,擒捕诛锄,以次收服。乃吴三桂既膺神殛,逆孙吴世璠①犹复鸱张,踞六诏②之一隅,延残喘以拒命。朕维贼患一日不除,则民生一日不靖,策励将士,屡趣师期,于是虎旅协心,进逼城下。贼众技穷势蹙,通款军门,约日献城。凶渠授首,师克之日,市肆不扰,边境晏如,捷书既至,上慰郊庙社稷之灵,下抒中外臣民之愤。神人胥悦,遐迩腾欢。念自变乱以来,军民荼苦,如在水火,披坚执锐,卒岁靡宁,行赍居送,千里相望。被兵之地,既罹于锋刃;供亿之众,复困于征输。朕悯恤民艰,不忍辄加额赋,间施权宜之令,用济征缮之需,意在除残,事非获已。而身处宫寝之内,外廑闾阎之依,中夜屡兴,旰食不暇,怒焉思治,八载于兹。今群逆削平,疆圉底定,悉剪历年之蟊贼,永消异日之隐忧。用是荡涤烦苛,维新庶政,大沛宽和之泽,冀臻熙皞之风。体覆载好生之德,秋肃必继以春温;法帝王更化之模,义正尤期于仁育。诞告天下,咸使闻知。"(《圣训》)

[注释]

①吴世璠(?—1681):吴三桂之孙,吴应熊之子。康熙十七年(1678)继位为周皇帝,年号洪化。康熙二十年兵败被杀。②六诏:唐代云南地区的六个少数民族政权,后统一于南诏,这里以六诏指代云南地区。

[译文]

康熙二十年(1681),因为逆寇荡平、天下一统,圣祖皇帝诏谕天下说:"我继承国家大业,统御天下,仰仗天地的眷佑保护,太祖、太宗的重托,圣祖母太皇太后的殷切教训,日夜孜孜图治,勤勉寻求治国之道，以期战端平息，四海平安。想不到逆贼吴三桂辜负国家对他的深恩重用，发动叛乱，暗中勾结奸党，联合同类，违抗诏令，窃据国家疆土，以至于云南、贵州、福建、浙江、湖广、四川、甘陕、两广、江西等地，所在骚动，肆意逞其祸害。吴三桂伪称帝号，逆焰流毒，罪状更甚。我秉承天意亲行征讨，分派六师，剿抚并用，德威相济，叛乱者有的被擒献阙下，有的被斩于阵前，有的被俘虏，有的被逮捕，有的被诛杀，一一收服殆尽。吴三桂本人得上天惩罚病死之后，其孙吴世璠依然嚣张，盘踞云南一隅之地，苟延残喘，抗拒王师。我认为叛乱一日不除，民生就一日不安，于是激励将士，多次催促进兵，这样官军携手同心，进逼昆明城下。逆贼日暮途穷，与官军联络响应，约定日期献出城池。元凶授首就戮，克城之时，市肆不扰，边境平安，捷报传来之后，上慰郊庙社稷之神灵，下解中外臣民的共愤，神人欢悦，远近沸腾。我感念自从叛乱以来，各地军民遭受涂炭之苦，犹如处于水深火热之中，军士披坚执锐，征战在前，数年不宁，而人民供应粮饷，千里相望。遭受战事的地方，不仅饱受刀兵之苦，而广大民众又为征粮运输所困。我非常怜悯体恤民生的艰辛，不忍心加征赋役，间或运用权宜之计，以供应征战与修缮之需要，其意图自然是尽快消除叛乱，实为不得已之举。我深处宫廷之中，心念百姓之苦，深夜多次警醒，寝食都没有余暇，一心平乱求治，至今八年之久。如今各个逆贼一一平定，疆土安宁，彻底剪除历年以来的蠹贼，永远消除了他日的隐患。因此，亟须荡涤烦琐苛刻之政令，大力革新政治，对民众施以宽和的惠泽，以期形成兴盛广大的风气。体量天覆地载的好生之德，秋天肃杀之后必定继之以春天的温暖；效法古圣先王更化革新的规模，道义之正尤其需要以宽仁之政来培育。以此诏告天下，使臣民都知晓。"

康熙二十二年，圣祖谕刑部曰："人命关系重大，凡见审人犯，自宜早取口供，速行完结，庶不致无辜久禁，囹圄淹滞，毙命其中。有应行详审及等候质对者，或暂行监候，或羁禁各门，该管官员，亦当严加稽察，不时照管，毋令狱卒及守门人等借端索取，恣行凌辱。虽各犯有应得之罪，若未死于法，先死于狱，既非宪典，亦干天和，朕心尤为不忍。向来在外各衙门审理人犯，或系监毙，或在路物故，凡一起内至三人以上者，定有处分之例。今思内外刑狱，事属一体，嗣后在内各衙门，及各衙门监禁人犯，一起至毙几人以上者，作何处分，著九卿、詹事、科道，详议以闻。"（《圣训》）

[译文]

康熙二十二年（1683），圣祖皇帝吩咐刑部说："人的生命关系重大，凡是现在在审的人犯，自然应当及早取得口供，迅速结案，这样才不至于让无辜的人长期被拘禁，滞留囹圄，甚至毙命狱中。如果有应当详细审问以及等候对质的人犯，有的暂时监禁，有的羁押各个衙门，具体负责的官员也应当严加稽察，不时照看，加强管理，不要让那些狱卒以及守门人等借端索取钱财，恣意凌辱。虽然各个人犯都有其应得之罪，如果未死于刑法，却先死于狱中，既不符合国家典章，也会伤害大自然的和气，我内心尤其不忍。向来在外各个衙门审理人犯，或系死于监禁，或者死于路途，凡是一起案件中达到三人以上的，规定有处分的条例。现在我想内外的刑狱，事情原属一体，今后在朝的各个衙门，以及各个衙门监禁人犯，一起案件达到死亡几人以上的，规定如何处分，命九卿、詹事、科道官详加议论，奏闻朝廷。"

康熙三十五年，圣祖谕议政大臣等曰："天下当以仁感，不可徒以威服。今朕征噶尔丹①之意，皆噶尔丹所自取。且噶尔丹凶暴，朕惟待以宽仁，噶尔丹奸狡，朕惟待以诚信。尝览经史云：'惟仁者无敌。'今噶尔丹穷迫已极，遣格垒沽英前来乞怜，朕意仍抚之。"诸臣奏曰："此真天地好生之心，实从古所未有也。"圣祖曰："古之将帅，虽善用兵，多戮已降。或其身不得善终，或子孙不昌，此皆好杀之明戒也。又古之人主，或穷兵黩武，好大喜功，朕意不然。惟愿宇宙雍熙，四海升平，家给人足，各得其生而已。噶尔丹使人格垒沽英，可仍遣回。"（《圣训》）

[注释]

①噶尔丹：蒙古准噶尔部首领，巴图尔珲台吉第六子，康熙九年（1670）其兄被杀，次年继为台吉。后攻占厄鲁特各部，并出兵漠北喀尔喀蒙古，威逼北京。康熙三次亲征，二十九年乌兰布通之战，噶尔丹败退科布多；三十五年昭莫多之战，噶尔丹主力被击溃，次年死于科布多。

[译文]

康熙三十五年（1696），圣祖皇帝吩咐议政大臣等说："天下应当以仁德感化，而不可只以威势慑服。如今我亲征噶尔丹，都是噶尔丹咎由自取。况且噶尔丹凶恶残暴，我则以宽仁对他；噶尔丹奸诈狡猾，我则以诚信对他。我曾经看到经史文献上说：只有仁者无敌。现在噶尔丹已经穷途末路，派遣使者格垒沽英前来乞和，我的意思仍然是安抚。"诸位大臣上奏说："皇上真是天地好生之心，实在是从古以来所没有的。"圣祖皇帝说："古代的将帅，即使善于用兵，但多杀戮已经投降的敌人。有的其自身不得善终，有的子孙不昌盛，这都是好杀的明确警戒。古代的君主，有的穷兵黩武，好大喜功，我的意见则不以为然。我只希望天下和乐，四海升平，家给人足，人民各得其生罢了。噶尔丹的使者格垒沽英，可以仍旧遣返。"

康熙五十一年，圣祖谕大学士、九卿等曰："朕览各省督抚奏编审人丁数目，并未将增加之数，尽行开报。今海宇承平已久，户口日繁，若按见在人丁加征钱粮，实有不可。人丁虽增，地亩并未加广。朕凡巡幸地方，所至询问，一户或有五六丁，止一人交纳钱粮。或有九丁十丁，亦止二三人交纳钱粮，诘以余丁何事，咸云：'蒙皇上洪恩，并无差徭，共享安乐，悠游闲居而已。'此朕之访闻甚晰者。前云南、贵州、广西、四川等省，遭叛逆之变，地方残坏，田亩抛荒。自平以来，人民日增，渐次开垦。或沙石堆积难于耕种者，亦间有之，而山谷崎岖之地，亦无弃土，尽皆耕矣。由此观之，民之生齿实繁，朕欲知人丁之实数，不在加征钱粮也。今国帑充裕，屡岁蠲免，辄至千万，而国用所需，并无遗误不足之虞，故将直隶各省见今征收钱粮册内有名人丁，永为定数。嗣后所生人丁，免其加增钱粮，但将实数另造清册具报，岂特有益于民，亦一盛事也。①直隶各省督抚及有司官编审人丁时，不将所生实数开报者，特恐加增钱粮，是以隐匿不据实奏闻。岂知朕并不为加赋，止欲知其实数耳。嗣后督抚等倘不奏明实数，朕于就近直隶地方遣人逐户挨查，即可得实，此时伊等亦复何词耶？"（《圣训》）

[注释]

①"嗣后所生人丁"五句：此即所谓滋生人丁，永不加赋的政策。此后实行摊丁入地改革，成为中国封建社会中徭役向赋税转化的重要标志。

[译文]

康熙五十一年（1712），圣祖皇帝吩咐大学士、九卿等说："我观察各个直隶省总督、巡抚所奏编审人丁数目，并未将新近增加的数字，全部开列申报。如今天下升平已久，人口日益增加，如果按照现在的人丁加征钱粮，实在有不妥之处。人丁虽有增加，但是土地数量并未增广。我凡巡幸所到地方，探访询问，有的一户有五六人丁，只有一人缴纳钱粮。有的达到九个、十个人丁，也只有二三人丁缴纳钱粮。询问他们其余人丁从事何业，都回答说：'承蒙皇上洪恩浩荡，并无杂差徭役，人民共享安乐，悠游闲居罢了。'这些都是我访问中清楚听到的。以前云南、贵州、广西、四川等省，遭受逆贼的叛乱，地方凋残，土地抛荒。自从叛乱平定以来，人口日益增加，土地渐次开垦。有的地方沙石堆积难以耕种的，也间或有之，但即使山谷崎岖之地，也几乎没有抛荒的土地，都得到耕垦了。以此看来，人民生齿日益繁衍，我想要知道人丁的实际数量，其用意并不在加征钱粮。现在国库钱财充裕，多年以来蠲免的赋税，常达千万，而国计所需，并没有遗误或不足的担忧，所以将各个直隶省现在征收钱粮册内登记有名的人丁，永远作为定数。以后所生的人丁，一律免除增加钱粮，只是将实际人丁数目另外造成清册开列申报，这样做何止有益于民众，也是我朝一大盛事。各个直隶省的总督、巡抚以及有关官吏编审人丁时，没有将所生实际数目开列申报，只是恐怕增加钱粮，因此有所隐匿，没有据实奏闻朝廷。岂知我并不增加赋税，只是想知道其实际数目罢了。今后总督、巡抚等倘若再不奏明实际数目，我就在就近的北直隶地方派人逐户排查，就可以取得实际数目，到那时你们还有什么话说？"

圣祖《庭训》曰："仁者，以万物为一体。恻隐之心，触处发现，故极其量，则民胞物与①，无所不周；而语其心，则慈祥恺悌，随感而应。凡有利于人者则为之，凡有不利于人者则去之。事无大小，心自无穷，尽我心力，随分各得也。"（《庭训格言》）

[注释]

①民胞物与：语出张载《西铭》："民吾同胞，物吾与也。"意谓以民为同胞，以物为朋友，泛爱一切人与物。

[译文]

圣祖皇帝《庭训格言》写道:"仁者,认为万物都是一体。恻隐之心,随处都能够表现出来。所以仁爱之心达到极致,就是把黎民都视为同胞,把万物都视为朋友,爱心所施,无所不周。说到其心就慈祥和悦,随着感遇之物产生相应的反应。凡是有利于人的事就会做,凡是不利于人的事就消除它。事情无论大小,从内心来说没有穷尽,竭尽我的心志,使各人都能有所得。"

《训》曰:"仁者,无不爱。凡爱人爱物,皆爱也。故其所爱甚深,所及甚广。在上则人咸戴焉,在下则人咸亲焉。己逸而必念人之劳,己安而必思人之苦。万物一体,恫瘝切身,斯为德之盛,仁之至。"(《庭训格言》)

[译文]

圣祖皇帝《庭训格言》写道:"仁者,没有不爱的。凡是爱其人和爱其物,都是爱。所以其所爱就很深切,所涉及就很广。如果在上位的人们都感恩戴德,那么在下位的人们就会感到亲切。自己逸乐,就必然想到别人的辛劳;自己安泰,就必然想到他人的辛苦。万事万物均为一体,对他人的病痛感同身受,这就是为德之盛,为仁之至。"

论孝治第十五

康熙二十三年,侍臣请往观舍身崖①。圣祖曰:"愚民无知,惑于妄诞之说,以舍身为孝,不知身体发肤,受之父母,不敢毁伤,故曾子②有临深履薄之惧。且父母之爱子,惟疾之忧,子既

舍身,不能奉养父母,是不孝也。此等事处处有之,正宜晓谕严禁,使百姓不为习俗所误,观之何为?"(《东华录》三十四)

[注释]

①舍身崖:位于泰山日观峰南,又名爱身崖,古时常有人祈求神灵保佑祛除父母病灾,为显示诚心,在此跳崖献身。另峨眉山等处亦有舍身崖。②曾子:即曾参,孔门弟子,事亲至孝,后世尊为宗圣。

[译文]

康熙二十三年(1684),侍从大臣请圣祖皇帝前去观看舍身崖。圣祖皇帝说:"愚昧的民众没有知识,被荒诞的传说所迷惑,以舍身跳崖作为孝行,殊不知身体发肤,受之父母,不敢有所毁坏损伤,所以曾子有如临深渊、如履薄冰一般的恐惧。况且父母爱护子女,只担忧他们患病,子女舍身之后,自然就不能奉养父母,这就是不孝。这样的事情各地都有,正应当颁布文告晓谕四方,加以严禁,使老百姓不为传统习俗所误,观看舍身崖又有什么用呢?"

康熙二十六年十二月,太皇太后不豫,圣祖率诸王、贝勒、贝子、公等,及文武官员,自乾清宫步诣天坛致祭。祝曰:"臣仰承天佑,奉侍祖母太皇太后,高年荷庇,藉得安康。今者疹患骤作,一旬之内,渐觉沉笃。臣夙夜靡宁,寝食损废。虔治药饵,遍闻方医,罔克奏效。五内焦灼,莫知所措。窃思天心仁爱,覆帱无方,矧臣藐躬,夙蒙慈养。忆自弱龄,早失怙恃,趋承祖母膝下三十余年,鞠养教诲,以至有成。设无祖母太皇太后,断不能致有今日成立。罔极之恩,毕生难报,值兹危殆,方寸溃迷。用敢洁蠲择日,呼吁皇穹,伏恳悯念笃诚,立垂昭鉴,俾沉疴迅起,遐算长延。若大数或穷,愿减臣龄,冀增太皇太后之寿。"读祝版时,圣祖涕泪交颐。陪祀诸王、贝勒、贝子、公等,及文武官员,无不感泣。祭毕,圣祖即诣慈宁宫侍疾。嗣内阁及各部院衙门官员，具奏公请皇上少节忧劳。圣祖曰："朕自太皇太后违豫以来，心怀忧虑，日侍左右。检方调药，亲视饮馔。太皇太后宁憩之时，朕隔幔静俟，席地危坐。一闻太皇太后声息，即趋至榻前，凡有所需，手奉以进，因此昼夜不能少离。太皇太后屡有慈旨，命朕回宫，少宜自爱。朕念太皇太后抚养教训，三十余年，罔极深恩，难以报答。今见病体依然，五内焦灼，莫知所措，朕躬寝处，何暇顾计？览奏，见大小臣工爱君诚恳，但当此时不竭尽心力，少抒仰极之忱，异日虽欲依恋慈闱，岂易得耶？所奏已知之。"诸王、贝勒等又诣慈宁宫门跪奏，请皇上间一日回宫，稍为休息。圣祖谕如初。是年十二月己巳，太皇太后崩于慈宁宫。圣祖擗踊哀号，呼天抢地，哭无停声，饮食不入口。王以下文武群臣公疏奏请节哀，圣祖不允。随谕曰："朕览自汉以后帝王居丧治服，以二十七月易为二十七日，惟孝文帝欲行三年之丧①。朕平日读史至此，常羡慕之。今非欲迈古贤君，只念朕甫八岁，世祖章皇帝即宾天。十一岁，慈和皇太后②又崩逝，藐兹冲龄，音容未尽记忆，未获至孝，至今抱憾。仰赖圣祖母太皇太后，鞠养教诲，以至成立。今遽遭大故，五内溃迷。回思早丧怙恃，益增痛伤，哀疚靡尽。今持服二十七月，少慰罔极之痛。朕独持服宫中，于政务毫无旷废。不令臣民持服，一切俱不禁止，如此可以遂朕本怀，朕哀恸即可少止。"诸王、大臣等奏曰："皇上至德纯孝，亘古莫比，但古者以日易月，为不易之典，诚以帝王之孝，与臣民不同。愿皇上仰遵遗诏，博稽古制，上思天地祖宗付畀之重，下慰群臣百姓仰赖之忱，以礼节哀，易月之典，守而勿更。"圣祖谕曰："朕事太皇太后三十余年，竭尽忠诚，无稍违拂。近者圣体违豫，三十余日，衣不解带。必诚必敬，朕之此志，期在必遂。否则贵为天子，富有四海，亦奚以为？尔等详议之。"诸王、大臣等闻谕，即感悚呜咽。又奏曰："皇上一身为郊坛宗庙社稷所寄托，每当祭享，伏见銮舆亲莅，竭诚尽敬。古者祭为吉礼，必于除服后举行。皇上以太皇太后之故，若使郊庙神灵，少有弗歆，即太皇太后在天之灵，亦必不安。且君臣兆姓，本属一体，若皇上持服宫中，臣民安然即吉，甚非一体之义。况皇上事奉太后三十余年，晨昏孝养，即违豫以来，昼夜忧勤，罔非孝思，今于慈帏遗命，反不曲遵，恐有虚太皇太后惓惓之意。臣等不揣愚贱，敢以固请。"圣祖谕曰："朕意已定，不必更奏。"是日，圣祖谕礼部曰："朕孝服用布。旧制国有大丧，自宗室公以上，服素帛，今孝服俱改用布。宫内年幼皇子、公主，一体持服。"嗣王、大臣固请以日易月之制。得旨："朕于宫中持服二十七月，王等其体朕意遵行。"圣祖居丧次，哀毁过甚，皇太后劝谕再三，仍复不已。圣祖至孝，哀毁尽礼，实为千古帝王所未有。至康熙五十六年，皇太后崩，圣祖寿已七旬，哀毁如前。此仁孝之治，所以开亿万年之郅隆欤！（《圣训》、《东华录》）

[注释]

①孝文帝欲行三年之丧：孝文帝即北魏孝文帝元宏，公元471—499年在位。他变革旧俗，大兴礼乐，恢复《礼记》三年之丧的旧制。②慈和皇太后：即世祖孝惠章皇后，佟佳氏，圣祖生母，追尊为慈和皇太后。

[译文]

康熙二十六年（1687）十二月，太皇太后身体不适，圣祖皇帝率诸王、贝勒、贝子、国公等，以及文武官员，从乾清宫步行来到天坛祭祀。祷告说："我仰承上天的护佑，奉侍祖母太皇太后，祖母年事已高，得上天庇护身体安康。现在疢病突然发作，一旬之内，逐渐感到病情恶化。我日夜心绪不宁，寝食俱废，恭敬地煎制汤药，到处打听名医验方，始终不能奏效，以至于五内焦灼难安，不知所措。我私下思索上天之心仁爱，泽被四方，况且我身体屏弱，一向承蒙慈养。回忆自从幼年，早年失去父母，承欢祖母膝下三十余年，养育教诲，以至于长大成人。假如没有祖母太皇太后，断不能有我今日的成功。无极的恩惠，毕生难以报答，遇到祖母身体危殆，我内心迷乱。因此拨冗斋戒，选择吉日，祷告皇天，恳请怜悯顾念我的笃诚之心，垂示明鉴，以使祖母重病迅速恢复，寿命绵延。如果祖母命数将尽，我愿意减少自己的命数，希望增加太皇太后的寿命。"读祝文时，圣祖皇帝涕泪交流。陪同祭祀的诸王、贝勒、贝子、国公等人及文武官员，无不感动哭泣。祭祀礼毕，圣祖皇帝就到慈宁宫侍奉祖母病体。随后内阁及各个部院衙门的官员都奏请皇上稍微节制忧心劳神。圣祖皇帝说："自从太皇太后身体不适以来，我心怀忧虑，每日侍奉左右，检视医方，调理药饵，亲自侍奉饮食起居。太皇太后平静之时，我就隔着帷幔静静等候，席地端坐。一听到太皇太后声息，就立即趋奉床前，凡有所需求，亲手奉进，因而昼夜不敢稍微离开。太皇太后多次下达仁惠的诏旨，命我回宫，稍微珍爱自己身体。我感念太皇太后的抚养教诲三十余年，无极深爱，难以报答。如今见祖母病体依然，五内焦灼，不知所措。我自己的饮食起居，哪里有闲暇顾及？看到诸位大臣的奏折，完全可以看出大小臣工敬爱君上的诚意，但这个时候不竭尽心力，稍微表达自己的敬爱之忧，他日即使想要依恋祖母，难道能轻易得到吗？你们所奏我知道了。"诸王、贝勒等又到慈宁宫跪奏，请皇上隔一日回宫，稍为休息。皇上谕旨仍旧如前。这一年十二月己巳日，太皇太后病逝于慈宁宫。皇上捶胸顿足哀痛号哭，呼天抢地，哭不停声，饮食不进。诸王以下文武群臣上疏请求皇上节哀，圣祖皇帝也不答应。随即吩咐说："我观察自从汉代以后帝王居丧守孝，将二十七月改为二十七日，只有魏孝文帝想实行三年之丧的旧制。我平日读史看到这里，常常羡慕不已。如今并非想要超迈古代的贤君，只是感念我刚满八岁，世祖皇帝就去世了；十一岁，慈和皇太后又病逝，我正值年幼，父母音容还没有完全记忆，未能尽孝，至今抱憾不已。仰赖祖母太皇太后养育教诲，以至于长大成人。如今突然遭受变故，五内迷乱。回想早丧父母，更加悲伤，哀痛愧疚，无穷无尽。现在我想守孝二十七月，稍微安抚我无极的悲痛。我单独在宫中守孝，对于政务丝毫不耽误荒废。也不让臣民守孝，一切活动也不禁止，这样可以抒发我的心情，也使我的哀痛稍微消减。"诸王、大臣等奏请说："皇上至德纯孝，自古及今无人能比，然而古代改二十七月为二十七日，已经成了无法改易的典制，的确是因为帝王的孝道，与臣民不同。希望皇上遵照遗诏，广泛参阅古代典制，对上思虑天地祖宗的重托，对下安慰群臣百姓仰赖的诚心，按照礼制节哀顺变，改月为日的典制，请遵守而不要改变。"圣祖皇帝吩咐说："我侍奉太皇太后三十余年，竭尽忠诚，从不稍有违拗拂意。近来太皇太后圣体不适，三十余日，我衣不解带。一心诚敬，这是我的心志，必定要顺遂达成。否则贵为天子，富有四海，又有什么用处呢？请你们详加议论。"诸王、大臣等听到皇上谕旨，都感动呜咽。又奏请说："皇上一身系天下宗庙社稷之重托，每当举行祭祀礼仪时，都御驾亲临，竭尽忠诚。古代祭祀作为吉礼，一定要到守孝期满后举行。皇上因为太皇太后病逝，如果使得郊庙神灵，稍有不得按时祭奠，即使太皇太后在天之灵，也一定感到不安。况且君臣万姓，原本属于一体，如果皇上在宫中守孝，臣民安然从事一切活动，很不符合一体的本义。而且皇上侍奉太皇太后三十余年，朝暮尽孝奉养，就是太皇太后身体不适以来，昼夜忧虑，无不是尽孝，如今太皇太后的遗训，反而不加遵守，恐怕有违于太皇太后的心意。臣等不揣愚贱，敢以此固请。"圣祖皇帝吩咐说："我意已定，不必再加奏请。"这一天，圣祖吩咐礼部说："我的孝服要用布。旧制国家有大丧之礼，自宗室国公以上，穿白色的帛，如今孝服都改用布。宫中年幼的皇子、公主，一律穿孝服。"不久，诸王、大臣固请以日易月的礼制。谕旨批复说："我在宫中守孝二十七月，诸王等体谅我的心意，遵照执行。"圣祖皇帝守孝期间，哀痛过分，皇太后再三劝解，仍然不停。圣祖皇帝事亲至孝，哀痛尽礼，实在是千古帝王所未有。到康熙五十六年，皇太后病逝，圣祖皇帝年已七十，依然像从前那样哀痛。这样以仁孝治天下，正是开创亿万年兴隆盛世的缘故啊！

康熙二十八年，礼部右侍郎张英等以编纂《孝经衍义》告成，进呈御览。圣祖曰："《孝经》一书，皇考世祖章皇帝以孝为万事之纲，五常百行，皆本诸此，命儒臣博采群书，加以论断，名曰《孝经衍义》。朕继述先志，特命纂修。今书已告成，著刊刻颁发，以副皇考孝治天下至意。"御制《孝经衍义序》曰："朕缅维自昔圣王以孝治天下之义，而知其推之有本，操之有要也。夫孝者，百行之原，万善之极。《书》言：'奉先思孝。'①《诗》言：'孝思维则。'②明乎为天之经、地之义，人情所同然，振古而不易，故以之为己，则顺而详。以之教人，则乐而易从；以之化民成俗，则德施溥而不匮。帝王奉此以宰世御物，躬行为天下先。其事始于寝门视膳③之节，而推之于配帝飨亲，覯光扬烈④，诚万民而光四海，皆斯义也。孔子教孝之言，散见于册籍，而统会于《孝经》。曾子以纯孝亲承斯训，其辞约，其指远，条贯始终，综括群论，言孝之义，于斯为备。自颜芝⑤藏本于汉初，考注笺释，代有其人。如孔安国、郑康成、皇侃、邢昺辈⑥，无虑百余家，大约皆训诂章句，辨论古今文同异。而求其推广义蕴，达之于万事万物，而皆莫出其范围者，则尚未之备也。世祖章皇帝宏敷孝治，懋昭人纪，特命纂修《孝经衍义》,未及成书。朕缵承先志,诏儒臣搜讨编辑,仿宋儒真德秀⑦《大学衍义》体例,征引经史诸书,以旁通其说。窃以仲尼称'至德要道以顺天下',又曰'教之所由生',而后详列天子、诸侯、卿大夫、士、庶人之五孝,此则一经之大旨,亦犹《大学》之言明德亲民、格致诚正、修齐治平也。是故衍至德之义,则仁义礼智信之说备矣。衍教所由生之义,则礼乐刑政之属备矣。衍五孝而皆以爱敬为本,明贵贱之所同也。由天子之敬亲推之,则郊丘、宗庙典礼之义备矣。由天子之爱亲推之,则仁民育物、抚绥爱养之义备矣。无非敬也,无非爱也,即无非孝也。递而至于诸侯之不骄不溢,卿大夫之法服、法言、法行,士庶人之忠顺事上,谨身节用,何一非敬爱之义?推而极之,通于神明,贯乎天地,夫宁有涯际乎哉?书成,凡一百卷,镂版颁行,并制序言,冠于简端,庶几嘉与海内,共遵斯路。家修子弟之职,人奉亲长之训,协气旁流,休风四达,以成一代敦厚鸿庞之治,斯则朕继述先业,尊经崇本之志也夫。"(《圣训》、《御制文二集》)

[注释]

①奉先思孝:语出《尚书·太甲》。②孝思维则:语出《诗经·大雅》。③寝门视膳:《养正图解》:"文王之为世子,朝于王季日三。鸡初鸣而衣服,至于寝门外,问内竖之御者曰:'今日安否?何如?'内竖曰:'安!'文王乃喜。及日中,又至,亦如之;及暮,又至,亦如之。其有不安节,则内竖以告文王,文王色忧,行不能正履。王季复膳,然后亦复初。食上,必在视寒暖之节;食下,问所膳。命膳宰曰:'未有原?'立曰:'诺。'然后退。"④觐光扬烈:语出《尚书·立政》:"以觐文王之耿光,以扬武王之大烈。"⑤颜芝:《隋书·经籍志》:"遭秦焚火,为河间人颜芝所藏,汉初,芝之子贞出之,凡十八章。"颜芝本《孝经》以隶书写成,较之战国文字,称为"今本"。⑥孔安国:字子国,孔子十二世孙,官至谏大夫、临淮太守,有《古文尚书》、

《古文孝经传》、《论语训解》等。郑康成：即郑玄，字康成，东汉高密人，经学大师，曾遍注群经，今存《毛诗笺》、《三礼注》等。皇侃：南朝梁吴郡人，精通经学，尤明三礼和《孝经》，有《孝经义疏》、《礼记义疏》、《论语义疏》。邢昺：北宋曹州济阴人，曾官礼部尚书，有《孝经正义》、《尔雅义疏》等。⑦真德秀：字景元，改字希元，福建浦城人，南宋理学家，官至翰林学士、参知政事，卒谥文忠，世称西山先生。著有《西山文集》、《大学衍义》等。

[译文]

康熙二十八年（1689），礼部右侍郎张英等因为编纂《孝经衍义》完成，进呈御览。圣祖皇帝说："《孝经》这部书，皇父世祖章皇帝认为孝道为万事的纲领，仁义礼智信五常以及各种各样的行为，都以此为根本，因而命令儒臣广泛采集群书资料，加上论断，命名为《孝经衍义》。我继承先皇的遗志，特命纂修。如今书已经完成，令刊刻颁发天下，以不辜负先皇以孝治天下的心意。"御制《孝经衍义序》写道："我追溯自古圣王以孝治天下的本意，知道其推究有本源，推行有要领。孝为百行之本源，万善之极致。《尚书》上说：'祭祀祖先而想到孝敬。'《诗经》上说：'人当永以孝思作为天下的法则。'明白孝道作为天之大经、地之大义，人情所同，自古不变，因此以孝道要求自己，则顺而详悉。以孝道教育别人，则乐而易从；以孝道教化人民，形成风俗，则道德广博而不匮乏。帝王奉孝道以治理国家、统御万物，躬行孝道为天下典范。其事从探视饮食起居开始，推而广之，以至于配享太庙、祭奠亲人，发扬祖先的丰功伟绩，和协万民，光照四海，都是这个意思。孔子教诲孝道的言论，散见于各种文献，而汇总于《孝经》一书。曾子以纯孝天性亲承师训，其书言辞简约，旨趣宏远，主题贯穿始终，综括各种理论，谈论孝道的大义，以此书最为完备。自从西汉初年颜芝藏本出现后，校勘考释，历代都有其人，如汉朝的孔安国、郑康成，晋朝的皇侃，宋朝的邢昺等，不下百余家，大体都是训诂章句，辨析论说古文、今文之异同。而要求其推广义理蕴涵，适应于万事万物，都没有超越其范围，尚未有完备之作。世祖皇帝倡导以孝治天下，昭明立身处世的规范，特命纂修《孝经衍义》，没有来得及成书。我继承父皇遗志，诏令儒臣搜集编纂，仿照宋代儒臣真德秀《大学衍义》体例，征引经史文献，以旁通其学说。我认为孔子所说的至德要道以顺应天下，又说教化由此而生发，而后详细罗列天子、诸侯、卿大夫、士、庶人五个等级的人所行的孝道，这是《孝经》的大纲，也就像《大学》所说的明德新民、格物致知、诚意正心、修身齐家、治国平天下。因此，推衍至德的含义，那么仁义礼智信之学说就完备了；推衍教化由此生发的含义，那么礼乐、刑政之类也就完备了。推衍五种孝道，都以爱敬为本，阐明无论身份贵贱孝道都是相同的。从天子崇敬宗祖推衍开来，那么郊丘、宗庙祭祀典礼的含义也就完备了。从天子爱护宗亲推衍开来，那么仁民、育物、抚绥、爱养的含义也就完备了。无不是尊敬，无不是爱护，也就无不是孝道了。以此类推，至于诸侯的不骄傲、不自满，卿大夫的规定的服饰、规定的言语、规定的行为，士和庶人的忠诚顺从侍奉君上，修身饬行，节省用度，哪一个不是敬爱的含义？推衍到极致，可谓通达神明，贯彻天地，难道有什么边际吗？《孝经衍义》编成一百卷，雕版印刷，颁行天下，我亲笔撰写序言，冠于书前，希望与海内民众共同遵守这一大道。家家修习子弟之职分，人人奉行亲长之教诲，协和之气氤氲宇内，美好之风飘荡四方，从而成就一代敦厚庞大的治世，这就是我继承父皇遗志，尊经崇本的志趣所在。"

康熙二十九年，湖广总督奏请偏沅巡抚于养志[①]在任守制。御史陆陇其[②]疏言孝道为万事之本，夺情[③]非治世所宜，仰祈圣断以维纲常事:"臣办事署中,闻九卿、科道会议湖南巡抚于养志在任守制一事。臣以资浅,不在会议之列,不知所议云何。及询与议诸臣,谓会议之时,昌言其不可者,固有其人,而依违不断者,比比而是,臣窃怪之。此明白显易之事,有何可疑,而依违若是。夫治天下之不可不以孝,易明也。在任守制之非所以教孝,易明也。天下正当承平之时,湖南又非用兵之地,无藉于在任守制,易明也。皇上以孝治天下,在廷诸臣沐浴于皇上孝治之中久矣,何难一言直断其不可也?且臣不知议者,以于养志为何如人?如其非贤者耶,则固不当使之在任守制矣。如其诚贤者耶,则必不肯安心于在任守制矣。在督臣代为题请,或从爱惜人才起见,然臣以为使之解任全孝,正所以深爱惜之,况皇上一日所行,天下万世奉为法程者也。若使一抚臣因督臣之题请而留,将来督抚之丁忧者皆将援此以为例,其不思侥幸夺情者鲜矣!名教自此而弛,纲常自此而坏,此端一开,关系天下,实非浅鲜。至于湖南一省之人,是则是效,不复知有父母,又无足论矣。"疏入,诏饬于养志解任。(王士正《居易录》[④]十七)

[注释]

①于养志:字涵一,辽阳人,隶汉军镶蓝旗,历官江苏布政使、湖北布政使、偏沅巡抚、四川巡抚等。②陆陇其(1630—1692):字稼书,浙江平湖人,康熙九年(1670)进士,官至监察御史。著有《三鱼堂文集》、《困勉录》等,为理学儒臣,卒谥清献。③夺情:古代礼俗,官员父母丧应弃官家居守制,称为丁忧,服满再行补职;朝廷于其丧制未终,召出任职,或命其不必弃官去职,素服治事,称为夺情,意谓夺其孝亲之情。④王士正《居易录》:王士正,原名王士禛,后避雍正讳,改名士正,乾隆赐名士禛,号渔阳山人,新城(今山东桓台)人,顺治十五年(1658)进士,官至刑部尚书,卒谥文简。清代杰出诗人,一生著述宏富,有《渔洋山人精华录》、《池北偶谈》、《香祖笔记》等。《居易录》三十四卷,为其笔记杂著,有较高的史料价值和文学价值。

[译文]

康熙二十九年（1690），湖广总督丁思孔奏请偏沅巡抚于养志在任上为其父丧守制。御史陆陇其为此上疏，认为孝道为万事的根本，夺情并非当今治世所应当存在的现象，恳请圣上乾刚独断，以维护伦理纲常，疏中写道："我在官署中办事，听说九卿、科道官会同讨论湖南巡抚于养志在任上为其父丧守制一事。我资历很浅，不在会同讨论之列，因而不知道讨论的结果如何。等到询问参与讨论的诸位大臣，说会同讨论的时候，主张他不可以在任守制的固然也有其人，但模棱两而不能决断的，比比皆是，我私下为此感到奇怪。这些都是明白显易的事情，有什么可疑惑的，而像这样犹豫不定，令人费解。治理天下不可不用孝道，这是简单易明的道理。在任守制并非用来教化孝道的，也是简单易明的道理。当今天下正是承平之时，湖南也并非用兵之地，没有特殊情况必须在任守制，也是简单易明的。皇上以孝道治理天下，朝廷诸位大臣沐浴在皇上的孝治之中也已经很久了，为什么一言直接断定其不可在任守制就这么困难？况且我不知道会同讨论的大臣，认为于养志是什么样的人。如果他并非贤能之臣，那么固然不应当让他在任守制了；如果他的确是贤能之臣，那么他一定不肯安心于在任守制了。对于湖广总督而言，替他奏请，或许是从爱惜人才起见，但是我认为让他解任回籍守制，以全孝道，正是所以深切爱惜他，何况皇上一日所行，天下万世将会奉为法定规范。如果让一个巡抚，借着总督的奏请而留在任上守制，那么将来总督、巡抚丁忧，都将援引作为先例，不想侥幸夺情的人就很少了！如此，名教从此被废弛，纲常从此被破坏，此端一旦开启，关系天下，实在不小。至于湖南的民众，以此为标准，转相效法，不再知道有父母，与天下国家相比又不足以讨论了。"奏疏呈上之后，皇上诏令于养志解任回籍守制。

康熙三十七年，圣祖谕大学士等曰："兴起教化，鼓舞品行，必以孝道为先。节妇应加旌表，孝子尤宜褒奖。八旗岂无孝子，其居官殷实者，行孝乃分内事耳。贫人克尽孝道，诚为非易。如有身处贫寒，能尽孝于父母者，察明奏闻。"（《圣训》）

[译文]

康熙三十七年（1698），圣祖皇帝吩咐大学士等说："兴起道德教化，砥砺品德操行，一定要以弘扬孝道作为首务。守节的寡妇应当加以旌表，纯孝的子弟尤其应当加以褒奖。八旗子弟中难道就没有孝子吗？那些身居官位、家道殷实的人，行孝乃是他们分内之事。贫穷的人能够恪尽孝道，的确非常不容易。如果有身处贫寒，又能够尽孝于父母的人，要察明奏闻朝廷。"

《训》曰："凡人尽孝道，欲得父母之欢心者，不在衣食之奉养也。惟持善心，行合道理，以慰父母，而得其欢心，斯可谓真孝者矣。"（《庭训格言》）

[译文]

圣祖皇帝《庭训格言》写道："凡人尽孝道，都想要得到父母的欢心，不只在衣食的奉养。只有秉持善心，所作所为合乎道理，以此来慰藉父母，从而得到他们的欢心，那才可谓是真孝了。"

《训》曰："《孝经》一书，曲尽人子事亲之道，为万世人伦之极，诚所谓天之经、地之义、民之行也。推原孔子所以作经之意，盖深望夫后之儒者，身体力行，以助宣教化，而敦厚风俗。其旨甚远，其功甚宏，学者自当留心诵习，服膺弗失可也。"（《庭训格言》）

[译文]

圣祖皇帝《庭训格言》写道："《孝经》这部书，详细深入阐明了为人之子侍奉父母的道理，作为万世人伦的准则，实在是天之大经、地之大义、民之行为规范啊！考究孔子所以作经的本意，实在是深切期望后代儒生亲身体验竭力奉行，用来协助宣扬教化，醇厚风俗。其旨趣深远，作用博大，学者自己应当用心诵读实行，由衷信服而不丧失就可以了。"

康熙政要卷十二

论忠义第十六

康熙十六年，圣祖谕福建水师提督海澄公黄芳世[①]曰："尔父子功烈素著，复全家殉难，每念及此，朕心深为伤悼。况尔由粤东进剿，忽遭广兵变，孤身涉险而出，可见忠贞不贰，颠沛不改其守。今仍袭海澄公，镇守福建水师提督总兵官。宜愈加训练，鼓舞将士，以靖海氛，使地方秋毫无犯，百姓安堵，方为不负封疆重寄。"（《圣训》）

[注释]

①黄芳世：海澄公黄梧之子，康熙间以一等侍卫为福建总兵官，袭封海澄公，开府漳州，卒谥忠襄。

[译文]

康熙十六年（1677），圣祖皇帝吩咐福建水师提督海澄公黄芳世说："你父子功劳昭著，又遭受全家殉难，我每每想到这些，内心深为悲伤悼念。况且你从粤东进剿叛军，忽然又遭到广东兵变，孤身涉险，突围出来，足见你忠贞不贰，颠沛流离，始终不改操守。现在令你袭封海澄公爵位，任镇守福建水师提督、总兵官。你应当加强训练，鼓舞将士，以平定海疆，使所在地方秋毫无犯，百姓安乐，才不辜负作为封疆大吏的重任。"

是年，又谕户部、兵部曰："自逆贼吴三桂煽乱以来，各用兵地方文武官员，或矢志固守，势穷莫支，尽节封疆。或身陷贼中，坚贞不屈，横被惨害。或从容就义，全家殉难，视死如归。此皆为国捐躯，克全忠节，深为可悯。其有骸骨妻子，俱准动正项钱粮资送归里，以昭朕优恤忠节之意。"（《东华录》十九）

[译文]

这一年（康熙十六年，1677），圣祖皇帝又吩咐户部、兵部说："自从逆贼吴三桂叛乱以来，各个用兵地方的文武官员，有的决心固守城池，势穷力竭，为国家尽节于封疆之地；有的身陷贼军，坚贞不屈，惨遭杀害；有的从容就义，全家殉难，视死如归。这些都是为国捐躯，保全了忠诚节义，深为可敬可悯。这些人如果保留有尸骨、妻子、儿女，都准许动用国库钱粮资助送归乡里，以昭明我优抚体恤忠节的心意。"

圣祖序福建总督范承谟《画壁集》①曰："朕惟帝王教化，首重名节，所以维系人心，扶树纲纪也。古人臣以身事主，守土膺疆，或遇蟊贼潜生，豺狼勃起，则捐躯矢志，取义成仁，而其激烈慷慨之气，间发为文辞，虽质直无华，后世论录，终有不可泯灭者，以其出于忠义之诚，本乎性情之正也。福建总督范承谟，名臣之子，授节闽海，方值逆竖盗兵，偏隅煽焰。筹略未展，横罹幽絷，阅三寒暑，贞操弥坚。故其矍然不渝之志，萦纡郁屈，无所摅露。乃以墙壁为书笺，以楛薪为笔墨，题分甲乙，字辨衡从，日月既深，篇章渐积，名曰《画壁》，记实也。卒能始终不挠，归于正命。若承谟者，可谓冒白刃而不疑，守丹心而自信者矣。夫以茹荼含檗之余，每念不忘君父，故诗文不必尽合于古之作者，而浩然之气，流行充溢。当其胸填声咽，发植风生，土块灰丸，同于利剑；秃毫断梗，等于霜矛，写忠孝之性灵，夺奸凶之残魄，是又岂刻雕藻绩，涂饰虚浮者之所能及乎？自三逆轸灭，寰宇谧宁，恤典频加，恩纶屡降，固已延赏后昆，光赉泉壤矣。兹特允其子时崇所请，复为序其存稿。盖善善欲长，春秋之义②，开章特赐，数出非常，庶几追妥忠魂，亦以风厉臣节焉。"（《御制文四集》）

[注释]

①范承谟《画壁集》：范承谟，范文程次子，顺治九年（1652）进士，历官浙江巡抚、福建总督，三藩乱起，被耿精忠囚禁，后被杀。赠兵部尚书，谥忠贞。《画壁集》即其被囚禁于土室中所写，因无纸笔，写于墙壁之上，故名。②善善欲长，春秋之义：《春秋公羊传·昭公二十年》："君子之善善也长，恶恶也短，恶恶止其身，善善及子孙。"

[译文]

圣祖皇帝为福建总督范承谟《画壁集》作序道："我认为帝王教化，首先注重名节，因为这是维系人心、扶持纲纪的根本。自古以来，大臣侍奉君主，身负开疆守土的重任，有时会遇到蟊贼暗中滋生，豺狼突然而起，就会为国捐躯，取义成仁，而其激昂慷慨之气节，偶尔发为文辞，虽然质朴无华，后代的人评论著录，终究有其不可泯灭者，这是因为他们都是出于忠义之诚心，本于性情之正气。福建总督范承谟出身名门，为范文程之子，受命节制福建地方，正值逆贼耿精忠叛乱起兵，陷入战火之中。可惜其谋略尚未施展，却意外地遭受幽禁，被囚禁土室达三年之久，坚贞不屈的节操历久弥坚。所以他高洁不污的志气，萦绕于怀，无所发泄表露，于是就以墙壁作为纸笺，以柴薪作为笔墨，分门别类，排列篇章，纵横书写，分辨字迹，日积月累，逐渐形成一部书稿，命名为《画壁》，以记录其真情实感。最终不屈不挠，死得其所。像范承谟这样，可以说是甘冒白刃而从不怀疑，坚守丹心而坚定信心。在吃苦含恨之余，始终不忘君上父祖，所以他的诗文不一定完全合乎古代作家的规范，但是浩然正气，充溢其间。当他义愤填膺、悲声哽咽，毛发竖立、豪气生风之时，那些土块灰瓦，都可以像利剑一样；秃笔断梗，都可以像戈矛一样，抒写忠孝的性灵，力夺奸凶的魂魄，这又难道是那些刻意雕琢辞藻、虚浮粉饰的作品所能达到的吗？自从三藩之乱平定，天下安宁，抚恤的典制不断颁布，恩赏的诏令多次下达，固然已经惠及后代，告慰死者了。现在特地允准范承谟之子时崇的请求，又为其存稿作序。褒扬美德，欲其源远流长，这是《春秋》的微言大义，特赐序言于开篇，也是非常之数，希望能够追念忠魂，也以此来砥砺大臣的名节。"

论公平第十七

康熙三十三年，圣祖谕大学士等曰："初四日，召试翰林官于丰泽园，出《理学真伪论》，此亦书籍所有成语，熊赐瓒①见此，辄大拂其意，应抬之字，竟不抬写，不应用之语，辄行妄用。原任刑部尚书魏象枢②亦系讲道学之人，先年吴逆叛时，著议政王大臣议奏发兵。魏象枢云：'此乌合之众，何须发兵？昔舜诞敷文德，舞干羽而有苗格，今不烦用兵，抚之自定。'与索额图争论成隙。后十八年地震时，魏象枢密奏：'速杀大学士索额图，则于皇上无干矣。'朕曰：'凡事皆朕听理，与索额图何关轻重？'道学之人，果如是挟仇怀恨乎？又李光地、汤斌、熊赐履皆讲道学之人，然而各不相合。李光地曾授德格勒《易经》，李光地请假回籍时，朕召德格勒进内讲《易》，德格勒奏言李光地熟精兵务。其意欲为将军提督。皇上若将李光地授一武职，必能胜任。反复为李光地奏请，尔时朕即疑之。德格勒又奏熊赐瓒所学甚劣，非可用之人。朕欲辨其真伪，将德格勒、熊赐瓒等考试，汤斌见德格勒所作之文，不禁大笑，手持文章堕地，向朕奏云：'德格勒文甚不堪，臣一时不能忍笑，以致失仪。'既而汤斌出，又向众言：'我自有生以来，未曾见有似此一番造谎者，顷乃不得已而笑也。'使果系道学之人，惟当以忠诚为本，岂有在人主之前作一等语，退后又别作一等语者乎？今汤斌虽故，李光地、德格勒见在也。又熊赐履所著《道统》一书，王鸿绪[3]奏请刊刻，颁行学宫。高士奇亦为作序，乞将此书刊布。朕览此书内过当处甚多。凡书果好，虽不刻，自然流布，否则虽刻何益？道学之人，又如此务虚名而事干渎乎？今将此等处，不过谕尔等闻知，朕惟以治天下国家之道存之于心，此等人议论，又何足较也。"（《东华录》五十三）

[注释]

①熊赐瓒：字逊修，熊赐履弟，康熙十五年（1676）庶吉士，二十年任浙江乡试正考官。②魏象枢（1617—1687）：字环溪，号庸斋，蔚州人。顺治三年（1646）进士，历任庶吉士、给事中、顺天府尹、大理寺卿、户部侍郎、左都御史、刑部尚书等，著有《寒松堂集》。传见本书卷三。③王鸿绪（1645—1723）：字季友，号俨斋，别号横云山人，娄县人，康熙十二年（1673）进士，历任翰林侍读、《明史》总裁官、左都御史等，著有《横云山人集》等。

[译文]

康熙三十三年（1694），圣祖吩咐大学士等说："初四日，召集翰林官在丰泽园考试，出的题目是《理学真伪论》。这也是文献中曾经有过的现成说法。可是熊赐瓒见此题目，就大不高兴，应当抬写的敬语，竟然不抬写，不应该使用的语言，却乱加使用。原任刑部尚书魏象枢，也是讲求道学的儒臣，早年吴三桂叛乱时，令议政王大臣讨论奏请发兵。魏象枢说：'这些乌合之众，何须发兵？昔日虞舜以文德治理天下，舞蹈于庙堂而四方民众归附。如今也不劳用兵，招抚他们，自可平息。'并与索额图争论，形成矛盾。后来康熙十八年地震时，魏象枢密折奏请：'赶紧杀了大学士索额图，就与皇上不相干了。'我说：'凡事都是我听政处置，与索额图有什么关系？'道学之人，难道应该这样挟私仇怀恨在心吗？另外，李光地、汤斌、熊赐履都是讲求道学之人，但是他们之间各不相合。李光地曾经教授德格勒《易经》，李光地请假回到原籍时，我就召德格勒进讲《易经》，德格勒就奏请说李光地精通军事。其意图是想推荐李光地担任将军或提督。甚至直接说皇上如果授予李光地武职，一定能够胜任，反复为李光地奏请，当时我就有所怀疑。德格勒又上奏说熊赐瓒学问很低劣，不是可用之人。我想辨别真伪，就将德格勒、熊赐瓒等一同考试，汤斌见到德格勒所写的文章，禁不住大笑，手持文章掉到地上，向我上奏说：'德格勒之文非常不堪，我一时忍不住笑了出来，以致失仪。'汤斌出去以后，又对众人说：'我自从有生以来，还没有见过像这样一番撒谎的，刚才是不得已才笑了。'假使他是真正的道学之人，就应当以忠诚为本，难道可以在君主面前说一番话，退下来后就说另一番话吗？如今汤斌虽已逝世，李光地、德格勒都还在世。另外，熊赐履所著的《道统》一书，王鸿绪为他奏请刊刻，颁行于学校，高士奇也为书作序，请将此书刊刻流传。我看过此书，感到其中过当之处很多。大凡图书真正有价值，即使不刊刻，自然也会流传，否则即使刊刻，又有什么益处呢？道学之人，又是这样地注重虚名，而自相矛盾！现在我说这些，不过让你们知道，我只知将天下国家之大道存于心中，这些人的议论，哪里值得计较呢？"

康熙四十八年，圣祖谕文武诸臣曰："朕向待大臣，不分满汉，一体包容。诸臣当人人感戴自效。乃九卿会议时，但一二人发言，众俱唯唯。其汉大臣则必有涉于彼之事，方有所言，若不与彼之事，即默无一语，如此宁不有愧于举国之清议耶？此后尔等皆当省改。凡人既读书，知义理，即当以其所学，见之于事，非仅作文已矣。平时读书，至临大事，竟归无用，则所读何书，所学何事耶？"（《圣训》）

[译文]

康熙四十八年（1709），圣祖皇帝吩咐诸位文武大臣说："我一向对待大臣，不分满族、汉族，都一体包容。诸位大臣也应当人人感恩戴德，效力国家。可是九卿会同讨论的时候，只有一两人发言，大多数人都是唯唯诺诺。那些汉族大臣，一定要有与他们相关的事情，才有所发言；如果与自己无关，就沉默以对，不发一言。这样难道无愧于全国上下的清议吗？今后你们都应当反省改过。大凡一个人既然读过圣贤书，知晓义理，就应当以其所学知识，付诸实践，不仅仅写写文章就完了。平时读书，遇到大事，竟然没有用处，那么所读的为何书，所学的为何事呢？"

是年，九卿、詹事、科道面奏噶礼、张伯行互参一案①。圣祖曰："从古治天下者，莫要于至公。朕御极五十余年，凡内外大小之事，皆以公心处之。观近日外官，满洲所参，大抵皆汉人，汉人所参，大抵多汉军，皆非从公起见。朕悉据理处断，并无偏袒。张伯行居官清廉，人所共知，其家亦殷实。朕巡河工时，适彼为按察使，知之甚悉，但才具略短耳。噶礼办事历练，至其操守，朕不能信。若无张伯行，则江南地方必受其朘削一半矣。语云：'文官不要钱，武官不惜命，然后天下久安。'又云：'清官不累民。'朕为天下主，如此等清官，不为保全，则凡为清官者，亦何所倚恃以自安乎？"（《圣训》）

[注释]

①噶礼：栋鄂氏，满洲正红旗人，官至山西巡抚、户部侍郎、两江总督。张伯行：传见本书卷四。康熙五十年（1711），噶礼在两江总督任上与江苏巡抚张伯行互相参劾，朝廷多次派大臣往勘，最后以二人同任封疆，互劾失大臣礼，诏令伯行留任，噶礼夺职。

[译文]

这一年（康熙五十一年，1712），九卿、詹事、科道官当面陈奏两江总督噶礼与江苏巡抚张伯行相互参劾一案。圣祖皇帝说："自古以来治理天下，没有比至为公平更重要的。我即位五十多年，凡是中外大小事情，都以公正之心对待。我看到近来外官，满洲官员所参劾的，大抵都是汉人，而汉族官员所参劾的，大抵多是汉军八旗人，这些都不是从公正起见。我都据理加以判断处置，并不偏袒任何一方。张伯行居官清廉，这是人所共知的，其家道也殷实。我巡视治河工程时，他正好是按察使，我对他很了解，他只是才具略显不足。噶礼办事历练，至于他的操守，我也不敢相信。如果没有张伯行，那么江南地方一定会遭受其剥削一半了。俗话说：文官不要钱，武官不惜命，然后天下才会长治久安。又说：清官不连累人民。我为天下之共主，像这样的清官，不加以保全，那么凡是作为清官的人，将有何依靠从而自我安宁呢？"

康熙五十四年，圣祖谕大学士等曰："凡满汉大臣，遇事应同心办理。今每满洲大臣一议，汉大臣一议，此处大有关系。世祖章皇帝时，为此特下严旨，至今圣训昭然，可不恪遵耶？如果两议，亦应满汉相闻，岂可截然两议？从来未曾如此，自赵申乔来始然。凡事只有一理，不可执拗。今朕听政五十余年，何者不曾经历？即小事，必向大学士、学士、九卿问之。大臣执拗，犹之可也，若为君者，自行执拗，则如之何？著将满汉两议者，交吏部、都察院察出议罪。"（《圣训》）

[译文]

康熙五十四年（1715），圣祖皇帝吩咐大学士等说："凡是满汉大臣，遇到事情应当同心同德，合作办理。如今常常是满洲大臣一种意见，汉族大臣一种意见，这中间大有关系。世祖皇帝在位时，为此曾经颁布严厉的诏旨，至今他的训诫昭然，难道可以不严加遵守吗？如果真是有两种意见，满汉大臣也应当相互沟通，岂可有截然不同两种意见呢？从来未曾这样过，自从赵申乔到任才形成这样的局面。凡事只有一理，不可执拗。如今我听政五十多年，什么事情不曾经历过？即使是小事，也一定向大学士、学士、九卿询问。大臣执拗，还说得过去，作为君主，自己执拗，会怎么样呢？令将持两种意见的满汉官员，交给吏部和都察院查明论罪。"

论诚信第十八

康熙十七年，圣祖谕兵部曰："朕御极以来，孜孜图治，欲使天下治安，兵民富庶，共享雍熙。不意逆贼吴三桂背恩反叛，扰乱地方。数年以来，遣兵征伐，尚未授首，以致出征将士披坚执锐，盛暑初寒，备极劳苦。且兴师日久，满洲、蒙古、汉军或机械朽坏，马匹倒毙，借贷置办者；或年幼未经分给田亩，军资器用悉称贷置办者，种种疾苦，朕深为悯恻。但逆贼未灭，不得已而用兵。诸路官军，其奋勇剿除，底定疆土，凯旋之日，一切称贷，俱令该部代偿。诸处调集之兵，遣还汛地，咸令得所。朕诏谕昭如日月，将示大信于天下，断不失言。至于从征官兵，战阵被创，尤堪轸恤。勿俟大兵到齐，所有应得银两，速察给其家。尔部即传示内外，俾喻朕恤兵酬劳至意。"（《东华录》二十四）

[译文]

康熙十七年（1678），圣祖皇帝吩咐兵部说："我即位以来，孜孜图治，希望使天下治理安定，军民富庶康乐，共享和平的生活。想不到逆贼吴三桂背叛皇恩，对抗朝廷，扰乱地方。数年以来，派兵征伐，还没有将其消灭，以至于出征将士披坚执锐，盛暑严寒，备极劳苦。况且用兵日久，满洲、蒙古和汉军八旗，有的枪械损坏，马匹倒死，不得不借贷进行置办；有的因为年幼没有分给土地，军资器用都需要借贷来置办，种种疾苦状况，我深为怜悯，感到痛心。然而，逆贼尚未消灭，不得已还要继续用兵。各路官军，希望奋勇前进，剿除叛军，平定疆土，到了凯旋的时候，以上所有借贷，都让兵部代为偿还。各处调集的军队，遣返各自的汛地，都让他们各得其所。我的诏令光昭日月，将以此宣示于天下，断然不会失言。至于从征的士兵，在战斗中受伤，尤其值得体恤优抚。不要等待大兵到齐，应将所有应得的银两，迅速察列分明，交给他们家里。你们兵部当即传达内外，使天下人民都知道我体恤军士酬劳民众的至诚心意。"

康熙五十二年，圣祖谕大学士等曰："总督额伦特、殷泰①，皆朕特用之人。初用时人不知其善，适后乃称皇上知人之明，咸以为异。殷泰居官虽甚优，然未免过于严厉，人有怨之者。巡抚张伯行家计饶足，居官甚清，日用之物，一切取给其家，但于所属官员辄心疑之。自古疑人勿用，用人勿疑，方且推心置腹以示人，阴刻何为？若于所爱者，故为怒容待之；于所恶者，故为喜色遇之，是欺人即自欺也。朕之喜怒，无不即令人知者，惟以诚实为尚耳。天下凡事难以豫防，惟历事多，见理明，乃随事之来，措之合理。朕于《朱子全书》序文内曾论及之。"（《东华录》九十一）

[注释]

①额伦特：科奇哩氏，满洲镶红旗人，历官湖广提督、湖广总督，康熙五十五年（1716）署西安将军，往青海、西藏平叛，后没于阵，追谥忠勇。殷泰：满洲镶红旗人，官至川陕总督，卒谥清端。二人均以廉洁著称，与张伯行并称为督抚中操守最优者。

[译文]

康熙五十二年（1713），圣祖皇帝吩咐大学士等说："湖广总督额伦特、川陕总督殷泰，都是我特别从行伍中提拔的人才。起初任用时人们还不知道他们的长处，到了后来都称赞皇上知人之明，而且都认为是异数。殷泰居官虽然很好，但未免过于严厉，人们有怨恨他的。江苏巡抚张伯行家道富足，居官非常清廉，日常所用之物，一切都取给于家中，只是他对于所属官员总是疑心过重。自古疑人不用，用人不疑，正要推心置腹，明白示人，阴险苛刻究竟是为什么？如果对于所爱护的人，故意用愤怒的表情对待；而对于所厌恶的人，故意用喜欢的表情对待，这是欺骗别人，也是自我欺骗。我的喜怒，无不当即让人知道，只是以诚实为上罢了。天下事情难以预先防备，只有经历事情多了，见识道理明白，才会在遇到事情的时候，加以合理处置。我在《朱子全书》的序言中，曾经论述到这一点。"

圣祖《讲筵绪论》曰："自幼读书，凡一字未明，必加寻绎，期无自欺。不特读书为然，治天下国家亦不外是也。尝撰

《读书贵毋自欺论》曰:'古之圣人生而知之,犹必学而取诸人者,不敢自信也。不敢自信者,不敢自欺也。盖人之知也有涯,不能恁虚以悟,故必假于诗书六艺之文,诵读以举其词,思索以晰其义,综微研颐以穷其指归,而后可以多识前言往行以畜其德①。然诗书六艺之文,至奥博矣,有其所可知者,亦有其所不可知者。使不加以深造之功,而概以为有得,则其不可知者,吾心先受其蔽,而可知者,亦危殆而有所不安,是自欺也,岂所谓格物穷理之学乎?朕自冲年读书,于只字未明,必往复寻绎,积渐于讽诵之中,而未能实获于义蕴之内。窃以为古人毋自欺之学,即此可见,故不敢不致其力也。夫诚意之要,首严自欺,于以正心,于以修身,于以治国平天下,岂独读书一事为然哉?'"(《御制文集》)

[注释]

①多识前言往行以畜其德:语出《易经·大畜·象传》:"君子多识前言往行,以畜其德。"

[译文]

圣祖御撰《讲筵绪论》写道:"我自幼读书,凡是遇到有一字不明,一定详加推求,希望不要自欺欺人。不仅仅读书是这样,治理天下国家也不外乎如此。我曾经写过一篇《读书贵毋自欺论》说:'自古以来圣人即使是生而知之,也要经过学习汲取别人之所长,不敢过分自信。不敢过分自信,就是不敢自欺欺人。因为人的知识是有止境的,不可能凭空领悟,所以一定要借助诗书六艺之文,通过诵读以认识其文辞,通过思考以明晰其含义,通过分析综合以穷尽其意旨,然后才可以多领会前人的嘉言懿行,以培育和提高自己的修养。然而,诗书六艺之文,至为深奥广博,其中有可以知晓的,也有人们不可能知晓的。假如不通过艰苦努力进行深造,就笼统地认为有所收获,那么其中不可能知晓的东西,我的内心首先受到蒙蔽，而其中可以知晓的东西，也非常危险而使内心不安，这就是自欺欺人，难道是所谓的格物致知、穷理尽性的学问吗？我自从幼年开始读书，遇到一字不明，一定反复推求，在不断的诵读之中逐渐积累知识，依然没有就其义理蕴涵获得更多实在的收获。我认为古人所谓的不要自欺的学说，从这里就可以得到证明，所以不敢不致力于此。诚信意念的关键，首先在于严格要求不能自欺，以此才可能端正心性，才可能修养身心，才可能治理国家、平治天下，难道仅仅读书一事是这样的吗？"

圣祖《庭训》曰："好疑惑人，非好事。我疑彼，彼之疑心日增。前者丹济拉①来降之时，众皆谏朕宜防备之。朕心以为丹济拉既已来降，即我之臣，何必疑焉？初至之日，即以朕之衣冠赐之，使进朕帷帐内，近坐赐食，旁无一人，与伊刀切肉食。彼时丹济拉因朕之诚心相待，感激涕零，终身奋勉尽力。又先时台湾贼叛，朕欲遣施琅，举朝大臣以为不可，遣去必叛。彼时朕召施琅至，面谕曰：'举国人俱云汝至台湾必叛，朕意汝若不去台湾，断不能定汝之不叛。'朕力保之。卒遣之，不日而台湾果定，此非不疑人之验乎？凡事开诚布公为善，防疑无用也。"（《庭训格言》）

[注释]

①丹济拉：厄鲁特蒙古人，康熙三十六年（1697）降清，授内大臣，后封扎萨克辅国公。

[译文]

圣祖皇帝《庭训格言》写道："喜欢怀疑他人，不是好事。我怀疑他，他的疑心就会愈益加重。从前丹济拉来投降时，大家都劝谏我要适当防备。我内心以为丹济拉既然已经前来投降，即为我的臣下，何必要怀疑呢？初到的一天，即把我的衣冠赐给他，让他进入我的帐篷之内，坐到我的近旁赐他饭食，旁无一人，和他用刀子切肉吃。那时丹济拉因为我的诚心相待，感激得流下泪来，终生勤勉奋进，尽心尽力。还有以前台湾郑氏集团割据叛乱，我想派遣施琅出兵，满朝大臣都认为不可以，如果派遣施琅前去他必然叛变。那时我召施琅前来，当面吩咐他说：'全国人都说你到台湾必然叛变，我认为你如果不去台湾，决不能断定你不叛变。'我全力保举他，终于派遣施琅前往。不久，台湾果然平定。这难道不是不怀疑人的证明吗？凡事以开诚布公为善，防备猜疑是没有用的。"

康熙政要卷十三

论俭约第十九

康熙二十四年,圣祖谕大学士等曰:"服色①久经定例禁止,近见习俗奢靡,服用僭滥。皆由所司各官视为具文,并未实心稽察,以致不遵定例。嗣后必切实奉行,时加申饬。务期返朴还淳,恪循法制,以副朕敦本务实、崇尚节俭之意。"(《圣训》)

[注释]

①服色:车马、銮舆、祭牲、服饰等的颜色。古代通行五德终始学说,每一王朝新立,皆改正朔、易服色,如夏尚黑、殷尚白、周尚赤、汉尚黄等。后泛指各级官吏的服饰。

[译文]

康熙二十四年(1685),圣祖皇帝吩咐大学士等说:"官员的服饰久经定例,禁止僭礼越制,近来我看到社会风俗奢侈无度,服饰器用僭越礼制,随意滥用。这些都是由于有关官吏将礼制视为空文,并没有实心核查,以致人们不遵守定例。今后一定要切实奉行,不时加以告诫约束,务必使社会风俗由奢靡回归淳朴,恭敬谨慎地遵循礼制，从而符合我注重根本、务求实效、崇尚节俭的心意。"

康熙四十二年，圣祖谕八旗都统、前锋统领、护军统领、副都统、参领、佐领①等曰："朕为官民生计，不时廑念。前已屡施大泽，今年诏款内复特沛鸿恩，不惜数百万帑金，遍行赏赐。嗣后军卒人等，应人人务立生计，清偿逋欠，丰裕度日。倘有不肖之辈，不思撙节俭约，惟知纵酒酣饮，鲜衣肥马，过于费用，则不数日间，仍如未沛恩泽时。尔等俱有督率之责，不当徒以督率为名，亦当诱之向善。使人人以孝弟为本，各知自守，爱惜产业，则不特风俗可致淳朴，而朕惜兵之心，亦不致徒劳矣。可将此旨刊刻，遍示军卒人等。受朕重恩如此，仍行赌博，行止不端，朕断不轻贷，必将为首者立正典刑。朕念切兵民生计，是以亲书谕旨，钦哉！"（《东华录》七十一）

[注释]

①八旗都统、前锋统领、护军统领、副都统、参领、佐领：清代八旗，以三百人为一牛录，设牛录额真，即佐领；五牛录为一甲喇，设甲喇额真，即参领；五甲喇为一固山，设固山额真，即都统，副职称左右梅勒额真，即副都统。前锋统领、护军统领，分别为前锋营、护军营长官，每旗一人，正二品，副职称参领。

[译文]

康熙四十二年（1703），圣祖皇帝吩咐八旗都统、前锋统领、护军统领、副都统、参领、佐领等八旗各级军官说："我对于八旗官民的生计，不时给予殷切关注。以前已经多次施与惠泽，今年在诏令中又特别赐予鸿恩，不惜用数百万的国库银两，普遍给予赏赐。以后八旗的军士人等，应当人人建立稳定的生业，清偿所欠的钱财，逐步过上充裕的生活。倘若有些不肖之徒，不考虑勤俭节约，只知道纵酒畅饮，肥马轻裘，生活过于奢靡浪费，那么用不了多少天，仍旧回到朝廷未施恩惠时的日子。你们各级军官都有督责的职分，不应当徒有其名，而应当真正循循善诱，导之向善。假如人人都以孝悌作为根本，各自知道勤俭守家，爱惜自己的产业，那么不仅可以使风俗回归淳朴，而我爱惜八旗兵丁的心意，也不至于成为徒劳。你们可以把我这道谕旨刊刻出来，向广大八旗军士人等广泛宣示。承蒙朝廷这样的重恩，仍然赌博，行为不端，我决不轻易饶恕，一定将其中的为首者明正典刑。我深切感念八旗军民的生计，因此亲手写下这道谕旨。"

康熙四十九年，九卿等议覆佥都御史屠沂①条陈节俭一疏。圣祖谕大学士等曰："禁止奢僭而崇尚节俭，极当于理。朕近查宫中人数，皇太后宫及朕所居正宫，不过数百人，较之明代宫人，则减省多矣。先是，光禄寺供应宫中用度，每年用银七十万两有余，朕渐次省省，不使滥溢，一年止需七万两矣。理藩院向来每年赏赐供应外藩宾客，用银八十万两。今裁减浮费，一年止需八万两矣。户、工两部，前此每年所用钱粮，其数过多。今十日一次奏闻用过数目，所需钱粮，已极少矣。朕用钱粮节省如是。因臣民僭用妄费，从前屡有禁约，今若又行禁约，徒有法令滋繁而已，究无补于事也。盖法令非不详尽，皆由臣下奉行不善而然。步军统领、顺天府府尹、地方该管官员果实心遵行，何至如此乎？"（《圣训》）

[注释]

①屠沂：字艾山，号酉沧、双峰，湖北孝感人。康熙三十三年（1694）进士，历官吏科给事中、左佥都御史、顺天府府尹、左副都御史、浙江巡抚等。

[译文]

康熙四十九年（1710），九卿等讨论回复佥都御史屠沂所上条陈节俭的奏疏。圣祖皇帝吩咐大学士等说："禁止奢靡僭越，崇尚节俭淳朴，极其合乎道理。我近来核查宫中人数，皇太后宫中和我所居住的正宫，不过数百人，和明代宫人数量相比，减省多了。在此以前，光禄寺供应宫中的费用开支，每年用银七十万两有余，我逐渐加以减少节省，不让费用过滥，一年只需要七万两。理藩院向来每年赏赐和供应外国、藩属宾客来往的费用，用银八十万两。如今裁减不必要的开支，一年只需八万两。户部和工部以前每年所用的钱粮，数量非常巨大。现在规定十天一次奏闻其用过的数目，所需的钱粮数目，也已经很少了。我使用钱粮，尚且如此俭省。因为广大臣民越礼使用、肆意浪费，从前屡次颁布禁约，现在如果再次颁布禁约，只是增加了法令繁文罢了，对于事情没有实际裨益。法令不可谓不详尽，都是因为臣下奉行不好而导致的结果。步军统领、顺天府府尹以及各地有关官员真正能够实心遵行，何至于这样呢？"

圣祖崇尚勤俭，尝著《勤俭论》以自警。论曰："尝观尧以执中之旨授舜，舜以执中之旨授禹。而孔子之称禹曰：'无间然。'①舜亦羡其勤邦俭家②。盖以禹之奉己简薄，而于天地祖宗生民数大事，克备夫道以致其厚，有合于中之旨焉。夫崇宫室，丰饮食，美衣服，此人心也，其几易溺；敬天地，孝祖宗，拯民生，此道心也，其几易怠。溺则侈，侈则嗜欲日荒；怠则逸，逸则理道日远。发于一心，见于天下，而盛衰治乱之途判矣。传曰：'私欲宏多，则德义鲜少。德义不行，则迩者骚离，远者距违。'甚言奢之不可不戒也。至《书》载文王卑服，即康功田功③。又言：'自朝至于日中昃，不遑暇食，用咸和万民。'④伊尹之告太甲曰：'慎乃俭德，惟怀永图。'⑤噫！俭与勤之道尽之矣。朕检身省心，常恐弗及，故万机日御，以自砥砺。而宫中、府中之用，刻意损抑，较之前代，每岁所需，十不及一。虽不敢比于大禹、文王之为君，而兢兢勿侈勿逸之念，恒欲化雕返朴，祛肆崇敬，以务几乎道。然人心危而道心微，苟侈泰之心，中于几微，势必形于国家，其弊有不可遏者，则慎修思永，尤执中之要道也钦！"（《御制文集》）

[注释]

①无间然：语出《论语·泰伯》："禹，吾无间然矣。菲饮食而致孝乎鬼神，恶衣服而致美乎黻冕，卑宫室而尽力乎沟洫。禹，吾无间然矣。"②勤邦俭家：语出《尚书·大禹谟》："帝曰：……克勤于邦，克俭于家，不自满假，惟汝贤。"③文王卑服，即康功田功：语出《尚书·无逸》。④自朝至于日中昃，不遑暇食，用咸和万民：语出《尚书·无逸》。⑤慎乃俭德，惟怀永图：语出《尚书·太甲》。

[译文]

圣祖皇帝崇尚勤俭，曾经亲自撰写《勤俭论》以自我警戒。御制《勤俭论》写道："我曾经考察唐尧以不偏不倚的中庸之旨传授给虞舜，虞舜以不偏不倚的中庸之旨传授给夏禹。孔子称赞夏禹也说其无可挑剔。虞舜也称赞其勤于国事、俭以持家。这大概是因为夏禹自奉俭约，而对于天地祖宗民众的大事，则克尽人道，力致其厚，合乎中庸之道。建造高大的宫室，设置丰盛的饮食，穿着华美的衣服，这是凡人的私欲之心，却容易使人沉溺其中；崇敬天地，孝顺祖宗，拯救民生，这是天理的精微之心，却容易使人懈怠。沉溺于私欲之中，就容易奢侈，奢侈就会嗜好欲望膨胀，日益荒废政务；懈怠就容易安逸，安逸就会距离治道日益遥远。由此可见，执政者发乎一心，见之于天下，那么盛衰治乱之路就会判然有别。典籍上说：'私欲过多，那么德义就会很少。不施行德义，就会使近处的人背离,远处的人背叛。'的确很严重啊,奢侈不可不戒除。至于《尚书》上说的:文王穿着粗劣的衣服,从事平整道路和农田之事。又说:从早上一直到太阳偏西,没有时间吃饭,以此和谐广大民众。伊尹忠告太甲说:谨慎地施行勤俭之德,是为了天下能永久得到巩固。噫!以上几位圣王先贤,其勤俭之道可以说达到了极致。我检验和反省自身,常常害怕达不到这种境界,所以日理万机,自相砥砺。官中、朝中的用度,我都刻意减少,与明代相比,每年的用度,不及十分之一。虽然我不敢自比于夏禹、周文王这些明君,但谨慎戒惧、不敢奢侈、不敢放纵的心志,总希望祛除浮华返归淳朴,祛除放肆崇尚敬畏,以期差不多接近大道。然而人心险恶,道德浅薄,如果奢侈安逸之心,即使稍微放纵,势必影响到国家政务,其弊端可能就无法阻挡,因而就只有慎于修养、思虑长远,尤其要坚守中庸之道。"

《训》曰:"民生本务在勤,勤则不匮。一夫不耕,或受之饥;一妇不蚕,或受之寒。是勤可以免饥寒也。至于人生衣食财禄,皆有定数,若俭约不贪,则可以养福,亦可以致寿。若夫为官者俭,则可以养廉。居官居乡,只缘不俭,宅舍欲美,妻妾欲奉,仆隶欲多,交游欲广,不贪何从给之?与其寡廉,孰若寡欲?语云:'俭以成廉,侈以成贪。'此乃理之必然者。"(《庭训格言》)

[译文]

圣祖皇帝《庭训格言》写道:"老百姓的本务要以勤为本,勤劳就不会贫乏。一个农夫不耕作,就有人要挨饿;一个农妇不养蚕,就会有人受冻。说明勤劳是可以使人免受饥寒。至于人生一世可得的衣食财富禄位,都是有定数的。如果能够节俭约束而不贪心,就可以颐养福气,也可以使自己延年益寿。如果是为官的节俭，就可以培养廉洁的操守。不论在朝为官，还是闲居在乡，只因不节俭，想要居室华美，妻妾侍奉，仆役众多，交游广泛，如果不贪求何从供给？与其不廉洁，还不如清心寡欲。古语说：俭约可使人养成廉洁作风，奢侈会使人贪婪成性。这是必然的道理。"

论谦让第二十

康熙十九年，九卿、詹事、科道等以滇南荡平，请加上尊号。圣祖谕曰："尔等以大憝既除，寰宇底定，奏请上朕尊号。……今乱贼虽已削平，而疮痍尚未全复，君臣之间，宜益加修省，息兵养民，布宣德化。务以廉洁为本，用致太平。若遂侈然以为功德，崇上尊称，滥邀恩赏，实可耻也。"

"朕自幼读书，览古人君行事，始终一辙者甚少，尝以为戒。惟恐机务或旷，鲜克有终，以故宵衣旰食，祁寒盛暑，不敢少间。偶有违和，亦勉出听断，或中夜有机宜奏报，未尝不披衣而起。朕非不知燕息自怡，盖所爱不在一身，总为天下生灵之计。政事务求当理，官职务在得人，期于家给人足，百姓乐业而已。今吏鲜洁清之效，民无康阜之休，君臣之间全无功绩可记，倘复上朕尊号，加尔等官秩，则惟有负愧耳，何尊崇之有？至于太皇太后、皇太后加上徽号，诏赦天下，理所宜然。其上朕尊号之事，断不可行，乃朕实意，非粉饰之词也。自今以往，大小臣工，宜各洗心涤虑，砥节励行，休养苍黎，培复元气，尔等可向九卿各官悉谕朕意，不必再行陈请。"（《圣训》）

[译文]

康熙十九年（1680），九卿、詹事、科道官等因为云南吴三桂叛乱平定，请求加上尊号。圣祖皇帝吩咐说："你们因为罪魁祸首已经消除，天下平定，奏请给我加上尊号。……如今乱贼虽然已经荡平，但天下疮痍还没有痊愈，君臣之间，应当更加修身自省，停止用兵，休养生息，宣布道德教化。一定要以廉洁为本，以期达到太平之治。如果这样就骄傲自满，以为成就了功德，加上尊称，过度邀恩请赏，实在是可耻啊！"

"我自幼读书，观览古代君主的行事，能够做到始终如一的很少，常常引以为戒。唯恐政事有时会有荒废，不能善始善终，因此宵衣旰食，勤于政务，即使严寒酷暑，也不敢稍微懈怠。偶有不适，也勉力听政决策。有时半夜有机务奏报，未尝不是披衣而起。我并非不知道休息安乐，只是因为爱惜不在一己之身，总要为天下生灵考虑。政事务求合乎道理，官职务求得其人才，以期家给人足、百姓安居乐业而已。如今吏治少有洁净清廉的效果，民众尚无安乐富足的幸福，君臣之间完全没有功绩可以记录，倘若给我加上尊号，给你们加官晋爵，就只有愧疚了，哪里有什么尊崇可言？至于太皇太后、皇太后加上徽号，诏令大赦天下，理所应当。给我加上尊号之事，断然不可行，这是我的真心实意，并非粉饰之词。从今以后，大小臣工应当各自洗心涤虑，砥砺节操，休养生息，培育和恢复元气，你们可以向九卿以及各个官员都传达我的旨意，不必再次陈请加上尊号之事。"

是年，诸王、贝勒、贝子、公、满汉文武官员及远近士民赴畅春园，恭请皇上允受"神圣文武大德广运"尊号。圣祖谕曰："朕御极三十六年，自始至终，孜孜不倦，而吏治尚未澄清，民生尚未丰裕，士卒尚未休息，民俗尚未醇朴，且旱潦灾异，亦复相仍。方今外寇既靖，正宜休息生养，徒加尊号，何益于治？朕荡平噶尔丹，机宜未尝有失，苟天下共能知之，朕愿足矣。崇上

尊号，不必行，毋复再奏。"(《东华录》四十八)

[译文]

这一年（康熙三十六年，1697，平定噶尔丹之版），诸王、贝勒、贝子、国公、满汉文武官员以及远近的士人民众赶赴畅春园，恭请皇上允准接受"神圣文武大德广运"的尊号。圣祖皇帝吩咐说："我即位三十六年，自始至终，孜孜不倦，可是吏治尚未澄清，民生尚未富足，士兵尚未得到休养生息，民俗尚未达到淳朴，况且水旱灾害，也不断发生。如今边外的贼寇平定之后，正应该休养生息，徒然加上尊号，对于治国有什么益处？我荡平噶尔丹，处置方略不曾有过失当，如果天下之人能够都知道，我的心愿也就满足了。加上尊号，不必实行，不要再行奏请。"

康熙五十一年，礼部题奏：康熙五十二年恭遇我皇上六旬大庆，中外臣民莫不欲竭尊亲之戴，上无疆之颂，其应行典礼。臣等谨会同大学士、九卿、詹事、科道详议具题。圣祖曰："朕御极以来，推欲万国乂安，上则敬天法祖，下则垂令名于后世，孜孜然以至须发尽白，心血耗散，历尽忧勤，荡平险阻。自古帝王在位不久，享年不遐者，论者往往归于别故，而未谅帝王实不胜其难，实不堪其劳，忧惧所迫，以致享年不永也。朕反复思维，昔帝尧固辞华封之祝①，必以朕临莅年久之君，方能知圣人言之有实也，余则断不能知矣。朕本凉德，惟赖祖考得国之正，积福之深，在位五十余年，寿届六十。今忧劳倍增，血气渐惫，惟恐愈久而力不支，愿不遂，以致不全始终，一世勤瘁，俱属徒然。朕惟兢兢惕励，并未留心祈甲子之周也。览礼部所奏，悉属虚文，无有实际。朕惟愿臣清子孝，兄友弟爱，人人皆读正书，勉尽职业，国安民治，盗贼宁息，各以至诚实意为朕六秩庆祝，朕即嘉纳。此外仪文，朕无所嗜，亦无所好，这所奏不准行。"又群臣以万寿六旬请上尊号。圣祖曰："朕临莅日久，每于读书鉴古之余，念君临天下之道，惟以实心为本，以实政为务。若侈陈功德，加上尊号，以取虚名，无益治道，朕所不喜。前诸王大臣等屡有奏请，朕曾手书批示，谕以断不允行，前旨甚明，所奏知道了。"（《东华录》九十）

[注释]

① 华封之祝：语出《庄子·天地》："尧观乎华，华封人曰：'嘻！圣人，请祝圣人，使圣人寿。'尧曰：'辞。''使圣人富。'尧曰：'辞。''使圣人多男子。'尧曰：'辞。'封人曰：'寿、富、多男子，人之所欲也，汝独不欲，何邪？'尧曰：'多男子，则多惧；富，则多事；寿，则多辱，是三者，非所以养德也。故辞。'"

[译文]

康熙五十一年（1712），礼部题奏说：康熙五十二年正好恭逢皇上六十岁大庆，中外臣民无不想要竭尽尊敬亲爱拥戴之诚心，献上万寿无疆的颂词，应当举行盛大典礼。我们礼部会同大学士、九卿、詹事、科道官详加讨论题请皇上允准。圣祖皇帝说："我即位以来，期望万国安宁，天下太平，对上敬天法祖，对下垂名后世，孜孜不倦，以至于须发尽白，心血耗散，历尽忧虑勤劳，荡平各种艰难险阻。自古以来帝王在位不长久、享年不长寿的，议论的人往往归咎于别的缘故，而不能体谅帝王自身其实不胜其难、不堪其劳，为忧虑戒惧所迫，以致享年不久。我反复思忖，从前唐尧推辞华地官员的祝贺，一定要像我这样在位长久的君主，才能体会圣人言词的实际蕴涵，其余的人断不能体会。我本来德行浅薄，只是仰赖祖父、父亲得国的正统，积德的深厚，在位五十多年，享寿六十岁。如今因为忧虑勤劳倍增于前，血气逐渐疲惫，唯恐时间越久，体力越不支，心愿不遂，以致不能保全始终，一世的勤劳辛苦，均为徒然。所以我谨慎戒惧，朝惕夕励，并没有留心六十周岁的庆典。看到礼部的奏请，均属虚文，不切实际。我只希望臣民清廉，子女孝顺，兄长友爱，弟弟恭敬，人人都阅读正统之书，勉力恪尽职守，国家安定，民生大治，盗贼平息，各自以其至诚实意为我六十大寿庆祝，我就会高兴地接受。除此以外的仪式虚文，我都无所嗜好，这项奏请不予允准。"群臣又因为皇上六十万寿节奏请加上尊号，圣祖皇帝说："我即位很久，每每在读书明道、借鉴古史之余，思考君主统御天下之道，只以实心为本，以实政为务。如果侈谈功德，加上尊号，以博取虚名，无益于治国之道，也是我所不喜欢的。以前诸王大臣等多次奏请，我曾经亲手御批，谕以此事断不可行，旨意很明确，你们所奏我知道了。"

康熙六十一年，大学士、九卿、詹事、科道等以来年恭遇万寿七旬大庆，请行庆贺典礼。圣祖谕大学士等曰："览所奏皆过于实事，朕以冲龄即位，赖世祖章皇帝定鼎以来，深仁厚泽，建不拔之业，至今八十年，四海升平，有自来矣。朕自幼读书，每览前代帝王忿懥忧患累其内，几务纷纭劳其外，年岁不久，景祚不长者，未尝不拊髀长叹。朕凉德亦不过如此。幸得历逾花甲，年登古稀，须眉皓白，总理万机。当此之际，翼翼小心，惟恐善后之策不能预料。保泰图安，夙夜冰兢。况今西陲用兵，士卒暴露，转运罢敝，民生乏食，物价腾贵，正宜君臣同寅协恭，又安万姓，永致太平。自古庆贺多者，后人不取，况亦何益乎？朕御极六十余年，元旦之外，未尝受贺，惟六十寿时三月十八日进表行礼。今卿等所请，无庸多议。"（《东华录》一百一十）

[译文]

康熙六十一年（1722），大学士、九卿、詹事、科道官等因为第二年就恭逢皇上七十岁万寿节大庆，奏请举行庆贺典礼。圣祖皇帝吩咐大学士等说："我看到你们所奏都言过其实，我从幼年即位，仰赖世祖章皇帝定鼎以来的深仁厚泽，建立坚固不拔的功业，至今已经八十年了，四海升平的气象，自有其由来。我从小读书，每每看到前代帝王愤怒忧患贻累其内心，事务纷纭劳累其身体，年深日久，寿命不长，因而未尝不拍着腿叹息。我德行浅薄，不过如此，却有幸年过花甲，岁登古稀，须眉皆白，仍然总理万机。当此之时，我总是小心翼翼，唯恐善后之策不能有所预料。保持安宁，图谋大治，日夜恐惧，谨慎小心。况且如今西北用兵，士卒暴露于野外，粮饷转运疲于奔命，人民生活饮食不足，物价腾贵，正应该君臣同怀敬畏之心，勤谨合作，使得百姓安定，永享太平。自古以来庆贺过多，不足为后人效法，况且又有什么益处呢？我即位六十余年，除了每年元旦以外，不曾接受庆贺，只是六十大寿时在三月十八日由群臣上表行礼。现在你们的奏请，不必多议。"

论尚廉第二十一

康熙二十年，圣祖谕学士库勒纳①等曰："直隶巡抚于成龙，自起家外吏，即以廉明著闻，历升巡抚，益励清操，自始至终，迄无改辙。凡在亲戚交游相请托者，概行峻拒。所属人员，并戚友间有馈遗，一介不取。朕甚嘉之，知其历官廉洁，家计凉薄，兹特赐内帑白金一千两、朕亲乘良马一匹。于成龙既膺宠赉，想当益加砥砺。朕又亲制诗一章，嘉其廉能，当更赐之。"（《东华录》二十七）

[注释]

①库勒纳：瓜尔佳氏，满洲人，由笔帖式历官翰林侍读学士、掌院学士兼礼部侍郎、日讲起居注官、经筵讲官、《明史》总裁官、户部尚书、礼部尚

书等，奉敕撰《日讲书经解义》、《日讲四书解义》等。

[译文]

康熙二十年（1681），圣祖皇帝吩咐学士库勒纳等说："直隶巡抚于成龙，自从担任地方官起家，就以廉洁公正著名，历次升迁到巡抚，更加砥砺清廉的节操，自始至终，从未改变自己的初衷。凡是有亲戚朋友相互请托的事情，一概予以严词拒绝。其所属人员，以及亲戚朋友之间间或有所馈赠，也一介不取。我非常欣赏他，知道他历官清正廉洁，家计凄凉微薄，现在特地赏赐给他国库白银一千两，另外加上我亲自乘坐的良马一匹。于成龙荣获宠信和赏赐之后，应当更加砥砺名节。我又亲自撰写诗歌一首，嘉奖他的廉洁和才能，另外赏赐给他。"

康熙二十三年，江宁巡抚汤斌陛辞。圣祖谕曰："以尔久侍讲筵，老成端谨，江苏为东南重地，故特简用。居官以正风俗为先，江苏风俗，奢侈浮华，尔当加意化导。移风易俗，非旦夕之事，从容渐摩，使之改心易虑，当有成效。钱粮历年不清，亦须留意。尔在内阁曾阅章奏，在外督抚所奏，凡有钱谷刑名大事，多有乖错，致令驳察，尔到地方，尤当留意。近日江南吏治，稍稍就理，尔当洁己率属，自然改观。"汤斌出，复传谕曰："汤斌在讲筵年久，今远行，其赐白金五百两，表里十端。临行之日，仍令入朝，更有谕旨。"（《东华录》三十四）

[译文]

康熙二十三年（1684），江宁巡抚汤斌赴任前向皇上辞行。圣祖皇帝吩咐说："因为你长期侍从讲筵，老成持重，端正勤谨，江苏为东南重地，所以特地加以任用。做官应当以端正风俗为首务，江苏地区的风俗奢侈浮华，你应当着意加以教化训导。移风易俗，并非一朝一夕之事，应当从容教化，循序渐进，使人们改变心性，转换观念，应该会有效果。江苏的钱粮历年来编审不清，也应当加以留意。你在内阁曾经阅览奏章，各个直隶省总督、巡抚所奏，凡是有关钱谷刑名的大事，很多出现差错，以致诏令驳回，派人稽察，你到地方，尤其应当留意。近来江南的吏治，稍微得到治理，你应当自奉廉洁，做属下的表率，这样吏治自然会有所改观。"汤斌告辞出来，皇上又传达谕旨说："汤斌侍从讲筵时间很久，如今远行，特赏赐白银五百两，表里䌷缎十端。到江南上任临行那一天，仍然让他入朝辞行，还有谕旨给他。"

是年，左都御史陈廷敬疏请劝廉祛弊，敕详议定制。略曰："国家久安长治之基，关于风俗。风俗盛衰之故，系乎人心。正人心厚风俗之机，存乎教化。故品节度数，必有定制。所以辨上下，定民志，使天下移风易俗，回心向道，尤教化之急务也。洪惟皇上尧仁舜哲，禹俭汤勤，总揽天下之大权，先教化而后刑罚。谓礼义廉耻，国之四维，而宏奖官方，廉为尤重。臣愚谓：贪廉者，治理之大关；奢俭者，贪廉之根柢。欲教以廉，当先使俭，然而不能遽致者，则积习使之然也。伏见我皇上盛德渊纯，躬先节俭，御服无奇丽之观，尚膳鲜兼珍之味。早朝晏罢，谨小慎微，与中外臣民，共登淳古之风，一时公卿大夫，是则是效，宜蒸蒸有丕变之机矣。窃谓风俗未能尽俭者，盖古者衣冠、舆马、服饰、器用之具，婚丧之礼，贱不得逾贵，小不得加大，今或等威未别，因而奢僭之习未尽化也。百金，中人之产。一裘之费，奚啻百金？绮纨之服，机丝所织，花草虫鱼，时新日异，旧者犹新，新者已旧。贫者循旧而见嗤，富者即新而无厌，转相慕仿，积以成风，外官之任者，或拥仆从数十百人，衣轻策肥，车马阗咽，震惊道路。泥沙之用不惜，贪饕之行易成。由是则富者黩货无已，贫者耻其不如，冒利触禁，妄冀苟免。幸不罹于法，则以高赀夸耀闾里。愚民无知，见其如此，游末趋利，多离农亩，弃其本业。贾谊所谓'一人耕之，十人聚而食之，欲天下无饥，不可得也。百人织之，不能衣一人，欲天下人无寒，不可得也'[①]。其始由于不俭，其继至于不廉，其卒至于天下饥寒。饥寒切于其身，奸宄因之而起，此所以刑罚未能衰止也。然则风俗何以厚之？亦曰'正人心而已'。夫好尚嗜欲之中于人心，犹水之失堤防也，是教化之所宜先务矣。伏祈敕下廷臣博考旧章，详议定制。御赐之衣物，许其服用，及近御之人，照常不议外，官员士庶冠服、衣裘、饰用之制，婚丧之礼，有宜更定者，斟酌损益，务合于中，其浅近易行。如貂、猞猁、狲，昔有官品之分，今则庶人服之矣；如缎绸，昔有官民之别，今则杂然无辨矣，并宜厘正，使永远遵行。至若外任官，舆马仆从，不得过侈。制度既定，罔敢陵越，则节俭之风可以渐致。工者不必矜能于无用，商者不必通货于难得，奇技淫巧，弃本趋末之民，将转而缘南亩。田畴辟则民无饥寒，民无饥寒，然后可以兴于礼义廉耻。而国之四维以张，太平无疆之盛治，端在于此，又岂惟劝廉吏而已？"（陈廷敬《午亭文集》）

[注释]

① "一人耕之"八句：语出贾谊《治安策》，见《汉书》本传。

[译文]

这一年（康熙二十四年，1685），左都御史陈廷敬上疏请求劝勉廉洁、祛除弊端，皇上敕令详细讨论形成制度。大略是说："国家长治久安的基础，关系到风俗；而风俗的盛衰变化的原因，则关系到人心。端正人心、醇厚风俗的关键，在于实施道德教化。因此，品行节操的评价，一定要有制度，从而辨别上下等第，稳定民众的志向，使得天下移风易俗，返璞归真，安然向道，这些尤其是道德教化的紧迫任务。皇上像唐尧一样仁厚,像虞舜一样贤明,像夏禹一样节俭,像商汤一样勤勉,总揽天下的大权,以道德教化为先,以刑律处罚为后。认为礼义廉耻,是治理国家的四个大纲,而对于官员而言,廉洁尤为重要。我粗浅认为,贪污与廉洁,是国家治理的大关;而奢侈与节俭,则是贪污与廉洁的根基。要想教导官员廉洁,应当首先使其节俭,这样还不能很快达到的原因,乃是因为积习使然。我看到皇上盛德,深邃纯粹,躬行节俭,服饰没有奇丽的外表,饮食很少珍味;早朝听政,很晚才罢朝,谨小慎微,与中外臣民共同追求淳厚古朴之风,一时公卿、士大夫都以此作为准则,加以效法,可望成为风俗纯美大变的一个标志。我认为风俗未能尽数节俭,是因为古代衣冠、舆马、服饰、器用的工具,婚姻丧葬的礼仪,卑贱阶层不能僭越尊贵阶层,晚辈不能超过长辈,如今有时社会等级未能完全分别,因而奢侈僭越的习气未能完全得到教化。一百两白银,这是一个中等人家一年的收入,可是一件皮裘的费用何止一百两银子?绫罗绢帛的服饰,都是机织的丝绸,上绣花草虫鱼,日新月异,旧的还很新,新的已经过时。贫穷的人遵循旧的服饰礼制却被嘲笑,富贵的人追求新奇而贪得无厌,相互模仿,形成风气。地方官到任,有的带着仆从数十甚至上百人,衣轻裘,策肥马,车马填塞街巷,震惊道路。财物像泥沙一样使用而不知爱惜,那么贪婪诛求的行为就容易养成。因此,富贵的人贪污纳贿没有底止,贫穷的人以自己不如人家为耻,甘为私利而触犯禁令,妄求苟且幸免。一旦侥幸没有受到法律制裁,就高调在乡邻之间夸耀。愚昧无知之人看到他们这样,游走末业,追求利润,离开农田,放弃本业。正像贾谊所说的:'一人耕田所得,十人集中起来分而食之,那么要想使天下没有饥馑,是不可能的。一百人纺织所得,还不能供应一个人的穿着,那么要想使天下没有寒冷,是不可能的。'其开始是由于不节俭,接踵而至的就是不廉洁,最后导致天下饥寒交迫。饥寒切于其身，那么就会产生奸邪不法，这就是刑罚不能消亡的原因。既然这样，那么如何使得风俗淳厚呢？也只在于端正人心罢了。嗜好欲望之所以深入人心，就像是河水失去了堤防，这是道德教化所应当首先施行的。请求皇上诏令朝廷大臣广泛考察旧有典章制度，详细讨论，形成定例。除了皇上赏赐的衣物允许其服用，以及接近皇上的人照常不加讨论外，官员、士人、民众的冠服、衣裳、妆饰的制度，婚姻丧葬的礼仪，如果有应当重新修订的，斟酌损益，一定要合乎中庸之道，简便易行。例如貂、猞猁、狐图案，过去都有官品的分别，如今成了庶民的服饰；又如绸缎，过去也有官民的分别，如今也混淆无所分辨了，都应该规定清楚，让人们永远遵行。至于地方官，舆马、仆从不得过于奢侈。典章制度确定之后，无人敢于僭越，那么节俭的风气就可以逐渐形成。手工业者不一定逞能于无用之物上面，商人也不一定流通那些难得的奇货，就会使得喜欢奇技淫巧、弃农从商的人们，转而回归本业。这样，土地得到开垦，人民不受饥寒；人民不受饥寒，然后才可以推动礼义廉耻的教化，从而使得治理国家的四个大纲兴起，国家太平，盛世清明。关键就在这里，难道仅仅是劝勉廉吏罢了？"

康熙五十四年，圣祖谕大学士等曰："朕昨召陈瑸①入见，细察其举动言语，实系清官。且陈瑸系海滨农务之人，非世家大族，又无门生故旧，而天下之人莫不知其清。非有实行，岂能如此？朕面谕陈瑸，尔为巡抚，与司道等官不同，若贪财好利，诚为非理，但应得之物，亦宜取为赏兵之需。身为封疆大吏，而室中萧然无一物可以与人，亦非大臣所宜。夫第谓'一介不以与人，一介不以取诸人'②，岂真一无所取？不过不肯与人，到后日仍是自肥耳。陈瑸亦深心服。至陈瑸学问虽平常，而其才尚能办事。凡为地方官者，但能持己以正，不为非法之事，即称良吏。如陈瑸者岂可多得？国家得此等人，实为祥瑞，允宜从优表异，以鼓励清操。朕所以宽容张伯行者，正爱其清耳。"

五十七年，福建浙江总督觉罗满保③奏福建巡抚陈瑸病故。圣祖曰："陈瑸居官甚优，操守清洁。清官朕亦见之，如伊者，朕实未见，恐古人中亦不多得也。前在台湾道任内，所应得银三万两，并未入己，俱于修理炮台等公事动用。署总督印务时，应得银两，亦未沾染。前来京陛见，曾奏称'贪官不在所取之多寡，取一钱，即与取千百万金等，必一钱不取，方可谓之清廉。人所以贪取钱财者，皆因艰于用度。臣曾任县令，便不至于穷苦，即不取一钱，衣食亦能充足'等语。今观其居官实践所奏之言，诚清廉中之卓绝者，似此不加表扬赐恤，何以示劝？著追授礼部尚书，凡祭葬立碑予谥之处，皆照尚书衔给予，并荫一子入监读书，以示朕优礼清廉大臣之意。"（《东华录》九十六、一百零二）

[注释]

①陈瑸（1656—1718）：字文焕，号眉川，广东海康人。康熙三十三年（1694）进士，累官至福建巡抚、闽浙总督。居官清廉，被圣祖称为"苦行老僧"、"清廉中之卓绝者"。②一介不以与人，一介不以取诸人：语出《孟子·万章上》。③觉罗满保（1673—1725）：字凫山，满洲正黄旗人，历官福建巡抚、闽浙总督，以平定朱一贵起义，加兵部尚书。

[译文]

康熙五十四年（1715），圣祖皇帝吩咐大学士等说："我昨天召见陈瑸，仔细观察其举动和言语，感到他的确是清官。况且陈瑸本是海滨务农之人，并非世家大族，又没有门生故旧，而天下之人没有不知道其清廉的。如果没有实际行为，怎么能够做到这样？我当面吩咐陈瑸：你作为巡抚，与司道等官员不一样，如果贪财好利，实在没有道理，但是应得之物，也可以接受，作为赏赐军士的来源。身为封疆大吏，可是家中萧然没有一件东西可以给人，也不是作为大臣所合适的。所谓的'一点东西也不给人，一点东西也不拿'，难道真的一点不取吗？只不过是不肯给别人，到后来仍然自肥罢了。陈瑸也深为心服。至于陈瑸的学问虽然很平常，但其才能还足以做官办事。凡是做地方官的，只要能够自身端正，不做非法之事，就可以称为良吏。像陈瑸这样的人岂可多得？国家得到这样的人，实为祥瑞，应当从优表彰，以鼓励其清廉的节操。我之所以宽容张伯行，正是喜欢他的清廉。"

康熙五十七年，福建、浙江总督觉罗满保上奏说福建巡抚陈瑸病逝。圣祖皇帝说："陈瑸居官非常优异，操守清洁。清官我也见过很多，像他这样的，我实在没有见过，恐怕古代人中也是不多的。以前在台湾道台任内，所应当得到的三万两银子，并没有接受，都用于修理炮台等公事。署理总督印务时，应得的银两，也从未沾染。来京觐见，曾经上奏说'贪官不在于所取的多少，收取一钱，就与收取千百万金钱一样，一定一钱不取，才可以称为清廉。人们之所以贪取钱财，都是因为用度艰难。我以前曾任县令，就不至于穷困不堪，即使一钱不取，衣食用度也能够充足'等诸如此类的话。如今观察其做官，正是实践了他所说的话，的确是清廉之中卓绝优异的，像这样的清官不加表扬抚恤，怎么能够宣示劝勉之意？诏令追授礼部尚书，凡是祭祀、丧葬、立碑、褒谥等处，都按照尚书官衔给予，并荫其一子入国子监读书，以宣示我优礼清廉大臣之意。"

圣祖《廉静论》曰："尝读汉诏，有曰：'吏不廉平，则治道衰。'①又曰：'俗吏矫饰外貌，似是而非；安静之吏，悃愊无华，日计不足，岁计有余。'②善哉！廉静之言。立身行己之大端，制事理物之要道。凡为学者，皆宜然也，况人臣之策名委质、任职临民者乎？盖礼义廉耻，管子所谓'国之四维'。夫廉者，四维之一而已矣，然未有秉礼守义知耻而不廉者也。自为吏者有贪私之实，而后重廉洁之名，故尤以廉为贵。何则？廉则有所不取，有所不取，则有所不为。凡无理无义无耻者，皆所不为者也。吏苟廉矣，则奉法以利民，不枉法以侵民；守官以勤民，不败官以残民。民安而吏称其职也，吏称其职，而天下治矣，故吏尤以廉为贵也。夫有不取之谓廉，有所不为之谓静，惟廉故静，未有不廉而能静者也。既能廉而静矣，则有所不为也，而后可以有为。举凡利于民者，行之必力；病于民者，除之亦必力。事治而民安，无非静也，夫岂优游自私，保利禄而不恤民事之谓静乎？故凡博安静之名，不可谓之真能安静；犹之博廉平之名者，不能谓之真能廉平者也。昔人有言曰：'古之清勤，为国修政；今之清勤，为身修名。'夫为国修政者，忠于君；为身修名者，私于己。臣之事君，与君之待臣，贵其忠于君乎？贵其私于己乎？故愿天下为真廉吏，斯能为真安静之吏。盖久已厪于怀也，因读汉诏，故遂论之如此。"（《御制文二集》）

[注释]

①吏不廉平，则治道衰：语出《汉书·宣帝纪》及《西汉诏令》。②"俗吏矫饰外貌"六句：语出《后汉书·章帝纪》及《东汉诏令》。

[译文]

圣祖皇帝御撰《廉静论》写道："我曾经阅读汉代诏令，其中有这样的话：'官吏不能做到廉洁公平，那么治国之道就会随之衰颓。'又说：'世俗的官吏伪装外表，似是而非；安宁沉静的官吏，至诚无华，持之以恒，积少成多。'太好了，这种谦逊沉静的说法！堪称立身行事的大端，处事接物的要道。凡是作为学者，都应该这样。何况作为大臣书名于策、献身朝廷，担任官职、治理人民呢？礼义廉耻，管子称之为国家治理的四个大纲。廉洁，只是四个大纲之一罢了，然而从来没有能够秉持礼法、坚守道义、知道耻辱而不能廉洁的。自从做官的人有贪得私利的行为，而后才更加重视廉洁的名声，因此以廉洁最为可贵。为什么呢？廉洁就会有所不取，有所不取，就会有所不为。凡是不知礼法、不知道义、不知耻辱的，都是他们所不为的。官吏只要做到廉洁，就会奉守法律而有益于民，而不会贪赃枉法而侵害人民；坚守官箴以勤勉民事，而不会败坏官箴以残害人民。人民安宁，官吏才称职；官吏称职，天下就得到治理，因此官吏尤其应当以廉洁为贵。有所不取，称为廉洁；有所不为，称为沉静。只因廉洁所以能沉静，从来没有不能廉洁而能够沉静的。官吏能够做到廉洁而沉静，就会有所不为，而后可以有所为。大凡有益于民的人，人民实行其政一定尽力；而祸害人民的人，人民革除其政也一定尽力。政事得到治理而人民得以安宁，没有不是谦逊沉静的，难道有优游自私、保官干禄不体恤民事而可以称得上沉静的吗？因此，凡是博取安宁沉静之名的人，不能称之为真正的安宁沉静；就像博取廉洁公平之名的人，不能称之为真正的廉洁公平一样。古人有一个说法：古代的清廉勤政，是为国家管理政事；今天的清廉勤政，是为自身赢得名声。为国家管理政事，是忠于君主；为自身赢得名声，是私于自己。大臣侍奉君主，与君主对待大臣，是以忠于君主为贵呢，还是以私于自己为贵呢？因此希望天下官员做真正的廉吏，这样才能做真正的安宁沉静之吏。这一想法萦绕于心已经很久了，借着阅读汉代诏令，因而作出以上的论述。"

康熙政要卷十四

慎所好第二十二

康熙二十八年，圣祖南巡至江宁，府民王来熊献《炼丹养身秘书》一册。谕扈从诸臣曰："朕于经史之余，所阅载籍多矣。凡炼丹修养长生及师巫自谓前知者，皆妄诞不足信，但可欺愚民而已，通经明理者，断不为其所惑也。宋司马光所论甚当，朕有取焉。此等事朕素不信，其掷还之。"（《圣训》）

[译文]

康熙二十八年（1689），圣祖皇帝南巡到达江宁（今南京），江宁府民人王来熊献上《炼丹养身秘书》一册。圣祖皇帝吩咐从驾诸臣说："我在学习经史之余，所阅览文献很多。凡是炼丹以求修养身体、长生不老，以及巫师自称先知先觉的，都是虚妄荒诞，不足凭信，只可以欺骗愚昧无知的民众罢了，博通经史、深明道理的人，断然不会为其所迷惑。宋代司马光所论非常恰切，我取信于他。这类事情我从来不信，所献之书掷还与他。"

圣祖巡幸蓟州盘山①，侍臣奏盘山佛寺有佛骨佛牙。因言佛牙阔二寸许，长过之。谕之曰："古所谓圣贤，皆与人无异，故学尧则可至于尧，学舜则可至于舜，能忠则为忠臣，能孝则为孝子，此圣贤所以可贵也。若尔所言佛牙之大如此，则佛本天地间奇异之人，生来便不可学，有何用遵奉为哉？"言者无以对。（《御制文集》）

[注释]

①盘山：古称盘龙山、四正山、无终山，位于今天津蓟州区西北十二公里处，自然山水与名胜古迹并著，山上建有佛教寺院和皇家园林，盛于清代，康熙、乾隆皇帝多次巡幸。

[译文]

圣祖皇帝巡幸到蓟州盘山，侍从大臣上奏说盘山佛寺有佛骨佛牙，佛牙宽二寸许，长过二寸。圣祖皇帝吩咐说："自古以来所谓圣贤，都与凡人没有不同，因此学习唐尧就可以达到唐尧的境界，学习虞舜就可以达到虞舜的境界，能够忠诚就可以成为忠臣，能够孝顺就可以成为孝子，这就是圣贤之所以可贵的地方。如果像你们所说的佛牙有这么大，那么佛原本就是天地之间奇异之人，生来就不可以学习，遵奉他又有什么用处呢？"建言的人无以应对。

圣祖《讲筵绪论》曰："咨询固宜广揽，而'众好之，必察焉；众恶之，必察焉'①。不可不详加审辨也。"（《御制文二集》）

[注释]

①众好之，必察焉；众恶之，必察焉：语出《论语·卫灵公》。

[译文]

圣祖皇帝《讲筵绪论》写道："咨询意见固然应当广纳众言，集思广益，而'众人都喜欢，一定要加以考察；众人都不喜欢，也一定要加以考察'。不可不详加审察辨析。"

圣祖《庭训》曰:"人于好恶之心,难得其正。我所喜之人,惟见其善而不见其恶;若所恶之人,惟见其恶而不见其善。是故《大学》有言:'好而知其恶,恶而知其美者,天下鲜矣。'①诚至言也。"(《庭训格言》)

[译文]

圣祖皇帝《庭训格言》写道:"人们对于好恶之心,往往难得其正。我所喜欢的人,只能看到其长处而看不到其短处;如果对于所厌恶的人,则只能看到其短处而看不到其长处。因此《大学》上说:'喜欢而能知道其短处,厌恶而能知道其长处,这样的人天下太少了。'的确是至理名言啊!"

《训》曰:"原夫酒之为用,所以祀神也,所以养老也,所以献宾也,所以合欢也。其用固不可少,然而沉酣湎溺,不时不节,则不可。是故先王因为酒礼,宾主交错,揖让升降,温温其恭,威仪反反。立监佐史,常以三爵为限,况敢多饮乎?此先王之所以戒酒失也。奈何今之人无故而饮,饮必醉而后已。富家子弟,败家破产,身罹疾厄,皆由于此。而贫穷者,才得几文,便沽饮尽醉,行凶造祸,抑何比比?《周书》以酒为诰,而曰:'我民用大乱丧德,亦罔非酒惟行。'①"

[注释]

①我民用大乱丧德,亦罔非酒惟行:语出《尚书·周书·酒诰》。

[译文]

圣祖皇帝《庭训格言》写道:"推究酒的用处,是用来祭神,用来养老,用来接待宾客,用来大家联欢的。其使用固然是不可缺少的,可是沉迷酒中而不分时间不加节制,就不可以了。所以先代君王制定酒礼，主客交错，相敬以礼，恭恭敬敬，和颜悦色。设置监督辅佐执行酒令的官员，通常以三杯为限，怎敢多喝？这是先王用以告诫后人，以免因酒而引起过失的。无奈现在的人无缘无故就喝酒，每次喝酒必定沉醉才肯罢休。富家子弟败家破产，身遭疾病之灾，都由于此。而贫穷的人才得了几文钱，就买酒喝醉，行凶造祸，何以一个接一个？所以《尚书·周书》记载因酒祸而颁布大诰说：'我们众人犯上作乱，丧失应遵循的德行。究其原因无非是因酒而乱行。'"

慎言语第二十三

康熙十八年，圣祖谕大学士等曰："自古帝王治天下之道，因革损益，期于尽善，原无数百年不敝之法。果属不可行者，自宜参酌事宜，归于可久。至于制度既定，事可遵行，不宜议论纷纭，朝更夕改。近阅奏章，亦有不思事之可否，但欲徒为更张。或粗识数字，即为大言，准之事理，殊属茫昧。如逞空言，无补实用，其谁不能？且明末一切事例，游移不定，上无道揆，下无法守①，所致沦亡。此皆尔等所亲见，亦众所共知。今后凡条奏本章，尔大学士等，务加详酌。"（《东华录》二十四）

[注释]

①上无道揆，下无法守：语出《孟子·离娄上》。

[译文]

康熙十八年（1679），圣祖皇帝吩咐大学士等说："自古帝王治理天下之道，都是有所因革和损益，以期达到尽善尽美，原本没有延续数百年而不出现弊端的制度。果真属于不可行的，自然应当参酌事情加以变通，以期可以长久施行。至于制度确定之后，凡事都应当遵照执行，不应该议论纷纷，朝令夕改。近来阅览奏章，也有人不考虑事情是否可行，只是想要改弦更张。有的粗识数字，就喜欢说大话，依照事理推断，殊属茫然无知。如果只是好说空言，于实际毫无裨益，谁不能做到？况且明朝末年一切事例，都游移不定，对上不以义理度量事物，对下没有法令可以遵守，以致国家沦亡。这些都是你们亲眼所见，也是众所共知。今后凡是条奏本章，你们大学士等人一定要详加斟酌。"

圣祖《庭训》曰："凡书生颂扬君上，或吟咏诗赋，欲称其善，必先举人之短，而后方颂言之，每以'媲三皇，迈五帝，超越百王'为言。此岂非太过乎？诗中有云：'欲笑周文歌宴镐，还轻汉武乐横汾。'①譬之欲言此人之善，必先指他人之恶。朕意不然，彼亦善而我亦善，岂不美哉？总之，欲言人之善，但言某人之善而已，何必及他人之恶？是皆由度量窄狭，而心不能平也，朕深不然之。"（《庭训格言》）

[注释]

①欲笑周文歌宴镐，还轻汉武乐横汾：宴镐，指周文王（实为武王）大宴群臣于镐京。横汾，指汉武帝巡行河东郡，在汾水楼饮宴群臣，自作《秋风辞》曰："泛楼船兮济汾河，横中流兮扬素波。"

[译文]

圣祖皇帝《庭训格言》写道："凡是书生称颂赞扬君主，有的吟诗作赋，想称颂君主的好，一定先要举出别人的缺点，然后才进行歌颂。每每以媲美三皇、远过五帝、超越百代帝王为言，这不是太过分了吗？诗中说：'我想嘲笑周文王在镐京大宴群臣，还想轻视汉武帝在汾河游乐赋诗。'譬如想说这个人的好，一定先要指出别人的坏。我的想法不是这样。他也好而我也好，难道不是很好吗？总之，想说一个人的好，只是说他好就可以了，何必要涉及别人的坏呢？这都是由于度量狭窄，而胸怀不能平和的原因。我深深不以为然。"

《训》曰："朕虽于谈笑小节，亦必循理。先者大阿哥①管养心殿营造事务时，一日同西洋人徐日升②进内，与朕闲谈。中间大阿哥与徐日升戏曰：'薙汝之发可乎？'徐日升佯佯不采，云：'欲薙则薙之。'彼时朕即留意大阿哥原是悖乱之人。设曰：'我奏过皇父，薙徐日升发。'欲薙则竟薙矣。外国之人谓朕因戏而薙其发可乎？其时朕亦笑曰：'阿哥若欲薙，亦必启奏而后可薙。'徐日升一闻朕言，凄然变色，双目含泪，一言不出。既逾数日后，徐日升独来见朕，涕泣而向朕曰：'皇上何如斯之神也？为皇子者，即薙我外国人之发，有何关系？皇上尚虑及未然，降此谕旨，实令臣难禁受也。'厥后四十七年，朕不豫时，徐日升听信外边乱语，以为朕疾难愈，到养心殿大哭，自怨其无造化，随回至家，身故。夫一言可以得人心，而一言亦可以失人心也。"

[注释]

①大阿哥：即允禔，康熙长子，有文武才，封直郡王，后以陷害太子，被幽禁，雍正十二年（1734）卒。②徐日升：葡萄牙人，耶稣会传教士，康熙十一年（1672）来华，次年供职钦天监，后作为翻译曾参与中俄尼布楚谈判。

[译文]

圣祖皇帝《庭训格言》写道："我即使对于谈笑小节，也一定遵循事理。以前大阿哥管理养心殿营造事务的时候，一天同西洋人徐日升来到宫中与我闲谈。中间大阿哥与徐日升开玩笑说：'剃掉你的头发，可以吗？'徐日升怏怏不乐，说：'要剃发就剃发吧！'那时我就留意大阿哥原本是个悖乱之人。假如他说：'我奏请过皇父，要徐日升剃发。'要剃发也就剃发了。外国之人认为我因为开玩笑就让其剃发，这怎么可以呢？当时我也笑着说：'大阿哥想要剃发，也一定要奏请然后才可以。'徐日升一听我的话，凄然变色，双眼含泪，一言不发。过了几天之后，徐日升单独来见我，痛哭着对我说：'皇上怎么这样神明呢？作为皇子，就是让我们外国人剃发，有什么关系呢？皇上还考虑到不一定要这样，颁此谕旨，实在让我感动难受啊！'此后，到了康熙四十七年，我身体不适，徐日升听信外边的传言，以为我病重难以痊愈，到养心殿大哭，自己埋怨没有造化，随后回到家里，竟然身故。一句话可以得人心，一句话也可以失人心啊！"

杜奸邪第二十四

康熙八年，圣祖命议政王等拿问辅臣公鳌拜等，谕曰："前工部尚书员缺，鳌拜以朕素不知之济世①，妄称才能推补，通同结党，以欺朕躬。又奏称户部尚书缺，太宗文皇帝时设有二员，今亦应补授二员，将马尔赛②徇情补用。又鳌拜于朕前办事，不求当理，稍有拂意之处，即将部臣叱喝。又引见时，鳌拜在朕前理宜声气和平，乃施威震众，高声喝问。又科道官员条奏，鳌拜屡请禁止，恐身干物议，闭塞言路。又凡用人行政，鳌拜欺朕，专权恣意妄为。文武各官，尽出伊门下。内外用伊奸党，大失天下之望。穆里玛、塞本得、讷莫、佛伦、苏尔马、班布尔善、阿思哈、噶褚哈、济世、马尔赛、泰璧图、迈音达、吴格塞、布达礼等，结成同党，凡事在家定议，然后施行。且将部院衙门各官，于启奏后，常带往商议。众所共知，鳌拜等倚仗凶恶，弃毁国典，与伊等相好者荐拔之，不相好者陷害之。朕念鳌拜旧臣，遗诏有名，崇眷过深，望其改恶悔罪。今乃贪聚贿赂，奸党日甚，上违君父重托，下则残害生民，种种恶迹，难以枚举。遏必隆知而缄口，将伊等过恶，未尝露奏一言，是何意见？阿南达③负朕恩崇，每进奏时，称赞鳌拜为圣人，著一并严拿勘审。"（《东华录》九）

[注释]

①济世：满洲正黄旗人，官至工部尚书，与鳌拜结党，被杀。②马尔赛：满洲正白旗人，官至户部尚书，康熙八年（1669）死。③阿南达：一等侍卫，后从征噶尔丹，擢蒙古正黄旗副都统。

[译文]

康熙八年（1669），圣祖皇帝诏令议政王等将辅政大臣、一等公鳌拜等捉拿问罪。谕旨说："以前工部尚书出缺，鳌拜因为我一向不了解济世，伪称其才能会推补缺，结为同党，以欺骗我。同时鳌拜上奏说户部尚书出缺，太宗文皇帝时户部设尚书二员，现在应当补授二员，就将马尔赛徇其私情予以补授。另外，鳌拜在我面前办事，不求符合情理，稍有拂意之处，就将部院大臣高声呵斥。引见之时，鳌拜在我面前理当声气平和，却施其威权、震慑众臣，高声喝问。科道官员条奏，鳌拜也多次加以禁止，恐怕已干犯了众人的议论，堵塞了言路。大凡用人行政，鳌拜都欺骗我，独断专权，恣意妄为。各个文武官员，都出自他的门下。内外官员都任用他的奸党，令天下人大失所望。穆里玛、塞本得、讷莫、佛伦、苏尔马、班布尔善、阿思哈、噶褚哈、济世、马尔赛、泰璧图、迈音达、吴格塞、布达礼等结成同党，大凡政事都在家里讨论确定，然后施行。而且将部院衙门的各个官员，在启奏之后，常常带到家中商议。天下众所共知，鳌拜等人倚仗着穷凶极恶，败坏国家的典制，与他们相好的人就推荐提拔，与他们不相好的人就加以陷害。

我念在鳌拜是我朝旧臣，世祖皇帝遗诏中位居辅政大臣之名，崇信眷顾很深，希望他能悔罪改过。可是他却贪污贿赂，奸党日益严重，对上违背了君父的重托，对下则残害人民，种种恶迹，难以枚举。遏必隆知道他的罪恶却缄口不言，将他们的罪过恶行，也不曾暴露和弹劾一句，这是什么意见？阿南达辜负我的恩宠，每次奏对之时，都称赞鳌拜是圣人，诏令一并严厉拿下，勘查罪行，审结定案。"

康熙二十九年，圣祖谕刑部曰："朕早夜孜孜，勤思治理，日与在廷诸臣讲求，无非爱养民生，恐其颠连无告，以致失所。若绅衿土豪，倚势横行，凌虐小民，蔑法纵恣，毫无顾忌，穷黎受害，何所底止？太常寺少卿胡简敬①等一门济恶，霸占民人妻女田产，诬告盗情，致毙人命。阖县之人，遭其毒害。种种恶迹，昭然有据，督抚不行举发，科道漫无纠参，无非畏其势力，瞻徇情面。今已告发审实，若不严加处分，立置重典，何以为直隶各省不法绅衿积恶豪强之戒？胡简敬等应于彼处正法治罪。江苏巡抚洪之杰②为地方大吏，平日既不能体察纠参，及经告发，又不速行审治，迁延徇庇，殊负委任，应革职。著九卿、詹事、科道会同议奏。"（《圣训》）

[注释]

①胡简敬（1631—1695）：沭阳人，顺治十二年（1655）进士，选庶吉士，历官国子监司业、礼部侍郎、翰林侍读学士、太常寺少卿等。②洪之杰：湖北人，顺治进士，历官鸿胪寺卿、江苏巡抚等。

[译文]

康熙二十九年（1690），圣祖皇帝吩咐刑部说："我日夜孜孜不倦，勤勉思索治理国家的道理，每天与朝中大臣所讲求的，无非是爱护休养人民生活，唯恐他们颠连奔波无处申诉，以至于流离失所。至于缙绅土豪倚仗权势横行无忌，凌辱虐待广大民众，藐视法律，恣意放纵，毫不顾忌，这样穷苦百姓遭受祸害，何处是尽头呢？太常寺少卿胡简敬等一个家族勾结作恶，霸占民人的妻子儿女和土地，还诬告有人偷盗，以致草菅人命。全县的人民都遭到他们的毒害。种种恶迹，昭然有所根据，可是总督、巡抚却不加检举揭发，科道官员也不加以纠察参劾，无非是畏惧他们的势力，照顾他们的情面。如今已经告发，审理得其实情，如果不严加处分，立即处以重典，怎么能够成为各个直隶省的不法缙绅、恶迹斑斑的豪强大户的警戒？胡简敬等人应该在当地正法治罪。江苏巡抚洪之杰作为地方大吏，平日里既不能体察，并进一步纠正参劾，等到告发之后，又不迅速进行审理治罪，推延包庇，的确辜负了我的委任，应当革职查办。诏令九卿、詹事、科道官会同讨论题奏。"

康熙三十三年，刑部等衙门议奏太监钱文才打死民人徐二，应绞监候。圣祖谕曰："凡太监杀人，断不可宥，尤宜加等治罪。朕观古来太监，良善者少。要在人主防微杜渐，慎之于始。苟其始纵容姑息，侵假事权，迨其势既张，虽欲制之，亦无如何。如汉之十常侍①、唐之北司②，窃弄威权，甚至人主起居服食，皆为所制。此非一朝一夕之故，由渐积使然也。太监原属阴类，其心性与常人不同。有年已衰老，而言动尚若婴儿。外似谨厚，中实叵测。必人主英明，此辈始无由弄权。朕闻明代诸君将本章批答，委之司礼监，司礼监委之名下内监。此辈素无学问，不知义礼，委之以事，其能免于舛谬耶？钱文才此案，尔等记之，至秋审时，勿令幸免。"（《圣训》）

[注释]

①汉之十常侍：东汉灵帝时，张让、赵忠、夏恽、郭胜、孙璋、毕岚、栗嵩、段珪、高望、张恭、韩悝、宋典十二人皆为中常侍，以整数称为十常

侍，负责传达诏令，贵宠至极，皆封侯。②唐之北司：唐代内侍省掌管宫内事务，因位于皇宫之北，故称北司。

[译文]

康熙三十三年（1694），刑部等衙门讨论奏请太监钱文才打死民人徐二，应判处绞刑，监候执行。圣祖皇帝吩咐说："凡是太监杀人，断断不可饶恕，尤其应该加等治罪。我观察自古以来的太监，良善的很少。关键在于君主防微杜渐，在一开始就谨慎小心加以预防。如果在开始时就纵容姑息他们，逐渐给予行事之权，那么到了其威势嚣张之后，即使想加以抑制，也没有办法了。就像东汉的十常侍、晚唐的北司一样，窃取并玩弄威权，甚而至于君主的饮食起居，都被他们所挟制。这并非一朝一夕的缘故，而是日积月累，才导致这样的结果。太监原本属于阴类，其心性与正常人是不同的。有的太监年龄已经衰老，可是言语行动还像婴儿一样。他们外表看似谨慎忠厚，其实内心叵测。一定要君主英明，这些太监才没有办法弄权。我听说明朝各位君主将奏章的批答权力，都委托给司礼监，司礼监又委托给名下的太监。这些人一向没有学问，不知道礼义廉耻，委托他们办事，怎么能够免于差错谬误呢？钱文才这个案子，你们记住，到秋审之时，不要让他幸免。"

康熙政要卷十五

论奢纵第二十五

康熙十一年,圣祖谕礼部曰:"帝王致治,首在维持风化,辨别等威,崇尚节俭,禁止奢侈。故能使人心淳朴,治化休隆。近见内外官员军民人等,服用奢靡,僭越无度。富者趋尚华丽,贫者互相效尤,以致窘乏为非,盗窃诈伪,由此而起。人心嚣凌,风俗颓坏,其于治化,所关非细。今应作何分别,务行禁止,著九卿、科道会同,严加确议定例具奏。"(《圣训》)

[译文]

康熙十一年(1672),圣祖皇帝吩咐礼部说:"帝王要达到天下大治,首先在于维持道德教化,辨别等级威权,崇尚节俭,禁止奢侈。所以能够使得人心淳朴,治理隆盛。近来看到内外官员军民人等,在服饰用度方面奢侈靡费,僭越无度。富贵的人追求新奇华丽,贫穷的人相互仿效,以致窘困贫乏,为非作歹,盗贼偷窃、欺诈作伪这些事情由此而兴起。人心不古,风俗败坏,这对于国家的政治教化，关系匪浅。现在应当如何加以分别，务必予以禁止，诏令九卿、科道官员会同商议，严加定例，具奏我知道。"

是年，圣祖又谕八旗都统、副都统、六部满尚书等曰："满洲乃国家根本，宜加轸恤。近见满洲贫困，迫于逋负者甚多，赌博之风，禁之不止。皆由都统、副都统、佐领等不加怜悯而训导之，以至于此。且满洲风俗，好为嬉戏，凡嫁娶丧祭之仪，过于靡费，不可枚举。蒙古崇奉喇嘛，罄其家资，不知顾惜。此皆愚夫偏信祸福之说，而不知其终无益也。我太祖太宗之世，亦此满洲也。其时都统、副都统、佐领诸臣，以今较之，相去何如？彼时行兵出猎诸役，亦未尝少于今时，然而不为逋负所迫，食用饶裕者，人能节俭故也。尔等若能各修厥职，不负委任，禁嬉戏无益之事，劝善惩恶，则自感化矣。近见争夺佐领，纷纷控告。但知希图荣贵，而不知爱养所属之道。又或舍佐领下，另户家长，不令披甲①，而偏徇私情，令奴仆披甲者甚多，宜概行严禁。或二三佐领，或四五佐领，酌量归并。令闲散满洲披甲，则满洲壮丁，各得食粮，庶可稍资生理。尔等其详议以闻。"（《圣训》）

[注释]

①披甲：八旗兵的别称，清制，由各个佐领所属壮丁中选充甲兵，应选者要通过马、步、箭等考试，被选者称为披甲。

[译文]

这一年（康熙十二年，1673），圣祖皇帝又吩咐八旗都统、副都统、六部满洲尚书等说："满洲是我们国家的根本之地，应当加以深切顾念和怜惜。近来，满洲贵族日益贫困，迫于逋负的人很多，赌博之风盛行，禁约而不止。这都是因为都统、副都统、佐领等不加怜悯而训诲教导，以至于达到这个地步。况且满洲风俗，人们都喜好嬉戏，大凡婚嫁丧葬的礼仪，过于靡费钱财，不可枚举。

蒙古族崇奉喇嘛教，罄尽各自的家资，也不知道顾惜。这些都是愚昧无知之人偏信祸福报应的说法，而不知道其终究没有益处。我朝太祖、太宗皇帝在位的时候，也是这个满洲。那时候的都统、副都统、佐领诸位臣子，和今天相比，相差多少呢？那时候行军打仗、出巡围猎等事情，也未尝比现在还少，然而却不为逋负所追迫，饮食器用丰足饶裕的人家，都是因为他们能够节俭的缘故。你们如果能够各自恪尽职守，不辜负朝廷的委任，禁止嬉戏之类没有益处的事情，劝勉向善，惩治恶行，那么就自然会感化民众。近来看到人们为了争夺佐领的职位，纷纷前来控告。只知道图谋荣华富贵，而不知道爱养所属官员的方法。又有的舍弃佐领的管理，另立门户作为家长，不让他们披甲，徇私舞弊，让奴仆披甲的很多，应该一概加以严禁。或者两三个佐领，或者四五个佐领，酌量可以进行归并，使得闲散的满洲人披甲当兵，那么满洲的壮丁就可以各自获得粮饷，差不多可以稍微资助其生理。你们要详加讨论具奏。"

圣祖《庭训》曰："尝谓四肢之于安佚也，性也。天下宁有不好逸乐者？但逸乐过节，则不可。故君子者，勤修不敢惰、制欲不敢纵、节乐不敢极、惜福不敢侈、守分不敢僭，是以身安而泽长也。《书》曰：'君子所，其无逸。'[①]《诗》曰：'好乐无荒，良士瞿瞿。'[②]至哉，斯言乎！"（《庭训格言》）

[注释]

①君子所，其无逸：语出《尚书·周书·无逸》。②好乐无荒，良士瞿瞿：语出《诗经·唐风·蟋蟀》。

[译文]

圣祖皇帝《庭训格言》写道："我曾经说过四肢耽于安逸，是人的天性。天下哪里有不喜欢安逸欢乐的人？但安逸欢乐过分就不可以了。所以君子勤于修身而不敢懈怠，遏制欲望而不敢放纵，节制欢娱而不敢恣意到极点，珍惜自己的福禄而不敢僭越本分，因此他才能一生平安，得以享久长的福泽。《尚书》上说：'君子所处，没有安逸。'《诗经》上说：'喜好欢乐而没有荒废正业，君子警惕而时时记在心中。'这都是至理名言啊！"

《训》曰："兵丁不可令习安逸，惟当教之以劳。时常训练，使步伐严明，部伍习熟。《管子》所谓'昼则目相视而相识，夜则声相闻而不乖①也'。如是则战胜攻取，有勇知方。故劳之适所以爱之。教之以劳，真乃爱兵之道也。不但将兵如是，教民亦然。故《国语》曰：'夫民劳则思，思则善心生。逸则淫，淫则忘善，忘善则恶心生。沃土之民不材，淫也。瘠土之民，莫不向义，劳也。'②"

[注释]

①昼则目相视而相识，夜则声相闻而不乖：语出《管子·小匡》。②"夫民劳则思"十句：语出《国语·鲁语》。

[译文]

圣祖皇帝《庭训格言》写道："八旗兵丁不能让他们习惯于安逸，只有教育他们辛劳，经常训练，让他们步伐严格整齐，同一部队的人相互熟悉。《管子》上说：'白天作战目光彼此相见，足以互相辨认；夜间作战声音相闻，足以不发生混乱。'这样战斗则胜，进攻则取，兵丁有勇气，懂得军法。因此让他们辛劳正是为了爱护他们，教育他们以辛劳才是真正的爱兵之道。不但统率军队是这样，教育人民也是这样。所以《国语》上说：'百姓劳苦就会想到节俭，想到节俭就会产生善心。安乐了就会放纵，放纵就会失掉善心，失掉善心就会产生恶心。居住在肥沃土地上的人民不会成才，这是因为安乐的缘故；居住在贫瘠土地上的人民没有不向往道义的，这是勤劳的缘故。'"

论贪鄙第二十六

康熙七年,圣祖谕户部曰:"向因地方官员滥征私派,苦累小民,屡经严饬,而积习未改。每于正项钱粮外,加增火耗①。或将易知由单②不行晓示,设立名色,恣意科敛。或入私囊,或贿上官,致小民脂膏竭尽,困苦已极,朕甚悯之。督抚原为察吏安民而设,布政使职司钱粮,厘剔奸弊,乃其专责。道府各官,于州县尤为亲切。州县如有私派滥征,枉法婪赃情弊,督抚各官,断无不知之理。乃频年以来,纠疏甚少,此皆受贿徇情,故为隐庇。即间有纠参,非已经革职,即物故之员,其见任贪恶害民者,反不行纠参。甚至已经发觉之事,又为蒙混完结。此等情弊,深可痛恨。嗣后如有前弊,督抚司道等官,不行严察揭参,或经体访察出,或被科道纠参,或被百姓告发,将督抚一并严处不贷。至尔部收纳直隶各省解到钱粮,亦须随到随收,速给批回。勿得纵容司官、笔帖式、书办等,勒索作弊,苦累解役。倘有违法,即行参奏。如不行严禁,察出将堂司各官一并从严治罪。又言官于作弊害民者,理应察访,指名纠参。乃近日章奏,大率摭拾细故,苟且塞责。嗣后当据实陈奏,毋得挟私仇害。尔部即遵谕速行直隶各省大小官员,刊示晓谕百姓。"(《圣训》)

[注释]

①火耗:原指碎银熔化重铸为银锭时的折耗。从明代万历以后,加征火耗,但加征往往大于实际折耗。清代更重,甚至数倍于正赋,差额归于官员,雍正实行耗羡归公,改向官员发放养廉银。②易知由单:也称由帖、由单,是征收田赋的通知单,开列土地等级、人丁、应征款额及起交存留等项。

[译文]

康熙七年（1668），圣祖皇帝吩咐户部说："以前因为地方官员滥征钱粮、私派徭役，苦累小民，屡次严厉整顿，但积习未改。他们往往在国家正项钱粮外，增加火耗，有的将易知由单不公开晓示，另外设立名色，肆意科收征敛。或者中饱私囊，或者贿赂上司，以致小民竭尽脂膏，困苦至极，我非常怜悯。总督、巡抚原本为监察官吏、安定民生而设立，承宣布政使掌管钱粮，整顿剔除奸邪弊端，乃是其专门责任。道、府各官对于州县的监督管理尤其直接。州县如果有私派滥征、枉法贪赃的情况，总督、巡抚各官断无不知道的道理。可是历年以来，纠察检举的奏疏很少，这都是受其贿赂，枉法徇私，故意为他们隐匿包庇。即使间或有所纠察参劾，不是已经革职的官员，就是已经去世的官员，现任官员中贪赃枉法、为害人民的，反而不行纠察参劾，甚而至于已经发觉的事情，又为之不明不白地完结。这样的弊端，深可痛恨。今后如果再出现这样的弊端，总督、巡抚和司道等官不进行严格查处、揭发参劾的，或者经过访察发现，或者被科道官员纠察参劾，或者被百姓告发，要将总督、巡抚一并严惩不贷。至于户部收纳各个直隶省解运来的钱粮，也必须随到随收，迅速给予批文发回，不得纵容有关官员、笔帖式、书吏等办事人员勒索作弊，苦累解运钱粮的吏役。倘若有人违法，就立即参劾治罪。如果不严格禁止，一旦查出就将堂官、司官一并从严治罪。另外，言官对于那些作弊害民的人，理应察访清楚，指名纠察参劾。近日的奏章，大都是汇集小事，聊且搪塞。今后应当根据实情陈奏，不得挟私仇报复迫害。你们户部当即遵照谕旨迅速传达到各个直隶省大小官员，刊刻宣示，晓谕百姓知道。"

康熙二十四年，圣祖谕九卿等曰："官以清廉为本，如原任侍郎温代、察库①，不可谓不才，但以贪污，故凡所行，皆不足取,此皆由不知廉耻耳。"

又谕曰:"部院堂官,惟勤慎者能循分,不致生事。其专擅好胜之徒,特欲假公事以遂其私意耳。虽有才能,于国家何裨?"是年,九卿会议广东、云南秋审人犯。圣祖曰:"凡别项人犯,尚可宽恕,贪官之罪,断不可宽。此等人藐视法纪贪污不悛者,只以缓决故耳。今若法不加严,不肖之徒何以知警?此内贪官耿文明等正法外,其余正犯,俱照尔等所议完结。"(《圣训》)

[注释]

①温代、察库:温代,满洲人,历任副都统、兵部侍郎,党附索额图;察库,历任内阁学士、户部右侍郎。

[译文]

康熙二十四年(1685),圣祖皇帝吩咐九卿等说:"做官以清正廉洁为本,例如原任兵部侍郎温代、户部侍郎察库,不能说没有才能,但是因为贪污,因此其所有行事,均不足取,这都是因为不知廉耻罢了。"

又吩咐说:"部院的堂官,只有勤勉谨慎的人能够遵循职分,不致滋生事端。那些专权行事、逞强好胜之徒,只想着假借公事以遂自己的私利罢了。即使有才能,对于国家有什么益处?"这一年,九卿会同商议广东、云南秋审犯人。圣祖皇帝说:"凡是其他的犯人,还都可以宽恕,贪官的罪行,断然不可宽恕。这类人犯藐视国家法纪、贪污而不知悔改,只因暂缓判决的缘故,才拖延至今。现在如果执法不加严厉,不肖之徒何以知道警戒?其中除贪官耿文明等依律正法外,其余正犯,都按照你们所议结案。"

康熙三十六年,圣祖谕议政大臣等曰:"温保①居官甚劣,苛虐百姓,至于已极。前乃自奏其居官甚善,万民颂美,欲为树碑。由今观之，沿途众庶，无不愿食其肉而谵怨之者。况温保不比他人，彼尝为学士，朕爱惜斯民之意，岂不知之？甘度②居官亦最庸劣，今蒲州民变，逃入山口。若辈如能素勤抚恤，百姓岂遂抗匿至此？巡抚倭伦③往彼招抚，尚不顺从。欲将温保、甘度拿赴彼处正法，然后用兵。今思其服官污浊，朘削小民，殊为可恨。此等贪官不加诛戮，众不知儆。著议政大臣、部院堂官会同议奏。"寻议覆温保、甘度革职，严拿赴京，交与刑部。从之。（《东华录》）

[注释]

①温保：历官内阁学士、山西巡抚，康熙三十六年（1697）革职。②甘度：山西布政使，康熙三十六年（1697）革职。③倭伦：以内阁学士代温保任山西巡抚，康熙三十八年（1699）降职。

[译文]

康熙三十六年（1697），圣祖皇帝吩咐议政大臣等说："山西巡抚温保居官很差，以苛政虐害百姓，达到极点。此前却自己上奏说居官甚好，万民称颂赞美，要为他树碑立传。从今天看来，沿途的百姓无不愿意食其肉，切齿怨恨。况且温保不比别人，他曾任内阁学士，我爱惜民力的心意，难道他能不知道吗？甘度做官也最称平庸恶劣，现在蒲州民众变乱，逃入山中。他们如果能够一向勤政、抚恤百姓，老百姓难道会抗拒官府、逃匿入山吗？新任巡抚倭伦到那里去招抚，百姓还不肯顺从。本来想把温保、甘度押解到那里去正法，然后用兵。现在考虑他们做官贪污，剥削民众，实在可恨。这样的贪官不加杀戮，众官不知道警戒。诏令议政大臣、部院堂官会同讨论题奏。"不久，讨论回复说：温保、甘度应革职，押解赴京，交与刑部处置。得到允准。

康熙政要卷十六

崇儒学第二十七

康熙四年,礼部右侍郎黄机①奏:"制科取士,稽诸往例,皆系三场②。先用经书,使士子阐发圣贤之微旨,以观其心术。次用策论,使士子通达古今之事变,以察其才猷。今甲辰科止用策论,减去一场,似太简易,恐将来士子,剿袭浮辞,反开捷径。且不用经书为文,则人将置圣贤之学于不讲,恐非朝廷设科取士之深意。臣请嗣后复行三场旧制,则士子知务实学,主考鉴别,亦得真儒,以应国家之选。"从之。(《东华录》)

[注释]

①黄机:字次辰,一字澄斋,号雪台,钱塘人。顺治四年(1647)进士,历任弘文院编修、国史院侍读学士、礼部侍郎、礼部尚书、吏部尚书、文华殿大学士。②三场:即三场试。科举考试规定,第一场四书义三道,五经义四道;第二场论一道,判五道,诏、诰、表、内科一道;第三场经史时务策五道。

[译文]

康熙四年（1665），礼部右侍郎黄机上奏说："科举取士，按照以往的定例，都是三场考试。首先考试经书，让士子阐发圣贤的微言大义，以观察其心术。其次考试策论，让士子通达古往今来的历史变迁，以考察其才干谋略。现在甲辰科考试只考试时务策论，减去一场，似乎太过简易，恐怕将来的士子，抄袭华而不实之辞，反而为他们大开捷径。况且不考试以经书作文，就会使人们不再讲求圣贤之学，恐怕并非朝廷开科取士的深层意义。我请求今后恢复三场考试的旧制，使士子知道讲求实学，主考官鉴别优劣，也可以录取真正的儒士，以适应国家选拔人才的需要。"得到允准。

康熙八年，圣祖临雍释奠，敕谕国子监祭酒、司业等官曰："朕惟圣人之道，高明广大，昭垂万世，所以兴道致治，敦伦善俗，莫能外也。朕缵承丕业，文治诞敷，景仰先哲至德。今行辟雍释奠之典，将以鼓舞人才，宣布教化。尔等当严督诸生，潜心肄业。诸生亦宜身体力行，朝夕勤励。若学业成立，可裨任用，则教育有功。其或董率不严，荒乃职业，尔等系师生，难辞厥咎，尚其勉之毋忽。"（《圣训》）

[译文]

康熙八年（1669），圣祖皇帝率群臣驾临太学，举行辟雍释奠典礼，敕令国子监祭酒、司业等官说："我考虑圣人之道，高明广大，光昭日月，垂则万世，其宗旨就在于兴起教化，达到治平，敦睦人伦，淳厚风俗，没有能够例外的。我继承祖宗大业，大施文教德政，景仰先哲的盛德。今日举行辟雍释奠典礼，希望以此鼓舞人才，宣布教化。你们应当严格督责国子监生，潜心学习。诸位生徒也应当身体力行，朝夕勤勉砥砺。如果学业有成，可以任用做官行政，那么教育就有成就。如果督率不够严格，荒废了他们的学业，你们教师学生，都难辞其咎，希望你们相互勉励，不要懈怠。"

康熙十七年，圣祖谕吏部曰："自古一代之兴，必有博学鸿儒①，振起文运，阐发经史，润色词章，以备顾问著作之选。朕万机余暇，游心文翰，思得博学之士，用资典学。我朝定鼎以来，崇儒重道，培养人才。四海之广，岂无奇才硕彦、学问渊通、文藻瑰丽可以追踪前哲者？凡有学行兼优、文词卓越之人，不论已仕未仕，令在京三品以上及科道官员，在外督抚布按，各举所知，朕将亲试录用。其余内外各官，果有真知灼见，在内开送吏部，在外开报督抚，代为题荐。务令虚公延访，期得真才，以副朕求贤右文之意。尔部即通行传谕。"于是大学士李霨等荐原任副史曹溶②等七十一人。圣祖命俟各员赴京齐集之日请旨，其在外见任者，不必开缺。

十八年，圣祖谕吏部曰："朕以万机之暇，留心经史，思得博学鸿儒，备顾问著作之选。故特颁谕旨，令内外诸臣，各举所知。膺荐人员已经陆续到部，欲行考试。因天寒昼短，恐其难于属文，弗获展厥蕴抱。今天气已渐融和，应定期考试。所以应行事宜，尔部会同翰林院详议具奏。"寻奏准以三月朔，试荐举博学鸿儒一百四十三人，于体仁阁赐宴。取中一等彭孙遹③等二十名，二等李来泰④等三十名，赐出身有差。著纂修《明史》。（《圣训》、《东华录》）

[注释]

①博学鸿儒：原指学问渊博的学者；也是科举考试正科之外特设的名目，又称博学鸿词。康熙十八年（1679）、乾隆元年（1736）两度举行。②曹溶：字秋岳，秀水人，崇祯十年（1637）进士，入清历任御史、太仆寺少卿、副都御史、户部右侍郎，后左迁广东右布政使、山西按察副使。康熙十七年（1678）大学士李霨等荐为博学鸿儒，以疾辞。③彭孙遹：字骏孙，号羡门，

海盐人,顺治十六年(1659)进士,康熙十八年(1679)举博学鸿儒第一,授编修,曾任吏部侍郎兼翰林院掌院学士、《明史》总裁官。④李来泰:字仲章,号石台,临川人,顺治九年(1652)进士,后革职回乡,康熙十八年(1679)举博学鸿儒科,授翰林院侍讲,参与修撰《明史》。

[译文]

康熙十七年(1678),圣祖皇帝吩咐吏部说:"自古以来一代的兴盛,必定有博学鸿儒振兴文运,阐发经史,润色词章,以备朝廷顾问和著作之选。我在日理万机之余暇,潜心文化,希望选拔博学之才,以资致力学术事业。我朝定鼎以来,崇儒重道,培养人才。四海之广,难道没有才德杰出、学问精通、文辞瑰丽可以超越前代圣贤的吗?大凡学行兼优、文辞卓越的人才,无论已经出仕或没有出仕,诏令在京的三品以上官员以及科道官员,在外的总督、巡抚、布政使、按察使,各自荐举所了解的人才,我将亲自加以考试录用。其余内外各级官员,如果有真知灼见的人才,在京的开列报送到吏部,在外的开列报送到总督、巡抚,代为题奏荐举。一定要虚心延请探访,以期得到真正的人才,以符合我访求贤才、重视文教的心意。你们吏部当即通行传达谕旨。"于是大学士李霨等推荐原任副使曹溶等七十一人。圣祖皇帝诏令等到各人赴京到齐之日奏请谕旨,至于在地方现任官员,不必开缺。

康熙十八年(1679),圣祖皇帝吩咐吏部说:"我在日理万机之余暇,留心经史,希望选拔博学鸿儒,以备顾问和著作之选。因此特地颁布谕旨,令内外诸臣各自举荐所知道的人才。获得推荐的人员已经陆续到吏部报到,将要举行考试。因为天气寒冷,白昼短暂,恐怕难以作文,不能展露其潜藏的精奥才华。如今天气已经逐渐暖和,应当选定日期进行考试。所有应当进行的事宜,你们吏部会同翰林院详加讨论具奏。"不久,吏部奏准三月初一日,考试获得荐举的博学鸿儒一百四十三人,在体仁阁赐宴。最后录取一等彭孙遹等二十名，二等李来泰等三十名，分别赐以博学鸿儒出身。诏令他们纂修《明史》。

康熙二十三年，圣祖过曲阜，将诣阙里，先命国子监祭酒阿礼瑚①致祭于启圣公祠②。黎明，圣祖御辇，设卤簿，进曲阜南门，诣圣庙，至奎文阁前下辇。由甬道旁行至大成殿，行三跪九叩首礼。四配十哲两庑③，从官分献，乐舞间作。礼毕，圣祖幸诗礼堂，衍圣公孔毓圻等行礼毕。监生孔尚任④进讲《大学》圣经首节，举人孔尚鉝进讲《易经·系辞》首节。讲毕，圣祖命大学士王熙⑤宣谕衍圣公孔毓圻等曰："至圣之道，与日月并行，与天地同运。万世帝王，咸听师法，下逮公卿士庶，罔不率由。尔等远承圣泽，世守家传，务期型仁讲义，履中蹈和，存忠恕以立心，敷孝弟以修行，斯须弗去，以奉先训，以称朕怀，其祗遵弗替。"又谕大学士等曰："至圣之德，与天地日月同其高明广大，无可指称。朕向来研求经义，体思至道，欲加赞颂，莫能名言。特书'万世师表'四字，悬额殿中。非云阐扬圣教，亦以垂示将来。"（《圣训》、《御制文集·幸鲁盛典》）

[注释]

①阿礼瑚：满洲镶白旗人，官至国子监祭酒、盛京刑部侍郎。②启圣公祠：建于明嘉靖间，奉祀孔子之父叔梁纥，号启圣公，而以颜子、曾子、子思之父颜路、曾皙、孔鲤配享。③四配十哲两庑：四配指配祀孔子的颜渊、曾参、子思、孟子；十哲指闵子骞、冉伯牛、仲弓、宰我、子贡、冉有、季路、子游、子夏、子张。两庑指正堂两旁的廊房。④孔尚任：孔子后代，历任国子监博士、户部员外郎，有文名，通音律，著有《桃花扇》。⑤王熙：字子雍，顺天人，顺治四年（1647）进士，历任弘文院学士、国史院学士、礼部侍郎兼翰林院掌院学士、保和殿大学士兼礼部尚书。

[译文]

康熙二十三年（1684），圣祖皇帝出巡路过曲阜，将前往拜谒孔子故里，预先命国子监祭酒阿礼瑚到启圣公祠祭祀。黎明，圣祖皇帝乘御辇，设仪仗，进至曲阜南门，到达至圣先师庙，在奎文阁前下辇，通过甬道旁行到大成殿，行三跪九叩大礼。四配、十哲、两庑由随从官员分别献祭，乐舞不时响起。礼毕，圣祖皇帝来到诗礼堂，衍圣公孔毓圻等行礼完毕。监生孔尚任进讲《大学》圣经的第一节，举人孔尚鉝进讲《易经·系辞》的第一节。进讲完毕，圣祖皇帝命令大学士王熙对衍圣公孔毓圻等宣读谕旨道："至圣先师的大道，与日月并行，与天地同运。万世帝王都要师法于他，下至公卿士人庶民无不奉为表率。你们远承圣人的惠泽，世代坚守家传大道，希望务必遵循仁爱、讲求道义，履行中庸之道，行事以和为贵，以忠恕之道立心，以孝悌之道修身，一刻也不能舍弃，从而奉行先辈的训诲，符合我的心愿，请你们谨遵不要改变。"又吩咐大学士等说："至圣先师的盛德，与天地日月同样高明广大，无可比拟。我向来研究经义，体会思考圣人之道，想要加以赞颂，却没有语言可以形容。特地写下'万世师表'四个字，作为匾额悬挂在殿中。不说是阐扬神圣的儒道，也是为了垂示后世。"

是年，圣祖谕礼部、翰林院曰："自古帝王，致治崇文，典籍具备，犹必博采遗书，用充秘府，盖以广见闻而资掌故，甚盛事也。朕留心艺文，晨夕披览，虽内府书籍，篇目粗陈，而裒集未备。因思通都大邑，应有藏编；野乘名山，岂无善本？今宜广为访辑。凡经史子集，除寻常刻本外，其有藏书秘录，作何给值，采集抄写，尔部院会同详议。务令搜罗罔轶，以副朕稽古右文之至意。"

又谕礼部、翰林院曰："自古经史书籍，所重发明心性，裨益政治。必精览详求，始成内圣外王之学。朕披阅载籍，研究义理，凡厥指归，务期于正。诸子百家，泛滥诡奇，有乖经术。今搜访藏书善本，惟以经学史乘，实有关系修齐治平助成德化者，乃为有用。其他异端诐说，概不收录。"（《御制文二集》、《圣训》）

[译文]

这一年（康熙二十五年，1686），圣祖皇帝吩咐礼部、翰林院说："自古以来的帝王，要使国家政治清明，崇尚文教，文献典籍具备，还要广泛采集遗书，充实宫中藏书之所，这是为了增广见闻，取资掌故，乃是一大盛事。我留心艺文，朝夕阅览，虽然内府的书籍篇目大体齐备，但搜集文献尚未完备。于是想到通都大邑，还应该有秘书收藏；野乘名山，难道没有善本？现在应该广为访察收集。大凡经史子集四部文献，除了平常的刻本以外，如有藏书秘本，如何付酬，如何采集抄写，你们礼部和翰林院会同详加讨论。务必搜罗无遗，以符合我考察古代事迹、大兴文德教化的心意。"

又吩咐礼部、翰林院说："自古以来经史书籍，其重点在发明人的心性道理，有益于政治。一定要精心阅览、详加探求，才可以成就内圣外王之学。我阅览典籍，研究义理，其宗旨一定期望达到正道。诸子百家的学说，内容广泛，追求奇诡，与经术有所矛盾。现在搜访秘书善本，只以经学、史籍为主，的确关系到修身齐家治国平天下，有助于道德教化的，才是有用之书。其他异端邪说，一概不予收录。"

康熙二十六年，颁孟子庙碑，圣祖制文，御书勒石。文曰："自王迹熄于春秋，圣人之道或几于泯灭，卒之晦而复明，历千百世而不敝者，恃有孔子也。孔子没百有余年，浸假及于战国。杨墨[①]塞路，祸尤烈于曩时。子舆氏[②]起而辟之，于是天下之人，始知诵法孔子，率由仁义。斯道之有传，至于今赖之。是以后世学者，如韩愈、苏轼之徒，咸推其功以配大禹。而闽洛之儒，咸尊为正学之宗传。乌乎,盛已!夫洪水之祸,止于人身已尔,杨墨之祸,隐然直中于人心。不有孟子,使杨墨滥觞于前,释老推波于后,后之人虽欲从千载之下,探尼山之遗绪,其孰从而求之?因推述厥义,刻文于石,俾揭于邹之庙。其文曰:'尼圣既往,复矣音徽!后百余岁,圣绪浸微。尚异实繁,杨墨竞煽。陷溺之祸,苦于昏垫。惟子舆氏,距跛放淫。以承先圣,以正人心。述舜称尧,私淑孔子。正学修明,百世以俟。不有是者,斯道孰传?宇宙晦雾,万物狂颠。我读其书,曰仁曰义。遗泽未湮,闻风可企。岳岳亚圣,岩岩泰山。功迈禹稷,德参孔颜。刻石兹文,于祠之下。诵烈扬休,用告来者。'"(《御制文集》)

[注释]

①杨墨:杨朱、墨翟的并称,杨朱主张为我,墨翟主张兼爱,两个学派盛行一时,《孟子·滕文公下》:"杨墨之道不息,孔子之道不著。"②子舆氏:即孟轲,字子舆。

[译文]

康熙二十六年(1687),颁布孟子庙碑,圣祖皇帝御撰碑文,并亲自书写勒石。碑文写道:"自从帝王之圣迹在春秋时代几乎灭绝,圣人之道也几乎泯灭不传,最终使之晦而复明,历经千百代而不致败坏的,就仰赖有至圣先师孔子。孔子去世后百余年,逐渐过渡到战国。杨朱、墨翟学说盛行一时,其祸害比以前更为惨烈。孟子起而批评他们的学说,于是天下之人,才知道效法孔子,都回归仁义之道。圣人之道得以传承,至今还仰赖孟子的功劳。因此,后世的学者如韩愈、苏轼等人,都推崇孟子的功劳,认为可以媲美大禹。而闽学、洛学诸儒,都尊奉为正学之宗传。这个功德是多么盛大啊!洪水猛兽的祸害,只局限于人的身体而已,而杨墨学派的危害,却隐隐然直接危害到人的心灵。如果没有孟子,让杨墨学派滥觞于前,而佛教、道教推波助澜于后,那么后世的人们即使想在千年之下,探索孔子之道的遗绪,又能从何处访求呢?于是推衍叙述其大义,刻文于石碑,揭之于邹县孟子故里之庙。其文写道:'尼圣既往,夐矣音徽!后百余岁,圣绪浸微。尚异实繁,杨墨竞煽。陷溺之祸,苦于昏垫。唯子舆氏,距跋放淫。以承先圣,以正人心。述舜称尧,私淑孔子。正学修明,百世以俟。不有是者,斯道孰传?宇宙晦雾,万物狂颠。我读其书,曰仁曰义。遗泽未湮,闻风可企。岳岳亚圣,岩岩泰山。功迈禹稷,德参孔颜。刻石兹文,于祠之下。诵烈扬休,用告来者。'”

康熙四十一年,礼部议覆五经博士程衍祀请给程子祭田。应不允。圣祖谕曰:"程子,宋之大儒,祀典不可有缺。但给与祭田,或为其子孙之不肖者变鬻,则祀典仍缺。其令该巡抚藩司善为酌处,务令程氏子孙世世奉祀,永远无缺。"(《圣训》)

[译文]

康熙四十一年(1702),礼部讨论回复五经博士程衍祀所请,拨给程颢、程颐祭田,应不允准。圣祖皇帝吩咐说:"程颢、程颐,是宋朝的大儒,其祭祀典制不可有缺。只是给予祭田,或许会被其子孙中的不肖之徒变卖,那么祭祀之典制仍然有缺。诏令河南巡抚、布政使妥切斟酌处理,务必让程氏子孙世世代代永远奉祀,典制无缺。"

先贤朱子,宋淳祐元年从祀,元至正二十二年,改封齐国公。明嘉靖九年,改称先儒朱子。崇祯十五年,改称先贤,位在七十子之下,汉唐诸儒之上,国初因之。康熙五十一年,圣祖谕大学士等曰:"朕自冲龄,笃好读书,诸书无不览诵。每见历代文士著述,即一字一句,于义理稍有未安者,辄为后人指摘。惟宋儒朱子注释群经,阐发道理。凡所著作及编纂之书,皆明白精确，归于大中至正。经今五百余年，知学之人，无敢疵议。朕以为孔孟之后，有裨斯文者，朱子之功最为宏巨。应作何崇礼表彰，著内阁、九卿、詹事、科道会同详议具奏。"时大学士等遵旨会议，以朱子升配大成殿东序为十一哲。诏从之。(《国子监志》①)

[注释]

①《国子监志》：即《钦定国子监志》，六十二卷，乾隆四十三年（1778）奉敕撰，分《圣谕》、《御制诗文》、《诣学》、《庙制》、《祀位》、《礼》、《乐》、《监制》、《官师》、《生徒》、《经费》、《金石》、《经籍》、《艺文》、《识余》等。

[译文]

先贤朱熹，南宋淳祐元年（1241）从祀孔庙，元代至正二十二年（1362）改封为齐国公。明朝嘉靖九年（1530），改称先儒朱子。崇祯十五年（1642），改称先贤，位列七十子之下，汉唐诸儒之上，我朝初期沿袭下来。康熙五十一年（1712），圣祖皇帝吩咐大学士等说："我从幼年开始，就笃好读书，各种文献无不阅览背诵。往往看到历代文士的著述，即使是一字一句在义理上稍微有不合适的，就被后人指摘。只有宋儒朱子遍注群经，阐发道理。凡是他所著作以及编纂的书籍，都是明白精确，归结为大中至正。至今五百余年，治学之人没有敢于批评的。我认为在孟子之后，有益于斯文的，朱子的功劳最为宏大。对于朱子应当给予何等崇高的礼遇和表彰，诏令内阁、九卿、詹事、科道官会同详加讨论具奏。"当时大学士等遵照皇帝谕旨会同讨论，以朱子配祀大成殿东序作为十一哲。诏令允准。

圣祖命诸臣纂辑《朱子全书》①成。御制《序》曰："唐虞夏商周，圣贤迭作，未尝不以文字为重。文字之重，莫过五经四书。每览古今凡传于世者，代不乏人。秦汉以下，文章议论，无非因时制宜，讽谏陈事，绳愆纠谬，补偏救弊之计耳。若夫文辞之雄，摛藻之丽，古人已有定论，予何敢言？但不偏于刑名，则偏于好尚；不偏于杨墨，则偏于释道；不偏于词章，则偏于怪诞，皆不近于王道之纯。予少时颇好读书，只以广博华赡为事，刚勇武备为用。自康熙三十五年，天山告警，朕亲擐甲胄，统数万子弟，深入不毛。沙碛乏水，瀚海指挥如意，破敌无存，未十旬而凯旋，可谓胜矣。后有所悟，而自问兵可穷乎？武可黩乎？秦皇汉武，英君也，因必欲胜而无令闻，或至不保者，岂非好大喜功，与乱同道之故耶？所以效盱孜孜，思远者何以柔，近者何以怀。非先王之法不可用，非先王之道不可为。反之身心，求之经史，手不释卷，数十年来，方得宋儒之实据。虽汉之董子、唐之韩子，亦得天人之理，未及孔孟之渊源。至邵子②而玩索河洛之理，性命之微，衍先天后天之数，定先甲后甲之考，虽书不尽传，理亦显然矣。周子阐无极而太极，复著《通书》，其所授受，有自来矣。如星辰系乎天，而各有其位，不能掩也。光风霁月之量③，又不知其何似。二程之充养有道，经天纬地之德，聚百顺以事君亲，前儒已诵之矣。至于朱夫子，集大成而继千百年绝传之学，开愚蒙而立亿万世一定之规。穷理以致其知，反躬以践其实。释《大学》则有次第，由致知而平天下，自明德而止于至善，无不开发后人而教来者也。五章补之于断简残篇之中，而一旦豁然贯通之为要，虽圣人复起，必不能逾此。问《中庸》名篇之义，则不偏不倚，无过不及之名，未发已发之中，本之于时中不中，皆先贤所不能及也。若《语》、《孟》则逐篇讨论，皆内圣外王之心传，于世道人心之所关匪细。如五经，则因经取义，理正言顺，和平宽宏，非后世浅见而轻义者同日而语也。至于忠君爱国之诚,动静语默之敬,文章言谈之中,全是天地之正气,宇宙之大道。朕读其书,察其理,非此不能知天人相与之奥,非此不能治万邦于衽席,非此不能仁心仁政施于天下,非此不能内外为一家。读书五十载,只认得朱子一生居心行事,故不揣粗鄙无文,而集各书中凡属朱子之一句一字,命大学士熊赐履、李光地素日留心于理学者,汇而成书,名之曰《朱子全书》,以备乙夜勤学。虽未能几于寡过,亦自勉君亲之责矣。朕又思朱子之道,五百年未有辩论是非,凡有血气,皆受其益。朕一生所学者为治天下,非书生坐视立论之易。朕集朱子之书,恐后世谓借朱子之书自为名者,所以朕敬述而不作,未敢自有议论。往往见元明至于我朝,著作讲解,万不及朱子。而各出己见,每有驳杂,反为有玷宋儒之本意。况天下至大,兆民至众,舆图甚远,开地太广,诸国外蕃,风俗不同,好尚各异,防此失彼之患,不可不思。若以智谋要结人心,如挟泰山而超北海也。以中正仁义,老成宽信,似乎近之。凡读是书者,谅吾志不在虚辞,而在至理;不在责人,而在责己。求之天道而尽人事,存,吾之顺;殁,吾之宁④。未知何如也。"(《御制文四集》)

[注释]

①《朱子全书》:即《御纂朱子全书》六十六卷,康熙皇帝御定,李光地等编纂。②邵子:即邵雍,字尧夫,其先范阳人,后迁共城、洛阳,宋代理学家,著有《皇极经世书》、《伊川击壤集》等。③光风霁月之量:语出黄庭坚《豫章集·濂溪诗序》。④存,吾之顺;殁,吾之宁:语出张载《西铭》。

[译文]

圣祖皇帝命诸臣纂辑《朱子全书》告成。御笔亲撰序言说:"唐尧、虞舜、夏禹、商汤、周文王和周武王,圣贤接连出现,未尝不以文字为重。文字的重要,没有比得过五经、四书的。每每观览古今凡传于后世的,每代都不乏人。秦汉以下,文章议论无不是因时制宜，讽谏陈奏，提出正误纠谬、补偏救弊的办法罢了。至于文辞的雄奇，辞藻的华丽，古人都已经有了定论，我哪里敢多言？然而，这些文章不是偏于刑名，就是偏于好尚；不是偏于杨朱、墨子，就是偏于佛教、道教；不是偏于诗词章句，就是偏于怪异荒诞，都不能接近纯正的王道。我小时候很喜欢读书，只知道以广博丰赡为事，以刚勇武备为用。自从康熙三十五年（1696）西北地区告警，我御驾亲征，统率数万名八旗子弟，深入不毛之地。沙漠地区缺水，瀚海作战非常困难，然指挥如意，顺利破敌，不到百日就凯旋，可以说是大胜了。后来我有所领悟，自问军事可以穷尽吗？战争可以随意吗？秦始皇、汉武帝，都是雄才大略的英主，因为一定要全胜敌手，却没有留下好的名声，甚至江山尚且不保，难道不是好大喜功与动乱同道的缘故吗？所以我宵衣旰食，孜孜不倦，思考远方的人如何怀柔，近处的人如何安抚。不是古圣先王的方法不敢用，不合古圣先王的道理不可为。反省自己的身心，探求经史文献，手不释卷，数十年来，才探寻到宋代诸儒的实际根据。虽然汉代的董仲舒、唐代的韩愈，也得到天人合一的道理，却没有达到孔孟的渊源。到宋代邵雍，玩索河图洛书的易理，性命之学的微言大义，推衍先天后天的象数，考定先甲后甲的循环，虽然其书并未全部传承下来，但其理论已经成型了。周敦颐阐发由无极而太极的宇宙生成学说，又撰写了《通书》，其学说的传承授受，有其渊源。就好像日月星辰都系于天穹，而又各有其位置，不能相互遮掩其光芒。其光风霁月的胸怀，又不知道何人能比。程颢、程颐修养有道，以经天纬地之盛德，聚纳百顺以侍奉君主父母，先儒已经多加称颂过了。到了朱子，集理学之大成，继承千百年绝传的学统，开悟愚蒙，确立亿万年一定不变的规范。即物穷理以致其知，反躬自省以践其行。解释《大学》则为之确定次序，从致知到平天下，从明德到止于至善，无不给后人无穷的启迪，以教导后来的人。他认为《大学》有阙文，于是在四章之后补写《格物致知补传》，作为第五章，从而使其一旦豁然贯通，即使是圣人再世，也必定不能超越他。提问《中庸》篇名的含义，就是不偏不倚，没有过与不及，喜怒哀乐未发已发之际谓之中，就是本于立身行事合乎时宜的所谓'时中'的中。这些都是先贤所不能达到的。至于《论语》、《孟子》，则逐篇加以讨论，都是内圣外王之心传，对于世道人心关系匪浅。又如对五经的解释，则依据经文阐发含义，道理纯正，言语顺达，胸襟平和宽宏，不是后世那些见解粗浅、轻视义理的人所可同日而语的。至于忠君爱国的诚心，贯穿于动静语默之间的持敬，文章言谈之中，全是天地正气，宇宙大道。我阅读朱子的著作，考察他的义理，感到非此不足以知晓天人之间的奥秘，非此不足以在衽席之间学到统治万国的方法，非此不足以仁心仁政施惠于天下，非此不足以融合内外为一家。我读书五十年，只认得朱子一生的居心和行事，因此不揣浅陋，搜集各种文献中凡属于朱子一字一句的言论，命大学士熊赐履、李光地等平日留心理学的大臣，汇集成书，命名为《朱子全书》，以备我半夜勤学苦读。这样，即使不能达到少犯过错，也是面对君亲自勉的职责所在。我又想到朱子的道学，五百年来没有人辩论其是非，凡是有血气的人，都受其益。我一生所学是为了治理天下，并非书生坐而论道那么容易。我汇集朱子之书，恐怕后世之人认为我借朱子之书自己立名，所以我恭敬地述而不作，不敢有所议论。往往看到元朝、明朝以来以至于我朝，很多著作讲解，万万不及朱子。它们各抒己见，往往内容驳杂，反而玷污了宋儒的本意。何况天下至为广大，人民至为众多，幅员至为辽阔，以至于外国和藩属诸国，风俗不同，好尚也各异，顾此失彼的忧患，不可不考虑。如果用智谋来团结人心，就像是挟泰山而超北海，是不可能的事。只有以中正之心、仁义之政，老成持重，宽容诚信，差不多近于成功。凡是阅读此书的人，体谅我的志向不在于虚辞，而在于至理；不在于责人，而在于责己。求之天道，而竭尽人事，活着就要践行朱子之学；即使死了，也问心无愧。如此做，不知道怎么样。"

圣祖《庭训》曰："子曰：'吾十有五而志于学。'圣人一生只在志学一言，又实能学而不厌，此圣人之所以为圣也。千古圣贤，与我同类，人何为甘于自弃而不学？苟志于学，希圣希贤，孰能御之？是故志学乃作圣之第一义也。"（《庭训格言》，下同）

[译文]

圣祖皇帝《庭训格言》写道："孔子说：'我十五岁就立志于学习。'圣人一生只在立志学习这句话，又在实际上真能做到学而不厌，这是圣人之所以为圣人的原因。千古圣贤，与我们同是人类，人们为什么甘心于自己放弃而不坚持学习呢？倘若有志于学习，希望成贤成圣，谁能阻挡呢？所以立志于学习就是做圣人的关键所在。"

《训》曰："朱子云：'圣贤立言，本自平易。而平易之中，其旨无穷。今必推之使高，凿之使深，是未必真能高深而已。离其本指，丧其平易无穷之味矣。'此最要处也。自汉以来，儒者世出，将圣人经书多般讲解，愈解而愈难解矣。至宋时，朱子辈注四书、五经，发出一定不易之理，故便于后人。朱子辈有功于圣人经书者，可谓大矣。是以朕训尔等，但以经书为要者，亦此故也。"

[译文]

圣祖皇帝《庭训格言》写道："朱子说：'圣贤立言，本来是平常易懂的，而在平常易懂之中，意义却无穷。今日必定要把它推向很高，穿凿很深，这样未必能真正达到高深，反而脱离了本来的意义，丧失了平常易懂的意味了。'这是最重要的地方。从汉代以来，儒者相继出现，将圣人的经书多次解释，越解释却令人越难以理解了。到了宋代，朱熹那些学者注解四书五经，发出了一定不可变的道理，所以方便于后人学习。朱熹那些学者对于圣人经书的功绩可以说是很大的了。因此我教训你们要以研读经书为要，也就是这个原因。"

论理学第二十八

康熙二十二年，圣祖御乾清宫，讲官进讲毕，特问理学之名始于宋否？张玉书奏曰："天下道理具在人心，无事不有。宋儒讲辩，更加详密耳。"圣祖曰："日用常行，无非此理，自有理学名目，而彼此辩论。朕见言行不相符者甚多。终日讲理学，而所行之事，全与其言背谬，岂可谓之理学？若口虽不讲，而行事皆与道理吻合，此即真理学也。"（《东华录》三十三）

[译文]

康熙二十二年（1683），圣祖皇帝驾临乾清宫，讲官进讲完毕，特地询问理学的名称是否开始于宋代。张玉书上奏说："天下道理都在人的心中，所有的事情都有其道理，只是宋儒的讲解辩论，更加详尽缜密罢了。"圣祖皇帝说："日用所需，常行之事，没有不是这个道理的，自从有了理学的名目，彼此辩论不已。我看他们言行不相符合的很多。终日讲求理学，可是所行之事，完全与其言论相悖，怎么可以称为理学呢？即使口头不讲，但行事都与道理相吻合，这就是真理学。"

康熙二十三年，圣祖谕大学士等曰："凡所贵道学者，必在身体力行，见诸实事，非徒托之空言。今汉官内有道学之名者甚多，考其究竟，言行皆背。如崔蔚林①之好事，居乡不善，此可云道学乎？精通道学，自古为难，朕闻学士汤斌曾与中州孙钟元②相与讲明道学，颇有实行。前典试浙江，操守甚善，可补授江宁巡抚。"（《东华录》三十三）

[注释]

①崔蔚林：字定斋，直隶新安人，顺治进士，历官弘文馆侍读、翰林院侍读学士等。著有《易经讲义》、《四书讲义》等。②孙钟元：即孙奇逢，字启泰，号钟元，容城人，世称夏峰先生，一生著述丰富，为明末清初三大儒之一。

[译文]

康熙二十三年（1684），圣祖皇帝吩咐大学士等说："大凡以道学为贵的，一定在于身体力行，见之于实事，并非以空言相托。如今汉族官员中以精通道学著名的很多，但考察其实际情况，言行往往相悖。如崔蔚林，喜欢生事，居住乡间名声也不好，这样的人可以称为道学吗？精通道学，自古以来都是很难的，我听说内阁学士汤斌曾经追随中州大儒孙奇逢学习讲求道学，颇有实际效果。以前曾让他作为浙江乡试正考官，操守很好，可以授予江宁巡抚。"

康熙五十四年，圣祖谕曰："今科道官员虽有条陈，多出私意。简任言职，不可任结纳声气之人。若使互相标榜，援引附和，其势渐成朋党矣。又如理学之书，为立身根本，不可不学，不可不行。朕尝潜心玩味，若以理学自任，必致执滞己见，所累者多。宋明季世人好讲理学，有流入于刑名者，有流入于佛老者。昔熊赐履自谓得道统之传，其殁未久，即有人从而议其后矣。今又有自谓得道统之传者，彼此纷争，与市井之人何异？凡人读书，宜身体力行，空言无益也。"（《东华录》九十六）

[译文]

康熙五十四年（1715），圣祖皇帝吩咐说："如今科道官员虽有奏疏条陈，多出于私情。选拔任用言官，不可任用那些结纳朋友、联络声气的人。如果让他们相互标榜，援引附和，其发展趋势就会逐渐形成朋党了。又如理学之书，是立身行事的根本，不可不学习，不可不践行。我曾经潜心玩味，如果是以理学家自命，必定导致固执己见，那么贻累也就会很多。宋代、明代末年，世人喜欢讲求理学，可是结果有流于刑名的，有流于佛教、道教的。从前熊赐履自己声称得到了道统的真传，但他去世后不久，就有人从后面议论他。如今又有人自己声称得到了道统的真传，彼此纷争，与市井之人有什么区别？大凡人们读书，应当身体力行，空言是没有益处的。"

圣祖《性理大全序》曰："朕惟古昔帝王，所以继天立极，而君师万民者，不徒在乎治法之明备，而在乎心法道法之精微也。执中之训，肇自唐虞，帝王之学，莫不由之。言心则曰：'人心惟危，道心惟微。'言性则曰：'若有恒性，克绥厥猷惟后。'①盖天性同然之理，人心固有之良，万善所从出焉。本之以建皇极，则为天德王道之纯，以牖下民，则为一道同风之治。欲修身而登上理，舍斯道何由哉？朕荷太祖、太宗积累之休，缵承世祖章皇帝鸿业，夙夜祗惧，嘉与海内，期登隆平。每思二帝三王之治本于道，二帝三王之道本于心。辨析心性之理，而羽翼六经，发挥圣道者，莫详于有宋诸儒。迨明永乐间命儒臣纂集《性理大全》②一书。朕尝加翻阅，见其穷天地阴阳之蕴，明性命仁义之旨，揭主敬存诚之要。微而律数之精意，显而道统之源流，以致君德圣学，政教纪纲，靡不大小兼该，而表里咸贯，洵道学之渊薮，致治之准绳也。岁月既久，版籍残缺，特命礼臣重加补订，以备观览，爰制序于卷端。朕方精思格言，探讨绪论，以遐稽乎古帝王心法道法之微，亦欲天下臣民究心兹编，思降衷之理，安物则之恒，庶几咸尽其性，以复臻乎唐虞三代熙皞之治云尔。"（《御制文集》）

[注释]

①若有恒性，克绥厥猷惟后：语出《尚书·汤诰》。②《性理大全》：七十卷，永乐年间大学士胡广等奉敕编纂，内府刻本，汇辑历代诸儒有关性理之论，为士子必读之书。

[译文]

圣祖皇帝御撰《性理大全序》写道："上古时代的圣王，之所以能够继承天子之位，作为天下万民的君主和老师，不仅仅在于治国之法的严明完备，而在于心法、道法的精微。执中之道的训诲，开始于唐尧、虞舜，帝王之学，没有不是由此生发开来的。谈论人心，就说：'人心自私危险，道心幽昧微明。'谈论人性，就说：'顺从人的自然天性，找到安定他们的办法的就是君王。'按照天性相同的道理，人心中固有的良知，是各种善念的渊源所自。以此为本建立至高无上的统治原则，则成为纯正的天德王道；以此诱导教化民众，则成就治理的一道同风。想要修养身心，达到理想的治世，离开这个大道还有何路可走呢？我继承太祖、太宗积累的完美典制，继承世祖章皇帝的宏图大业，日夜恭敬戒惧，嘉惠海内，以期达到隆平之治。每每想到唐尧、虞舜与夏禹、商汤、周文王的政治以道义为本，而他们的道义则以心性为本。认真辨析心性之理，以辅助阐释六经、发挥圣王之道，没有比宋代各位大儒更加详尽的了。到明朝永乐年间（1403—1424）命儒臣纂集《性理大全》一书。我曾经翻阅，看到其穷尽天地阴阳变化的蕴涵，阐明性命仁义的要旨，揭示主敬存诚的关键。微观而言，可以见律历数理的精意，宏观而言，可以见儒家道统的源流，以至于为君之德、圣贤之学，政治教化的纲纪，无不大小兼顾，包揽无遗，而且表里贯通，堪称是道学的渊源，治国的准绳。但岁月已久，版刻残缺，特地命令礼部大臣重新加以补充修订，以备观览，我亲自作序，置于篇首。我正想精心思索其中的格言，探讨其中的绪论，以便追溯考察上古帝王心法、道法的微言大义，也想要天下的臣民都专心研究这本书，思考施善降福的道理，安守事物法则的恒常，这样差不多能够完全尽其心性，以期重新达到唐尧、虞舜时代和夏商周三代的兴盛和乐的治世。"

圣祖《理学论》曰："夫理，语大乾坤莫能载，语小乾坤莫能破。散之万物，归于一中，无过不及。日用平常见于事物者，谓之理。天命而有性，率性而有道，此性命之自然也。圣人修之明之，推之教之，不齐者齐之，太过者抑之，皆循乎天道而尽己之性。非格物致知穷其理之至当者，即理在前而不识也。自宋儒起而有理学之名，至于朱子能扩而充之，方为理明道备。后人虽杂出议论，总不能破万古之正理。所以学者当于致知格物中循序渐进，不可躐等。有一事必有一事之理，有一物必有一物之理。从此推去，自有所得。求之而失于过，不得其理也；求之而失于不及，亦不得其理也。惟一中即是无私，无私而后得其理之正也乎。"（《御制文四集》）

[译文]

圣祖皇帝御撰《理学论》写道："理，说它大，天地也不能覆载；说它小，天地也不能打破。分散开来可以为万物，集中起来则可以归于一心，没有过分也没有不及。日用平常之理体现到事物之上，就称为理。天理赋予人们仁义礼智信等的品德就有了人性，遵循人性原则行动就有了人道，这是人之性命的自然体现。圣人修养它、指明它，推行它、教化它，不能做到一致的就整齐它，做得太过分的就抑制它，从而使之遵循自然天道，并穷尽自己的天性。如果不是通过格物致知，穷尽其中的道理至为切当，即使是道理当前也不会知晓。自从宋代诸儒兴起，才有了理学之名，到了朱熹能够扩而充之，才算是道理明彻、道学大备。后人即使出现很多议论，总不能打破万古不变的正理。所以为学之人应当在格物致知之中循序渐进，不可以超越原有的等级次序。世界上有一事一定有一事之理，有一物一定有一物之理。以此推理开去，自然会有所收获。追求之却失于过分，是因为没有得其正理；追求之却失于不及，也是因为没有得其正理。只有一个'中'是大公无私的，大公无私而后才能得其正理。"

《训》曰："人心一念之微，不在天理，便在人欲。是故心存私，便是放，不必逐物驰骛，然后为放也。心一放，便是私，不待纵情肆欲，然后为私也。惟心不为耳目口鼻所役，始得泰然。故孟子曰：'耳目之官不思，而蔽于物。'物交物，则引之而已矣。心之官则思，思则得之，不思则不得也。此天之所以与我者。先立乎其大者，则其小者不能夺也。此为大人而已矣。"

[译文]

圣祖皇帝《庭训格言》写道："人心一转念之间的微小之处，不是属于天理，就是属于人欲。所以心存私念，便是放纵，不一定追逐外物奔走，然后才称为放纵。人的心志一旦放纵，便是私欲，不待放纵感情、追逐私欲，然后才称为私欲。只有心不为耳目口鼻所役使，才得安泰。所以孟子说：'耳目器官不会思考，常被外物所蒙蔽。'物与物交接，就被引诱迷惑了。心脏器官职在思考，思考就会有心得，不思考就没有心得。这是上天赋予我们的。首先树立这个大的，那么小的就不能被夺取了。这样就成为君子大人了。"

康熙政要卷十七

论经史文学第二十九

康熙十九年，圣祖谕翰林院掌院学士叶方蔼①曰："《尚书》纪载帝王道法，关切治理，朕留心研究，期于贯通。讲幄诸臣，讲解明晰，深有裨于典学。著将《尚书讲义》刊刻颁行。"刊刻成，御制序曰："天生民而立之君，非特予以崇高富贵之具而已。固将副教养之责，使四海九州，无一夫不获其所也。是故古之帝王，奉若天道，建都树屏以立其纲，设官置吏以张其纪，经天纬地以尽其材，亲亲尊贤以宏其业。黎民阻饥，而为之教稼；五品不逊，而为之明伦。为礼乐以导其中和，为兵刑以息其争讼。事未然而预为之备，患已至而亟为之驱。②概治天下之法，见于虞夏商周之书，其详且密如此，宜其克享天心，而致时雍太和之效也。所以然者，盖有心法以为治法之本焉。所谓敬也，诚也，中也。敬则神明有主，而物欲不能摇；诚则孚信在中，而伪巧不能间；中则公正无偏，而邪说不能移。凡《书》中曰'钦明'，曰'寅恭'，曰'祗惧'，曰'迪畏'，皆敬之属也。曰'允塞'，曰'至诚'，曰'一德'，曰'惇信'，皆诚之属也。曰'义制事，礼制心'，曰'沉潜刚克'、'高明柔克'，曰'宽而有制，从容以和'，皆中之属也。性之者为尧、舜、禹、文，身之者为汤、武、高宗，困而学之者为太甲、成王，悖而去之者为太康、桀、纣。呜呼！心法之存亡，治道之升降分焉，天命之去留系焉，曷其奈何弗鉴？朕万机余暇，读四代之书，惕若恐惧。爰命儒臣，取宋、汉以来诸家之说，荟萃折衷，著为《讲义》一十三卷，逐日进讲。兹特加锓梓，颁示臣民。俾知朕仰法前代圣王，志勤道远。然夙夜兢兢，思体诸身心，措诸政事，以毋负上天立君之意，夫岂敢一日忘哉？是为序。"（《御制文集》）

[注释]

①叶方蔼：字子吉，号讱庵，昆山人，顺治十六年（1659）进士，累官至翰林院掌院学士兼礼部侍郎、《明史》总裁官、刑部侍郎。卒谥文敏。②"建都树屏以立其纲"十二句：事见《尚书·舜典》。

[译文]

康熙十九年（1680），圣祖皇帝吩咐翰林院掌院学士叶方蔼说："《尚书》记载上古帝王的道理法度，对于治理国家关系密切，我留心研究，以期贯通其中的大义。经筵的诸位讲官，讲解条理明晰，非常有益于学问。诏令将《尚书讲义》刊刻，颁行天下。"刊刻完成之后，皇上御撰序言写道："上天生养万民，并为之设立君主，并非只是给予一个崇高地位罢了，固然是要赋予教化休养的使命，使得四海之内九州各地，没有一个人不得其所。因此古代的帝王，奉行天道，建立都城、树立屏障以立其纲，设置官吏以张其纪，经天纬地以尽其才，睦亲尊贤以宏其业。黎民百姓艰难饥寒，就教导他们耕种；如果出现臣不敬君、子不孝父、夫妇不睦、长不爱幼、朋友无信的情况，就教导他们明白五伦的道理。制礼作乐以引导其中和之道，设置军队刑法以平息世间的争端诉讼。事情还没有发生就预先为之防备，祸患发生之后就立即为之驱除。治理天下的方法，都见于《尚书》中的《虞夏书》、《商书》、《周书》各篇之中，记载得如此详密，应当符合上天的意志，从而达到天地冲和、四海和熙的效果。之所以这样，是因为有其心法作为治国之道的根本，也就是所谓的恭敬、诚信、中和。恭敬就会使得神明有所主见，物欲私情不能动摇；诚信就会使得心中充满信义，虚伪奸巧不能侵入；中和就会使得公正无偏，歪理邪说不能撼动。大凡《尚书》中所说的'钦明'、'寅恭'、'祗惧'、'迪畏'，都是恭敬之类的意思；所说的'允塞'、'至诚'、'一德'、'惇信'，都是诚信之类的意思；所说的'义制事，礼制心'、'沉潜刚克'、'高明柔克'、'宽而有制，从容以和'，都是中和之类的意思。本性恭敬、诚信、中和的人，就是唐尧、虞舜、夏禹、周文王；而亲身去实践的，则是商汤、周武王、商高宗武丁；遭遇困境而刻苦学习的，是商朝的太甲、周朝的成王；悖乱而背离其义的，则是夏朝的太康、夏桀、商纣王。呜呼！心法的存与亡，治道的升降也由此而分别，天命的去留也系于此，为什么不引为借鉴呢？我在日理万机之余暇，阅读《尚书》中的虞、夏、商、周四代的文献，感到警戒而恐惧。于是命令儒臣采集汉代、宋代以来诸家的解说，加以荟萃，折中其义，编著为《讲义》一十三卷，每日进讲。现在特地加以刊刻，颁示给天下臣民，使他们知道我崇敬效法前代圣王，立志勤勉，任重道远。但我日夜儆惧，希望以此体验于身心，落实于政事，以期不辜负上天设立君主的本意，难道敢于一日忘却吗？以此作为序言。"

刊刻《四书解义》成，御制序曰："朕惟天生圣贤，作君作师，万世道统之传，即万世治统之所系也。自尧、舜、禹、汤、文、武之后，而有孔子、曾子①、子思②、孟子。自《易》、《书》、《诗》、《礼》、《春秋》而外，而有《论语》、《大学》、《中庸》、《孟子》之书。如日月之光昭于天，岳渎之流峙于地，猗欤盛哉！盖有四子，而后二帝三王之道传。有四子之书，而后《五经》之道备。四子之书，得《五经》之精意而为言者也。孔子以生民未有之圣，与列国君、大夫及门弟子论政与学，天德王道之全，修己治人之要，具在《论语》一书。《学》、《庸》皆孔子之传，而曾子、子思独得其宗。明新止至善，家国天下之所以齐治平也；性教中和，天地万物之所以位育，九经达道③之所以行也。至于孟子，继往圣而开来学，辟邪说以正人心，性善仁义之旨，著明于天下。此圣贤训词诏后，皆为万世生民而作也。道统在是，治统亦在是矣。历代贤哲之君，创业守成，莫不尊崇表章，讲明斯道。朕绍祖宗丕基，孳孳求治，留心问学。命儒臣撰为讲义，务使阐发义理，裨益政治。同诸经史进讲，经历寒暑，罔敢间辍，兹已告竣，思与海内臣民，共臻至治，特命校刊，永垂永久，爰制序言，弁之简首。每念厚风俗，必先正人心，正人心，必先明学术。诚因此篇之大义，究先圣之微言，则以此为化民成俗之方，用期夫一道同风之治，庶几进于唐虞之代，文明之盛也夫。"（《御制文集》）

[注释]

①曾子：即曾参，字子舆，鲁国南武城人，十六岁拜孔子为师，得其真传，又传其学于孔子之孙孔伋，是儒家承上启下的人物，被尊为宗圣。相传《大学》是他的著作。②子思：即孔伋，字子思，孔子孙，学于曾子，其门人又传于孟子，与孟子合称思孟学派，被尊为述圣，相传《中庸》是他的著作。③九经达道：九经是《中庸》中用来治国以达到太平的九项具体工作：修养自身、尊重贤人、爱护亲族、敬重大臣、体恤众臣、爱护百姓、劝勉工匠、优待远人、安抚诸侯。达道即五达道，就是天下通行的五种人际关系：君臣、父

子、夫妻、兄弟、朋友。

[译文]

《四书解义》刊刻完成，圣祖皇帝御撰序言写道："我考虑天生圣贤，作为人民的君主和老师，千秋万代道统的传承，也就是治统所系的关键。自从唐尧、虞舜、夏禹、商汤、周文王、周武王之后，则有孔子、曾子、子思、孟子。而《易经》、《书经》、《诗经》、《礼记》、《春秋》之外，还有《论语》、《大学》、《中庸》、《孟子》这四部书。就好像日月之光经行于天空，五岳四渎之山水峙立和流淌于大地。多么重要啊！有了孔子、曾子、子思、孟子四子，而后尧、舜、禹、汤、文二帝三王之道才得以传承下来。有了四子之书，而后《五经》的理论体系才得以完备。四子之书，首先是得到了《五经》的精义，然后加以阐发议论。孔子以人类诞生以来从未有过的圣明，与春秋列国的君主、大夫以及他的弟子讨论政事与学问，天德王道的全部，修己治人的关键，都在《论语》一书之中。《大学》、《中庸》都是孔子思想的薪传，曾子、子思独得其正宗。明德新民，止于至善，这是家国天下之所以得到治理和安宁的原因；天命之谓性，率性之谓道，修道之谓教，以及致中和，这是天地万物之所以生长创造、九经五达道之所以通行天下的根本。到了孟子，继承往圣的道统，开创后来的儒学，破除异端邪说以端正人心，使得人性本善、仁政仁义的宗旨能够显明于天下。这些圣贤的训诲言论，都是为了千秋万代的人民所作的。儒学的道统在这里，天下的治统也在这里。历代贤明睿哲的君主，立国创业或继位守成，没有不对他们进行尊崇表彰，向天下人民讲明此道的。我继承祖宗基业，孜孜求治，留心学问，命令儒臣撰写四书讲义，务必要阐发义理，有益于政治。四书与其他经史一并进讲，历经寒暑，不敢停顿，现在终于告竣，希望与海内臣民共同努力，达到至治之世，特地命令校勘刊刻，以垂永久，并亲自撰写序言，置于书前。

每每感念淳厚风俗，一定要首先端正人心；而端正人心，一定要首先昌明学术。真诚地希望根据四书的大义，探究古圣先贤的微言，并以此作为教化人民、移风易俗的方法，以期达到一道同风的治世，差不多进入唐尧、虞舜时代的文明盛世！"

刊刻《日讲通鉴解义》成，御制序曰："史之有传，其体有二：纪事编辞发凡起例，而褒贬之意寓于言外，俟观者深思而自得，此左氏之传也，涑水①之《资治通鉴》宗之；据事以断是非，原心以定功罪，予夺之不可假，如折狱然，此公、穀之传也，崇安②之《春秋传》宗之。二者缺其一，则史学不备。朱子作《通鉴纲目》，纲仿《春秋》，目仿丘明。罗十七代纪载之文，治以二百四十年褒贬之法，论者谓接统《春秋》，不虚也。朕勤求治道，涵泳六经之余，乐观前代兴衰得失之迹，故《通鉴》一书，披览未尝去手。顾其间论断者，人各置喙，间亦有当于作者之意，而未能折衷于中而断于一。乃命儒臣仿胡安国之体，法《春秋》之义，撰次为文，依日进讲，寒暑无间，积岁月而成编。朕惟东周以前，无史而有史。盖古史之精义，已大备于《尚书》。故《春秋》纪十二公之事，犹然二帝三王之心法也。威烈以下，无《春秋》而有《春秋》。盖《纲目》之作，上接夫《麟经》③。故虽班、范诸史之文，实鲁史笔削之遗意也。而世道之升降，政治之隆污，于是乎在。夫危微治忽之介，判于毫芒，而相悬遂至于辽绝。当时或未及见，而后之观者了然，此不可不审其机，而深究其所以然也。是以论古人之行事，既贵其所见之至明，尤贵其居心之至公。盖善论古者如水然，人毋鉴于流水，而鉴于止水④。水无成形于中，故妍媸毕见于外。无成形者何？公而已矣。水无成形，犹人无成心也。无成心者何？公而已矣。夫公者，三代大道之行，而万世法戒之权衡也。朕读史尝著《绪论》一编，实本至公之意，期于至当之归。而于《日讲》一书，又以此谆谆申命儒臣。既卒业，将以刊于秘府，颁之群工。大经大法，或劝或惩，灿然毕具。其有裨于经书，岂浅鲜也欤？"（《东华录》四十七）

[注释]

①涑水：黄河支流，流经山西南部。这里指司马光。司马光为夏县涑水乡人，故称。②崇安：地名，今属福建。这里指胡安国。胡安国为南宋崇安人，学者称武夷先生、胡文定公。③《麟经》：即《春秋》，因《春秋》所记最后一年（鲁哀公十四年，前481），麒麟出现，故称。④人毋鉴于流水，而鉴于止水：语出《庄子·德充符》。

[译文]

《日讲通鉴解义》刊刻完成，圣祖皇帝御撰序言写道："史书有人做传注，其体例有两种：一是纪事编辑，发凡起例，而在言语之外隐寓褒贬之意，待读者深入思考而后自己体悟出来，这是《春秋左传》的编纂方法，司马光《资治通鉴》以此为宗。二是根据历史事实以推断是非，追究心理动机以判定功罪，生杀予夺不可作假，就像折狱判案一样，这是《春秋公羊传》、《春秋穀梁传》的编纂方法，胡安国《春秋传》以此为宗。两种体例缺其一，则史学就不完备。朱熹作《通鉴纲目》，纲仿照《春秋》，目仿照左丘明，网罗《资治通鉴》所涵盖的十七代历史记载，以《春秋》涵盖二百四十年的褒贬手法加以观照，议论的人认为可以接续《春秋》的传统，不是虚言。我勤于讲求治国之道，在涵泳六经之余，喜欢观察历代兴衰得失的轨迹，因此《资治通鉴》一书不时披览，未尝离手。但其间各家议论，各自参与意见，间或有符合作者的意图，却未能折中于心从而统一论断。于是命令儒臣仿照胡安国《春秋传》的体例，效法《春秋》的微言大义，编撰成文，每日进讲，寒暑无间，岁积月累而成书。我认为东周以前，虽无专门史书却有历史记录。因为古史的精义，《尚书》已经大体齐备。所以《春秋》记录鲁国十二公的史事，仍然是唐尧、虞舜、夏禹、商汤、周文王二帝三王的心法。周威烈王之下，虽然没有《春秋》的记录，却有历史的记载。因为《通鉴纲目》的编纂，上接《麟经》。因此，即使后来史家如班固、范晔的著作，都是《春秋》记录鲁国史事的笔法遗意。而世道的升降，政治的盛衰，都在其中有所体现。人心的危险、道心的微明、国家的安定、治理的忽怠，都在毫芒之间判然分别，而其相隔悬远以至于荒远绝域。当时或许未及看到，后来的人却看得清楚，这就不可不详审其机缘，深究其原因。因此，讨论古人的行事，既要以见解高明为贵，尤其要以居心至为公正为贵。因为善于讨论古人的人就像水一样，人们不用流动不居的水观照，而以静止不动的水来观照。水中没有现成的形状，所以美丑都形之于外。没有成形是什么意思？就是公正罢了。水中没有成形，就像人没有成心一样。没有成心什么意思？就是公正罢了。公正，是三代大道的施行，也是千秋万代法则戒律的权衡。我读史曾经撰写了《绪论》一编，其实就是本着至为公正之意，以期达到至为允当的目的。对于《日讲通鉴解义》一书，又以此谆谆教诲儒臣。该书编纂完成之后，即将在内府刊刻，颁布给诸位臣工。其中的大经大法，有的出于劝勉，有的出于惩处，内容丰富，系统完备。这样的图书，对于经书的裨益，难道是微薄的吗？"

康熙二十二年，圣祖召八大学士等，问曰："所修《明史》若何？"李霨奏曰："草本已有大略，自万历以后，三朝事繁而杂，尚无头绪，方在参酌。"圣祖曰："史书永垂后世，关系甚重。必据实秉公，论断得正，始无偏诐之失，可以传信后世。夫作文岂有一字一句不可更改者？当彼此虚心，互相推究。即如朕所制之文，亦常有斟酌更定之处。今观翰林院所撰祭文、碑文，亦俱不乐改易。若不稍加更定，恐文章一道流于偏私矣。尔等将此谕传示修史各官知之。"（《东华录》三十三）

[译文]

康熙二十二年（1683），圣祖皇帝召见八位大学士等，询问说："你们所修《明史》怎么样了？"大学士李霨上奏说："草稿已经有了大略，自从万历以后，泰昌、天启、崇祯三朝的史事繁杂，还没有头绪，正在参考斟酌。"圣祖皇帝说："史书永垂后世，关系很重，一定要根据实际，秉公书写，论断正确，才不会失之偏颇，可以传信于后代。作文章怎么能够做到一字一句不可更改呢？应当彼此虚心，相互推究。就比如我所撰写的诏旨，也常有斟酌改订之处。现在看翰林院所撰写的祭文、碑文，也都不喜欢改动。如果不稍加改定，恐怕文章一道就会流于偏私了。你们将这个谕旨传达给修史的各位官员知道。"

康熙二十三年，圣祖谕大学士等曰："朕前奉太皇太后诣五台山，览观山川形势，一一亲历其境。每台所制碑文，出自一时结构，尔等可详加斟酌。近见汉人中有自负才高，所作文不容人点窜，此习俗之可鄙，文之所以不工也。"大学士明珠奏曰："圣上圣学天纵，睿藻复绝，出入经史，臣等岂能仰窥万一？而谦抑之怀，尤为古帝王所不及。"圣祖曰："文贵于简，可施诸日用。如章奏之类，亦须详明简要。明朝典故，朕所悉知，其奏疏多用排偶芜词，甚或一二千言，每积满几案，人主讵能尽览？势必委之中官，中官复委于门客。此辈何知文义？讹舛必多，奸弊丛生，事权旁落。此皆文字冗秽，以至此极也。"

又谕："尔等所修之书，往日告成呈览。朕万机之余，讲求经史，无多暇晷。而书成盈帙，堆积几案，一时亟于披阅，未得从容研索，体验于身心政事。今闻《明史》将次告成，若将已成者，以次呈览，亦可徐徐翻阅，考镜得失，不致遗漏。"（《东华录》三十三）

[译文]

康熙二十三年（1684），圣祖皇帝吩咐大学士等说："我以前侍奉太皇太后到五台山，观览山川形势，一一亲临其境。每台所撰写的碑文，出自一时的结构，你们可以详加讨论斟酌。近来看到汉族士人中有的自负才华很高，所作诗文不许别人改正，这种习俗非常可鄙，也是文章之所以不能工整的原因。"大学士明珠上奏说："圣上学问出自天纵，睿智辞藻堪称精绝，出经入史，臣等岂能仰望窥得万一？而圣上谦虚的心怀，尤其为古代帝王所不及。"圣祖皇帝说："文章贵于简明，可以在日用平常中加以实践。例如奏章之类，也需要详明简要。明朝的典故，我都知道，但奏疏中多用排比虚词，甚至一二千言，经常堆满几案，君主怎么能够全都阅览？势必要委托给太监，太监再委托给他们的门客。这些人如何懂得文义？于是错误一定很多，奸巧弊端由此而生，大权旁落。这都是文字冗长不堪所造成的极端后果。"

又吩咐说："你们所修的书籍，往日完成之后呈送御览。我在日理万机之余暇，讲求经史，没有多少闲暇，可是书籍卷帙浩繁，堆积几案，一时急于披览，来不及从容研究，并于身心政事中加以体验。如今听说《明史》即将告成，如果能将已经完成的部分，依次送呈御览，也可以从容翻阅，考察得失，不至于有所遗漏。"

康熙二十四年，圣祖谕大学士明珠曰："朕观今古文章，风气与时递迁。六经而外，秦汉最为古茂，唐宋诸大家已不能及。凡明体达用之资，莫切于经史。朕每披览载籍，非徒寻章摘句，

采取枝叶而已。正以探索源流，考镜得失，期于措诸行事，有裨实用。其为治道之助，良非小补也。"（《东华录》三十五）

[译文]

康熙二十四年（1685），圣祖皇帝吩咐大学士明珠说："我观察古今的文章，其风气变迁与时代同步。六经之外，秦汉文章最为古雅美盛，唐宋诸位大家已经不可企及。大凡明体达用之取资，没有比经史最切实用的。我每每披览典籍，不仅仅寻章摘句，采取其枝叶罢了。正是为了探索源流，考察得失，一起用于行事实践之中，有益于实用。文章作为治国之道的辅助，并非仅仅小补于事啊！"

是年，掌院学士李光地疏乞终养。圣祖予假一年，且悬掌院缺不他授，以速光地还。临行进所著《易学》二卷、《洪范说》一卷、《历理新书》一卷。召见，论易学，光地荐德格勒、徐元梦①。论实学，荐卫既齐、汤斌。至李颙为余姚之学②，李因笃为淹博之学③，耿介④之笃行，仇兆鳌⑤之厉志，杨文言⑥之历算，亦皆以其名闻。因奏曰："秦汉以后，礼坏乐崩，六经虽经宋儒阐明，然永乐间所修《大全》，未免芜杂疏漏。宜大征天下之士，搜罗群言，讨论编纂，以至礼乐制度，亦稽古论定。有典有则，贻厥子孙⑦，诚千载一时也。"圣祖然之，但曰："士人纂书，多挟私聚讼，求其虚心公道，实为难耳。"（《李光地年谱》）

[注释]

①徐元梦：字善长，满洲正白旗人，康熙十二年（1673）进士，充日讲起居注官，累官至浙江巡抚、大学士、《明史》总裁官等。②李颙为余姚之学：李颙，字中孚，号二曲，周至人，明末清初三大儒之一。余姚之学，即王阳明之学。王为余姚人，故称。③李因笃为淹博之学：李因笃，字子德，一字孔德，富平人，遍读经史诸子，兼及音韵诗词书法，学问淹博，康熙十八年（1679）荐博学鸿词科，授检讨。④耿介：登封人，顺治九年（1652）进士，

历任翰林检讨、河南按察使,后归里主持嵩阳书院。⑤仇兆鳌:鄞县人,受业于黄宗羲,康熙二十四年(1685)进士,官至吏部右侍郎,著有《杜诗详注》等。⑥杨文言:著名天文历算学家,著有《历象本要》等。⑦有典有则,贻厥子孙:语出《尚书·五子之歌》。

[译文]

这一年(康熙二十六年,1687),翰林院掌院学士李光地上奏请求退休终养年老亲人。圣祖皇帝批准给一年假期,而且空缺掌院学士之职不授他人,以便让他速还朝廷。临行前,李光地呈上所著《易学》二卷、《洪范说》一卷、《历理新书》一卷。皇上召见,讨论易学,李光地推荐德格勒、徐元梦。讨论实学,李光地推荐卫既齐、汤斌。至于李颙所研究的阳明心学,李因笃所研究的淹博之学,耿介所倡导的笃志躬行之学,仇兆鳌的励志研究杜诗,杨文言的天文历算之学,也都名闻学林。于是上奏说:"秦汉以后,礼崩乐坏,六经虽然经过宋朝诸儒阐明发扬,但明朝永乐年间所修《性理大全》等书,未免过于芜杂,疏漏很多。应当大力选拔天下文士,搜罗各家言论,讨论编纂,至于礼乐制度,也应当参考古法加以论定。这样有典章有法则,留给子孙后代,的确是千载一时的盛事。"圣祖皇帝颇以为然。但又指出:"士人著书,多挟其私见,聚讼纷纭,要求其虚心公道,实在很难啊!"

康熙三十一年,圣祖谕大学士等曰:"前纂修《明史》诸臣,以所撰本纪、列传数卷进呈。朕详悉披阅,并命熊赐履校雠。熊赐履于洪武、宣德本纪,訾议甚多。朕思洪武系开基之主,功德隆盛,宣德乃守成贤辟,虽时殊事异,然皆励精著于一时,谟烈垂诸奕世。为君事业,各克殚尽。朕亦一代之主也,锐意图治,朝夕匪懈,综理万机,孳孳懋勉,期登郅隆。若将前代贤君搜求其闲隙,议论其是非,朕实无此意也。朕于古之圣君,尚未能逮，何敢轻议前代之令主耶？若表扬洪武、宣德，著为论赞，朕尚可指示诸臣，重加称美。倘深求刻论，非朕意所忍为也。至于开创佐命诸臣，各著勋绩，列传内纪文臣事迹优于武臣，则议论失平，难为信史。纂修史书，虽史官之责，而当朕之时修成此书，稍有未协，咎将归朕。明代实录及记载事迹诸书，皆当搜罗藏弆。异日《明史》告成，新史与诸书俾得并观，以俟天下后世之公论焉。"（《圣训》）

[译文]

康熙三十一年（1692），圣祖皇帝吩咐大学士等说："以前纂修《明史》的各位大臣，将他们所撰的本纪、列传数卷进呈御览。我详细披阅，并命令熊赐履进行校勘。熊赐履对于洪武、宣德本纪，批评很多。我想洪武皇帝是开国君主，功德隆盛；宣德皇帝是守成贤君，虽然时代不同，事情各异，但都以励精图治著名一时，其谋略与功业垂于后世。作为君主，其事业均可谓恪尽其职分。我也是一代之主，锐意图治，朝夕不敢懈怠，日理万机，孜孜勤勉，以期达到盛世之治。至于说将前代贤明君主搜求其缺漏，议论其是非，实在没有这个意思。我对于古代的圣贤君主，还不能达到，如何敢轻易议论前代的贤君呢？如果说表彰洪武、宣德皇帝，撰写论赞，我还可以指点各位大臣，大大加以称颂。倘若过分苛求、尖锐批评，就不是我所忍心做的。至于开国佐命诸臣，各自功绩卓著，列传内记录文臣事迹好于武臣，但议论失于公平，难以成为信史。纂修史书，虽然是史官的职责，但在我在位之时修成此书，稍有不妥，必将归咎于我。明代实录以及其他记载事迹的文献，都应当搜罗收藏。他日《明史》完成后，新的史书可以与原有文献并观，以等待天下后世的公论。"

康熙三十三年，圣祖命大学士等于翰林官员内，如有长于文章、学问超卓者具奏。大学士等奏曰："徐乾学①、王鸿绪、高士奇、韩菼②文章诗赋，颇为优长。又进士唐孙华③长于诗赋，文章不佳。"圣祖召唐孙华考试，谕大学士等曰："观唐孙华文学实优，但字不甚佳。著额外授为礼部主事，令于翰林院行走。"大学士等奏曰："《三朝国史》、《典训》、《一统志》、《明史》，尚未成书，徐乾学、王鸿绪、高士奇、韩菼等在籍皆文章素优之人，若召令各纂一书，书可速成。"圣祖曰："徐乾学等，著来京修书。徐乾学之弟徐秉义学问亦优，并著来京。韩菼原系内阁学士，告假回籍，不便与曾经处分之人一体取来修书，著以原官召取来京。"（《东华录》）

[注释]

①徐乾学（1631—1694）：字原一，号健庵，昆山人，康熙九年（1670）探花，授编修，历官内阁学士、左都御史、刑部尚书、修书总裁官等。②韩菼（1637—1705）：字元少，长洲人，康熙十二年（1673）状元，历官翰林编修、礼部侍郎、礼部右侍郎、礼部尚书兼翰林院掌院学士。③唐孙华（1634—1723）：字实君，太仓人，康熙二十七年（1688）进士，官礼部主事、浙江乡试副考官，后因事落职，归隐不出。

[译文]

康熙三十三年（1694），圣祖皇帝命令大学士等在翰林院官员之中，如果有擅长文章写作、学问超拔的人，上疏具奏。大学士等上奏说："徐乾学、王鸿绪、高士奇、韩菼文章诗赋，颇为优长。另外进士唐孙华长于诗赋，文章不怎么好。"圣祖皇帝召见唐孙华进行考试，吩咐大学士等说："我观察唐孙华的文学实际上很好，只是书法不很好。诏令额外补授礼部主事，让他在翰林院行走。"大学士等上奏说："《三朝国史》、《典训》、《一统志》、《明史》都尚未成书，徐乾学、王鸿绪、高士奇、韩菼等现在在原籍的文章优异的文人，如果召来各自分工编纂一书，就可以快些完成。"圣祖皇帝说："徐乾学等人奉诏令来京纂修图书。徐乾学之弟徐秉义学问也很好,一并来京。韩菼原来是内阁学士,请假回到原籍,不便与曾经受过处分的人一起召来修书,诏令他以原来官职来京。"

是年,圣祖谕大学士等曰:"《明史》关系极大,必使后人心服乃佳。《宋史》成于元,《元史》成于明,其中是非失实者多,是以至今人心不服。有明二百余年,其流风善政,诚不可枚举。今之史官,或执己见者有之,或据传闻者有之,或用稗史者亦有之,任意妄作,此书何能尽善?孔子,圣人也。犹言:'知我者其惟《春秋》乎,罪我者其惟《春秋》乎!'①孟子又言:'尽信书,则不如无书。'②当今之世,用人行政,规模法度之是非,朕当自任,无容他诿。若《明史》之中稍有一不当,后人将归责于朕,不可轻忽也。是以朕为《明史》作文一篇,尔等可晓谕九卿大臣。"

御制文曰:"朕四十余年孜孜求治,凡一事不妥,即归罪于朕,未尝一时不自责也。清夜自问,移风易俗未能也,躬行实践未能也,知人安民未能也,家给人足未能也,柔远能迩未能也,治臻上理未能也,言行相顾未能也。自觉愧汗,何暇论《明史》之是非乎?况有明以来,二百余年,流风善政,岂能枚举?其中史官舞文杜撰,颠倒是非者,概难凭信。元人修《宋史》,明人修《元史》,至今人心不服,议论多歧者,非前鉴耶?朕实无学,每读朱子之书,见'相古先民,学以为己,今也不然,为人而已'之句,罔不心悦诚服。又读孟子'尽信书,则不如无书',益见史官上古不免讹传,况今人乎?班马异同,《左》、《国》浮华,古人以为定论。孔子至圣,作《春秋》有'知我'、'罪我'之叹。后世万倍不及者,轻浮浅陋,妄自笔削,自以为是。朕观凡天下读书者，皆能分辨古人之是非，至问以时事人品，不能一字相答。非曰'从来不与人往来'，即曰'不能深知'。夫目前之事，作官之道，尚茫然不知，而于千百年前无不洞悉，何得昧于当世，而明于论古？岂非远者明而近者暗乎？所以责人重者责己轻，君子不取也。《明史》不可不成，公论不可不采，是非不可不明，人心不可不服，关系甚巨。条目甚繁，朕日理万机，精神有限，不能逐一细览。即敢轻定是非，后有公论者，必归罪于朕躬。朕不畏当时而畏后人，不重文章而重良心者此也。卿等皆老学素望，名重一时。《明史》之是非，自有烛见，卿等众意为是，即是也。刊而行之，偶有斟酌，公同再议，朕无一字可定，亦无识见，所以坚辞以示不能也。"（《圣训》、《东华录》七十四）

[注释]

①知我者其惟《春秋》乎，罪我者其惟《春秋》乎：语出《孟子·滕文公下》。②尽信书，则不如无书：语出《孟子·尽心下》。

[译文]

这一年（康熙四十三年，1704），圣祖皇帝吩咐大学士等说："编修《明史》关系极大，一定要使得后人心服，才可以称得上好。《宋史》成于元代，《元史》成于明初，其中是非失实之处很多，因此至今人心不服。有明一代二百多年，其流风余韵，善政良规，的确不可枚举。如今的史官，有的固执己见，有的根据传闻，也有的使用稗史资料，任意妄作，这样修书怎么能够尽善尽美呢？孔子，作为圣人，还说过：了解我的人可能就通过《春秋》这部书，归罪我的人也可能通过《春秋》这部书。孟子也说过：完全相信书，还不如没有书。当今的世界，用人行政、规模法度的是非，我应当自己担当，不能推诿别人。如果《明史》之中稍有一些不当之处，后人也将归咎于我，不可轻易忽视。因此我对于《明史》专门写了一篇文章，你们可以晓谕九卿大臣知道。"

御撰文章写道："我四十余年孜孜求治，凡有一事不妥，即会归罪于我，所以我未尝一时不加以自责。清静的夜晚我扪心自问，移风易俗，未能做到；躬行实践，未能做到；知人安民，未能做到；家给人足，未能做到；柔远能迩，未能做到；治臻上理，未能做到；言行相顾，未能做到。自觉惭愧汗颜，哪里有工夫讨论《明史》的是非呢？何况有明以来二百余年，流风余韵，善政良规，岂可枚举？其中史官舞文弄墨，随意杜撰，颠倒是非的，一概难以凭信。元人纂修《宋史》，明人纂修《元史》，至今令人心有不服，议论多有歧义，难道不是前车之鉴吗？我实在没有学问，每每阅读朱子的书，看到'看看古代先民，都是为自己立身存心而学，如今却不然，只是学给人看罢了'的句子，无不心悦诚服。又读到孟子说的'完全相信书，就还不如没有书'，更可见史官关于上古的记载不免以讹传讹，何况今人呢？班固《汉书》、司马迁《史记》的异同，《左传》、《国语》言词浮华，古人都以为是定论。孔子作为至圣先师，作《春秋》还有'知我'、'罪我'的感叹。后世万倍不及的人，轻浮浅陋，妄自记录和删削，自以为是。我观察凡是天下读书人，都能够分辨古人的是非，至于问到当时的事件人品，就不能以一字作答，不是说从来不与人家往来，就是说不能深入了解。目前之事，做官之道，尚且茫然不知，对于千百年前却能够洞悉无遗，为什么昧于当代却明于古代呢？难道是遥远的事情明白而近前的事情幽暗吗？因此，苛责于人却轻责于己，君子不会这样做。《明史》不可不完成，公论也不可不采纳，是非不可不明断，人心不可使不服，关系很大。纂修的条目很繁多，我日理万机，精力有限，不可能逐一仔细阅览。这样就敢轻易决定是非，后世的公论，一定会归罪于我。我不畏惧当世的议论，却畏惧后人的公论，不注重文章而注重良心，就是这个缘故。你们都是饱学之士，威望素著，名重一时。《明史》的是非，自有真知灼见，你们大家认为正确也就正确了。刊刻行世，偶尔有所斟酌，再共同讨论，我没有一字可以钦定，也没有什么识见，所以坚决推辞以表示不能胜任。"

康熙四十九年，圣祖谕大学士陈廷敬等曰："朕留意典籍，编定群书。比年以来，如《朱子全书》、《佩文韵府》[①]、《渊鉴类函》[②]、《广群芳谱》[③]，并其余各书，悉皆修纂，次第告成。至于字学，并关切要，允宜酌订一书。《字汇》[④]失之简略，《正字通》[⑤]涉于泛滥。兼之四方风土不同，南北声音各异。司马光《类编》[⑥]，分部或有未明，沈约之声韵，后人不无訾议。《洪武正韵》[⑦]虽多驳辨，迄不能行，仍依沈约之韵[⑧]。朕尝参阅诸书，究心考证，凡蒙古、西域、洋外诸国，多从字母而来，音由地殊，难以牵引。大抵天地之元音，发于人声，人声之象形，寄于点画。今欲详略得中，归于至当，增《字汇》之阙遗，删《正字通》之繁冗，勒为成书，垂示永久。尔等酌议式例具奏。"（《圣训》）

[注释]

[①]《佩文韵府》：二百一十二卷，清张玉书等奉敕撰，康熙五十年（1711）成书，乃分韵编排的辞书。[②]《渊鉴类函》：四百五十卷，分四十三部，清张英等奉敕撰，康熙四十九年（1710）成书。[③]《广群芳谱》：一百卷，清汪灏等奉敕在明王象晋《群芳谱》基础上改编、刊正、增益而成，康熙四十七年（1708）成书。[④]《字汇》：明梅鼎祚撰，分十二集，二百一十四部，收三万三千一百七十九字。[⑤]《正字通》：十二卷，明张自烈撰，在《字汇》基础上有所修订，但征引过于庞杂，释义亦有穿凿之处。[⑥]《类编》：一作《类篇》，十五卷，五百四十部，收五万三千一百六十五字。旧题司马光撰，实为王洙、胡宿等撰，司马光奏进。[⑦]《洪武正韵》：十六卷，明乐韶凤、宋濂等奉敕编撰。[⑧]沈约之韵：指南朝梁著名史学家、文学家沈约所撰

《四声韵谱》，又名《四声》、《四声韵》、《四声谱》、《四声类谱》。

[译文]

康熙四十九年（1710），圣祖皇帝吩咐大学士陈廷敬等说："我留意典籍，编纂完成群书。多年以来，所编纂的图书如《朱子全书》、《佩文韵府》、《渊鉴类函》、《广群芳谱》，还有其余各种书籍，都一一修撰，以次告成。至于文字之学，也关系切要，应当斟酌编订一本书。原有的《字汇》一书失之简略，《正字通》则失之过滥。再加上四方风俗习惯不同，南北各地声音各异。宋代司马光所编的《类编》，部首分类有的还不分明；南朝梁沈约的《四声韵谱》，后人也不无訾议。明朝的《洪武正韵》虽然多有批驳辩论，但迄今仍不能通行，还要依据沈约的《四声韵谱》。我曾经参阅各种书籍，精心考证，大凡蒙古、西域以及外洋各国的文字，多从字母而来，发音也因地域不同而有差别，难以征引参考。大体说来，天地之间的天籁之音，发于人的声音，人的声音象形成为文字，则寄托于点画部首。如今要想详略得其适中，最终归于至当，可以增补《字汇》的缺漏，删节《正字通》的烦琐冗杂，编烦成书，以便垂示永久。你们斟酌议论其体例，上疏具奏。"

佩文、渊鉴二斋，皆皇祖几余典学之所，屡命词臣纂辑诸书刊行，嘉惠万世。书成，所冠以二斋之名。所编纂有《周易折中》[1]、《诗书春秋传说汇纂》[2]、《日讲四书五经》[3]、《通鉴解义》[4]、《历代年表》[5]、《皇舆表》[6]、《子史精华》[7]、《性理精义》[8]、《朱子全书》、《月令辑要》[9]、《康熙字典》[10]、《音韵阐微》[11]、《渊鉴斋古文选》[12]、《历代赋汇》[13]、《全唐诗》[14]、《四朝诗》[15]、《全金诗》[16]、《咏物诗》[17]、《题画诗》[18]、《历代诗余》[19]、《词谱》[20]、《渊鉴类函》、《佩文韵府》、《骈字类编》[21]、《分类字锦》[22]、《书画谱》[23]、《广群芳谱》各种。每呈乙览，并经钦定。

而《资治通鉴纲目》则圣祖御批也。又以载籍极博,浩如渊海,命廷臣仿古人左图右史之义,分类编次,合成一书。为编六、典三十有二、部六千一百有九,名之曰《古今图书集成》。刻为铜字,排板印行。计一万卷,装为五百函。征引之富,卷帙之多,考核之精,皆从古所未有也。(《高宗御制全韵诗注》)

[注释]

①《周易折中》:二十二卷,一名《御纂周易折中》,李光地等奉敕撰。②《诗书春秋传说汇纂》:三十八卷,王掞等奉敕撰,康熙三十八年(1699)成书。③《日讲四书五经》:当为《日讲四书解义》、《日讲书经解义》、《日讲礼记解义》、《日讲诗经解义》、《日讲春秋解义》等的通称。④《通鉴解义》:即《日讲通鉴解义》,详见前文。⑤《历代年表》:即《历代纪事年表》一卷,康熙五十一年(1712)成书。⑥《皇舆表》:十六卷,喇沙里等奉敕编纂,康熙四十三年(1704)武英殿刻本。⑦《子史精华》:一百六十卷,允禄等奉敕编纂,类书。⑧《性理精义》:十二卷,李光地等奉敕编纂,取胡广《性理大全》删繁就简,存其纲要,诠解详注。康熙五十四年(1715)武英殿刻本。⑨《月令辑要》:二十四卷,图说一卷,在冯应京《月令广义》基础上增减而成,康熙五十四年(1715)武英殿刻本。⑩《康熙字典》:张玉书、陈廷敬奉敕编纂,是收录汉字最多的古代字典,也是历史上第一部以字典命名的辞书。康熙五十五年(1716)武英殿刻本。⑪《音韵阐微》:十八卷,李光地等奉敕编纂,雍正六年(1728)武英殿刻本。⑫《渊鉴斋古文选》:六十四卷,一名《御制古文渊鉴》,徐乾学等奉敕编纂,康熙四十九年(1710)内府五色套印本。⑬《历代赋汇》:一百八十四卷,陈元龙奉敕编纂,我国第一部赋体文学总集。⑭《全唐诗》:九百卷,彭定求等奉敕编纂,康熙四十六年(1707)扬州书局刻本。⑮《四朝诗》:一名《御选宋金元明四朝诗》,三百十七卷,张豫章等奉敕编纂,康熙四十八年(1709)武英殿刻本。⑯《全金诗》:一名《御订全金诗增补中州集》,七十四卷,郭元釪编,康熙五十年(1711)内府刻本。⑰《咏物诗》:即《御定咏物诗选》,一名《御定佩文斋咏物诗选》,四百八十六卷,康熙四十五年(1706)内府刻本。⑱《题画诗》:即《御定历代题画诗类》,一百二十卷,陈邦彦奉敕编纂,康熙四十六年

（1707）刻本。⑲《历代诗余》：一百二十卷，沈辰垣等奉敕编纂，康熙四十六年（1707）刻本。⑳《词谱》：即《钦定词谱》四十卷，陈廷敬等奉敕编纂，康熙五十四（1715）年刻本。㉑《骈字类编》：二百四十卷，沈宗敬等奉敕编纂。㉒《分类字锦》：即《御定分类字锦》六十四卷，何焯奉敕编纂，康熙六十一年（1722）刻本。㉓《书画谱》：即《佩文斋书画谱》一百卷，王原祁等奉敕编纂，康熙四十七年（1708）内府刻本。

[译文]

佩文斋和渊鉴斋，都是皇祖父（即康熙皇帝）日理万机之余暇致力于学问的场所。他曾经在这里多次命令词臣编纂汇辑各种书籍，刊刻行世，嘉惠后代。书籍编纂完成后，往往冠以佩文斋、渊鉴斋之名。所编纂的图书有《周易折中》、《诗书春秋传说汇纂》、《日讲四书五经》、《通鉴解义》、《历代年表》、《皇舆表》、《子史精华》、《性理精义》、《朱子全书》、《月令辑要》、《康熙字典》、《音韵阐微》、《渊鉴斋古文选》、《历代赋汇》、《全唐诗》、《四朝诗》、《全金诗》、《咏物诗》、《题画诗》、《历代诗余》、《词谱》、《渊鉴类函》、《佩文韵府》、《骈字类编》、《分类字锦》、《书画谱》、《广群芳谱》等多种。每每进呈御览，并经过皇上钦定。而《资治通鉴纲目》则是圣祖皇帝御笔批评的。另外，因为文献典籍极其广博，浩如渊海，命令朝廷诸臣仿效古人左图右史的意思，分类编排合成一部类书，分为六编、三十二典、六千一百零九部，命名为《古今图书集成》，刻成铜活字，排版印行，共计一万卷，装订为五百函。其征引之繁富，卷帙之浩繁，考核之精审，都是自古以来所没有过的。

《训》曰："书法为六艺之一，而游艺为圣学之成功，以其为心体所寓也。朕自幼嗜书法，凡见古人墨迹，必临一过。所临之条幅手卷，将及万余，赏赐人者不下数千。天下有名庙宇禅林，无一处无朕御书匾额，约计其数亦有千余。大概书法，心正则笔正，书大字如小字，此正古人所谓'心正气和，掌虚指实，得之于心而应之于手也'。"

[译文]

圣祖皇帝《庭训格言》写道："书法是儒家传统的六艺之一，而置身于六艺之中则是圣人之学的成功，因为它能使人的身心有所寄托。我自幼爱好书法，只要见到古人的墨迹，就必定要临摹一遍。我所临摹过的条幅、手卷已经有一万多件了，赏赐给人的也不下数千件。天下有名的庙宇禅林，没有一处没有我的御书匾额，大约估计其数量，也一千有余了。大概练习书法，心正则笔正，写大字就像写小字一样，这正是古人所说的心正则气和，掌心空虚而手指力实，得之于心，而使之于手。"

康熙政要卷十八

论舆地学第三十

康熙五十年，圣祖谕大学士等曰："天上度数，俱与地之宽大吻合。以周时之尺算之，天上一度，即有地下二百五十里，以今时之尺算之，天上一度，即有地下二百里。自古以来，绘舆图者，俱不依照天上之度数，以推算地里之远近，故差误者多。朕前特差能算善画之人，将东北一带山川地里，俱照天上度数推算，详加绘图视之。混同江①自长白山后流出，由船厂、打牲乌喇向东北流，会于黑龙江入海，此皆系中国地方。鸭绿江自长白山东南流出，向西南而往，由凤凰城，朝鲜国义州、两间流入于海。鸭绿江之西北系中国地方，江之东南系朝鲜地方，以江为界。图们江自长白山东边流出，向东南流入于海。图们江西南系朝鲜地方，江之东北系中国地方，亦以江为界，此处俱已明白。但鸭绿江、图们江二江之间地方，知之不明。即遣部员二人往凤凰城，会审朝鲜人李万枝事②，又派打牲乌喇总管穆克登③同往。

伊等请训旨时，朕曾密谕云：'尔等此去，并可查看地方，同朝鲜官沿江而上。如中国所属地方可行，即同朝鲜官在中国所属地方行；或中国所属地方有阻隔不通处，尔等俱在朝鲜所属地方行。乘此便至极尽处，详加阅视，务将边界查明来奏。'想伊等由彼起程前往矣，此番地方情形，庶得明白。"（《圣训》）

[注释]

①混同江：是松花江流入黑龙江后两江汇合浩荡东去的一段大江，江面上北黑南黄泾渭分明，双色争流，颇称奇丽。这里指松花江。②李万枝事：康熙四十九年（1710）十一月，朝鲜平安道渭源人李万枝等九人"乘夜越境入采参，幕中扑杀清人五人，掠其参货"。为此双方合勘边界线，并立碑为记。③穆克登（1664—1735）：富察氏，满洲镶黄旗人，由侍卫历任打牲乌喇总管、吉林副都统、前锋统领、内务府大臣等。

[译文]

康熙五十年（1711），圣祖皇帝吩咐大学士等说："天上的度数，都与大地的宽大相吻合。以周代的尺度计算，天上一度，就是地下二百五十里；以今日的尺度计算，天上一度，就是地下二百里。自古以来，绘制舆图的人，都不按照天上的度数，来推算地下道路的远近，所以错误很多。我以前特地派遣擅长计算和绘画的人，将东北一带的山川道路，都按照天上度数加以推算，详加绘图来观看。松花江从长白山流出后，经过船厂、打牲乌喇向东北流去，汇入黑龙江入海，这些都是中国的固有领土。鸭绿江从长白山东南流出，向西南而去，经过凤凰城，朝鲜国的义州、两间流入大海。鸭绿江的西北是中国的领土，东南是朝鲜的领土，以江水为界。图们江从长白山东边流出，向东南流入大海。图们江的西南是朝鲜的领土，东北是中国的领土，也以江水为界，此处都已经明确；但鸭绿江、图们江之间的地方，却知道得不够明确。当即派遣部员二人前往凤凰城，会审朝鲜人李万枝的事情，又派打牲乌喇总管穆克登等一同前往。他们请旨时，我曾经秘密谕令说：'你们这次去，可以一并查看地方情形，同朝鲜官员沿江而上。如果中国所属地方可以行走，就同朝鲜官员在中国所属地方行走；间或中国所属地方有山河阻隔不通的地方，你们都可以在朝鲜所属地方行走。乘着这次的方便可以到达极尽之处，详细观察巡视，务必将两国边界查明来奏。'想必他们已经从该处起程前往了，此番地方情形，差不多可以得以明白。"

康熙五十八年，圣祖谕内阁学士蒋廷锡曰："《皇舆全览图》①，朕费三十余年心力，始得告成。山脉水道，俱与《禹贡》相合。尔将此全图并分省之图，与九卿细看，倘有不合之处，九卿有知者，即便指出。看过后面奏。"

御制《皇舆表序》曰："粤稽古皇，统一海宇。画疆经野，建立万国，以作民极②。故《周礼》土地之图，掌于司徒，隶于小宰。而《左传》称'左史倚相，能诵八索九丘'③。孔安国曰：'九丘者，九州之志也。'《史记》载萧何入关，收秦图籍，高帝以故具知天下阨塞。是可见有国家者，封域之广狭，郡邑之兴废，固不可不务远稽而近考也。朕尝博观群史，上溯源流。高辛创立九州，虞帝分为十二。周初职方以统九服，保章以辨分星。胙土列爵，天下井如。秦兼并六国，罢封建，置郡县。先王之制，至秦而一变矣，自是一统之盛。汉、隋、唐、宋、元、明制度递有更革。汉曰十三部，唐曰十五道，宋曰十五路，隋则改州为郡，元则以路隶省，明则革省置司。其都邑变迁，纷纭郁翳。或地存而名亡；或名同而地异；或地析而民散，莫可纪极。他若三国、六朝、五代，幅员既隘，升改寄置，尤为烦冗矣。朕因是简命儒臣，仿史家年表法，以本朝府、州、县之名为经，弁于其首。自唐虞以迄有明之地，与郡国州县为纬，分别其下。朕复亲加裁订，以详以核。古今舆制，灿若星辰之罗于天，历历可数也。爰命曰《皇舆表》。若夫土宇之广，北越沙漠，南逾沧溟，开辟以来，未列版图者，咸归籍内附。以古无其名，故斯表亦不能悉载焉。虽然，是宁独讨论之助云尔哉？《传》曰：'有德此有人，有人此有土。'④《诗》曰：'圣敬日跻，昭格迟迟。上帝是祗，帝命式于九围。'⑤则抚斯表也。朕敢不益博大厥德，以膺兹孔厚之版章欤？是为序。"（《圣训》、《御制文集》）

[注释]

①《皇舆全览图》：清代全国地图集，也是我国第一次经过大规模实地勘测、用科学方法绘制的地图。康熙五十六年（1717）木刻版，总图一幅、分图二十八幅；五十八年铜活字版，四十一图；后陆续增加省、府分图，达二百二十七幅。②以作民极：语出《尚书·君奭》："前人敷乃心，乃悉命汝，作汝民极。"③左史倚相，能诵八索九丘：语出《左传·昭公十二年》。④有德此有人，有人此有土：语出《礼记·大学》："有德此有人，有人此有土，有土此有财，有财此有用。"⑤"圣敬日跻"四句：语出《诗经·商颂·长发》。

[译文]

康熙五十八年（1719），圣祖皇帝吩咐内阁学士蒋廷锡说："编撰《皇舆全览图》，我花费了三十余年的心力，才得以完成。其中的山脉水道，都与《尚书·禹贡》的记载相吻合。你将此全图以及分省的地图交给九卿详细观看，倘若有不合实际之处，九卿知道的，即便指出来。请你们看过后当面陈奏。"

御撰《皇舆表序》写道："考察古代帝王，统一海内，划分疆域，建立各个诸侯国，为人民建立法则。因此《周礼》土地之图，由司徒掌管，隶属于小宰。而《左传》称：'楚国的左史倚相，能够读懂八索和九丘。'孔安国《尚书序》说：'九丘，是九州的地志。'《史记》记载萧何进入关中，收集秦朝的图籍，汉高祖因此而知晓天下的地理形势。由此可见拥有国家政权的人，对于疆域的广狭，郡邑的兴废，原本不可不加以远近考察。我曾经博览各种史籍，追溯源流。帝喾高辛氏创立天下九州，虞舜划分天下为十二州。周初以职方掌天下地图、主四方贡物，统御京城以外按远近所分的九服之地，以保章掌天星变动，分辨天上十二星辰与地上州、国位置的对应分野。分赐土地、分封爵位，使得天下井然有序。秦朝兼并六国，废除封藩建国制度，设置郡县。古圣先王的制度，到秦朝发生了一次大的变革，从此开创了天下一统的盛世。汉、隋、唐、宋、元、明各朝制度不断有所变革。汉朝分为十三部，唐朝叫做十五道，宋朝叫做十五路，隋朝改州为郡，元朝改路为省，明朝则沿袭元朝设置布政使司。其都城的变迁，也纷纭复杂、晦暗难明。有的是地方尚存而名称消亡，有的是名称相同而地方各异，有的是地方分置而人民散亡，无法记载考察清楚。其他如三国、六朝、五代时期，幅员已经很小，地方建置的升级、改名、侨置寄寓等，尤其纷繁复杂了。我因此选拔任命儒臣，仿照史学年表的制作方法，以我朝的府、州、县名为经，置于书前。以唐尧、虞舜时代一直到明朝的疆域及郡、国、州、县的设置为纬，分别列于其下。我又亲自加以裁定，详细考察审核。古今的舆地之制，就像是分布于广袤天穹之上的灿烂星辰，历历可数。于是命名为《皇舆表》。至于土地之广，北方越过沙漠，南方越过海洋，自从开天辟地以来，没有列入版图的地方，全部归入版图。有些地方因为自古以来没有其名，所以本表也不能全部记录下来。即使这样，这个《皇舆表》难道仅仅是讨论之助吗？《大学》上说：'有了美德，就会拥有民众；有了民众，就会拥有土地。'《诗经》上说：'明达谨慎与日俱升，诚敬祈祷久久不息，恭敬地对待上帝，上帝命商汤称王天下，作为九州的观瞻。'那么，手捧这个《皇舆表》，我怎么敢不更加博大其德，以接受这个广大而深厚的版图呢？以此作为序言。"

康熙五十九年，圣祖谕大学士、学士、九卿等曰："朕于地理从幼留心，凡古今山川名号，无论边徼遐荒，必详考图籍，广询方言，务得其正。故遣使臣至昆仑、西番诸处，凡大江、黄河、黑水、金沙、澜沧诸水发源之地，皆目击详求，载入舆图。今大兵得藏，边外诸番悉心归化，三藏阿里之地，俱入版图。其山川名号，番汉异同，当于此时考证明核，庶可传信于后。大概中国诸大水，皆发于东南大干内外，其源委可得而缕析也。"

黄河之源，出西宁外枯尔坤山之东，众泉涣散，不可胜数，望之灿如列星。蒙古谓之敖敦他拉。西番谓之梭罗木，译言星宿海也。是为河源，汇为查灵、鄂灵二湖。东南行，折北复东行，由归德堡、积石关入兰州。

岷江之源，出于黄河之西，巴颜哈拉岭七七勒哈纳。番名岷捏撮，《汉书》所谓"岷山在西徼外，江水所出"是也。而《禹贡》导江之处在今四川黄胜关外乃褚山。古人谓江源与河源相近，《禹贡》"岷山导江"，乃引其流，非源也。斯言实有可据。其水自黄胜关流入至灌县，分数十支，至新津县复合而为一，东南流至叙州府，金沙江入之。

金沙江之源，自达赖喇嘛东北乌捏乌苏流出。乌捏乌苏，译言乳牛山也。其水名母鲁乌苏，东南流入喀木地。又东南流经中甸，入云南塔城关，名金沙江。至丽江府，又名丽江。至永北府会打冲河，东流迳武定府，入四川界。至叙州府合岷江，流迳夔州府入湖广界。由荆州府至武昌府，与汉江合。

汉江源出陕西宁羌州北嶓冢山，名漾水。东流至南郑县为汉水，入湖广界。东南流至汉阳县汉口合岷江。此诸水在东南大干之内，故源发于西番，委入于中国也。

澜沧江有二源，一源于喀木之格尔几杂噶尔山，名杂褚河；一源于喀木之济鲁肯他拉，名敖母褚河。二水会于叉木多庙之南，名拉克褚河，流入云南境为澜沧江。南流至车里宣抚司，名九龙江，流入缅国。澜沧之西为哈拉乌苏，即《禹贡》之黑水，今云南所谓潞江也。其水自达赖喇嘛东北哈拉脑儿流出，东南流入喀木界。又东南流入怒夷界，为怒江，入云南大塘隘，更名潞江。南流迳永昌府潞江安抚司境，入缅国。

潞江之西为龙川江。龙川江之源，从喀木所属春多岭流出。南流入云南大塘隘，西流为龙川江，至汉龙关入缅国。此诸水在东南大干之外，皆流入南海也。

又云南边境有槟榔江者，其发源自阿里之冈底斯东阿母朱喀巴珀山，译言马口也。有泉流出为牙母藏布江，从南折东流迳藏危地，过日噶公噶儿城，傍合噶尔诏母伦江。又南流迳公布部落地，入云南古勇州为槟榔江，出铁壁关入缅国。而冈底斯之南，有山名郎干喀巴珀，译言象口也。有泉流出，入马品母达赖脑儿，又流入郎噶脑儿。两河之水西流至桑纳地。冈底斯之北，有山名僧格喀巴珀，译言狮子口也。有泉流出西行，亦至桑纳地。二水合而南行，又折东行至那克拉苏母多地，与冈底斯西马珀家喀巴珀山所出之水会。马珀家喀巴珀者，译言孔雀口也。其水南行至那克拉苏母多地，会东行之水，东南流至厄纳忒克国。为冈噶母伦江。即佛法所谓恒河也。《佛国记》[1]载，魏法显顺恒河入南海，至山东之渤海入口，应即此水矣。梵书[2]言："四大水出于阿耨达山，下有阿耨达池。"以今考之，意即冈底斯。是唐古特称冈底斯者，犹云众山水之根，与释典之言相合。冈底斯之前有二湖连接，土人相传为西王母瑶池，意即阿耨达池也。

又梵书言，普陀山有三，一在厄纳忒克之正南海中，山上有石天宫观自在菩萨游舍，是乃真普陀；一在浙江之定海县海中，为善财第二十八参观音菩萨说法处；一在土伯特，今番名布达拉山也，亦为观音化见之地。释氏之书，本自西域，故于彼地山川，颇可引为据也。

《禹贡》："导黑水至于三危。"旧注以三危为山名，而不能知其所在。朕今始考其实。三危者，犹中国之三省也。打箭炉之西南，达赖喇嘛所属拉里城之东南为喀木地，达赖喇嘛所属为危地，班禅额尔德尼所属为藏地，合三地为三危耳。哈拉乌苏由其地入海，故曰"导黑水至于三危入于南海也"。至于诸番名号，虽与史传不同，而亦有可据者。今之土伯特即唐之突厥。唐太宗时以公主下降，公主供佛像于庙，今番人名招招者，译言如来也。其地犹有唐时中国载去佛像。明成化中乌斯藏大宝法王来朝，辞归时，以半驾卤簿送之。遣内监护行，内监至四川边境，即不能前进而返。留其仪仗于佛庙，至今往来之人，多有见之。此载于《明实录》者。尔等将山川地名详细改正具奏。（《圣训》）

[注释]

①《佛国记》：一卷，又名《历游天竺记》、《释法显行传》、《法显传》等，东晋法显撰，记述作者从长安出发，度流沙，逾葱岭，遍游西天竺、中天竺、东天竺，从海上回国的行程及见闻。成书于义熙十二年（416）。②梵书：用梵语写成的古印度宗教文献，是婆罗门教和印度教的圣典吠陀的一部分，一译作净行书。

[译文]

康熙五十九年（1720），圣祖皇帝吩咐大学士、学士、九卿等说："我对于地理，从小就留心，凡是古今山川的名号，就算是边疆蛮荒之地，也一定详细考察图籍，广泛咨询方言，务必得其正源。因此派遣使臣到昆仑山、西番等地，凡是长江、黄河、黑水、金沙江、澜沧江各水的发源之地，都亲临考察，详加探求，记录于舆图之中。如今大军平定西藏，边外诸蕃都悉心归顺教化，前中后三藏和阿里地区全部并入版图。各地山川名号，番汉异同，都应当在此时考证审核明白，希望可以传信于后世。大体说来，中国的各条大河，都发源于东南大干内外，其原委可以条分缕析明白。"

黄河的源头，出于西宁外枯尔坤山的东面，很多泉源分布涣散，不可胜数，远远望去好像天上星辰光明灿烂，蒙古族称为敖敦他拉，西番称为梭罗木，翻译成汉语就是星宿海。这就是黄河之源，汇集成查灵、鄂灵两个湖。然后水流向东南行，折而向北，又向东行，由归德堡、积石关进入兰州。

岷江的源头，出于黄河的西面，巴颜哈拉岭的七七勒哈纳，番名叫做岷捏撮。《汉书》所说的"岷江在西部边陲之外，是长江水源所出的地方"，指的就是这里。而《禹贡》所记载的疏导长江之处，在今天的四川黄胜关外乃𥥆山。古人认为长江源头与黄河源头相近，《尚书·禹贡》上说的"疏导长江从岷山开始"，乃是引其流，而不是其源头。这话实际上有其依据。其水从黄胜关流入到灌县，分为数十支，到新津县又合而为一，向东南流到叙州府，金沙江汇入。

金沙江的源头，从达赖喇嘛所属西藏地区的东北部乌捏乌苏流出。乌捏乌苏，汉语翻译叫做乳牛山。其水名叫母鲁乌苏，向东南流入喀木地。又向东南流经中甸，进入云南塔城关，叫做金沙江。流经丽江府，又叫做丽江。流经永北府，与打冲河汇合，向东流经武定府，入今日四川境内。流经叙州府，汇入岷江；流经夔州府，进入湖广界。从荆州府到武昌府，与汉江汇合。

汉江的源头，出于陕西宁羌州以北的嶓冢山，叫做漾水。向东流到南郑县，叫做汉水，进入湖广界。向东南流到汉阳县的汉口镇与岷江汇合。这几条河在东南大干之内，所以发源于西番，迂回流入中国。

澜沧江有两个源头，一个源于喀木的格尔几杂噶尔山，名叫杂褚河；另一个源于喀木的济鲁肯他拉，叫做敖母褚河。这两条河在叉木多庙的南面汇合，叫做拉克褚河，流入云南境内就叫做澜沧江。澜沧江南流到车里宣抚司，改名叫做九龙江，最后流入缅甸国。澜沧江的西面是哈拉乌苏，也就是《禹贡》所说的黑水，即现在云南的潞江。其水从达赖喇嘛所属西藏东北部哈拉湖流出，向东南流入喀木界。又东南流入怒族的居住地界，叫做怒江，进入云南大塘隘，改名叫做潞江。向南流经永昌府潞江安抚司境内，流入缅甸国。

潞江的西面是龙川江。龙川江的源头，从喀木所属的春多岭流出。向南流的一支，进入云南大塘隘，向西流的一支叫做龙川江，流到汉龙关进入缅甸国。这几条河在东南大干之外，都流入南海。

另外，云南边境有一条槟榔江，其发源地在阿里地区的冈底斯以东阿母朱喀巴珀山，汉语翻译为马口。当地有清泉流出，称做牙母藏布江，向南又折向东流经藏危地，经过日噶公噶儿城，临近合噶尔诏母伦江。又向南流经公布部落地区，流入云南古勇州叫做槟榔江，流出铁壁关进入缅甸国。冈底斯的南面，有一座山叫做郎干喀巴珀，汉语翻译为象口。有清泉流出，流入马品母达赖湖，又流入郎噶湖。两条河之水向西流到桑纳地区。冈底斯的北面，有一座山叫做僧格喀巴珀，汉语翻译为狮子口。有清泉流出，向西流，也到桑纳地区。这两条河水汇合后向南流，又折而向东流到那克拉苏母多地区，与冈底斯西面马珀家喀巴珀山所流出的河水汇合。马珀家喀巴珀，汉语翻译为孔雀口。其水向南流到那克拉苏母多地区，与东流的河水汇合，向东南流到厄纳忒克国，叫做冈噶母伦江，也就是佛法中所谓的恒河。《佛国记》记载，法显顺着恒河进入南海，最后回到山东的渤海入口，所说的恒河应当就是这条河。梵书上说："四大河水出于阿耨达山，山下有阿耨达池。"以今天的考察，也就是冈底斯。这就是唐古特所称的冈底斯，其意为众多山水的根源，与佛教经典的说法相吻合。冈底斯之前有两个湖相连接，当地土著人传说为西王母的瑶池，也就是阿耨达池。

另外，梵书上说：普陀山有三个，一个在厄纳忒克国的正南方的海中，山上有石天宫观自在菩萨游舍，这才是真正的普陀山；一个在浙江省的定海县海中，是善财童子第二十八参拜观音菩萨说法的地方；一个在土伯特，现在番名叫做布达拉山，也是观音幻化现身的地方。佛教的经典，原本来自西域，因此对于这个地方的山川，颇可引为依据。

《尚书·禹贡》上说："疏导黑水到达三危。"以往的注释认为三危是山名，却不能知晓其所在的位置。我现在才考证得其真实情况。三危，就像是中国的三省。打箭炉的西南方向，达赖喇嘛所属的拉里城的东南为喀木地方，达赖喇嘛所属地区为危地，班禅额尔德尼所属地区为藏地，三地合起来称为三危。哈拉乌苏从这里流入大海，所以说："疏导黑水到达三危，流入南海。"至于各个藩属国家的名号，虽然与史传的记载不同，但也有其可靠的依据。现在的土伯特也就是唐朝的突厥。唐太宗在位的时候以公主下嫁那里，公主建立庙宇供奉佛像，如今西番人叫做招招的，汉语翻译为如来。当地还有唐朝时期从中国运去的佛像。明朝成化年间乌斯藏大宝法王前来朝贡，辞行回去时，朝廷以半驾帝王仪仗送给他，派遣太监护送。太监到了四川边境，就不能前进而返回了，留下仪仗放在佛庙之中，至今往来的人们，大多还可以看到。这件事记载在《明实录》中。你们要将山川地名详细改正，一一陈奏。

论历算学第三十一

康熙八年，议政王等会议："南怀仁[①]奏吴明炫[②]推算历日差错之处，奉旨大学士图海等同钦天监监正马祜③，测验立春、雨水、太阴、火星、木星，与南怀仁所指逐款皆符，吴明烜所称逐款不合。应将康熙九年一应历日，交与南怀仁推算。"得旨："杨光先④前告汤若望⑤时，议政王大臣会议，以杨光先何处为是，据议准行；汤若望何处为非，辄议停止；及当日议停，今日议覆之故。不向马祜、杨光先、吴明烜、南怀仁问明详奏，乃草率议覆，不合。著再行确议。"议政王等遵旨会议："前命大臣二十员赴观象台测验南怀仁所言，逐款皆符，吴明烜所言，逐款皆错。问监正马祜，监副宜塔喇、胡振钺、李光显，亦言南怀仁历皆合天象。窃思百刻历日，虽历代行之已久，但南怀仁推算九十六刻之法，既合天象，自康熙九年始，应将九十六刻历日推行。又南怀仁言：'罗睺、计都、月孛星⑥，系推算历日所用。故开载。其紫炁星⑦无象，推算历日，并无用处，故不开载。自康熙九年始，将紫炁星不必造入《七政历》内。'又言：'候气⑧系自古以来之例，推算历法，亦无用处，嗣后亦应停止。'杨光先职司监正，历日参错，不能修理，左袒吴明烜，妄以九十六刻推算谓西洋之法，必不可用，应革职，交刑部从重议罪。"得旨："杨光先革职，从宽免交刑部。"寻授南怀仁为钦天监监副。

先是，钦天监官按古法推算，康熙八年历以十二月置闰。至是南怀仁言雨水为正月中气，是月二十九日值雨水，即为康熙九年之正月，不当置闰，置闰当在明年二月。圣祖命礼部详询，钦天监官多直南怀仁。乃罢康熙八年十二月闰，移置康熙九年二月。其节气占候，悉从南怀仁之言。（《东华录》九）

[注释]

①南怀仁（1623—1688）：比利时人，耶稣会士，顺治十五年（1658

来华,曾任钦天监监正、工部侍郎,著有《康熙永年历法》、《坤舆图说》等。②吴明烜:回回人,曾任钦天监监副。③马祜:进士出身,康熙六年(1667)任钦天监监正。④杨光先(1597—1669):字长公,歙县人,曾任钦天监监副、钦天监监正,后以鳌拜党羽被判死刑,遇赦回乡。著有《野获》等。⑤汤若望:德国科隆人,耶稣会士,1619年来华,曾供职钦天监,协助徐光启等编纂《崇祯历书》。入清掌钦天监事,后任通政使,在清初历法之争中被判死刑,由太皇太后特旨赦免,死后康熙皇帝为之平反。⑥罗睺、计都、月孛星:按照印度古天文学,太阳绕地球运行的轨道与月亮绕地球运行的轨道初交点叫罗睺,升交点叫计都。月孛星即彗星。⑦紫炁星:十一曜之一,此星无天象。⑧候气:古代以苇膜烧成灰,放在十二律管中,置于密室,以占候气。某律管中灰飞出,即表示某一节候至。

[译文]

康熙八年(1669),议政王大臣等会同讨论:"南怀仁上奏说吴明烜推算历日差错之处,奉皇上圣旨差大学士图海等会同钦天监监正马祜,测验立春、雨水、太阴(即太岁)、火星、木星,与南怀仁所指陈的各项都符合,吴明烜所称的各项都不符合。应该将康熙九年的所有日历,交给南怀仁来进行推算。"得到皇上圣旨:"杨光先以前参劾汤若望的时候,议政王大臣会同讨论,认为杨光先何处是正确的,根据讨论准许施行;汤若望何处是错误的,就讨论停止施行;当初讨论停止,今天又讨论回复的原因。不向马祜、杨光先、吴明烜、南怀仁问明情况,详加陈奏,就草率讨论回复,与理不合。诏令再行确切讨论。"议政王大臣等遵旨会同讨论:"此前命令二十名大臣到观象台测验南怀仁所言历法,各项都符合,而吴明烜所言,各项都错误。询问钦天监监正马祜,监副宜塔喇、胡振钺、李光显等,也说南怀仁所订历法都符合天象。我们想一天分为一百刻的历日,虽然历代施行了很久,但是南怀仁推算一天九十六刻的方法,既然符合天象,那么从康熙九年开始,应该将九十六刻历日加以推行。另外,南怀仁说:'太阳、月亮运行轨道的初交点罗睺、升交点计都以及彗星的出现，都是推算历日的依据，所以要记录，而紫炁星没有对应的天象，对于推算历日没有用处，所以不必记录。自康熙九年开始，将紫炁星不必列入《七政历》之内。'又说：'候气是自古以来的旧例，推算历法，也没有用处，今后也应当停止。'杨光先任职钦天监监正，历日出现差错，不能纠正，还偏袒吴明烜，企图以九十六刻推算方法作为西洋之法，必不可用，应当予以革职，交给刑部从重议罪。"得到圣旨："杨光先革职，从宽处置，免于交给刑部治罪。"不久，授予南怀仁钦天监监副之职。

此前，钦天监官员按照古法推算，康熙八年历日以十二月置闰。至此南怀仁说雨水为正月中气，正月二十九日正值雨水，即为康熙九年正月，不应当置闰，置闰应当在次年二月。圣祖皇帝命礼部详加咨询，钦天监官员大多支持南怀仁的观点，于是废除康熙八年十二月置闰，改到康熙九年二月。其节气的占候，都听从南怀仁的说法。

康熙四十一年，圣祖南巡驻跸德州，有旨取梅文鼎①书。李光地以《天学疑问》进。圣祖曰："朕留心算术多年，此事朕能决其是非。"将书留览。后二日召光地谕曰："昨所呈书甚细心，且议论亦公平。此人用力深矣。朕带回宫中细阅。"光地因求皇上亲加批驳改定，圣祖允之。

明年复南巡，于行在发回原书，中间圈点涂改及签贴批语，皆圣祖亲笔。光地复请此书疵谬所在。谕曰："无疵谬，但算法未备。"

四十四年南巡，光地以抚臣扈从。圣祖问："宣城处士梅文鼎今安在？"光地以"在臣署"对。谕之曰："朕归时汝与偕来面见。"寻光地、文鼎伏迎河干，召对御舟中。圣祖从容垂问凡三日，谓光地曰："天象算法，朕再留心此学，今鲜知者。如文鼎实仅见也。其人亦雅士，惜乎老矣。"御赐书"积学参微"四大字。明年命其孙珏成②入内廷学习。

五十三年，谕珏成曰："汝祖留心律历多年，可将《律吕正义》寄一部去令看。或有错处，可指出。夫古帝王有'都俞吁咈'四字，后来遂止有'都俞'。即朋友之间，亦不喜人规劝，此皆私意也。汝等须极力克去，则学问自然长进。可并将此意写与汝祖知之。"（《碑传集》）

[注释]

①梅文鼎（1633—1721）：字定九，号勿庵，宣城人，清初著名数学家，被誉为"历算第一名家"，著有《明史历志拟稿》、《古今历法通考》等。②珏成（1681—1763）：梅珏成，字玉汝，号循斋，梅文鼎长孙，继承家学，成为一代数学名家，奉诏主持《御制数理精蕴》，另校正《梅氏丛书辑要》、《增删算法统宗》。历官翰林编修、顺天府丞、通政使司右通政、左都御史等。

[译文]

康熙四十一年（1702），圣祖皇帝南巡驻跸德州，有圣旨命取梅文鼎的著作。李光地以《天学疑问》进呈。圣祖皇帝说："我留心算术多年，这件事我可以决定其是非。"将其书留下观览。两天后，召见李光地吩咐说："昨天你所进呈的书写得非常细心，而且议论也很公平。此人在天文历法领域用功很深。我带回官中仔细阅读。"李光地于是请求皇上亲自加以批驳改订，皇上允准。

次年，圣祖皇帝又一次南巡，在行宫发回原书，其中圈点涂改以及附加书签、贴纸、批语，都是皇上亲笔。李光地又请示此书的瑕疵、纰漏所在，圣祖皇帝说："没有瑕疵纰漏，只是算法尚未完备。"

康熙四十四年南巡，李光地作为吏部尚书兼直隶巡抚扈从。圣祖皇帝问："宣城处士梅文鼎在哪里？"李光地回答说在他的官署里。圣祖皇帝吩咐说:"我回来时你与他一起来面见。"不久,李光地、梅文鼎在河岸恭迎,在御舟中召见对答。圣祖皇帝从容垂问前后三天时间,对李光地说:"天象算法,我留心这些学问,如今很少有人通晓,像梅文鼎这样的学者堪称仅见。其人也是文雅之士,可惜年老了。"赏赐他御书"积学参微"四个大字。次年,命其孙子梅珏成进入内廷学习。

康熙五十三年,圣祖皇帝吩咐梅珏成说:"你祖父留心律历之学多年,可以将《律吕正义》寄一部让他看看。如果有差错之处,可以指出来。自古以来帝王有'都俞吁咈'四个字,后来就只有'都俞'两个字了。即使是朋友之间,也不喜欢有人规劝,这都是私心。你们必须极力加以克服,那么学问自然长进。可以一并将我的这个意见写给你祖父知道。"

康熙四十五年,李光地荐苏州府学教授陈厚耀[①]通天文算法,引见改内阁中书。圣祖试以算法,绘三角形令求中线,及问弧背尺寸,厚耀具札进。圣主命入直内廷,授编修,与梅珏成同修书。常召至御座旁,教以几何算术。

圣祖问曰:"汝能测北极出地高下否?"对曰:"遇春秋二分,用仪器测之,可得高度。若余节气,又有加减之异,然亦不准。何也?地上有濛气之差[②],以人目视之,有升卑为高,映小为大之异,故以浑仪测之多不合,惟在天度数则不差耳。"

圣祖又问:"地周三百六十度,依周尺每度二百五十里,今尺二百里。地周几何?径几何?"奏曰:"依周尺地周九万里,今尺七万二千里。以围三径一推之,地径二万四千里。以密律推之,当得地径二万二千九百一十八里有几。"

圣祖问:"地圆出何书?"对以《周髀算经》[③]曾言之。问何以将其圆也。对曰："《职方外纪》④西人言绕地过一周，四匝皆生齿所居，故知其为圆。且东西测影有时差，南北测星有地差，皆与圆形相合，故益知其为圆。"圣祖称善。(《碑传集》)

[注释]

①陈厚耀（1648—1722）：字泗源，号曙峰，泰州人，师从梅文鼎，康熙四十五年（1706）进士，历任苏州府学教授、内阁中书、翰林编修、国子监司业等。著有《借根方算法》、《算法纂法总纲》、《春秋世族谱》等。②濛气之差：即蒙气差，用望远镜观测太空星体时，星光进入大气时的真实天顶角与人在地面看到的天顶角不同，这种差异，是由于大气即行星的蒙气折射造成的，称为蒙气差。③《周髀算经》：我国流传至今的最早的一部数学、天文学著作，约成书于公元前1世纪的西汉。④《职方外纪》：明末传教士意大利人艾儒略著，介绍世界各地的文化、宗教、风土人情等。

[译文]

康熙四十五年（1706），李光地推荐苏州府学教授陈厚耀，以其精通天文算法，引见给皇上，改授内阁中书。圣祖皇帝考试其算法，画三角形让他求得中线，并问及弧背尺寸，陈厚耀都写成手札进呈。皇上命他入直内廷，授予翰林院编修，让他与梅珏成一起修书。经常召到御座旁边，教授几何算术。

圣祖皇帝问道："你能测量北极高出地平面多少吗？"陈厚耀回答说："遇到春分和秋分，用仪器测量，可以得出其高度。其他的节气，又有加减的不同，但也不准确。为什么呢？地上有蒙气差，用人的肉眼观察，有升低为高、放小为大的差异，因此用浑天仪测量多不符合实际情况，只有太空的度数是不差毫厘的。"

圣祖皇帝又问："地球一周三百六十度，按照周尺每度对应地面二百五十里，今日通行的尺度为二百里。那么地球周长多少？直径多少？"陈厚耀上奏说："按照周尺地球周长九万里，按照今日通行的尺度七万二千里。按照径一围三的近似比来推算，地球的直径二万四千里。按照圆周率的准确值推算，应当得出地球直径二万二千九百一十八里有余。"

圣祖皇帝又问:"地圆的说法出自哪本书?"陈厚耀回答说《周髀算经》曾经说过。又问何以证明地球是圆的,陈厚耀回答说:"《职方外纪》上记载西洋人说环绕地球一周,可以看到地球四周都有人民居住,因此知道地球是圆的。而且东西方测影存在时差,南北方测星存在地差,都与圆形相符合。因此更加可以证明地球是圆的。"圣祖皇帝称赞他回答得好。

圣祖《庭训》曰:"尔等惟知朕算术之精,却不知我学算之故。朕幼时,钦天监汉官与西洋人不睦,互相参劾,几至大辟。杨光先、汤若望于午门外九卿前,当面赌测日影。奈九卿中无一知其法者,朕思已不知,焉能断人之是非?因自愤而学焉。今凡入算之法,累辑成书,条分缕析。后之学此者,视此甚易,谁知朕当日苦心研究之难也?"(《庭训格言》)

[译文]

圣祖皇帝《庭训格言》写道:"你们只知道我精通推算历法之术,却不知道我学习算术的由来。我幼年时,钦天监的汉人官员与西洋人不和睦,互相参奏弹劾对方,几乎导致死刑。杨光先和汤若望在午门外当着九卿大臣的面赌测日影,怎奈九卿大臣中没有一个人知道测量日影的方法。我想自己不知道怎么推算,怎么能够判断别人的是非?于是就发愤学习天文历算。当今凡是进行推算的方法,多次编纂成书,各种条理分析明白,以后学习天文历法的人,阅读起来就很容易,有谁知道我当初苦心研究的困难啊!"

康熙政要卷十九

论礼乐第三十二

康熙十一年,圣祖谕太常寺曰:"祀典关系重大,理宜敬慎娴习。近见尔衙门典礼俱未谙练,所奏音乐,亦未合节,殊非慎重禋祀之义。以后著详加练习,勿仍前怠忽,亵越祀典。"(《圣训》)

[译文]

康熙十一年(1672),圣祖皇帝吩咐太常寺说:"祭祀典礼关系重大,理应恭敬谨慎,礼乐娴熟。近来看到你们衙门典礼都不熟练,所奏的音乐,也不合乎节律,实在不是慎重祭祀的本意。以后务必详加练习,不要仍然像以前那样懈怠轻忽,以免亵渎僭越祭祀典礼。"

康熙十二年,御史魏象枢《请颁礼书疏》曰:"臣惟教化为朝廷之先务,礼制为教化之大端。必昭代之礼制,汇有成书,斯朝廷之教化行于天下。我皇上稽古右文，制礼作乐，纪纲法度，次第修明，独有礼制之书，尚未颁布，未免为国家三十年来之缺事。夫礼者，所以辨上下，定民志也。卿士大夫，颇重名义，军民人等，惟守科条。如房屋、舆马、衣服、器具、婚取、死丧、祭葬、宴饮之类，各有礼制，各有禁约。凡部臣之题请，与言官之条陈，或经议覆，或经会议，事事奉旨，何尝不曰遵行在案，通行晓谕乎？然而该部除在内行八旗、五城外，在外不过行之督抚，督抚行之布政，布政行之道府州县。止有告示一张，挂于署门，遵依一纸，报于上司；州县奉行之事毕矣，原非家喻而户晓也。未几而告示损坏，案卷残缺，官员迁调，父老凋谢。三十年之禁约，后生子弟，谁能记忆为何事？有厌常喜新而干禁者，亦有愚昧无知而犯法者；贵贱尊卑之等差，动辄紊乱，淫巧诈伪之行径，日见萌生；即直省官员之衙署执事犹有僭越，而况绅士军民房屋、车马、衣服、器具之过分，婚娶、死丧、祭葬、宴饮之妄费，尚能家娴礼制，人遵禁约乎？此朝廷之教化虽行于天下，而未尝实行于天下也。何也？有文告而无成书故也。臣请敕下礼部，详查汉唐宋元所颁礼书及朱子《家礼》，并故明初年《礼仪定式》、《稽古定制》、《礼制集要》、《教民榜文》等书，何书简要，略仿体裁，为崇俭去奢、移风易俗之准。品官与士庶，务辨等威；吉礼与凶礼，各分门类。将屡年题定奉旨一切礼制禁约，集成一书，镂板颁行，并许坊间重刻广布。俾通都大邑，无不见闻，穷乡下里，尽知遵守。凡有故违者，治以法。数年之间，道德一而风俗同。文告之繁，条议之多，俱可省矣。按《周礼·大司徒》：'以五礼防万民之伪而教之中。'孔子云：'道之以德，齐之以礼，有耻且格。'① 此之谓也。方今纂修《会典》，屡奉严纶，则煌煌礼制，不先著之为集，何以会之为典乎？礼臣典礼而

外，教化为重。我皇上宵旰图治之意，亟当仰体之矣。"疏入，下部确议具奏。(《寒松堂集》三)

[注释]

①道之以德，齐之以礼，有耻且格：语出《论语·为政》。

[译文]

康熙十二年（1673），御史魏象枢上奏《请颁礼书疏》写道："我认为教化是朝廷的首务，而礼制则是教化的大端。一定要将本朝的礼制，汇编成书，以此使朝廷的教化推行于天下。皇上考察往古，注重文教，制礼作乐，使得朝廷的纪纲法度逐渐发扬光大，只有礼制之书，还没有颁布，未免成为我们国家三十年来的憾事。礼制，就是为了分辨上下的秩序，安定人民的志向。使得卿士大夫，都注重名节义气，军民人等，也都谨守礼仪规范。例如房屋、舆马、衣服、器具、婚娶、死丧、祭葬、宴饮之类，各有其礼制，各有其禁约。凡是部院大臣的题奏，科道言官的条陈，或者经过讨论回复，或者经过会同讨论，事事都奉旨行事，何尝不是遵行在案、通行晓谕呢？虽然这样，但各该部院除了在内行之于八旗、京城东西南北中五城之外，在外不过通过总督、巡抚行之，总督、巡抚不过通过布政使司行之，布政使司也不过通过道府州县行之。而且只有告示一张，张挂于官署门前；只有遵命行事的一纸文书，报告给上司；州县奉行之事完成，也并非做到了家喻户晓。没有多长时间，告示损坏，案卷残缺，官员升迁调动，父老凋零过世。三十年的禁约，后生子弟，谁能记忆什么事？其中有喜新厌旧而违犯禁约的，也有愚昧无知而违犯法律的；贵贱尊卑的等级秩序动辄遭到混乱，诈伪淫巧的行径日渐萌生；即使是各个直隶省的官员、衙门的吏员，也有的僭越礼制，何况绅士军民人等，房屋、车马、衣服、器具超越礼仪，婚娶、死丧、祭葬、宴饮的铺张浪费，还能够家家熟悉礼制、人人遵循禁约吗？这就是朝廷的教化虽然推行于天下，却未能真正施行于天下。为什么呢？只有文告而没有成文的礼书的缘故。我请求皇上敕令礼部，详加考察汉、唐、宋、元历代所颁行的礼书以及朱子《家礼》，以及明朝初年的《礼仪定式》、《稽古定制》、《礼制集要》、《教民榜文》等书，其中哪些书简明扼要，大体仿照其体裁，作为崇尚俭约、祛除奢侈、移风易俗的标准。官员与士人、庶民，务必分别等级秩序；吉礼与凶礼，各自分门别类。将历年来题奏议定、奉旨行事的一切礼制禁约，汇集成一本书，刻版印刷，颁行天下，并且允许民间书坊重印，广泛传布。从而使得通都大邑，无不见闻，穷乡僻壤，都知道遵守。凡有故意违犯的，依法治罪。这样数年之间，道德统一，风俗攸同。而且纷繁的文告、复杂的条议，都可以省略了。《周礼·大司徒》上说：'以吉、嘉、宾、军、凶五礼防止人民作伪，而教导他们合礼中道。'孔子说：'用道德教化百姓，用礼制约束百姓，使之有羞耻之心，自己纠正错误。'说的就是这个道理。如今正在纂修《会典》，多次奉皇上严旨，那么皇皇的礼制，如果不编集成书，如何汇为典制呢？除了负责礼制的大臣奉行典礼之外，应以对人民的教化为重。皇上宵衣旰食、励精图治的心意，亟待我们去体谅啊！"奏疏进呈后，下部院确切讨论具奏。

康熙二十年，圣祖诏礼部、翰林院议定乐章。明年，尚书帅颜保①、学士陈廷敬等集议。言："郊庙乐章，世祖章皇帝所亲定，臣等不敢变易。独朝会、燕飨，沿习前明，典章未备。祈敕下臣等考古乐之原，定声律之节，作为雅歌，用昭盛美。诏曰可。于是礼臣曰：'此词臣职也。'以属廷敬。乃考古乐之备者莫如《诗》。朝会之乐正，《大雅》之诗是也；燕飨之乐正，《小雅》之诗是也。汉以来失雅诗之义，魏得杜夔②所传古乐四篇，遂仿《鹿鸣》，作《於赫》篇以祀武帝；仿《驺虞》，作《巍巍》篇以祀文帝；仿《文王》，作《洋洋》篇以祀明帝。则直以《雅》为《颂》，且乱以《风》，又乌能得《雅》诗正义乎？晋以后，去古虽远，间存《雅》诗之遗。逮梁武帝《南北郊》、《明堂》、《太庙三朝》，悉名为《雅》，则是《颂》声亡而正雅之用混也。唐分雅、俗二部，然所谓雅者，以别俗之名耳，其实皆俗乐也。宋郊庙之乐曰'安'，其义亦犹唐曰'和'，隋曰'夏'也。而朝会燕飨之乐，亦以'安'名词，皆短歌，其亦犹有《雅》诗之遗意者与？惟《六变之曲》，声调靡曼，实皆五字长句也。及乎明之乐，无有足观者矣。我朝郊庙之乐，名曰'平'，今廷敬所撰乐章，实先定名义。朝会皇帝升坐曰'隆平'，还宫曰'显平'。万寿升坐曰'乾平'，还宫曰'泰平'。元旦升坐曰'元平'，还宫曰'和平'。冬至升坐曰'遂平'，还宫曰'允平'。小宴升坐曰'协平'，还宫曰'兴平'。郊祀导迎曰'佑平'。庙祀导迎曰'禧平'。谢见曰'庆平'。外藩谢见曰'治平'。虽略仿乎宋，而要皆以《雅》诗之义为准。至于《六变之曲》，则概无取焉。廷敬又尝诵正雅朝会之诗曰：'无念尔祖。'曰：'无遏尔躬。'③燕飨之诗曰：'视民不恌。'④曰：'遍为尔德。'⑤罔不尽其反覆丁宁之意，而不专主乎铺张厉之辞。廷敬窃取此义，故十四章之中，所以陈述天命之不易，大业之艰难者，虽不能尽其辞，亦略举其指焉。"（陈廷敬《午亭文编》一）

[注释]

①帅颜保：赫舍里氏，满洲正黄旗人，历任国史院学士、吏部侍郎、漕运总督、工部尚书、礼部尚书等。②杜夔：洛阳人，三国魏太乐令、协律都尉。③"无念尔祖"、"无遏尔躬"：语出《诗经·大雅·文王》。④视民不恌：语出《诗经·小雅·鹿鸣》。⑤遍为尔德：语出《诗经·小雅·天保》。

[译文]

康熙二十年（1681），圣祖皇帝诏令礼部、翰林院讨论确定乐章。次年，尚书帅颜保、学士陈廷敬等集会讨论。上奏说："郊庙祭祀的乐章，是世祖章皇帝所亲自确定，臣等不敢变易。只有朝会、燕飨之乐章，沿袭明朝的，典章制度尚未完备。请敕令臣等考察古乐的原委，确定声韵节律，撰写成雅歌，以昭示盛世之美。诏令说可以，于是礼臣都说这是词臣的天职，以此委派给陈廷敬。于是考察古乐最为完备的，没有比得上《诗经》的。朝会之乐的正统，就是其中的《大雅》之诗；燕飨之乐的正统，就是其中的《小雅》之诗。汉代以来失去了雅诗的本意，三国魏杜夔所传古乐四篇，于是仿照《诗经·鹿鸣》篇作《於赫》篇，以祭祀魏武帝曹操；仿照《诗经·驺虞》篇作《巍巍》篇，以祭祀魏文帝曹丕；仿照《诗经·文王》篇作《洋洋》篇，以祭祀魏明帝曹叡。这样做直接以《诗经》中的雅诗作颂词，而且以国风窜乱其中，又怎么能够深得雅诗的正义呢？晋代以后，离开上古虽然已经很远，但间或还保留有雅诗的遗意。到了梁武帝时的乐章《南北郊》、《明堂》、《太庙三朝》，全部称为雅乐，这就是颂声消亡，而正雅之用相混了。唐朝乐章分为雅、俗二部，但是所谓的雅乐，也仅仅是为了区别俗乐罢了，其实都是俗乐。宋朝郊庙祭祀的乐章叫做'安'，其意思就像唐朝的'和'、隋朝的'夏'。而朝会、燕飨的乐章，也用'安'命名，都是短歌，还有雅诗的遗意吗？只有《六变之曲》，声调靡曼，实际上都是五个字的长句。到了明朝，其乐章已经不足观瞻了。我朝的郊庙之乐，叫做'平'，现在陈廷敬所撰的乐章，实际上是预先确定名义。朝会之乐章，皇帝升座叫做'隆平'，回宫叫做'显平'。万寿节升座叫做'乾平'，回宫叫做'泰平'。元旦节升座叫做'元平'，回宫叫做'和平'。冬至节升座叫做'遂平'，回宫叫做'允平'。小宴升座叫做'协平'，回宫叫做

'兴平'。郊祀导迎叫做'佑平',庙祀导迎叫做'禧平'。谢见乐章叫做'庆平',外藩谢见乐章叫做'治平'。虽然略仿宋朝乐章,而其要旨都以雅诗之本意为准。至于《六变之曲》,则一概无取于宋朝乐章。陈廷敬又曾经诵读正雅朝会之诗说:'无念尔祖。'又说:'无遏尔躬。'燕飨之诗说:'视民不佻。'又说:'遍为尔德。'无不穷尽其反复叮咛的意思,而不专门讲究铺陈渲染、发扬光大的词句。陈廷敬采取这种意义,因此在十四乐章之中,着意陈述天命的不可改变、创业的艰难。虽然不能够穷尽其辞藻,也大体标举其要旨于其中。"

圣祖御制《日讲礼记解义序》曰:"朕闻六经之道同归,而礼乐之用为急①。孔子曰:'安上治民,莫善于礼。'②又曰:'上好礼则民莫敢不敬。'③诚以礼者,范身之具,而兴行起化之原也。天之生人,品类纷纶,莫可纪极,圣人起而整齐之。法于天,则于地,顺于人,达于时,协于鬼神,斟酌损益,以定其品节限制。俾天下化其好逸恶劳之心,而予以从善弃恶之道。蒸蒸焉,日蹈履于中正而不敢越,盖非有以强之也,率乎其理之所安而已。其纲有三百,其目有三千④。大者在冠昏、丧祭、朝聘、射宴之规,小者在揖让、进退、饮食、起居之节。循之则君臣上下赖以序,夫妇内外赖以辨,父子兄弟婚媾姻娅赖以顺而成。反是则尊卑易位,等杀无章,家未有能齐,而国未有能治者。故曰:'动容中礼,而天德备矣。治定制礼,而王道成矣。'尝遐观三代,禹汤文武,惇叙彝典,以倡导天下。而其时之诸侯,秉礼以守其国,大夫士遵礼以保其家,下至工贾庶人,畏法循纪以世其业。呜呼!何风之隆哉?朕企慕至治,深维天下归仁,原于复礼。故法宫之中,日陈《礼经》,讲习绅绎,盖不敢斯须去也。慨自嬴秦焚烧典籍，礼乃灭亡。汉兴，崇尚儒学，《礼经》始显，传之者十三家，而戴德、戴圣⑤为尤著。圣所传四十九篇，即所谓《礼记》者是已。迨程子、朱子出，表章《学》、《庸》，遂开千古道学之统。其余四十七篇，虽杂出于汉儒，亦皆传述圣门格言，有切身心要旨。朕熟之复之，靡间寒暑，积有讲义，裒成全部，弁以叙言，用以无忘斯勤。然岂徒效儒生占毕云尔哉？务佩服其训词，而实体诸躬修，传之邦国，使百尔怀恭敬逊让之诚，兆庶凛撙节防闲之则。德化翔洽，上媲隆古，庶乃惬朕敦崇礼教之义也夫。"（《御制文二集》）

[注释]

①六经之道同归，而礼乐之用为急：语出《汉书·礼乐志》。②安上治民，莫善于礼：语出《礼记·经解》。③上好礼则民莫敢不敬：语出《论语·子路》。④其纲有三百，其目有三千：语出《礼记·中庸》："优优大哉，礼仪三百，威仪三千。"⑤戴德、戴圣：汉代梁人，叔侄二人同师学礼，戴德删《礼记》为八十五篇，称为《大戴礼记》，戴圣又删为四十九篇，称为《小戴礼记》。

[译文]

圣祖皇帝御撰《日讲礼记解义序》写道："我听说六经之道殊途同归，而以礼乐之用作为急务。孔子说：'安定秩序，统治人民，没有比礼更好的了。'又说：'身居上位的人讲求礼仪，人民就没有敢于不尊敬的。'的确是认为礼是规范人们行为的工具，是兴起教化的根本。上天滋生人类，其品类纷纭复杂，无法穷尽，只有圣人起而整顿统一。效法于天，取则于地，顺乎人情，通达时变，与鬼神相和谐，斟酌损益，以确定其品行节操的禁约限制，从而使天下人逐渐放弃好逸恶劳之心，为其指点从善弃恶之道。这样，蒸蒸日上，逐渐达到言行中正而不敢僭越，这并不是用什么手段强迫他们，而是遵从道理、安其身命罢了。礼仪的主要规则有三百，其细节则有三千。大的礼仪，体现在冠礼婚礼、丧礼祭礼、朝聘之礼、射礼、燕飨之礼的规范，小的礼仪，体现在揖让、进退、饮食、起居的细节方面。遵循礼仪，君臣上下就秩序井然，夫妇内外判然有别，父子兄弟之间、婚姻亲戚之间依礼而行。否则的话，就会造成上下尊卑秩序颠倒，政治刑罚无章可循，家庭不能得到治理，国家也不能得到治理。因此说：'举止仪容符合礼仪，天的德行就具备了；天下安定就制礼作乐，圣王之道也就成就了。'我曾经远观夏商周三代，夏禹、商汤、周文王、周武王，以常道法则使人笃爱和顺，以此倡导天下人民。当时的诸侯，秉持礼仪以保守其封国；当时的大夫、士人，遵照礼仪以保守其家庭；下到工匠、商贾、庶民，畏惧法律、遵循纲纪以传承其家业。其风尚是何等的隆盛啊！我仰慕至治之世，深深感到天下人都称许仁人，源于克己复礼。因此，我的官中每日放着《礼经》，不时讲习探究，不敢一刻放下。我感慨自从秦朝焚烧典籍文献，礼书都消亡了。汉代建立后崇尚儒学，《礼经》才得以彰显，传承礼学的有十三家，而以戴德、戴圣最为著名。戴圣所传的四十九篇，就是所谓的《礼记》。到了宋代二程、朱熹，表彰《礼记》中的《大学》、《中庸》，于是就开创了千古道学的传统。其余四十七篇，虽然杂出于汉代儒生，也都是传述圣门的格言，有关于身心的要旨。我反复熟读，寒暑无间，积累的讲义，汇编成一部书，前面冠以序言，以便不忘学习的辛勤，难道只是仿效儒生诵读而已吗？务必佩服其训词，亲身体验修养，然后传播到全国，使所有的人心怀恭敬逊让的诚心，老百姓敬畏地遵守禁约的规范。道德教化周遍天下，可以与上古相媲美，差不多契合我敦崇礼教的本意。"

圣祖《庭训》曰："音律之学，朕尝留心，爰知不制器无以审音，不准今无以考古。音由器发，律自数生。是故不得其数，律无自生；不考以律，音不得正。雅俗固分，而声协则一，器虽代革，而音调则同。故曰：'以六律正五音，今之乐犹古之乐也。'朕考核诸音律谱，按性理内《律吕新书》①，黄钟律分围径长短，准以古尺，损益相生十二律吕②，制为管而审其音。复以黄钟之积，加分减分，制诸乐器而和其调。实以黍面数合，播诸乐而音谐。因著为书，辨其疑，阐其义，正律审音，和声定乐，条分缕析，一一详明。盖天地之元声，亘古今而莫易，联中外以大同，六合之内，四海之外，此音同，此理同也。百世之上，百世之下，此理同，此音同也。是故不知古乐而溺于今，非特不知古，并不知今也。必复古乐而不屑于今，非特不知今，终以无从复古也。"（《庭训格言》，下同）

[注释]

①《律吕新书》：二卷，古代音乐经典著作，南宋蔡元定撰。②十二律吕：古乐有十二调，其中黄钟、太簇、姑洗、蕤宾、无射、夷则，称为阳律；大吕、夹钟、仲吕、林钟、南吕、应钟，称为阴律，又称吕。其中黄钟发出的声音为基准音，称为元声。

[译文]

圣祖皇帝《庭训格言》写道："音律之学，我曾经留心过，才知道不制作乐器就无从定音，不度量今天就无法考察古代。音是由乐器发出来的，律管是由度数产生的。因此不了解度数，律管不能自生；不考察律管，音就达不到正。雅俗本有分别，而声音协和则是一样的；乐器虽然各代有所变革，而音调则是相同的。因此说：'用六律管校正五音，当今的乐是由古乐而来的。'我曾经考核各种音律谱，考察《性理大全》中的《律吕新书》，黄钟律管分围径长短，根据古尺增减法相生十二律吕，制成律管而审定音乐。再以黄钟之积加分或减分，制成各种乐器来调和声调。实际用黍之长短按数量和乐器的长度相合，演奏诸乐而音调协调。根据这些编著成书，辨别其疑惑，阐明其意义，校正律管，审定声音，和谐声音以定音乐，条分缕析，一一详细明白。大概天地间的元声从古至今都没有改变，联系中外以趋大同，六合之内，四海之外，这个音相同，这个道理也相同。百代以前，百代之后，这个道理相同，这个音也相同。因此不知道古乐而沉溺于今乐，不但是不知古，同时也是不知今。一定要恢复古乐而不屑于今乐，不但是不知今乐，最终也无从恢复古乐。"

《训》曰："声音之道，以和为本。故《书》曰：'八音克谐，无相夺伦，神人以和。'①尝见近世之人事儒学者，空谈理数，拘守旧闻，而于声字之义，鄙而不讲。工师则专肄声音，熟谙字谱，而于音律之原，茫然无知。殊不知工尺等字，即宫商之省文也。工、凡、五、六、乙、上、尺七字，而五声二变亦七音。工尺七字有出调，而五声二变亦旋宫。旋宫则转调，而当二变者则出调。古圣立法，原自简易，而后之人反从难处探索奥理，却不知说愈繁而理愈晦。古之雅乐，惟用五正声，而间以二变，谓之七音。今之南曲，亦止用五字，而出调二字不用；北曲则杂以出调二字，名曰北调。然则古乐、今曲何尝不以正变之声而为宫调之准则耶？要之，乐以太和为本，是以古圣王惟得中声以定大乐，故与天地同和，荐之郊庙而神鬼享，奏之朝廷而人心风俗以淳也。"

[注释]

①八音克谐，无相夺伦，神人以和：语出《尚书·舜典》。

[译文]

圣祖皇帝《庭训格言》写道："声音的道理，以和谐为本。所以《尚书》上说：'八种乐器发出的声音能够和谐，不互相干扰，神与人得以和谐。'曾经看到近代的学习儒学的人，空谈道理方法，拘泥于旧闻，而对于声律的字义，往往不屑于讲究。乐师则专习声音，熟悉乐谱，而对于音律的根源，却毫无所知。殊不知'工'、'尺'等字，就是宫、商、角、徵、羽五音的省文。'工'、'凡'、'五'、'六'、'乙'、'上'、'尺'七个字，就是宫、商、角、徵、羽五声和变宫、变徵二变，即七音。'工'、'尺'等七个字有出调，五声二变即旋宫，旋宫即转换音调，而当二变则出调。古代圣人立法，原来很简易，而后代人反而从难处探寻深理，却不知道说法越烦琐道理就越不明白。古代的雅乐，只用五个纯正的音而杂以变宫、变徵，叫做七音。当今的南曲也只用宫、商、角、徵、羽五字，而出调变宫、变徵不用；北曲则杂以出调变宫、变徵二字，叫做北调。既然这样，那么古乐今曲何尝不是以正音二变之声为宫调的准则呢？总之，音乐以阴阳二气和谐为本。因此古圣先王只有以切中声律来确定大乐，所以可以与天地同和谐，以此乐章祭祀郊庙而鬼神来享，演奏于朝廷则人心风俗就会淳厚。"

论务农第三十三

康熙十二年，圣祖谕户部曰："自古国家久安长治之模，莫不以足民为首务。必使田野开辟，盖藏有余，而又取之不尽其力，然后民气和乐，聿成丰亨豫大之休。见行垦荒定例，六年起科。朕思小民拮据开荒，物力艰难，恐催科期迫，反致失业，朕心深为轸念。嗣后各省开荒地方，俱再加宽限，通计十年，方行起科。其所司官员，原有议叙定例，如新任官自图录叙，掩袭前功，纷更扰民者，各督抚严行稽察，题参治罪。"（《圣训》）

[译文]

康熙十二年（1673），圣祖皇帝吩咐户部说："自古以来，国家长治久安的政策，无不以人民丰衣足食作为首务。一定要使田野开辟，储藏有余，而且征取赋役不至于穷尽民力，然后人民和乐，形成富足兴盛的太平景象。现行的垦荒条例，新垦荒地六年开始征收赋税。我想人民生活拮据开垦荒地，物力困难，恐怕催促征课的期限太短，反而导致他们失业，我内心非常怜悯。今后各省开荒的地方，征收赋役都再加宽限，共计十年，才开始征收。有关官吏，原有根据垦荒成绩议叙擢升的定例，如果有新任官员为了图谋官位次第升迁，掩盖前任的功劳，纷更扰民的，各省总督、巡抚严行稽察，题奏参劾治罪。"

康熙二十九年，圣祖谕户部曰："朕惟阜民之道，端在重农。必东作功勤，然后西成有赖。畿辅地方，去岁荒歉，已经蠲免钱粮，特发帑金，兼支仓粟赈济。虽小民糊口有资，其籽料牛具，恐多匮乏。今时届首春，田功肇始，若弗经营措给，将误俶载之期①。播种不齐，仓箱何望？直隶被灾州县卫所，穷民有不能自备牛种等项者，该府督率有司劝谕捐输，及时分行助给，务令田畴遍得耕耨，毋致稍有荒芜。八旗官兵皆倚屯庄收获，用以资生，若有被灾贫乏，耕作无力者，该都统等通行各该佐领，酌量欸助牛种。所有庄田，勿致播种后时，以副朕敦本劝农，爱养兵民至意。"（《东华录》四十五）

[注释]

①俶载之期：耕种的农时。语出《诗经·周颂·大田》："俶载南亩，播厥百谷。"

[译文]

康熙二十九年（1690），圣祖吩咐户部说："我认为使人民富足的办法，关键在于重农。一定要春耕生产勤勉，然后秋天守成才有保证。畿辅地方去年遭受灾荒，粮食歉收，已经蠲免了钱粮，并特地发放国库帑金，又支取仓库粟米进行赈济。虽然人民糊口勉强有所凭借，但种子、耕牛、农具，恐怕会多所匮乏。如今正当初春，农功肇始，如果不经营措置，将会耽误春耕。如果播种不齐备，那么收成还有什么希望？直隶受灾的州县卫所，穷苦人民有不能自备耕牛、种子等项支出的，各该官府要督率有关官吏劝谕捐输，及时分别进行补助，务必让田地普遍得到耕种，不致有稍微的荒芜。八旗官兵也都是依靠屯庄旗地的收获，赖以资生，如果因受灾而导致贫乏，无力进行耕作的，各该都统等官员通行传达各该佐领，酌量帮助耕牛、种子。所有的庄田，不要造成播种耽误农时，以符合我注重本业、劝谕农桑、爱养兵民的至意。"

康熙三十一年，圣祖御瀛台内丰泽园澄怀堂，召尚书库勒纳等入，谕之曰："顷尔等进来时，曾见朕所种稻田耶？"诸臣奏曰："曾见过。稻苗已长尺许矣。此时如此茂盛，实未有也。"圣祖曰："朕初种稻时，见有于六月时即成熟者，命取收藏作种，历年播种，亦皆至六月成熟。故此时若此茂盛。若寻常成熟之稻，未有能如此茂盛者。朕巡省南方时，将江南香稻暨菱角带来此处栽种。北方地寒，未能结实，一过霜降，遂至不收。南方虽有霜雪，然地气温暖，无损于田苗。谚云：'清明霜，谷雨雪。'言不足为害也。总之南北地气不同，节候各异，寒暑之迟早，全视太阳之远近，所以赤道度数最宜详审。欲定南北之向，惟以太阳正午所到之度为准，即指南针亦不能无偏。设有铁器在旁，则针为所引，亦复不准，此是一定之理。今将一片石以绳悬之，使之旋转，俟其既定，刻记所向南北，复动如前，其所向南北仍复不变。即此可思其理。所以凡物皆有自然一定之理。"库勒纳奏曰："闻黑龙江日长夜短，虽晚日落，不至甚暗，不知何故。"圣祖曰："黑龙江极东北之地，日出日入，皆近东北方，所以黑龙江夜短，日落亦不甚暗。"

又命看澄怀堂后院所栽修竹，前院盆内所栽人参及各种花草。圣祖指示曰："北方地寒风高，无如此大竹。此系朕亲视栽植，每年培养得法，所以如许长大。由此观之，天下无不可养成之物也。"（《圣训》）

[译文]

康熙三十一年（1692），圣祖皇帝驾临瀛台内丰泽园澄怀堂，召尚书库勒纳等人进宫，吩咐他们说："刚才你们进来时，可曾见到我所种植的稻田？"诸位大臣上奏说："曾经见过。稻苗已经长到一尺多高了，此时如此茂盛，实在是前所未有啊！"圣祖皇帝说："我刚刚种稻的时候，见有的稻谷六月就成熟的，就命人取来收藏，作为种子，因此历年所播种的稻谷，也都是到六月成熟，所以此时就如此茂盛。如果是平常成熟的稻谷，未有能够如此茂盛的。我巡察南方的时候，将江南香稻以及菱角带来这里栽种。北方土地寒冷，未能结成果实，一旦过了霜降，就没有收成了。南方虽然也有霜雪，但地气温暖，无损于田中的禾苗。谚语说：'清明霜，谷雨雪。'说的是霜雪不足为害。总之，南北地气不同，节候各异，寒暑的迟早，完全看太阳照射的远近，所以赤道度数最应当详加审查。要确定南北方向，只要以太阳中午所到的度数为准，即使是指南针也不能做到完全没有偏差。假如有铁器在旁边，那么指南针就会被吸引，也不准确，这是一定的道理。现在将一片石头用绳子悬起来，让它旋转，等到稳定下来之后，刻记所指向南北，重复多次之前那样的转动，其所指向南北仍然不变。即此就可以思考其中的道理。所以凡是事物都有其自然的一定的道理。"库勒纳上奏说："听说黑龙江日长夜短，即使到了晚上太阳落山，也不至于很暗，不知道是何缘故。"圣祖皇帝说："黑龙江是最东北的地方，太阳升起和落下，都接近东北方向，所以黑龙江夜短，日落也不是很暗。"

又命令观看澄怀堂后院所栽种的修竹，前院盆中所栽种的人参以及各种花草。圣祖皇帝指示着说："北方地寒风大，没有这么大的竹子。这是我亲自看着栽种，每年培养也非常得法，所以长得如此高大。由此观之，天下没有不可养成的东西了。"

圣祖巡幸所及，轸念民依，知稼穑之艰难，尝作《农桑论》、《稼说》、《刈麦记》诸篇，以示王政之本。

御制《农桑论》曰："尝观王政之本，在乎农桑。虞舜之命弃①曰：'汝后稷播时百谷。'禹之告舜也，曰：'政在养民，水火金木土谷惟修。'②殷之考绩群辟，亦曰：'稼穑匪懈。'③周以农事开基，至成王之世，制礼作乐，典章明备，彬彬郁郁。然周公所作，蒙史所歌。若《豳风·七月》之篇，其道'于耜'、'举趾'、'采桑'、'载绩'之事，反覆不置。何前后圣同一指欤？盖农者，所以食也；桑者，所以衣也。农事伤则饥之原，女红废则寒之原。小民饥寒迫于身，而欲具称仁慕义，有无不竞，遵路会极，其势不能。朕尝躬行三推，以率天下农矣。而敦实崇俭之令，绳督有司，靡不加意。宜乎薄海以内，被褣之众，比肩于野，杼柚之声，相闻于里。庶几古初淳朴之风，乃逐末者未尽息，而锦绣篆组之文日盛也。中夜求治，怒焉虑之。孟子曰：'菽粟如水火，而民焉有不仁？'④旨哉，斯言！使天下之民，咸知贵五谷，尊布帛，服勤戒奢，力田孝悌。而又德以道之，教以匡之，礼以一之，乐以和之，将比户可封，而跻斯世于仁寿之域。故曰：'农桑，王政之本也。'"（《御制文集》）

[注释]

①弃：人名，即后稷，是虞舜时期负责农业的官员。以下所引出于《尚书·舜典》。②"政在养民"二句：语出《尚书·大禹谟》。③稼穑匪懈：语

出《诗经·商颂·殷武》。④菽粟如水火，而民焉有不仁：语出《孟子·尽心上》。

[译文]

　　圣祖皇帝巡幸所到的地方，怜悯人民的疾苦，知道稼穑的艰难，曾经撰写了《农桑论》、《稼说》、《刈麦记》等多篇文章，以宣示王政的根本在于农桑。

　　御撰《农桑论》写道："我曾经观察王政的根本，在于农桑。虞舜命令其大臣弃说：'你后稷负责播种百谷。'大禹告诉虞舜时，也说：'美好的政治在于使百姓生活得好，水、火、金、木、土、谷六府之事要经营好。'商代考核诸侯卿士的政绩，也说：'稼穑之事不容懈怠。'周朝以农事开创基业，到周成王时代，制礼作乐，典章制度明确完备，文质兼备。然而周公所作，蒙史所歌，像《诗经·豳风·七月》之篇，其中提到'修理农具耜'、'举足下农田'、'采桑养蚕'、'开始纺绩'等事，反复不止。为什么前后的圣贤都同样重视农桑呢？因为农耕，是为了解决吃饭问题；桑蚕，是为了解决穿衣问题。农耕荒废是导致饥饿的根源，纺织荒废是导致寒冷的根源。人民饥寒交迫于身，却想让他们称颂仁政、仰慕道义，不相互竞争，遵照王法正路，依法律准则办事，势必不可能做到。我曾经亲自举行掌犁耕地往还三次的劝农礼，以为天下农事的表率。而敦行实政、崇尚节俭的诏令，约束监督有关官吏，无不关注农事。这样，就应该使得濒临大海以内，身穿粗衣的农夫，都比肩耕耘在田间，机杼的纺织之声，相闻于乡里。这差不多接近上古淳朴的风尚，可是追逐末业的人并未完全停息，而追求文采的锦绣衣服日益盛行。每当深夜，讲求治国之道，我就非常忧虑。孟子说：'粮食多得如水火，人民哪里有不仁爱的呢？'这句话说得太好了！假使天下之人，都知道以五谷为贵，以布帛为尊，勤劳勇敢，戒除奢侈，致力农耕，孝悌仁爱，然后以德行教导他们，以教育匡正他们，以礼仪统一他们，以乐章和乐他们，那么就将会出现每家每户都可以受封，从而跻身仁爱长久的境界。因此说，农桑是王政的根本。"

御制《耕织图[①]序》曰："朕早夜勤毖，研求治理。念生民之本，以衣食为天。尝读《豳风》、《无逸》诸篇，其言稼穑蚕桑，纤悉具备。昔人以此被之管弦，列于典诰，有天下国家者，洵不可不流连三复于其际也。西汉诏令，最为近古，其言曰：'农事伤，则饥之本也；女红害，则寒之原也。'又曰：'老者以寿终，幼孤得遂长。'欲臻斯理者，舍本务其曷以哉？朕每巡省风谣，乐观农事。于南北土疆之性，黍稷播种之宜，节候早晚之殊，蝗螟捕治之法，素爱咨询，知此甚晰，听政时恒与诸臣工言之。于丰泽园之侧治田数畦，环以溪水，阡陌井然在目，桔槔之声盈耳，岁收嘉禾数十种。陇畔树桑，旁列蚕舍，浴茧缫丝，恍然如笟檐蔀屋。因构知稼轩、秋云亭，以临观之。古人有言：'衣帛当思织女之寒，食粟当念农夫之苦。'朕惓惓于此，至深且切也。爰绘《耕织图》各二十三幅。朕于每幅制诗一章，以吟咏其勤苦，而书之于图。自始事迄终事，农人胼手胝足之劳，蚕女茧丝机杼之瘁，咸备极其情状。复命镂版流传，用以示子孙臣庶，俾知粒食维艰，授衣匪易。《书》曰：'惟土物爱，厥心臧。'[②]庶于斯图有所感发焉。且欲令寰宇之内，皆敦崇本业，勤以谋之，俭以积之，衣食丰饶，以共跻于安和富寿之域，斯则朕嘉惠元元之至意也夫。"（《御制文二集》）

[注释]

①《耕织图》：一名《耕织图诗》，原为南宋楼俦所作，包括耕图二十一幅、织图二十四幅。康熙南巡见到后，命内廷供奉焦秉贞重新绘制，计有耕图、织图各二十三幅，并每幅制诗一章，作序刊行。后雍正、乾隆两朝多次摹绘。②惟土物爱，厥心臧：语出《尚书·酒诰》。

[译文]

圣祖皇帝御撰《耕织图序》写道："我日夜勤勉，研究探讨治国之道。感念生民的根本，以衣食为天。曾经阅览《诗经》的《豳风》、《尚书》的《无逸》等篇章，其中说到稼穑桑蚕，非常具体完备。古人还以此谱上乐曲，列入国家的典礼诏诰，拥有天下国家的人们，的确不可不反复流连其间啊！西汉的诏令，最为接近古典，其中说道：'农事荒废，就是饥饿的来源；纺织荒废，就是寒冷的来源。'又说：'耆老衣食无忧就会寿终正寝，幼儿孤儿得到衣食就成长壮大。'要想达到这种理想境地，离开农桑本业，以什么达到呢？我每每巡视观风，喜欢考察农事。对于南北土地的特性，黍稻播种的时宜，节候早晚的不同，蝗螟捕治的方法，一向喜欢咨询，知道得很具体，听政之时也经常与诸位大臣讨论农事。在丰泽园之旁整理出数畦农田，周围溪水环绕，看起来阡陌井然，听起来桔槔声声，每年收获粮食数十个品种。田垄旁边栽上桑树，旁边还排列着蚕舍，清洗蚕茧，缫织成丝，仿佛是农家的茅屋一样。于是建起知稼轩、秋云亭，不时登临观赏。古人说过：'身穿布帛应当感念纺织女工的寒冷，吃着粮食应当感念农夫的辛苦。'我对于这一点的体会，至为深切。于是命画工绘制《耕织图》各二十三幅。我在每幅图上题上一首诗，以吟咏农夫、织女的勤苦，并书写于图中。自从农事的开始，一直到农事的结束，农夫手足劳顿的辛苦，蚕女养蚕纺织的劳累，全部描绘其情状。又命人雕刻书版，刻印流传，用来昭示子孙、大臣和庶民，使他们知道一粒粮食的艰难，一件衣服的不易。《尚书》上说：'爱惜地里生长的庄稼，使其心地善良。'我对于这些耕织图有感而发。而且想让寰宇之内，都敦崇农桑本业，勤勉谋划，节俭积累，逐渐达到衣食丰饶，跻身于安宁祥和、富足寿考的境界，这就是我嘉惠百姓的至意。"

圣祖《庭训》曰:"古之圣人,平水土,教稼穑,辨其所宜,导民耕种,而五谷成熟。孟子曰:'五谷熟而民人育。'①则人之赖于五谷者甚重。尝思夫天地之生成,农民之力作,风雷雨露之长养,耕耘收获之勤劳,五谷之熟,岂易易耶?《礼·月令》曰:'天子以元日祈谷于上帝。'凡为民生粒食计者至切矣。而人何得而轻亵之乎?奈何世之人,惟知贵金玉而不知重五谷,或狼籍于场圃,或委弃于道路,甚至有污秽于粪土者,轻亵如此,岂所以敬天乎?夫歉岁谷少,固当珍重,而稔岁谷多,尤当爱惜。《诗》曰:'粒我蒸民,莫匪尔极;贻我来牟,帝命率育。'②噫嘻,重哉!"(《庭训格言》)

[注释]

①五谷熟而民人育:语出《孟子·滕文公上》。②"粒我蒸民"四句:语出《诗经·周颂·思文》。

[译文]

圣祖皇帝《庭训格言》写道:"古代的圣人,平治水土,教导人民耕种收获,辨别土地适宜耕作,率领人民耕种,使得五谷成熟。孟子说:'五谷成熟了人民就会得到养育。'可见人民依赖五谷的程度之重。我曾经思考天地的生成发育,农民的努力耕作,风雷雨露的助长滋养,耕耘收获的勤勉辛劳,五谷的成熟,难道是容易的吗?《礼记·月令》上说:'天子要在正月的初一日向上帝祈祷谷物丰收。'这都是为百姓生计考虑,用心至为恳切。而人民怎么能够轻易亵渎它呢?为什么世上的人只知道看重金玉,而不知道看重五谷,有的把谷物胡乱抛置于场园,有的把它丢弃于道路,甚至有的让它污秽于粪土之中,轻贱亵渎如此,难道这就是敬天吗?歉收的年岁粮食少,本来就应当珍重;丰收年岁粮食多,更当爱惜。《诗经》上说:'粮食养活了民众,没有人不受其最大恩德;赐给我大麦小麦,上帝用它来养育人民。'哎呀,五谷是多么重要啊!"

康熙政要卷二十

论刑法第三十四

康熙十八年，圣祖谕刑部曰："国家设立法制，原以禁暴止奸，安全良善。故律例繁简，因时制宜，总期合于古帝王钦恤民命之意。向因人心滋伪，轻视法网，及强暴之徒，凌虐小民，故于定律之外，复严设条例，俾其畏而知警，免罹刑辟。乃近来犯法者多，而奸宄未见衰止。人命关系重大，朕心深用恻然。其定律外所有条例，如罪不至死，则新例议死，或情罪原轻，而新例过严者，应去应存，著九卿、詹事、科道会同详加酌定确议具奏。"（《圣训》）

[译文]

康熙十八年（1679），圣祖皇帝吩咐刑部说："国家设立法制，原本是为了禁绝暴乱、防止奸邪，以使良善之人获得安全。所以刑法中的律和例的繁简，都要因时制宜，总之期望符合古代帝王体恤人民生命的心意。以前因为人心滋生奸伪，轻视法网，以及强暴之徒欺凌虐害小民，因此在确定法律之外，还要严格设定条例，以使他们有所畏惧，知道警戒，从而免遭刑辟。可是近来犯法的人数增长，奸邪违法行为未见减少或停止的迹象。人的生命关系重大，我内心深为恻然。既定法律之外的所有条例，如果罪行不至于处死，可是新定条例论罪至死，或者犯罪情形本来较轻，可是新订条例规定过严，那么这些条例是应该删除还是保存，诏令九卿、詹事、科道官员会同详加讨论，酌定确切意见具奏。"

康熙二十年，圣祖谕三法司曰："帝王以德化民，以刑弼教，莫不敬慎庶狱。刑期无刑①，故谳决之司，所关最重，必听断明允，拟议持平，乃能使民无冤抑，可几刑措之风。近览法司章奏，议决重犯甚多。愚民无知，身陷法网，或由教化未孚，或为饥寒所迫，以致习俗日偷，慭不畏法。每念及此，深为悯恻。在外督抚臬司及问刑各官，审理重案，有律例未谙，定拟失当，草率完结者；有胶执成见，改窜供招，深文罗织者；有偏私索诈，受属徇情，颠倒是非者。有一于此，民枉何以得伸？以后著严加申饬，内外大小问刑各衙门，洗心涤虑，持廉秉公，务期原情准法，协于至当，不得故纵市恩，亦不得苛刻失入②。痛改积习，加意祥刑③，以副朕尚德好生钦恤民命至意。"（《东华录》二十七）

[注释]

①刑期无刑：语出《尚书·大禹谟》："刑期于无刑，民协于中。"②失入：谓轻罪重判或不当有罪而判刑。③祥刑：语出《尚书·吕刑》："有邦有土，告尔祥刑。"孔传："告汝以善用刑之道。"

[译文]

康熙二十年（1681），圣祖吩咐刑部、都察院、大理寺三法司说："帝王以道德教化人民，以刑法辅弼教化，无不敬畏谨慎对待各种狱讼。施用五刑的目的是为了不用五刑,所以议罪裁决的机关,关系最为重要,一定要做到听审决断明白公允,拟议持平,才能使人民没有冤屈,可望达到天下文治、刑措不用的风气。近来阅览你们三法司的奏章,议决重犯很多。愚民无知,身陷法网,有的是因为道德教化没有使人信服,有的是因为饥寒所迫,以致风俗习气日益苟且,人们心中惑乱,不知畏惧法律。每每感念至此,我都深为怜悯。在外的总督、巡抚、提刑按察使以及问刑的各位官员,审理重案,有的不熟悉法律条例,定罪、拟议失当,草率结案;有的固执己见,甚至窜改供词,利用法律条文苛刻罗织罪名;有的偏袒私情,勒索敲诈,接受犯人家属的贿赂徇私作弊,颠倒是非。如果有其中的一项,老百姓的冤枉如何得以伸张?从今以后,诏令严加申饬,内外大小问刑衙门,洗心涤虑,廉洁自律,秉公办案,务必推原案情,依法审判,做到公正公平,至为妥当,不得故意纵情市恩,也不得苛刻量刑,定罪过当。痛改积习,注意善用刑罚,以符合我崇尚德化、爱惜生灵、体恤民命的至意。"

康熙二十五年,圣祖谕刑部、都察院、大理寺大小诸臣曰:"刑曹民命攸关,国典所系。今见法司谳鞫刑狱,或恐不得其情,专事苛刻。夫人命关系重大,必以中正之心,行平恕之道,使法蔽其辜,毋纵毋枉,必得实情,始免屈抑。若惟以深文为能事,锻炼为尽职,及狱词既具,奏牍既成,即反复推详,欲求其更生之路,亦甚难矣。朕于尔诸臣所上章疏,有情可矜疑、罪未允协者,皆驳令覆审。嗣后其各体朕怀,殚竭心虑,矢慎矢明,以副朕祥刑之意。朕批阅史册,采择历代贤臣慎刑事迹,书之简牍,内阁三法司官,其详加省视。"

又谕曰:"刑者,所以禁暴止邪。若豪猾奸宄,毋使漏网,贫弱无知,虽偶失于宽,亦不为过纵。"

御制《慎刑论》："圣人之治天下，有礼有刑。礼也者，所以劝民之为善也。刑也者，所以禁民之为非也。五伦以为准，三物①以为坊，渐而摩之，优游而自化之。邪慝不作，比户可封。圣人之心，岂不甚愜？而势有不能。于是制为刑罚以驱之于后，使天下之人，悚然有所畏而不入于非彝，是刑之设也。圣人之所不得已也，其轻者伤肌肤，重者戕性命，天下之惨痛，到刑罚极矣。圣人在上，不能使天下无刑人，而政平讼理，一民一物，卒无颠连困苦之虞者，则惟此慎刑之道得也。夫生人之性，有善而无不善，陷溺既久，匪僻乃生。一旦丽于邮罚，虽欲悔之，固无及已。故圣人之慎刑，所以全民衷也。雨露雷霆，天之所以成岁功也。而一岁之中，雨露时行，雷霆之用，不数数见焉，故圣人之慎刑，所以顺天道也。在《易》之《噬嗑》，其《象》为'明罚敕法'，而即继之以《贲》曰：'无敢折狱。'《丰》之《象》为'折狱致刑'，而即继之以《旅》曰：'明慎用刑。'《噬嗑》上离下震，《丰》上震下离，于义为明为断。而《贲》与《旅》皆有《艮》体，于义为止。圣人之意，以为用刑之道，贵乎明断相资，而必本之于至慎。圣人之心，如此其昭然而可睹也。然则慎刑者，所以止刑也。《书》曰'刑期无刑'，其谓是欤？朕尝谓欲天下之治，必使刑狱清简者，诚有鉴于此也。盖惟刑慎则不滥，善人无误罹文网之惧，刑慎则必当，不善者无侥幸苟免之心。天下虽大，天下之民虽众，使为善必蒙福泽，为不善必不可幸免，则是非别白，大道昭明，会极归极，是训是行②，而刑措不用矣。"（《圣训》、《御制文集》）

[注释]

①三物：犹三事，指六德、六行、六艺。《周礼·地官·大司徒》："以乡三物教万民，而宾兴之。一曰六德，知、仁、圣、义、忠、和。二曰六行，孝、友、睦、姻、任、恤。三曰六艺，礼、乐、射、御、书、数。"②会极归

极,是训是行:语出《尚书·洪范》:"会其有极,归其有极。……是训是行,以近天子之光。"

[译文]

康熙二十五年(1686),圣祖皇帝吩咐刑部、都察院、大理寺大小诸臣说:"司法机关乃人民生命攸关,国家法典所系。现在看到司法机关拟议裁决的刑狱案件,有的恐怕不能符合实际情况,而专门用心苛刻重治。人的生命关系重大,一定要以中正之心,施行持平宽仁之道,使得法抵其罪,既不纵容,也不冤枉,务必得其实情,才能避免冤屈。如果只知道以深文周纳为能事,罗织罪名为尽职,等到供词记录已完成,审判文书也形成之后,即使反复推究审查,要想求得重生之路,已经很难了。我对你们所上奏疏,有案情值得同情疑惑,所定罪行不够允当的,都驳回让重新复审。今后你们要体谅我的心意,殚心竭虑,矢志谨慎详明,以符合我以善用刑的心意。我披阅史册,采辑历代贤臣慎于用刑的事迹,书写记录于文书中,内阁及三法司的官员要详加审视。"

又吩咐说:"刑罚,是为了禁绝暴乱、防止奸邪。如果是强横狡诈、违法作乱的人,不要使之漏网;至于是贫穷弱势、愚昧无知的人,即使偶尔失之于宽,也称不上过于放纵。"

圣祖皇帝御制《慎刑论》写道:"圣人治理天下,有礼制也有刑法。礼制,是用来劝勉人民为善的;刑法,是用来禁止人民为非的。以君臣、父子、夫妻、兄弟、朋友五伦关系作为准则,以六德、六行、六艺三种事物作为防范,逐渐加以观摩,优游其中而自然得到教化。奸邪的行为不发生,那么每家每人的德行都可以表彰。圣人之心,岂不是很惬意?可是现实情况却做不到这一点。于是就制定刑罚从后面加以驱使,使天下的人惊骇恐惧,有所敬畏,不致陷入非理非法,这就是刑罚之所以设立的原因。圣人也是不得已而为之,轻者伤及肌肤,重者则戕害性命,天下最为惨痛的事情，到刑罚的实施达到了极点。圣人在上，不能使天下没有受刑的人，政治公平，狱讼合理，即使是一个人、一件物，最终也没有困顿穷苦的担忧，这就可谓得到了慎用刑罚的真谛。民众的本性，有善而无不善，长期处于水深火热之中，邪恶强盗就会产生。一旦因犯罪而遭受惩罚，即使想悔改，也来不及了。因此圣人慎用刑罚，就是为了保全人民善良的本性。雨露和雷霆，是上天成就每年收成的手段。可是一年之中，雨露不时出现，雷霆的出现却不多见，所以圣人慎用刑罚，就是为了顺从天道。在《易经》中，噬嗑卦的象辞是'严明刑罚，整顿法度'，而接下来的贲卦的象辞就是'不敢轻易判断讼事'。丰卦的象辞是'决断狱讼，使用刑罚'，而接下来的旅卦的象辞是'明察审慎地使用刑罚'。噬嗑的卦爻上为离爻，下为震爻，丰卦的卦爻上为震爻，下为离爻，在意思上都是以明察为断。而贲卦与旅卦都有艮卦之爻，在意思上是停止。圣人的本意，认为使用刑罚的原则，以公明断案为贵，而一定要以至为审慎为本。圣人的心意，如此明白昭然，可以看到。既然这样，那么慎用刑罚，就是为了中止刑罚。《尚书》上说：'施用五刑的目的是为了不用五刑。'大概说的就是这个意思吧！我曾经说要想达到天下大治，一定要使刑狱清明简要，也的确是认识到这个道理。因为只要用刑谨慎就不会过滥，使善良的人没有误陷法网的恐惧；用刑谨慎也一定要得当，使不善的人没有侥幸苟且免于损害的心理。天下虽大，天下之人虽多，假使做善事一定会蒙受福泽，做坏事一定不可幸免，那么是非分明，大道昭然，聚集依法则办事的大臣，大臣就归向建立法则的君主，是法则是教导，是顺从了上天的教化。这样，刑罚措施也就没有必要施用了。"

圣祖《庭训》曰："世间事甚不如意者，莫过于决断秋审[①]一事。夫杀人之人，理应偿命。但为人君者于杀人之事，必以哀

矜之心处之，故朕每理秋审之事，无一不竭尽心力而详审之也。"（《庭训格言》）

[注释]

①秋审：清代复审死刑案件的一种制度，因于秋季举行，故称。每年四月，各省对判处死刑未执行的案犯再行审议，分为"情实"、"缓决"、"可矜"、"可疑"，报送刑部；秋八月，刑部会同大理寺等集中复核，最后奏请皇帝裁决。

[译文]

圣祖皇帝《庭训格言》写道："世间的事情很不如意的，莫过于决断秋审杀人的事。杀人的人，理当偿命。但是作为君主，对于杀人的事情，一定要以哀怜恻隐之心对待。所以我每逢处理秋审的事情，没有一个不是用尽心血去详细审查的。"

论赦令第三十五

康熙十八年，圣祖敕谕云南、贵州大小文武官员军民人等曰："逆贼煽乱以来，尔等被其迫胁，陷身贼中，莫能自拔。地方百姓，久遭荼毒，诛求苛扰，困苦日深。在彼情形，朕已洞悉，每一念及，深为恻然。故屡颁敕谕，广示招徕，开以自新之路。今湖南悉皆平定，广西亦已纳款，独尔滇、黔一隅，民生尚在水火之中，朕以仁覆天下为心，岂忍西南万姓颠连无告，莫之拯救？且当时倡叛，罪止吴三桂一人，所属人员，均系胁从，情可矜恕。今特颁敕谕，再行招抚。尔等其各体朕宽大好生之心，翻然悔悟，争先来归，于各路大将军、将军等军前投诚，皆赦其前罪，论功叙录，加恩安插，令之得所。尔等勿得仍怀疑畏，坐失事机，有负朕嘉与维新至意。"

又谕兵部曰："湖南、广西已经底定，滇、黔指日荡平。凡在京、在外大小文武官员，内有家口陷于贼中者，有孑身投诚，家口仍在彼地者，有前以抗贼被害，而家口尚有遗留者，大兵到日，一一清察，务加保全，俾之得所，听其家属完聚。尔部即通行传谕各路大将军、将军、督抚、提镇等遵行。"（《东华录》二十三）

[译文]

康熙十八年（1679），圣祖皇帝诏令吩咐云南、贵州的大小文武官员、军民人等说："逆贼吴三桂煽动叛乱以来，你们被他们所胁迫，陷身于叛贼之中，不能自拔。地方上的老百姓长期遭受荼毒，诛求不已，苛政困扰，艰难困苦日益加深。你们在那里的情况，我都已经洞悉无遗。每当感念至此，我都深深感到恻然。因此多次颁布诏书，广泛进行招徕，为你们广开自新之路。现在湖南已全部平定，广西也已经纳款请降，只有云南、贵州一隅之地，人民还生活在水深火热之中。我以仁政普济天下作为自己的心愿，怎么能够忍心西南百姓困顿穷苦而无法申诉，没有人来拯救呢？况且当时倡导叛乱的，罪行只在吴三桂一个人，其所属人员都是胁从，其情可以怜悯宽恕。现在特地颁布谕旨，再次进行招抚。你们各自体谅我宽大之心、好生之德，幡然悔悟，争先前来归顺，到各路大将军、将军等的军前投诚，我都将赦免以前的罪责，根据功劳加以任用，而且特别加恩安排，令你们各得其所。你们不要仍然怀着迟疑畏惧之心，坐失良机，辜负我奖励优待那些弃旧图新的人的心意。"

又吩咐兵部说："湖南、广西已经平定，云南、贵州指日即可荡平。凡是在京师、在地方的大小文武官员，其中有家口身陷叛贼之中的，如果有孤身投诚，家口仍然在当地的，有以前抵抗叛贼遇害，而家口还遗留在当地的，朝廷大军到来之日，一一加以清查，一定要加以保全，使之各得其所，听凭其家属团聚。你们兵部当即刻通行传达谕旨给各路大将军、将军、总督、巡抚、提督、总兵官等知晓遵行。"

圣祖阅史至唐太宗谓赦有罪者贼良民①，曰："赦者，小人之幸，君子之不幸，昔人论之详矣。诸葛亮治蜀，亦深以赦为非。朕幼时观之，似乎太刻。及临幸以来，稔悉人情，赦诚不可数也。惟当薄税敛，敦教化，使百姓足衣食以兴礼义，惜廉耻而重犯法；庶几刑措之风为致治之本原尔。"（《御制文二集》）

[注释]

①唐太宗谓赦有罪者贼良民：语见《资治通鉴》卷一百九十二："夫养粮莠者害嘉谷，赦有罪者贼良民。"又见新旧《唐书》本纪。

[译文]

圣祖皇帝读史，读到唐太宗认为赦免有罪的人是贼害良民，感叹道："赦免，是小人的侥幸，也是君子的不幸。从前的人们论述得已经很详尽了。诸葛亮治理蜀国，也深深感到赦免的不可取。我幼年时读到这里，感到似乎太过苛刻。等到即位以来，逐渐熟悉了人情，才感到赦免的确是不可以多次经常施行的。只应当轻徭薄赋，敦睦教化，使老百姓衣食丰足，从而兴起礼义之风，珍惜廉耻，不敢犯法。这样，差不多可以达到社会治平，刑措弃置不用，从而成为致治的本源。"

康熙政要卷二十一

辨兴亡第三十六

康熙二十三年,圣祖谒明太祖陵,过明故宫,慨然久之。御制《过金陵论》曰:"金陵,《禹贡》扬州之域,秦立郡县为秣陵,两汉因之。孙权时称建业,东晋及宋、齐、梁、陈,地号佳丽。隋唐之间,六朝旧迹,渐致湮没。南唐李氏,始更筑城名金陵府。明有天下,建都于此。窥明太祖之意,以为宅中图大,控制四方,千百世无有替也。岁在甲子冬十一月,朕省方南来,驻跸江宁,将登钟山,酹酒于明太祖之陵。道出故宫,荆榛满目,昔者凤阙之巍峨,今则颓垣断壁矣;昔者玉河之湾环,今则荒沟废岸矣。路旁老民跽而进曰:'若为建极殿,若为乾清宫。阶碛陛级,犹得想见其华构焉。'夫太祖以布衣起淮泗之间,经营大业,应天顺人,奄有区夏。顷经过其城市,闾阎巷陌,未改旧观,而宫阙无一存者。睹此兴怀,能不有吴宫花草、晋代衣冠①之叹耶?"

"昔人论形势之地，首推燕秦，金陵次之。然金陵虽有长江之险为天堑，而地脉单弱，无所凭倚。六朝偏安，弗克自振，固历数之不齐，或亦地势使然也。明自文皇靖难之后，尝以燕京为行在。宣德末年，遂徙而都之。其时金陵台殿苑囿之观，声名文物之盛，南北并峙，远胜六朝。迨承平既久，忽于治安。万历以后，政事渐弛，宦寺、朋党，交相构陷。门户日分，而士气浇漓。赋敛日繁，而民心涣散。闯贼以乌合之众唾手燕京，宗社不守。马、阮②以嚣伪之徒，托名恢复，仅快私仇。使有明艰难创造之基业，未三百年而为丘墟，良可悲夫！《孟子》曰：'天时不如地利，地利不如人和。'③有国家者知天心之可畏，地利之不足恃，兢兢业业，取前代废兴之迹，日加儆惕焉，则庶几矣。"（《御制文集》）

[注释]

①吴宫花草、晋代衣冠：语出李白《登金陵凤凰台》："吴宫花草埋幽径，晋代衣冠成古丘。"②马、阮：即马士英、阮大铖，明亡后，相互勾结，拥立福王，排除异己，专权弄法，导致南明政权的速亡。③天时不如地利，地利不如人和：语出《孟子·公孙丑下》。

[译文]

康熙二十三年（1684），圣祖皇帝拜谒明太祖孝陵，经过明朝故宫，感慨了很久。御撰《过金陵论》写道："金陵，《尚书·禹贡》称属于扬州之地。秦朝设立郡县，为秣陵郡，两汉因袭不改。三国东吴孙权在位时称为建业，东晋及南朝宋、齐、梁、陈时代，号称佳丽之地。隋唐之间，六朝的遗迹逐渐湮没无闻。南唐李氏建都，才另外筑城叫做金陵府。明朝统一天下，建都在这里。窥测明太祖朱元璋的本意，认为这里得地势之利，居于中心，控制四方，政权延续千百代也不会灭亡。甲子年（1684）冬十一月，我巡幸来到南方，驻跸江宁府，将要登上钟山，以酒祭奠明太祖孝陵。路过明朝故宫，满目荒榛，当年巍峨的凤阙，如今已经成断壁颓垣了；当年湾环的玉河，如今已经成了荒沟废岸了。路旁年老的乡民跪着进言道：'这是建极殿，这是乾清宫。阶下的柱础和陛下的石阶，还可以想见当年豪华的结构。'明太祖以布衣崛起于淮河泗水之间，经营天下大业，感应上天，顺从民意，统一华夏。刚才经过金陵城，闾阎巷陌，还没有改变昔日的旧观，而宫阙却没有一个保留下来。目睹此情此景，令人兴起思古之幽情，怎么能够没有吴宫花草、晋代衣冠的感叹呢？"

"古人讨论天下形胜之地，首推燕京、关中，其次就是金陵。然而金陵虽然有长江之险作为天堑，但地脉单薄卑弱，无所凭借。六朝偏安江南一隅，不能振兴，固然是朝代更迭的次序不整齐，或许也有地势的因素使然。明朝自从成祖靖难之役后，曾经以燕京（今北京）作为行在。宣德末年，就迁都到北京。当时金陵台榭、宫殿、苑囿之规模，声名文物之繁盛，南北两京对峙，远远胜过六朝。等到承平日久，逐渐忽视了政治安全。万历以后，政事趋于废弛，宦官之祸、朋党之争，交相争斗，危害日深。门户之见既分，而士林风气日趋浇漓。而赋役的征敛日益频繁，民心涣散。闯贼李自成以乌合之众唾手而攻破京师，国家政权灭亡。马士英、阮大铖以轻狂伪善之徒，托名恢复明朝大业，实际上仅仅是快其挟私报仇之心，从而使得有明一代艰难创造的祖宗基业，不到三百年就化为丘墟，实在是可悲啊！孟子说过：'天时不如地利，地利不如人和。'拥有国家政权的人知道天心之可畏，地利之不足依凭，兢兢业业，汲取前代兴盛、废弛的轨迹和教训，每日加以警示戒惧，就差不多了。"

康熙三十六年，圣祖谕大学士等曰："观明史洪武、永乐所行之事，远迈前王。我朝见行事例，因之而行者甚多。且明代无女后预政,以臣凌君等事,但其晚季坏于宦官耳。且元人讥宋,明复讥元,朕并不似前人,辄讥亡国也,惟从公论耳。今编纂《明史》,著将此谕增入《修明史敕书》内。"(《圣训》)

[译文]

康熙三十六年(1697),圣祖皇帝吩咐大学士等说:"观察明朝历史上太祖朱元璋、成祖朱棣所行之事,远远超过前代帝王。我朝现行的事例,沿袭而行的很多。况且明朝没有太后干预政事、大臣欺凌君主等类的事情,只是明朝末年为宦官所败坏罢了。而且元朝人讥讽宋朝,明朝又讥讽元朝,我并不像前人那样,动辄讥讽亡国,而是只遵从公论罢了。如今编纂《明史》,诏令将这个谕旨增加到《修明史敕书》中。"

圣祖御制《宋高宗父母之仇终身不雪论》曰:"朕万机余暇,命大学士、翰林该直者,于南书房出《宋高宗父母之仇终身不雪论》,朕亦作焉。大学士熊赐履将朕意已书,因文意得体,故不复作。众官作完进呈,朕一一细阅。责之太过者,不免刻薄,立己之意者,不能无私。文章虽雅,皆非至当不易之理。朕自弱龄苦好读书,未尝以文为事。况帝王之学,识其远者,大者而已。非儒生对句华辞多丽为胜也。览此众论,又不能无疑,故勉强濡笔出意见再论之。

"论古人之道,犹后之视今,须在中正和平。中正则不偏,和平则不阙。责人重者责己轻,千百年前所为,以瞬息论之易,一生数十年间事业成之难。自古创业守成,自有其法。创业惟艰,守成不易。宋之开创,已百余年矣。徽宗守成之主,不能敬天法祖。有图燕之议①,亡失故有三也。所以天命将危,外患以深,虽孝子慈孙,不能改也。当日能保邦于未危,治之于未乱,任贤勿二，去邪勿疑。内有守国之贤相，外有谋勇之将士，可以一鼓而歼辽金，何难之有？若至危急存亡之秋，武侯之才，止于'死而后已'之叹。仅存汉室三分，偏安蜀都矣。又览史册，韩世忠败金兵于金山，兀术乘骑而遁。金山者，共目所睹，岂能乘骑排兵耶？南渡史讹以至如此。况金兵破辽之后，兵已满万，人强将猛，非宋之所敌，明矣。备责不能卧薪尝胆，以雪父兄母后之仇，则高宗何辞？若论李纲之忠言不听，岳飞之丹诚不用，设使谏行言听，则必胜金兵于朱仙，生还二帝于汴京，朕实不信也。何也？根本已久不固，人心已久不一。上无惯战之良将，下无用命之士卒，天下虽有勤王之名，真伪莫测，虚实难分。高宗久在金营，孰强孰弱，自有切见。若使复仇雪耻，再整江山，实不能也，势使之也。孟子曰：'寡众弱强不敌也。'②若论讲和之非，我太祖高皇帝因祖之仇，戊午起兵，战必胜，克必取，所向无敌，有往必成，神威圣武，深仁厚泽。犹念中国涂炭，数次议和。明朝引南宋讲和之非，始终不悟，归罪兵部尚书陈新甲为秦桧，弃市示众，发天下兵迎战。如袁崇焕、毛文龙、洪承畴、祖大寿、唐通、吴三桂，前后千余员。凡出关者，非死即降，靡有孑遗。财赋因之已竭，人心随而思乱。百万雄兵，尽没东海，亿兆穷民，罹于边戍。元气尽伤于关东，闯贼蜂起于陇西。贼至京城，文武逃散，无一死于难者，岂非当日不主议和者乎？偏安社稷，犹存一线之脉络，若为雪耻复仇，同死于国难者，尤不知与明末同乎？否乎？文天祥云：'社稷为重，君为轻，立君以存社稷，存一日则尽臣子一日之责。'实千载忠君之语，君与社稷并而为一也。使高宗匹夫之勇，死而无悔，不顾社稷，以死雪仇，又不知当时议论如何耶？天下非一人之天下，有德者可以居之。民不堪命，即有'是日曷丧'③之诗。'天视天听，自我民始。'④

有国家者，不可以不慎。朕不敢责于已然，而责于未然，取其'殷鉴不远'⑤之诫，自警自戒云尔！不暇多论古人是非也。"（《御制文四集》）

[注释]

①图燕之议：宋徽宗用童贯使辽所得燕人马植计，谋取燕云十六州旧地。②寡众弱强不敌也：语出《孟子·梁惠王上》。③是日曷丧：语出《尚书·汤誓》："时日曷丧，予及汝皆亡。"④天视天听，自我民始：语出《尚书·泰誓中》："天视自我民视，天听自我民听。"⑤殷鉴不远：语出《诗经·大雅·荡》："殷鉴不远，在夏后之世。"

[译文]

圣祖皇帝御撰《宋高宗父母之仇终身不雪论》写道："我在日理万机的余暇，命大学士、翰林院当值的官员，在南书房撰写《宋高宗父母之仇终身不雪论》，我也撰写一篇。大学士熊赐履将我的意见已写出来，因为文章得体，所以我没有再写。众大臣作完进呈，我一一详加阅览，其中责备过分的，不免刻薄；以自己立论的，也不能做到无私。文章虽然雅正，都称不上至为得当、不刊之论。我从幼年就酷爱读书，不曾以文章为事。况且帝王之学，关键是见识深远、广大而已，并非像儒生对句，以辞藻华丽为胜。阅览众人所论，又不能没有疑惑，因此勉强提笔，提出意见，再加讨论。

"讨论古人之道，就像是后人看今天，必须中正和平。中正就会不偏不倚，和平就会没有缺失。责备别人严重，自责就轻描淡写，千百年前的所作所为，以瞬息之间讨论很容易，但以一生数十年间成就事业就很难。自古以来创业与守成，自有其一定之规。创业艰难，守成不易。北宋开国创业，已经百余年了。宋徽宗作为守成君主，不能敬畏天命，效法祖先。曾经有图谋燕云旧地的动议，但其国家危亡的缘故很多。因此，天命将出现危机，外部祸乱也日益加深，即使其本人是孝子慈孙，也无法改变。当时如果能够保持国家不出现危机，政治不出现混乱，任用贤才没有二心，祛除奸邪没有疑虑。朝内有保守国家的贤相，前线有智勇双全的将士，可以一鼓作气，歼灭辽金，又有什么难处？如果到了危急存亡之秋，即使是诸葛武侯的才华，也只能留下'鞠躬尽瘁死而后已'的感叹，使得汉室仅存三分之一，偏安西南一隅了。又观览史册，南宋将领韩世忠大败金兵于镇江的金山，金军元帅兀术骑马逃遁。金山之地，众目所睹，难道可能骑马打仗、排兵布阵吗？宋室南渡的史事以讹传讹，以至如此。况且金兵攻破辽国之后，兵力已满万人，士兵强壮，将军勇猛，宋军已经不是对手，这是很明显的。如果求全责备，说他不能卧薪尝胆，以为父兄母后报仇雪恨，那么宋高宗赵构如何推托得了？如果说他对于李纲的忠言不听信，对于岳飞的赤胆忠心不信用，假使其谏言得以听从施行，那么一定能够在朱仙镇大胜金兵，迎接徽宗、钦宗二位皇帝生还汴京，我实在难以相信。为什么呢？宋朝的根本不稳固已经很久了，人心不统一也已经很久了，上没有能征惯战的良将，下没有勇猛拼命的士兵，天下虽然有勤王的名义，但真伪莫测，虚实难分。宋高宗曾长期在金军营中，谁强谁弱，自有真切的见闻。如果让他复仇雪耻，重整江山，实在是做不到，这也是当时形势使然。孟子说：'双方众寡、强弱悬殊，不相敌当。'如果说讲和不对，那么我朝太祖皇帝因为祖父的大仇，在戊午年（万历四十六年，1618）起兵伐明，战则必胜，攻则必取，所向无敌，有往必成，神圣威武，深仁厚泽，还感念中原地区生灵涂炭，数次和明朝议和。明朝引证南宋议和之非，始终不悟，归罪于主张议和的兵部尚书陈新甲，比于秦桧，斩首示众，征发天下大军迎战。又如袁崇焕、毛文龙、洪承畴、祖大寿、唐通、吴三桂，涉及将官前后达千余员。凡是出山海关作战的，非死即降，没有例外。国家财货赋税因此而枯竭，民心随之而思乱。百万雄兵，全部覆没于东海之滨，亿兆穷苦百姓，遭受戍边之苦。国家元气尽伤于关东地区，农民起义军却蜂起于陇西地区。起义军进入京城，文武官员纷纷逃散，没有一人死难的，难道都不是当年不主张议和的人吗？南宋社稷偏安于东南，尚存一线之脉络，如果为了复仇雪耻，同死于国难的，尤其不知道与明末相同呢，还是不同呢？文天祥曾说过：'国家社稷为重，君主为轻，拥立君主以保存社稷，存在一日就竭尽臣子的一日之责。'的确是千古忠君之语，君主和社稷合二为一了。假如宋高宗逞其匹夫之勇，死而无悔，不顾国家社稷存亡，以死雪耻复仇，又不知道当时的议论会如何。天下不是一人之天下，有德行的人都可以居其位。民不堪命，就有'这个太阳什么时候消亡'的诗句。'上天所见，来自我们民众所见；上天所闻，来自我们民众所闻。'拥有国家政权的人，不可以不谨慎小心。我不敢责备已经成为事实的历史，而责备尚未成为事实的未来，汲取'殷鉴不远'的训诫，以为自警和自戒，没有闲暇过多地讨论古人的是非。"

圣祖《讲筵绪论》曰："观古废兴之际，如夏、商之桀、纣，周之幽、厉，所以坠失天命，皆其自取。后世亦有无大失德而陨覆其家国者，如明之崇祯年间是也。皆由其臣子背公徇私，处言路者变易是非，淆乱可否，曾无实心体国之人，故至此耳。"（《御制文二集》）

[译文]

圣祖皇帝《讲筵绪论》写道："观察古代朝代更迭之际，如夏朝的桀，商朝的纣王，周朝的幽王、厉王，之所以丢掉政权，都是咎由自取。后世也有没有大的失德却导致国家倾覆的，例如明朝崇祯年间。都是由于其大臣背弃公义、瞻徇私情，身当言路的官员颠倒是非，混淆可否，没有实心实意公忠体国的人，因此导致这种结果。"

论贡赋第三十七

康熙七年，安南国王黎维禧奏请六年两贡并进。礼部议仍照《会典》定例三年朝贡。圣祖曰："览王奏，称该国'僻居禹服之外，道路悠远，山川阻深，贡役劳苦，三年六年，先后虽异，礼意恭敬则一'等语，该国遵奉教化，抒诚可嘉，此进贡著照该王所奏行。"（《东华录》八）

[译文]

康熙七年（1668），安南国王黎维禧奏请：六年两次朝贡，一并进奉。礼部讨论认为应当仍旧按照《大清会典》的定例三年一次朝贡。圣祖皇帝说："阅览安南国王的奏疏，称该国'僻居华夏九州之外，道路遥远，山川阻隔，贡役非常辛苦，三年一次朝贡，或六年一并朝贡，先后虽然各有不同，但礼敬之意和恭敬之心是一样的'，该国遵奉我国的教化，诚心可嘉。其进贡方式就按照安南国王所奏施行。"

康熙十四年，鄂罗斯察汉汗遣其臣尼果赖·罕伯理尔鄂维策贡方物，奏称：鄂罗斯僻处远方，从古未通中国，不识中国文义，不谙奏疏仪式。今特向化输诚，愿通贡使。圣祖曰："鄂罗斯国所处甚远，诚心向化，特遣其臣贡献方物，甚属可嘉。所奏之处，议政王大臣等议奏。"（《东华录》十七）

[译文]

康熙十四年（1675），鄂罗斯（即今俄罗斯）察汉汗派遣其大臣尼果赖·罕伯理尔鄂维策前来贡献方物，上奏说："鄂罗斯处于偏僻的远方，从古以来没有与中国通贡，不认识中国文字，也不熟悉奏疏和礼仪形式。现在特地仰慕教化、表达诚心，愿意互通贡使。"圣祖皇帝说："鄂罗斯国所处非常遥远，但诚心仰慕中国教化，特地派遣大臣贡献方物，甚属可嘉。其所奏请之事，议政王大臣等讨论具奏。"

康熙五十年，圣祖谕礼部曰："朝鲜国王李焞，自袭爵以来，慎守封圻，恪遵仪度，岁时贡献方物，克殚悃忱，四十余年，未尝少懈。其国中之事，稍有关系者，必奏明仰请定夺，罔敢隐讳。每于钦差人员，竭尽小心，倍加敬礼。且抚恤国人，善于爱养，所属靡不悦服。朕用是深为嘉美。既尝曲示恩谊，值彼地饥馑，又自海洋运米赈济。故举国人众，至今犹深感戴。朝鲜贡物，朕屡次裁减，以至甚轻。但国小地隘，其年例贡物，内有白金一千两、红豹皮一百三十二张，犹恐难于备办，嗣后将此二项永停贡献。又闻朝鲜国使，沿途馆舍尽皆倾圮，难以止宿，历年进贡奉事人员，甚为劳瘁。著令各该地方官，修葺坚固，用副朕加惠远人至意。"（《东华录》八十七）

[译文]

康熙五十年（1711），圣祖皇帝吩咐礼部说："朝鲜国王李焞，自从继位以来，谨慎保守封疆，恪遵法度，每年按时贡献方物，竭尽忠诚，四十多年来不曾稍微懈怠。其国中之事，与中国稍有关系的，一定奏明我朝请示定夺，不敢有所隐讳。每每对于钦差人员，也都竭尽小心，倍加尊敬礼遇。而且抚恤国人，善于爱养百姓，所属人们无不心悦诚服。我因此深为嘉奖褒美，不仅委婉地表达恩德情谊，遇到其国内饥馑灾荒，又从海上运输粮食进行赈济。所以其举国民众，至今还深深感恩戴德。朝鲜的贡品，我多次加以裁减，以至于非常轻微。但其国土较小，每年例行贡品，有白银一千两、红豹皮一百三十二张，恐怕仍然难以备办。今后将这两项也永远停止贡献。又听说朝鲜国的使臣来中国朝贡的沿途馆舍都已经倾坏，难以住宿，历年以来进贡的办事人员，非常劳顿辛勤。诏令沿途的地方官安排修葺，务必使之坚固适用，以符合我施惠于远方之人的心意。"

康熙四十六年，外藩诸王、贝勒、贝子、公、台吉等各率所部进献马驼，圣祖却之。众皆叩首奏曰："臣等祖父以来，受圣主隆恩，抚恤豢养，俾各得其所，已数世矣。逮及臣等，遭噶尔丹之变，父母妻子，俱不能相保。蒙我皇上轸念，特遣大臣官员将离散之人收养。又颁赏银米、布帛、牲畜等物，使永立生业，教之播种。比年以来，马匹蕃滋，衣食丰足。高厚之恩，万难仰报。今圣驾遥临边塞巡视，臣等生息进献之物，倘蒙收纳，则仰沐洪福，嗣后马匹愈加繁盛矣。"谕曰："朕今教养尔等，人皆富庶，物尽蕃滋，尔等竭诚进献，朕心嘉悦，即与收纳无异。嗣后尔等其益勤生计，图维滋息，始副朕爱养至意。"（《东华录》八十二）

[译文]

康熙四十六年（1707），边外藩属诸王、贝勒、贝子、国公、台吉等各自率领所部进献马匹、骆驼等物，圣祖皇帝表示推辞。众人都叩首上奏说："我等自从祖父、父亲以来，承蒙皇上的隆恩，抚恤豢养，使得各得其所，已经经历数代了。到了我们这一代，遭遇噶尔丹的叛乱，父母妻子儿女都不能保全，承蒙皇上怜悯关怀，特地派遣大臣官员将离散人员予以收养。另外颁赏银两、米粮、布帛、牲畜等，使他们永久建立生业，教导他们播种生产。近年以来，马匹繁衍，人民衣食丰足。皇上的天高地厚之恩，实在难以报答。如今圣驾临幸边塞巡视，我们所贡献的方物，倘若承蒙收纳，就能沐浴皇上的洪福，今后马匹将会更加繁盛了。"圣祖皇帝诏谕说："我现在教养你们，使得你们那里人民都很富庶，物产尽皆繁荣，你们竭诚进献方物，我心里非常高兴，就和收纳贡献没有差别。今后你们更加勤勉于生计，图谋发展，才符合我爱养百姓的心意。"

康熙五十六年，福建巡抚陈瑸疏言："会安县知县田广运①等，征收钱粮有方，居官声名俱好。恳圣恩破格鼓舞，于吏治民生大有裨益。"圣祖谕大学士等曰："此奏甚善，征收钱粮，惟少加火耗，百姓易于输纳。从前马齐②任山西巡抚、张鹏翮任浙江巡抚时，钱粮俱清楚。蒋廷锡③任山东巡抚时，钱粮亦清楚。外省总督巡抚居官好，少加火耗，钱粮断不至缺乏也。田广运等俱著该部议叙。"(《圣训》)

[注释]

①田广运：字右君，号谨斋，泰州人，康熙五十一年（1712）进士，授惠安知县。②马齐：满洲镶黄旗人，历官内阁侍读学士、山西布政使、山西巡抚、左都御史、户部尚书、理藩院尚书、武英殿大学士等。③蒋廷锡：字扬孙，常熟人，康熙四十二年（1703）进士，历官礼部侍郎、户部尚书、文华殿大学士，卒谥文肃。

[译文]

康熙五十六年（1717），福建巡抚陈瑸上疏说："会安县知县田广运等，征收钱粮有办法，做官也声名均好。恳请皇上开恩破格予以褒奖，加以鼓舞，对于吏治和民生都会大有裨益。"圣祖皇帝吩咐大学士等说："这道奏章非常好，征收钱粮，只有少加征火耗，百姓便于缴纳。从前马齐任山西巡抚、张鹏翮任浙江巡抚时，钱粮也都非常清楚。蒋廷锡任山东巡抚时，钱粮也很清楚。各个直隶省的总督、巡抚居官良好，尽量少征火耗，国家的钱粮征收断不至于缺乏。田广运等人都令吏部讨论叙功。"

论征伐第三十八

我朝列圣武功之盛，拓疆之广，为前古所无。圣祖平定三藩、台湾、朔漠、西藏，大兵所临，壶浆载道。凡诸胜算，皆出庙谟。噶尔丹之役，圣祖亲削平之，煌煌神武，具在《方略》①。然圣意尝曰："兵者，不得已而用之。"亦可以知我家法矣。（《方略序》）

[注释]

①《方略》：清代大型军事档案史料。自康熙二十一年（1682）诏设方略馆，将历次用兵的有关史料纂辑成书，历朝编就的约六十种，如《钦定平定三逆方略》六十卷、《钦定亲征平定朔漠方略》四十八卷等。

[译文]

我朝列位皇帝武功之盛，开拓疆域之广，为以前历代所未有。圣祖皇帝平定三藩之乱、统一台湾、平定漠北噶尔丹之叛、平定西藏叛乱，大军所临之地，百姓无不箪食壶浆以迎王师，充满道路。大凡这些胜利的筹谋，都是出自皇上的深谋远虑。平定噶尔丹之战，圣祖皇帝御驾亲征，一举削平，皇皇神圣武功，都记录在《方略》之中。虽然这样，皇上还曾经说过："尖兵利器，万不得已才使用它。"从中也可以知道我朝的祖宗家法了。

圣祖《兵论》曰："兵者，不得已而用之也。《孙子》曰：'知己知彼，则百战百胜。'夫知己难，知彼亦难。矧当塞外荒邈之区，侦探之所不及，何以知其道里之远近，人众之多寡，山川之厄塞乎？汉世开边，史称最远，但尽数十年之兵力，得地无几。究未能灭其族类，而中国之财赋亦绌。何则？穷兵黩武之故也。我国家辟基广大，诸蒙古莫不臣属。风土疆域，可按籍而稽也。顷噶尔丹掠扰边陲，兴师讨罪。其道里之远近，人众之多寡，山川之厄塞，予固知之熟矣。去年春将亲统六师而出，召勇略将军赵良栋①问以方略。良栋曰：'老臣无他能，平日用师，惟精神贯注于事先耳。'予三临沙漠，事无巨细，躬亲筹画。往往以一己之精神，包括乎万事。动合机先，克灭渠寇。每思良栋之言之当也。顷者，灭噶尔丹之道有三：国家当隆盛之际，宇内熙恬，外藩倾服，独一噶尔丹妄逞凶顽，岂非自取覆亡？是我之得天时也。朔漠地虽辽阔，川原险要，可以何地进兵，何地犄角，了然指掌，是我之得地利也。师行雷动之顷，甲仗颁自禁中，粮饷出之公府，未尝轻劳民力。而禁旅养之有素，踊跃思奋，是我之得人和也。以知己知彼而上合天时，中获地利，下遂人和，又焉往而不克哉？昔人有云：'兵以戡乱戢报也。'今暴乱既除，兵甲偃息，默坐行幄，追维已往，姑叙述其事，以示安不忘危之心。然励精萃神，岂独用兵之道如是欤？"（《御制文二集》）

[注释]

①赵良栋（1621—1697）：宁夏（今银川）人，历任游击、副将、总兵、宁夏提督、勇略将军、云贵总督，谥襄忠。

[译文]

圣祖皇帝御撰《兵论》写道："尖兵利器，万不得已才使用它。《孙子兵法》上说：'知己知彼，就能百战不殆。'知己很困难，知彼就更加困难。假设身处塞外荒漠辽远之地，派人侦探有所不及，如何知道其道路的远近，人民的多少，山川的厄塞呢？汉代开拓边疆，历史上最称辽远，但是倾尽数十年的兵力，获得的土地也没有多少。最终也没有能够灭其族类，可是中国的财赋却因此而告匮。这是为什么呢？乃是穷兵黩武的缘故。我朝国家开创的基业广大，蒙古各部无不臣属。风土疆域，可以按照册籍加以稽考。不久前噶尔丹掠夺扰乱边陲，朝廷兴兵讨伐。那里的道路远近、人口多少、山川厄塞，我都已经熟知了。去年春天御驾亲征出师之际，召见勇略将军赵良栋，询问用兵方略。赵良栋说：'老臣没有其他长处，平日用兵，只有精神贯注于事先罢了。'我三次驾临沙漠，事无巨细，都亲自筹划，往往以一己的精神，包括各种事务。行动往往合乎事机的先兆，从而克敌制胜，消灭贼寇。每每思虑赵良栋之言的得当。不久前，消灭噶尔丹的因素有三个：国家正当强盛之时，天下和乐，外藩归附，只有一个噶尔丹妄图逞其凶顽，难道不是自取灭亡吗？这就是我们得到了天时之利。漠北地方虽然辽阔，但其山川草原之险要，可以何地进兵，何地形成掎角之势，我们都了如指掌，这是我们得到了地利。大军出动之际，装备都从官廷颁发，粮饷都从官府供应，不曾轻易劳动民力，而宿卫禁军平素训练有方，战时踊跃，人人想着奋勇争先，这是我们得到了人和。以知己知彼，而上合天时，中得地利，下得人和，怎么能够战而不胜、攻而不克呢？从前有人说过：军队是为了勘定混乱、遏止残暴。如今暴乱已经清除，兵甲得以偃息，我默默打坐在行军帐中，追思以往的事情，姑且叙述下来，以表示安不忘危的心意。然而励精图治、聚精会神，难道单单是用兵之地这样吗？"

圣祖《息兵安民论》曰："一劳而天下永逸，一勤而兵革永宁者，非大有志与断不能也。凡人狃于常习，卒然临之以事，必苟且图目前之安，不为长治久安之策。虽暂取逸于一时，终因循蔓延而不可收拾。往往悔诸事后，诚何益哉？予自临御以来，留心机务，每遇大政，则谋之以深沉，断之以果决。其始未尝不慎重三思，而其要则惟以安民为念。自昔平定三逆之后，培滋元气，欲措斯民于衽席，未尝轻言兵事。比者厄鲁特噶尔丹妄逞凶顽，背弃誓约，侵凌我藩封，潜入我北漠。开谕再三，罔知悛改。不得不加之以兵。议者咸曰：'蛮夷荒服，治以不治，古惟有驱逐之而已，防守之而已。远劳师旅，未必遂能灭除也。'予思我朝规模与往代异，我朝蒙古四十九部列居塞下，久奉臣贡。若任其蹂躏而不加苞覆，不特失外藩之心，将恐势成养痈，滋蔓边境，不若早为图之。爰整戎衣，躬临绝漠，既大破之。冬复再莅遐荒，相机剿抚。噶尔丹困蹙余生，遣人乞命，其意缓我兵为兔脱①计。予心知之，而未忍逆诈②，姑与之定期以待之来。方春予复亲涉关塞，远出朔方。既俘其孽子，彼尚依栖榛莽，未悔厥心，知其不可以化诲也，乃命禁旅分道追收。噶尔丹势穷自尽，其下悉平。漠北万里，咸归疆域。从此海宇乂安，兵革不用，可以布化施泽，与民休养矣。方噶尔丹之盘踞土剌河也，诸蒙古为之心动。非毅然亲统六师，直穷巢穴，迫与之一战，必不能丧其魄而歼其众；及其败遁也，非严冬再出，久驻塞外，绝其所往。或奔匿他所，更费经营；春和之期，非跋履山川，分道进讨，示予不惮寒暑勤劳，必欲灭此而后已，则彼尚或支吾岁月，妄希苟延。三举一有不决，则机左师老，必致疲我苍赤，然予何敢以为志之断也？仰荷宗社之灵，成此一劳永逸、一勤永宁之事。韬戢干戈，安静教育，使天下之民，士农工贾各业其业，乐其乐，岂不大为愉快哉？故予之用兵，实所以安民。今兵息而民安，将益讲求其安之之法，使后人知予息兵安民之意云。"（《御制文二集》）

[注释]

①兔脱：像兔子一样迅速逃脱。语出《孙子兵法》："始如处女，敌人开

户；后如脱兔，敌不及矩。"②逆诈：语出《论语·宪问》："子曰：'不逆诈，不亿不信，抑亦先觉者，是贤乎！'"

[译文]

圣祖皇帝御撰《息兵安民论》写道："一次劳顿而天下永逸，一次辛勤而战事永宁，如果不是具有远大志向，断然不能做到。一般人习惯安于常规旧习，突然面临大事，必定苟且图安，不做长治久安的打算。这样虽然暂时获得一时的安逸，最终会因循蔓延，导致不可收拾的局面。往往在事后感到悔恨，有什么益处呢？我自从即位以来，留心军国大事，每次遇到重大政事，就深沉谋划，果断决策。开始的时候未尝不慎重三思，而其关键则只以安定民生为念。自从平定三藩之乱之后，就力图培养元气，想安置人民太平安居的生活，不曾轻易谈论军事。近来厄鲁特蒙古噶尔丹妄图逞其凶顽，背弃誓约，侵掠欺凌我朝的藩属，并潜入我朝北部边境。朝廷再三开导训谕，他也不知道悔改。我们不得已采取军事行动。议论的人都说：那些蛮夷荒服之地，当以不管的办法来治理，古代只有采取驱逐之、防守之的办法罢了。长途征伐，劳动军队，未必就能够加以消灭。我思忖我朝规模与历代不同，蒙古四十九部分居塞下，长久奉诏朝贡。如果任其蹂躏而不加以保护，不仅会失去外藩的归向之心，将来恐怕会养痈遗患，滋扰边境，不如及早图谋。于是整理军装，亲临荒漠绝域，大破噶尔丹之后，冬天又再次莅临辽远的荒漠，相机进行剿抚。噶尔丹身陷困境，苟延残喘，派人乞求活命，其本意是作为缓兵之计，以便迅速逃脱。我心中知道，又不忍心妄自猜度其诈伪之心，姑且与他约定期限以等待其归降。次年春天，我又亲自远涉关塞，出兵朔方，俘虏其孽子，他还潜伏在草原，不悔改其初心，我知道他不可以教化训诲，于是命令禁军分道追讨。噶尔丹穷途末路，服毒自尽，其部下全部平定，漠北万里之地，都归属我朝疆域。从此天下安宁，兵革不兴，可以布施教化，与民休养生息了。正当噶尔丹盘踞土剌河之时，蒙古诸部人心动摇，如果不是我毅然亲率大军，直捣其巢穴，迫其决一死战，一定不能使其丧胆落魄，全歼其众；当其失败逃遁之时，如果不是严冬再次出击，长期驻兵塞外，断绝其往来道路，一旦任其奔逃藏匿于其他地方，就更加难以经营；春和景明之时，如果不是跋涉山川，分道进讨，显示我不惮寒暑劳顿，一定要消灭此敌而后已的决心，那么他还有可能延续时日，妄图希冀苟延残喘。三次行动，如果有一次不果决，就会导致错过时机，衰落士气，必定劳累我们苍生赤子，这样，我怎么敢不立志决断呢？承蒙祖宗社稷之灵应，成就这个一劳永逸、一勤永宁的事业。收藏干戈，安静教化，使得天下之民，士农工商各自安其业、享其乐，难道不是大为愉快的事吗？因此，我用兵打仗，实在是为了安定民生。如今战事止息，人民安宁，将更进一步讲求安定民生的方法，使得后人知道我息兵安民的心意。"

圣祖《庭训》曰："兵书云：'为将之道，当身先士卒。'前者，噶尔丹以追喀尔喀为名，阑入边界。朕计安藩服，亲统六师，由中路进兵，逐日侵晨起行，日中驻营。又虑大兵远讨，粮米为要，传令诸营将士，每日一餐，朕亦每日进膳一次。未驻营时，必先令人详审水草。或到乏水处，则凿井开泉，蓄积澄流，务使人马给足。竟有原无水处，忽尔清泉流出，导之可致数里，人马资用不竭。一近克鲁伦河，即身率侍卫前锋，直捣其巢，大兵随后依次而进。噶尔丹闻朕亲统大兵，忽自天临，魂胆俱丧，即行逃窜。恰遇西师于昭木多，一战而大破之。此皆由朕上得天心，出师有名，故尔新泉涌出，山川灵应。以数十万士卒车马，各各安全，三月之间，振旅凯旋，而成兹大功也。"（《庭训格言》）

[译文]

圣祖皇帝《庭训格言》写道:"兵书上说:'为将之道,应当身先士卒。'以前噶尔丹以追击喀尔喀蒙古为名,侵入边界。我出于安定藩属的考虑,亲自统率大军,从中路进兵,每日早晨起来行军,中午宿营。又考虑到大军远征讨伐,粮饷供给非常重要,传令各营的将士,每天吃一顿饭,我也每天一次进膳。没有宿营之时,一定要预先派人详细审视水草情况。如果遇到水源缺乏的地方,就凿井挖泉,蓄积清水,务必使人马供给充足。竟然有原来没有水源的地方,忽然有清泉流出,可以达到数里,人马取用不竭。一接近克鲁伦河,我就亲自率领侍卫军作为前锋,直捣噶尔丹的巢穴,大军随后依次开进。噶尔丹听说我亲自统率大军,忽然从天而降,胆魄俱丧,当即逃之夭夭。恰好与西路大军在昭木多相遇,一战而大破之。这都是由于我上得天心,出师有名,因此新泉流出,山川灵应。数十万士卒车马,都很安全,三月之间,就凯旋了,成就了这一大功。"

康熙政要卷二十二

论安边第三十九

圣祖即位之初,敕谕安南国王黎维祺①曰:"朕惟修德来远,盛代之宏谟。纳款归仁,人臣之正谊。既输诚而向化,用锡命以宣恩,褒忠劝良,典甚重也。尔安南国王黎维祺僻处炎荒,保有厥众,乃能被服声教,特先遣使来归。循览表文,忱恂具见。古称识时俊杰,王庶几有之。朕心深为嘉尚,用锡敕奖谕,仍赉尔差官钗仁根银币衣服等物。遣安南馆通事序班一员,伴送至广西境上。并敕广西巡抚沿途拨发兵马,导之出疆,昭朕嘉与怀柔至意。尔受兹崇命,其益励忠勤,永作藩屏,恪修职贡,丕承无致。钦哉,特谕!"(《东华录》一)

[注释]

①黎维祺:安南后黎朝皇帝,1619—1643年在位,后禅位于真宗,1649—1662年复位,庙号神宗。

[译文]

圣祖皇帝即位之初,敕谕安南国王黎维祺说:"我认为勤修德政，使远人归向，这是盛世的宏伟国策；纳款降服，归顺仁政，这是人臣的正确道理。归附向化之后，朝廷就要赐予诏命以宣示恩宠，褒扬忠诚，劝勉良善，其典制非常重大。安南国王黎维祺僻处南方荒蛮之地，保有其民众，能够信奉我朝的声威教化，最早派遣使者前来归顺。阅览其表文，足见其忠诚之心。古人说识时务者为俊杰，国王差不多可以称得上了。我内心深为赞许，因此颁布诏敕予以褒奖。赏赐国王所差使者钗仁根银币、衣服等物，另派遣安南馆通事序班一员，伴送到广西边境之上，命令广西巡抚沿途拨给兵马，引导使者出境，以昭示我褒奖、怀柔的心意。国王受此崇命，希望更加励志忠勤，永远作为中华的藩屏，恪守职分，勤修朝贡，承天受命，不要倦怠。特此诏谕！"

康熙十六年，圣祖谕大学士等曰："闻厄鲁特、喀尔喀交恶兴戎，虽虚实未确，朕统御寰区，一切生民，皆朕赤子，中外并无异视。厄鲁特、喀尔喀倘因细故交恶，至于散亡，朕心大为不忍。伊等向相和好，贡献本朝，往来不绝，若交恶果实，当遣使评其曲直，以免生民于涂炭。如仰副朕一视同仁之意，仍前和好，相与优游太平，朕大嘉悦焉。但天寒路远，若遣使往回，无饲马驰驿之所，或致有误。今厄鲁特、喀尔喀使至，其令理藩院明白备檄交发来使传谕之。"（《东华录》二十）

[译文]

康熙十六年（1677），圣祖皇帝吩咐大学士等说："听说蒙古厄鲁特、喀尔喀部相互交恶，引起战事，虽然消息虚实尚未确切，但我统御天下，一切人民都是我的赤子，无论中外并没有不同看待。厄鲁特、喀尔喀倘若因为小事交恶，以至于部众散亡，我心中大为不忍。他们二部向来友好相处，向我朝贡献方物，往来不绝，如果交恶之事确实发生，应当派遣使者为他们评论是非曲直，以免人民生灵涂炭。如果能够体谅我一视同仁的心意，仍然和好如初，和谐相处，太平无事，我就非常高兴。但因为天气寒冷，路途遥远，如果派遣使者往来，没有邮驿之所，或许会出现失误。如今厄鲁特、喀尔喀两部的使者都来了，诏令理藩院明白草拟檄文交给使者传达晓谕。"

是年，圣祖赐荷兰国王敕谕曰："朕惟柔远能迩，盛代之嘉谟；修职献琛，藩臣之大节。输诚匪懈，崇赉宜颁。尔荷兰国王耀汉连氏、甘勃氏属在遐方，克抒丹悃，遣使赍表纳贡。忠荩之忱，良可嘉尚。用特降敕奖谕，并赐王文绮、白金等物。往其祗承，益励忠贞，以副朕眷。钦哉！"

又谕议政王大臣等曰："向者，罗刹侵犯雅克萨、尼布楚诸地，戕我居民，边境骚然。曾谕鄂罗斯察汉汗来使尼果赍等，撤回其众。自后竟不覆奏，反在在侵犯，肆行扰害。意尼果赍未达前旨于察汉汗，复令被擒罗刹持书喀尔喀地宣谕之，亦不覆奏。因遣发官兵往雅克萨招抚罗刹，不戮一人，令其头目额礼克谢等持书归去。罗刹闻我师言旋，复回雅克萨筑城以居。朕思本朝频行宣谕，曾未一答，而雅克萨罗刹又死守不去。或尼布楚诸地阻隔，前书未达，或雅克萨罗刹皆彼有罪之徒，不便归国，俱未可知，今问荷兰国贡使，称伊国与鄂罗斯接壤，语言亦通。其以屡谕，情节备悉，作书用兵部印付荷兰国使臣转发鄂罗斯察汉汗处收。雅克萨、尼布楚罗刹于何处分立疆界，各毋得逾越。则两界人民，均得安宁，不失永相和好之意。察汉汗覆奏时，令其使由陆路直来。若陆路难通，即以来奏付荷兰国代奏，再依此作书发西洋国转达之。"（《东华录》三十八）

[译文]

这一年（康熙二十五年，1686），圣祖皇帝颁赐荷兰国王敕谕说："我认为怀柔远方，优抚近地，是盛世的良策；勤修职分，进献方物，是藩臣的大节。藩臣降服归诚没有懈怠，朝廷也应该颁布诏令予以崇信赏赉。荷兰国王耀汉连氏、甘勃氏属于远方，能够表达赤诚之心，派遣使者带着文书前来纳贡。其忠诚之心，实可褒奖。因此特地颁布诏敕予以嘉奖，并赏赐国王丝绸、白银等物。请国王恭敬接受，更加励志忠贞，以符合我的心意。钦此！"

又吩咐议政王大臣等说："以前鄂罗斯侵犯我国雅克萨、尼布楚等地，杀害我方居民，引起边境骚动。我曾经谕令鄂罗斯察汉汗派来的使者尼果赉等，撤回其众。从此以后竟然不予回复，反而到处侵犯，肆行骚扰祸害。估计尼果赉未能传达谕旨给察汉汗，又命令被俘虏的鄂罗斯人带着文书到喀尔喀蒙古地方进行宣示规劝，也不回奏。于是派遣官兵前往雅克萨招抚鄂罗斯人，并没有屠戮一个人，而只是命令其头目额礼克谢等带着文书归去。可是鄂罗斯人听说我们军队凯旋，又回到雅克萨筑城并居住下来。我想我朝多次宣示诏谕，他们竟然没有一次回复，而雅克萨的鄂罗斯人又死守不离开。或许是尼布楚等地山川阻隔，以前的文书都没有传达，或许是雅克萨的鄂罗斯人都是他们国家的有罪之徒，不便回国，都不可知。如今询问荷兰国贡使，声称他们国家与鄂罗斯接壤，语言也可互通。就以多次诏谕的内容，双方交涉的详细情形，写成文书盖上兵部的印信，交给荷兰国使臣转发给鄂罗斯察汉汗。雅克萨、尼布楚地方的鄂罗斯人在何处分立疆界，不得超越，这样两国人民，都能够安定生活，不失永远和好的本意。察汉汗回奏时，令其使臣从陆路直接前来。如果陆路难以通行，就以回奏交给荷兰国代为奏请，再根据这种情况发布文书给西洋各国转达。"

康熙二十八年，与鄂罗斯国议定疆界之碑。文曰："皇帝抚有天下，殊方重译①，罔不宾服。师武既扬，文教亦讫。荡荡巍巍，以成大一统之治。惟鄂罗斯国在黑龙江西北陲，夙尝通使效贡。后其边人弗戢，潜入雅克萨筑城以处，扰我属部猎户，使我猎户弗宁厥居。于是庙谟柔远，先之以文告，既不共命，则移偏师攻其城，克之。惟皇帝德并天覆，神武不杀，所获之俘，悉纵悉遣。且资之舟车糇粮，俾反其所。王旅既旋，抄略未已，用兴师复围其城，彼乃遣使讲和，请定疆域。康熙二十有八年夏，皇帝遣领侍卫内大臣索额图等至于尼布楚之地，宣布德意。鄂罗斯国使者费岳多罗·额里克谢等皆悦服。相与画疆定界，使我边人与其国人分境捕猎，期永永辑睦，无相侵轶。约既定，勒之贞石，以昭大信，垂诸久远。专条列如左②：一、将由北流入黑龙江之绰尔纳，即乌伦穆河相近格尔必齐河为界。循此河上流有石大兴安岭以至于海。凡岭南一带流入乌龙江之溪河，尽属我界。其以岭北一带之溪河，尽属鄂罗斯国界。一、将流入黑龙江之额尔古纳河为界。河之南岸为我属，河之北岸令为鄂罗斯属。其南岸之眉勒尔客河口所有鄂罗斯房舍，迁移北岸。一、雅克萨之地，鄂罗斯所治之城，尽行除毁。所居鄂罗斯人民及诸物，用听撤往察汉汗之地。一、两国猎户人等，毋许越界。如有一二小人擅自越界，捕猎偷盗者，即行擒拿送所在官司，准所犯轻重惩处。若十数相聚，持械捕猎，杀人抢掠者，必奏闻即行正法。虽有一二人犯禁，彼此仍相和好，毋起衅端。一、从前我大清国所有鄂罗斯之人及鄂罗斯国所有我大清国之人，仍留如旧，不必遣回。嗣后有逃亡者，不许收留，即行送还。一、和好既定以后，一切行旅，有准令往来文票者，许其贸易不禁。"（《经世文编》八十一）

[注释]

①殊方重译：殊方，远方，异域；重译，辗转翻译，引申为需要辗转翻

译才通的地方。《三国志·薛综传》："山川长远，习俗不齐，言语同异，重译乃通。"②专条列如左：此即《中俄尼布楚条约》，中俄签订的第一个条约，正式签订于康熙二十八年（1689）七月二十四日（9月8日），正式文本是拉丁文，另有满文和俄文本，共六条，明确划定了中俄东段边界。

[译文]

康熙二十八年（1689），我朝与鄂罗斯国讨论确定疆界碑。碑文写道："我朝皇帝统一天下，远方异域之地，无不朝贡归附。不仅军威得以振扬宇内，而且文德教化也达于四海。恩泽浩荡，道德崇高，从而成就了大一统的盛世。只有鄂罗斯国在黑龙江的西北部，以往曾经通使朝贡。后来其边境之人不加收敛，潜入雅克萨筑城居住，侵扰我朝属部的猎户，使得我方的猎户不能安居。因此朝廷决策怀柔远人，首先发布文告，对方不愿恭敬受命之后，就派遣部分军队攻克其城池。只是皇帝以天覆地载之德，神武而不杀戮，所获的俘虏，全部遣送回去，而且还资助他们舟车干粮，使其返回原来的居所。可是军队凯旋之后，他们又卷土重来，侵掠不已，无奈再次用兵包围其城池，对方才派使者讲和，请求议定疆域。康熙二十八年夏天，皇帝派遣领侍卫内大臣索额图等到尼布楚地方，宣布皇上的恩德与意旨。鄂罗斯国使者费岳多罗·额里克谢等都表示心悦诚服。于是双方划定界限，使得我朝边境人民与鄂罗斯国人划分国境进行捕猎，以期永远和睦相处，而不要相互侵犯。条约签订之后，刻石立碑，以昭示信义，垂于久远。其条约分列如下：第一，以由北流入黑龙江的绰尔纳，也就是与乌伦穆河相近的格尔必齐河为界，沿着此河向上到有石大兴安岭（即外兴安岭）作为两国分界线，一直到海，凡是从岭南一带流入乌龙江的山溪河流，全部属于我国；岭北一带的山溪河流，则全部属于鄂罗斯。第二，以流入黑龙江的额尔古纳河为界，河的南岸属于我国，河的北岸属于鄂罗斯国。其南岸的眉勒尔客河口所有鄂罗斯房屋，全部迁移到北岸。第三，雅克萨地方，鄂罗斯所筑的城池，全部拆除毁弃，其中所居住的鄂罗斯人民及其财物，听其撤往察汉汗地方。第四，两国的猎户人等不许越界。如果有一两个小人擅自越过边界，进行捕猎偷盗的，当即擒拿送往当地官吏，按照其所犯罪行的轻重进行惩处。如果是十数人相聚，持有枪械进行捕猎，杀人抢掠的，一定奏闻朝廷，当即正法。即使有一两个人违犯禁令，但两国彼此仍然相互和好，不要再起争端。第五，从前我大清国属下的鄂罗斯人和鄂罗斯国属下的大清国之人，仍旧留居原地，不必遣送。今后如果有逃亡到彼此国境的，不许收留，当即送还。第六，两国和好既定之后，一切行旅，如果有批准的文书和往来文票的，准许贸易，不予禁止。"

是年，福建、浙江总督王骘①奏：日本商船应令停泊定海山，遣官察验，方许贸易。圣祖谕大学士等曰："此事无益。朕南巡时，见沿途设有台座，问地方官及村庄耆老。据云：明代备倭所筑。明朝末年，日本来贸易，大船停泊海口，乘小船直至湖州，原非为劫掠而来。乃被在内官兵杀尽，未曾放出一人，从此衅端滋长。设兵防备，遂无宁期。今我朝凡事皆详审熟计，务求至当，可蹈明末故辙乎？且善良之民，屡遭水旱，迫于衣食，亦为盗矣！武备固宜预设，但专任之官，得其治理，抚绥百姓，时时留意，则乱自消弭。否则盗贼蜂起为乱者，将不知其所自来，不独日本也。"

又谕大学士等曰："朕览书籍，边外诸处各蒙古等，在明代时屡侵边境。即于伊各蒙古内，亦互相战斗，不得宁谧。太宗文皇帝统驭以来，各蒙古皆安静矣。如朕所见，三十年来各蒙古俱获安生，极其恬息。彼等欢欣称道，谓从来未闻有如此太平，令我诸蒙古安然共享升平者,皆出自圣恩所赐。"伊桑阿奏曰:"皇上视天下百姓,尽如赤子,故使内外之民,各得其所如此。"(《东华录》四十四、《圣训》)

[注释]

①王骘:字辰岳,山东福山人,顺治十二年(1655)进士,历任户部主事、刑部郎中、光禄寺少卿、太常寺卿、江西巡抚,康熙二十七年(1688)授闽浙总督。后拜户部尚书。

[译文]

这一年(康熙二十八年,1689),闽浙总督王骘奏请:日本商船应当令其停泊定海山,派遣官员察验之后,才允许其贸易。圣祖皇帝吩咐大学士等说:"这件事没有益处。我南巡的时候,看到沿途设有台座,就询问地方官以及附近村庄的老人们。据他们说:这是明代防备倭寇而建筑的。明朝末年,日本人前来贸易,大船停泊在海口,然后乘坐小船直到湖州,原本不是为了劫掠而来的,却被内地的官兵全部杀死,不曾放过一个人,从此双方的争端日益严重升级,于是设立军队,防备侵掠,就没有安宁的时候。如今我朝凡事都详加审核,充分考虑,务必求得至为得当,怎么会重蹈明朝的覆辙呢?况且良善的人民,屡屡遭受水旱灾害,衣食不足,饥寒交迫,也会铤而走险成为盗贼。军事防备固然应当预先设置,只要设官专理其事,治理得法,安抚百姓,时时留意,那么祸乱自然会得以消弭。否则盗贼蜂起,犯上作乱的,将不知道其来自何方,不仅仅是日本人了。"

又吩咐大学士等说:"我阅览书籍,北方塞外蒙古各部在明代经常侵犯边境。就是其蒙古各部之间也相互争战,不得安宁。自从我朝太宗皇帝统御天下以来,蒙古各部都安静无事了。就像我所看到的,三十年来蒙古各部都得以安生,极其平静。他们也都欢欣称道,说从来没有听说如此太平,让我们蒙古各部安然共享升平的,这都是出自皇上的圣恩所赐。"伊桑阿上奏说："皇上看待天下百姓，都像赤子一样，所以使得内外之民，能够像这样各得其所。"

康熙五十一年，圣祖谕大学士等曰："红苗①等居深山之中，自古以来，并未向化，鄂海②等宣示德泽，尽行招抚，殊属可嘉。今红苗等输诚削发投顺，地方文武官员务仰体朕无分内外，咸俾尽享升平，无不乐业至意。将红苗等安插得所，从容化导。倘有不肖官员，将红苗侵蚀扰害者，该督抚即行指明题参，从重治罪。"（《圣训》）

[注释]

①红苗：苗族的一部分。苗族按服饰划分为红苗、黑苗、白苗、青苗、花苗等。其中红苗分布于湘西、黔东北一带。②鄂海：满洲镶白旗人，自笔帖式授内阁中书，历官至陕西巡抚、湖广总督。

[译文]

康熙五十一年（1712），圣祖皇帝吩咐大学士等说："红苗等少数民族居住在深山之中，自古以来，并没有归诚向化，鄂海等宣示朝廷的德泽，将他们尽行招抚，殊属可嘉。如今红苗等竭诚剃发归顺，当地文武官员务必体谅我不分内外远近，都要使其安享升平、无不安居乐业的心意，将红苗等少数民族安置停当，从容加以教化训导。倘若有不肖的官员将红苗加以侵扰危害的，该地总督、巡抚当即指明题奏参劾，从重治罪。"

康熙五十五年，圣祖谕大学士、九卿等曰："天下事未有不由小而至大，小者犹不可忽，大者益宜留心。尔等在衙门，或能办理事务，或以清白自持，亦止为身计耳。其关系封疆大事，未必深思熟虑也。即如海防乃今日之要务，朕时加访问，故具知原委。地方督抚提镇，亦未能尽悉也。朕南巡过苏州时，见船厂，问及,咸云:'每年造船出海贸易者,少至千余,回来者不过十之五六,其余悉卖在海外,赍银而归。'官造海船数十只,尚需数万金,民间造船何如许之多?且有人条奏,海船龙骨,必用铁梨笻木,此种不产于外国,惟广东有之,故商人射利偷卖。即加查讯,俱捏称遭风打坏。此中情弊,速宜禁绝。海外有吕宋、噶啰吧等处,常留汉人。自明以来有之,此即海贼之薮也。官兵出哨,或遇贼船四五只,官兵船止一二只,势不能敌。舵工又不奋力向前,将领亦无可如何,不过尾追而已,何能剿灭耶?

"张伯行曾奏,浙江之米,多出海贩卖。斯言未可尽信,然亦不可不为豫防。出海贸易,海路或七八更,远亦不过二十更。所带之米,适用而止,不应令其多带。在东洋可使贸易,若南洋商船不可令往。第当如红毛等船,听其自来耳。且出南洋,必从海坛经过。此处截留不放,岂能飞渡乎?又沿海炮台足资防守,明代即有之,应令各地方设立。往年由福建运米广东,所雇民船三四百只,每只约用三四十人,通计即数千人,聚集海上,不可不加意防范。台湾之人,时与吕宋地方人互相往来,亦须预为措置。凡福建、广东及江南、浙江等沿海地方之人在京师者,尔等可加细询。朕令广州将军管源忠①、浙闽总督满保②、两广总督杨琳③,来京陛见,亦欲以此面谕之。海外如西洋等国,千百年后,中国恐受其累,此朕逆料之言。

"又汉人心不齐,如满洲、蒙古,数千万人皆一心。朕临御多年,每以汉人为难治,以其不能一心之故。国家承平日久,务须安不忘危,尔等俟管源忠等到京后,会同详议具奏。"(《圣训》)

[注释]

①管源忠:汉军镶黄旗人,康熙四十二年(1703)至雍正三年(1725)

任广州将军。②满保（1673—1725）：觉罗氏，满洲正黄旗人，康熙三十三年（1694）进士，历官国子监祭酒、内阁学士、福建巡抚、闽浙总督等。③杨琳：汉军旗人，历任福建陆路提督、广东巡抚，康熙五十五年（1716）至雍正二年（1724）任两广总督、广东总督。

[译文]

康熙五十五年（1716），圣祖皇帝吩咐大学士、九卿等说："天下之事没有不是由小到大，小的事情尚且不能忽视，大的事情就更应该留心。你们在衙门，有的能够办理事务，有的以清白的节操自持，也都只是为了自身考虑罢了。对于关系到封疆的大事，未必经过深思熟虑。就譬如海防，乃是今日的要务，我时时加以察访，因此知道其中的原委。地方总督、巡抚、提督、总兵，也未必能够完全知晓。我南巡经过苏州时，看到船厂，问及海防情形，都说：'每年造船出海贸易的，至少千余人，回来的不过十分之五六，其余的人都被卖到海外，贩卖者带着银子回来。'官府所造海船数十只，尚需数万两白银，民间造船哪有这么多？况且有人上疏陈奏，海船的龙骨一定要用铁梨笏木，这一品种并不出产于外国，只有广东地区有，因此商人牟利偷卖。即使加以查处，都谎称是遭遇风灾打坏。其中的情弊，应当迅速察访禁绝。海外有吕宋岛、噶啰吧等处，经常留居汉人。从明朝以来就有，这就是所谓的海贼的渊薮。官兵出哨，有时遇到海贼船只多达四五只，官兵船只只有一两只，其形势不能相敌。掌舵的工人又不奋力向前，将领们也无可奈何，不过尾随其后罢了，如何能够剿灭呢？

"张伯行曾经奏请：浙江的大米，很多出海贩卖，这句话未必尽可听信，但也不能不为之预防。出海贸易，海路有时要有七八更（每更约水程六十里），最远也不过二十更。所带的大米，适用就可以了，不应当让他们多带。在东洋，可以让商船进行贸易，如果是在南洋，则不可以让他们前去。但像荷兰等国船只，听任他们自由往来罢了。况且出海到南洋去，一定要从福建的海坛岛经过。如果在此处截留不让放行，难道能够飞渡过去吗？另外，沿海炮台足以作为防守的凭借，明代的时候就有了，应该命令各地都设立炮台。往年从福建运输大米到广东，所雇民船三四百只，每只大约雇用三四十人，共计就达到数千人，聚集到海上，不可不注意严加防范。台湾的人民，不时与吕宋岛上的人民互相往来，也必须预先加以措置。凡是福建、广东以及江南、浙江等沿海地方的人民在京师的，你们可以详细询问。我诏令广州将军管源忠、闽浙总督满保、两广总督杨琳前来京师陛见，也想以此当面吩咐。海外如西洋等国家，千百年之后，中国恐怕要受其连累，这是我的预测之话。

"另外，汉族人民的人心不齐，而像满洲、蒙古则是数千万人都是一条心。我即位多年，每每以汉族人民为难以治理，就是因为他们不能一条心的缘故。国家承平日久，务必要安宁不忘危机，你们等到管源忠等来到京师后，会同详加讨论具奏。"

康熙政要卷二十三

论巡幸第四十

是年，圣祖南巡，舟过高邮湖。见民间天庐多在水中，恻然念之。因登岸巡行堤畔十余里，召耆老详问致灾之故。复谕王新命①曰："朕此行原欲访问民间疾苦，凡有地方利弊，必设法兴除，使之各得其所。昔尧忧一夫之不获，况目睹此方被水情形，岂可不为拯救耶？"先是，一应章奏，俱三日一送行在，进呈御览。当圣驾驻跸沂州，时奏章迟久不至，圣祖待至夜分，数遣问内阁。传谕曰："奏章关系国政，最为紧要。朕于巡幸之次，昕夕披览，未尝稍有稽留。前此赍本官迟滞，业已处分，今日又何淹久未至耶？毋拘时刻，至即呈进，朕将宵兴省览。"是夜漏下四鼓，奏章始至。比呈进，圣祖即起，详览彻曙。

又谕江苏巡抚汤斌曰："朕欲周知地方风俗，小民生计。有事巡行，凡需用之物，皆自内府储备，秋毫不取之民间。恐地方有不肖官员，借端妄派，以致扰害穷民。尔其加意严察，如有此等,即指名题参,从重治罪。其沿途供役纤夫,及闻朕巡行至此,远来聚观百姓,恐离家已遥,不能自归。尔逐一详察,多方区画,令其还家。"(《圣训》)

[注释]

① 王新命:四川潼川人,历官江苏巡抚、两江总督、河道总督、闽浙总督。

[译文]

这一年(康熙二十三年,1684),圣祖皇帝南巡,船过高邮湖。看到民间田地庐舍多浸泡在水中,恻然动心,于是登岸巡行堤畔十多里,召见当地老年人详细询问招致水灾的原因。又谕令两江总督王新命说:"我这次南巡原来想访问民间疾苦,凡是有关地方利弊,一定设法兴利除弊,使人民各得其所。从前,唐尧为一个农夫没有收成而担忧,何况目睹这一带遭受水灾的情形,难道可以不为之拯救赈济吗?"此前,一应的奏章都是三天一次送到行宫,进呈御览。当皇上御驾驻跸沂州(今山东临沂)时,奏章迟迟不到,圣祖皇帝等到深夜,数次派人询问内阁。传达谕旨说:"奏章关系到国家政治,最为紧要。我在巡幸途中,早晚披览,未尝稍微稽留。以前送奏章的官员有所迟滞,已经进行处分,今日为什么拖延很久没有送到呢?无论什么时刻,送来当即呈进,我将在晚上起来阅读。"这一晚直到四更天,奏章才送到。等到送呈御前,圣祖皇帝当即起来,详加阅览直到天亮。

又吩咐江苏巡抚汤斌说:"我想要详细了解地方风俗,民众的生计情况。有事情巡行地方,凡属需要之物,都从内府储备,于民间秋毫无取。恐怕地方有不肖的官员,借端妄加摊派,以致扰害穷苦的人民。你们用心严厉察访,如有这等情形,当即指名题奏参劾,从重治罪。那些沿途供应劳役的纤夫,以及听说我巡行到这里从远处赶来聚观的百姓,恐怕离家已经很远,无法自己回去。你们逐一详加察访，多方筹划，让他们顺利归家。"

康熙二十八年，圣祖临幸杭州，谕扈从部院诸大臣曰："朕稽古省方，咨求治理。阅视河道，期底平成。凡有利于民生，必令群沾实惠。兹行浙省，禹陵在望。念大禹功德隆盛，万世永赖，应行亲诣，以展企慕之忱。其致祭典礼，所司即察例举行。政治所先，在崇文教。江南、浙江为文人萃集之地，入学额数，应酌量加增，永昭宏奖。江宁、镇江、杭州驻防满洲、汉军兵丁，镇守要地，久历岁时，深用轸念，应加恩赉，以彰优恤。"（《圣训》）

[译文]

康熙二十八年（1689），圣祖皇帝驾临杭州，吩咐扈从南巡的部院诸位大臣说："我遵循古制视察地方，咨询访求治国之道。巡阅河道利弊，期望治理成功。凡是有利于民生的，一定让群众得到实惠。这次来到浙江，大禹陵墓在望。感念大禹功德隆盛，万世仰赖，应该亲自前往拜谒，以表达仰慕向往的诚心。祭祀的典礼，有关官员当即参考旧例举行。政治的首务，在于崇尚文教。江南、浙江作为文人荟萃的地方，进学的名额，应该酌量增加，永远昭示褒奖文教之意。江宁府、镇江府、杭州府驻防的满洲、汉军八旗兵丁，镇守江南要地，历时已久，深可怜悯感念，应该加以恩赏，以彰显朝廷优恤八旗的心意。"

是年，圣祖驻跸江宁府城，江南苏松绅士军民等叩请圣驾暂留数日，以慰万姓瞻天觐日之私，并献本处所产土物。圣祖曰："国家之用，虽尽出于百姓，朕兹南行，民间之物，秋毫无扰。尔等既各输诚，姑取米一撮，果一枚，以慰民殷殷来贡之意。至朕时巡事毕，已奏闻皇太后矣。明日发驾，不必勉留。"臣民再三叩请，继以泣下。圣祖勉俞其请，命再驻一日。(《东华录》四十三)

[译文]

这一年（康熙二十八年，1689），圣祖皇帝南巡驻跸江宁府城，江南苏州、松江地区的绅士军民人等都来叩请皇上圣驾多留数日，以安慰百姓瞻仰天颜的心意，并且奉献上本地所产的土物。圣祖皇帝说："国家的用度，虽然都出自于老百姓，我这次南巡，民间的物品秋毫不加扰害索取。你们既然要表达各自的诚心，姑且取大米一把，水果一枚，以安慰百姓殷切前来贡献的心意。至于我南巡的事情已毕，并且已经奏闻皇太后了。明天出发，不必勉强挽留。"臣民再三叩请，继而哭泣。圣祖皇帝勉强允准所请，命令再驻一天。

是年，圣祖南巡还京师。召大学士、九卿等谕曰："朕此番南巡，遍阅河工，大约已成功矣。曩者河道总督于成龙未曾遵朕指授修筑，故未能底绩，今张鹏翮一一遵谕而行。向来黄河水高六尺，淮河水低六尺，不能敌黄，所以常患于淤垫。今将六坝堵闭，洪泽湖水高，力能敌黄，则运河不至有倒灌之患，此河工所以能告成也。又沿途咨询地方官，直隶巡抚李光地、河南巡抚徐潮居官皆优，山东巡抚王国昌①、江苏巡抚宋荦②俱安静，福建巡抚梅鋗③、江西巡抚张志栋④亦优，广东巡抚彭鹏诚为有守，浙江巡抚张泰交⑤虽属新任，亦优。赵申乔当其任布政使时，朕尚信其不取，及任巡抚，好受词讼，则朕难信矣。甘肃巡抚齐世武⑥，赋性褊急，好行参劾。凡为大吏者，当宽大和平，正己率属。宥其小过，以渐训励，使勉为循良。岂可恣意以参劾为事乎?"

又谕曰:"朕御极以来,无时不以民生为念。虽纤微之事,亦不肯稍有怠忽,勤劳已四十余年矣。今海内奠安,民生富庶,而河工适又告成,朕又颁诏天下,大沛恩赍,故星夜还銮。诏内款项,尔等可会同详阅。"

寻下诏曰:"朕为天下生民主,宵旰勤劳,励精图治。凡国家之休戚,间阎之乐利,晷刻间无不注意于此。天下之大,兆民之众,朕谁欺?欺天乎?今四十余载,亲历饥馑者不知其几,南北用兵者不知其几,人心向背者不知其几,天变地震者不知其几。自维凉德,不能抚育,履冰临渊,兢业慎守。仰赖上天眷佑,祖宗德厚,幸生创业未久之际,方免失坠。今海寓升平,年岁稍和,生民俱已乐业。迩来诸王、大小臣工、士庶,因朕五旬,舆情肫切,屡请加上尊号,朕坚意固辞,不允所请。盖朕不以名誉称扬为尚,惟以海内富庶为心。屡蠲赋役,屡省刑罚,总欲使老安少怀,风俗淳厚,渐几于康乂隆平之治。近因淮、黄告成,乃东南要务,再授方略,望有善后。朕不辞劳瘁,亲往阅视。见畿辅、山左、浙江等省,耆老人民,俱中心爱戴,虽童稚亦咸欢欣瞻仰。是知民心皆一,用是益深轸念,视切如伤。所以星夜还銮,兹特大沛洪恩,普施遐迩。庶几民生咸登寿域,和协遍满寰区。诸王以下,文武官员俱加恩赐,军民年七十以下者,免其子一人徭役;八十以下者,与绢一匹、棉一斤、米一石、肉十斤;九十以上者,倍之。云南、贵州、四川、广西毋出明年赋。察其义,恤困穷,举遗逸。罪非常赦不原者,皆赦除之。"(《东华录》七十一)

[注释]

①王国昌:奉天官学生,康熙三十七年(1698)任山东巡抚。②宋荦:

字牧仲，商丘人，官至江苏巡抚、吏部尚书。③梅鋗：字尔止，宣城人，官至福建巡抚、左都御史。④张志栋：字敬修，昌邑人，官至福建、浙江、江西巡抚，迁大理寺卿、刑部右侍郎。⑤张泰交：字公孚，阳城人，康熙十九年（1680）进士，官至浙江巡抚。⑥齐世武：佟佳氏，满洲正白旗人，历官山西布政使、陕西巡抚、甘肃巡抚、川陕总督、刑部尚书。

[译文]

这一年（康熙四十二年，1703），圣祖皇帝南巡回到京师。召见大学士、九卿等吩咐说："我这一次南巡，全面巡阅治河工程，大体已经成功了。以前河道总督于成龙没有遵从我的指教修筑河工，所以未能取得成绩，如今张鹏翮一一遵照谕旨实施。向来黄河水高六尺，淮河水低六尺，不能冲刷黄河之水，所以经常出现淤垫。如今将六坝堵塞，洪泽湖水位提高，水力可以冲刷黄河，就使得运河不至于有黄河水倒灌的灾患，这是河工所以告成的原因。另外，沿途咨询考察地方官，直隶巡抚李光地、河南巡抚徐潮，居官都很优异；山东巡抚王国昌、江苏巡抚宋荦，居官都很安静；福建巡抚梅鋗、江西巡抚张志栋，居官也颇优秀；广东巡抚彭鹏，居官的确有操守；浙江巡抚张泰交，虽然是新近到任，也很优秀。赵申乔做布政使的时候，我还相信他不取于民，等到升任巡抚，喜欢接受词讼，就使我难以信任了。甘肃巡抚齐世武，秉性狭隘，性情急躁，喜欢参劾官员。凡是做封疆大吏的，应当宽大和平，自身端正，为下属表率，原谅其小过错，以逐渐训诫勉励，使之成长为循良官吏。难道可以随意以参劾为能事吗？"

又吩咐说："我即位以来，无时无刻不以民生为念。即使是细微之事，也不肯稍有懈怠轻忽，勤勉辛劳已经四十余年了。如今海内安宁，民生富庶，正值治河工程告成，我又颁诏于天下，大行赏赉，因此星夜赶回京师。诏令中的各个条款，你们可以会同详加参阅。"

不久，又下诏说："我作为天下人民的君主，宵衣旰食，勤勉忧劳，励精图治。凡是国家之忧喜祸福，民间的和乐利弊，每时每刻无不刻意关注。天下之大，人民之众，我可以欺骗谁？难道能欺骗上天吗？至今四十余年，我亲历饥馑灾荒不知有多少，南北各地用兵不知有多少，人心向背不知有多少，天变地震不知有多少。自感德行浅薄，不能抚育万民，如履薄冰，如临深渊，兢兢业业，谨慎自守。仰赖上天的眷顾和垂佑，以及祖宗的厚德，有幸生于创业未久之际，才免于出现差错。如今海内太平，岁月和顺，人民都已经安居乐业。近来诸王、大小臣工以及士人庶民因为我五十大寿，舆情恳切，多次恳请给我加上尊号，我都坚决推辞，不允准其所请求。因为我并不以名誉上的称颂和褒扬为重，只以海内富庶安宁作为心愿。我曾经多次蠲免赋役，减轻刑罚，总希望使得老有所安、少有所怀，风俗淳厚，逐步接近康宁隆平的治世。近来因为淮河、黄河治理工程告成，乃是东南地区的重要事务，再次指授方略，希望能够妥切善后。我不辞劳累，亲自前往阅视。看到直隶、山东、浙江等省的老人平民，都从内心爱戴，即使是儿童也都欢欣鼓舞，瞻仰天颜。从而知道民心都是一样的，因此更加深切怜悯感念，视为自己的伤痛。所以星夜回京，特地大行恩赏，普遍施惠给远近的臣民。希望使民生都能福寿安宁，天下四方和睦相处。诸王以下文武官员，都加以恩赐，军民人等年龄七十岁以下的，免除一个儿子的徭役；八十岁以下的，赏赐绢一匹、棉一斤、米一石、肉十斤；九十岁以上的，加倍赏赐。云南、贵州、四川、广西免除明年的赋税。察访孝义之家，抚恤困穷之人，荐举隐逸的贤才。罪行只要不是通常的赦免不能宽恕的，都予以赦免除罪。"

是年，圣祖西巡还京师，谓大学士等曰："前南巡多由舟行，官民群集两岸迎驾。顷西巡皆由陆路，凡临幸郡邑，官民无不扶老携幼，欢腾道左。每清问及之，又令在乘舆左右，备咨地方之利弊，彼皆抒诚陈奏。是以风俗人情，靡不洞悉。朕巡幸七省，畿辅、秦、晋民俗丰裕，江浙则较三十八年时更胜。山东近因水旱，大异畴昔，河南百姓生计甚艰，此二省之民深廑朕怀。又闻各省火耗，俱是加一钱。钱粮最少者，惟有甘肃。通计正额共二十八万有奇，加耗亦止二万八千。州县官钱粮既少，加耗无几，不敷用者，亦或有之。其余赋额皆多，如一州县正额者有二三万，加耗即至二三千，宜敷用矣。而州县官仍有以艰难告者，其故安在？朕随地咨访，督抚虽有不馈遗者，然馈藩臬者若干，馈道府者若干，岂可尽云廉吏乎？"（《东华录》七十二）

[译文]

这一年（康熙四十二年，1703），圣祖皇帝西巡回到京师，对大学士等说："以前我南巡多乘船出行，官员百姓都聚集在两岸迎驾。不久前西巡都通过陆路出行，凡是临幸的府县地方，官员百姓无不扶老携幼，万众欢腾，迎接于道路两旁。每每向他们咨询访问，还让他们来到銮舆的左右，详细咨询地方的利弊，他们也都各抒己见，真诚陈奏。因此风俗人情，无不洞悉无遗。我巡行了七个省，直隶、陕西、山西民俗丰裕，江苏、浙江则比康熙三十八年时更好。山东近来因为水旱灾害，与以前比变化很大，河南百姓生计非常艰难，这两省的人民，是我内心深深挂念的。又听说各省的火耗，都是加征一钱。钱粮最少的，只有甘肃省，共计正项税额二十八万有余，加耗也只有二万八千。州县官员因为该地钱粮很少，加耗也没有多少，不敷使用，也是有的。其余各省的赋税数额都很多，如一个州县的正项税额有二三万，加耗也就达到二三千，应该够使用了。可是有的州县官员仍然以用度困难陈告，其原因何在？我随地咨询察访，州县官员中对总督、巡抚虽然有不馈赠礼物的，但是馈赠布政使、按察使若干，馈赠道台、府台若干，难道可以说都是廉吏吗？"

论畋猎附

圣祖以我朝素娴骑射，故能战必胜，攻必克。且深念祖宗创业艰难，而开国诸臣，亦皆勇果无敌，由于所习之精勤也。恐承平日久，人或贪安逸而忘本务，是以常举行围之典。自康熙壬戌以迄壬寅，或猎于边墙，或田于塞外，几无虚岁。而南苑近在城南尺五，岁或三四莅焉。凡以讲武习劳，景前徽而敦善俗，为国家久安长治计者，至深远也。（《高宗御制全韵诗注》）

[译文]

圣祖皇帝认为我朝一向娴熟骑射，所以能够战必胜，攻必克。而且深深感念祖宗创业艰难，而开国诸臣也都是神勇果敢，所向无敌，这都是因为所习骑射的精勤。恐怕承平日久，有的人贪图安逸而忘却了本业，因此常常举行围猎大典。自从康熙二十一年一直到康熙六十一年，有时围猎于长城，有时围猎于塞外，几乎没有虚岁。而北京南苑近在城南咫尺之地，每年三四次莅临围猎。大凡是为了讲求武事、训练体能，发扬前辈的传统，敦睦良好的习俗，作为国家长治久安的大计，其意义至为深远。

康熙五十八年，圣祖谕近御侍卫等曰："朕于骑射、哨鹿①、行猎等事，皆自幼学习，稍有未合式处，默尔根侍卫即直奏无隐。朕于诸事谙练者，皆默尔根之功。迄今犹念其诚实忠直，未尝忘也。朕自幼至今，凡用鸟枪弓矢获虎一百三十五、熊二十、豹二十五、猞猁狲十、麋鹿十四、狼九十六、野猪一百三十二，哨获之鹿凡数百。其余围场内随便射获诸兽，不胜记矣。朕曾于一日射兔三百一十八，若庸常之人，毕世亦不能及此一日之数

也。朕所以屡谕尔等者，以尔等年少，宜加勤学。凡事未有学而不能者，朕亦不过由学而能，岂生而能者乎？"（《圣训》）

[注释]

①哨鹿：一种诱鹿射猎的方法，专指清代木兰围场，根据地形和禽兽分布，划分七十二围，由大臣率领骑兵合围，然后由头戴鹿角面具的士兵吹起木制的长哨，模仿雄鹿求偶的声音，引诱雌鹿前来，再奏请皇帝首射，皇子、皇孙随射，王公贵族骑射，最后大规模围射。

[译文]

康熙五十八年（1719），圣祖皇帝吩咐近御侍卫等说："我对于骑射、哨鹿、行猎等事情，都是自幼学习，稍微有些不合规范之处，默尔根侍卫就直截了当地指出来，毫无隐瞒。我对于这几项事情都能做到谙练纯熟，都是默尔根的功劳。至今我还感念其诚实、忠心和耿直，不曾忘记。我从小至今，共计使用鸟枪、弓箭猎获老虎一百三十五只、熊二十只、豹二十五只、猞猁狲十只、麋鹿十四只、狼九十六只、野猪一百三十二只，哨鹿所获达数百只。其余在围场内随便射获的各种野兽，不可胜计。我曾经在一天之内射杀兔子三百一十八只，如果是平常之人，恐怕毕其一生也不能达到我这一天的数目。我之所以多次吩咐你们，是因为你们年轻，应该更加勤学苦练。凡事没有不经过学习而能够成就的，我也不过是通过学习而达到成功，难道可以生来就能做到的吗？"

圣祖《庭训》曰："我朝祖宗开创以来，弧弓之利，以威天下，伐疏安民，平定海内。今朕上荷祖宗庇荫，坐致升平，岂可一日不事讲习？朕日率尔诸皇子及近御侍卫人等，射侯射鹄，备仪备典。八旗官兵，以时试肄。朕常临御教场，历观兵卒，等其优劣，赏赐褒嘉，黜陟劝勉。故尔旗分佐领，各各娴习弓马，武备足观。《礼》曰：'男子生，桑弧蓬矢六，以射天地四方。天地四方者，男子所有事也。故必先志于其所有事。'① 又曰：'射者，进退周旋必中礼。内志正，外体直。'又曰：'立德行者莫如射。而射者所以观德也。''故孔子射于矍相之圃，盖观者如堵墙。'《易》曰：'射隼射雉。'②《诗》曰：'决拾既佽，弓矢既调。''角弓其觩，束矢其搜。''敦弓既坚，四鍭既钧，舍矢既均，序宾以贤。'③《书》曰：'若射之有志。'④ 子曰：'射不主皮，为力不同科。'⑤'射有似乎君子，失诸正鹄，反求诸其身。'⑥《周礼》以射法治射仪。然则古圣经书，射以垂训，历历可监。习射上功，宾兴择士。况我国家立德立功，振兴要务，自当严加训练，多方教谕，不可一刻废懈也。"（《庭训格言》）

[注释]

① "男子生"六句：语出《礼记·射义》。② 射隼射雉：语出《易经·解卦》："公用射隼，以解悖也。"《旅卦》："射雉，一矢亡，终以誉命。"③ 决拾既佽，弓矢既调：语出《诗经·小雅·车攻》。角弓其觩，束矢其搜：语出《诗经·鲁颂·泮水》。敦弓既坚，四鍭既钧，舍矢既均，序宾以贤：语出《诗经·大雅·行苇》。④ 若射之有志：语出《尚书·盘庚上》。⑤ 射不主皮，为力不同科：语出《论语·八佾》。⑥ 射有似乎君子，失诸正鹄，反求诸其身：语出《中庸》。

[译文]

圣祖皇帝《庭训格言》写道："我朝自从太祖、太宗开创以来，以弓矢之利，威震天下，征伐强暴，安定百姓，平定海内。如今我承蒙祖宗庇护，不经劳累就达到天下太平，怎么能一天不从事讲习武备呢？我每天率领你们众皇子及身边侍卫人等，练习射箭击中靶心，按照古代的射礼举行。八旗官兵，也按时测试练习。我经常亲临教场，检阅观看士兵，评定其优劣，予以赏赐褒奖，罢黜升迁以示劝勉。因此你们旗下的佐领，人人娴熟骑射，武力战备可观。《礼记》上说：'男子生下来，用桑木做成的弓和蓬梗做成的箭六支，来射天地四方，天地四方是男子成就事业的地方，因此必先使孩子有志向于天地四方。'又说：'射箭的人，进退旋转必须符合礼节，内心端正，身体正直。'又说：'要树立德行，没有比得上射礼的。而射礼就是观看人的德行的。''所以孔子习射礼于矍相的菜园，观看的人多得像一堵墙。'《易经》上说：'射中一只飞鹰，射中一只野鸡。'《诗经》上说：'扳指护肩已经准备好，弓矢已经调理。''牛角弓弦已张紧，众箭射出声嗖嗖。''有画装饰的弓很坚硬，四人的箭都在弦上，箭射出去都击中靶心，按射中的多少排序坐定。'《尚书》上说：'像射箭要有箭靶。'孔子说：'比赛射箭不一定要穿透箭靶，因为每个人的气力不同。''射箭有些像君子行道，没有射中箭靶的中心，应该返回到自己身上找原因。'《周礼》按照射的法则确定射的礼仪。那么古代圣人的经书，用射来传布训诫道理，清清楚楚地可以看到。练习射箭是上等技能，设宴招待贤能选择贤士，何况作为我们国家树立道德、建立功业的振兴的关键，自然应当严格训练，多方面进行教育，不可一刻废弃和松懈。"

康熙政要卷二十四

论灾祥第四十一

康熙七年，圣祖谕吏部等衙门曰："近见天气亢旸，祷雨未应，风霾日作，禾苗枯槁。倘仍不雨，秋成无望，民生何赖？皆由内院、六部、都察院大臣不能公忠体国，政事舛错，及一切事务应完结者，驳察耽延，则例繁多，任意轻重，以致属员胥吏，乘机作弊者甚多。著即指名参奏，从重治罪。其才庸不能办事者，著亦参奏黜革，勿得徇情姑留。如经朕知，或被旁人纠参，将该管官治罪不贷。刑部督捕等衙门，狱讼牵连，日久不结，令无辜沉冤狱底。而拟罪引律，偏用重条，严刑酷罚，以苛察为明，深求为能。积怨既深，上干天和，垂示灾异。宜加修省，以为消弭之计。至科道职司言责，纠参建白，必有益国计民生，方应陈奏，勿得苟且塞责。各部院大小臣工，尚其同心协力，修举政事，共挽天心，体朕惓惓求治之意。"（《圣训》）

[译文]

康熙七年（1668），圣祖皇帝吩咐吏部等衙门说："近来看到天气大旱，祈雨也没有灵验，而且大风阴霾每日发作，田中禾苗都枯槁将死。倘若仍不下雨，秋天的收成就没有希望了，人民生活仰赖什么呢？这些都是因为内院、六部、都察院的大臣不能够公忠体国，政事处理出现差错，以及一切事务应当完结的，驳察迁延，则例繁多，任意决定轻重，以致所属官员吏役乘机作弊者很多。诏令当即指名参奏，从重治罪。其中才能平庸、不能办事的人，也要参奏黜退革职，不得徇情姑息。如果经我察知，或者被别人纠察参劾，将主管官员治罪，严惩不贷。刑部督捕清吏司等衙门，刑狱诉讼牵连过广，长期无法结案，让无辜之人沉冤狱底；而定罪所征引的律例偏用重条，严刑酷罚，以苛察为明断，以深求为干才；积怨过深，冒犯了上天的和乐之气，招致上天以灾异垂示教训。应当深刻反省，作为消弭灾祸的对策。至于科道官员，掌管言论之责，纠察参劾，建言献策，一定要有益于国计民生，才应该陈奏，不得苟且搪塞责任。各个部院的大小臣工，希望同心协力，治理好政事，共同挽回上天的心意，体谅我孜孜求治的心意。"

是年冬，京师地微震。圣祖谕大学士、九卿等曰："朕自临御以来，早夜孜孜，以敬天勤民为念，不敢少有逸豫。偶遇灾变，则尤悚然靡宁。今次地震，朕心不胜兢惕。方今外寇初平，海宇无事，而灾变示儆，不可不加修省。朕披览前史，如汉之文、景①，宋之仁宗②，亦有此异。因其克修人事，遂获长享太平。其他遇灾不儆，视为适然，卒致衰替，可为炯戒。每见内外大小官员，多图暇逸，怠于职业，能实体朕怀，留心民事者甚少。兹宜加殚乃忱，共勤实政，以为修弭之道。一切政事有应兴应革者，尔等可悉心讲求，集议具奏。"（《东华录》六十）

[注释]

①汉之文、景：西汉文帝刘恒、景帝刘启统治期间（前180—前141），

推崇黄老之术,轻徭薄赋,与民休息,史称文景之治。②宋之仁宗:宋仁宗赵祯在位期间(1022—1063),国家太平,经济繁荣,文化发展,被誉为明君、仁主。

[译文]

这一年(康熙三十六年,1697)冬天,京师发生轻微地震。圣祖皇帝吩咐大学士、九卿等说:"我自从即位以来,日夜孜孜不倦,以敬畏天命、勤勉民事为念,不敢稍微安逸懈怠。偶尔遇到灾异,就更加恐惧不安。对于这次地震,我心中不胜警戒。当今外部的贼寇刚刚平定,海宇升平无事,可是灾异却不时垂示警告,不可不加以修身反省。我披览前代的历史文献,如西汉的文帝、景帝,北宋的仁宗,这些治平之世也有这样的灾异。因为能够治理好政事,于是就得以长享太平。其他时代遇到灾异不加警戒,视为偶然事件,最后导致国家政治衰颓,甚至灭亡,可以作为明显的鉴戒。往往看到内外大小官员,大多贪图轻松安逸,职事懈怠,能够真正体谅我的心意,留心民事的很少。这就应当竭尽各自的心力,共同襄助实际的政事运作,以作为修治和消弭灾异的方法。一切政事,如有应当兴办和革除的,你们可以用心讲求,会同讨论上疏具奏。"

圣祖《庭训》曰:"朕自幼登极,迄今六十余年。偶遇地震水旱,必深自儆省,故灾变即时消灭。大凡天变灾异,不必惊惶失措,惟反躬自省,忏悔改过,自然转祸为福。《书》云:'惠迪吉,从逆凶,惟影响。'①固理之必然也。"(《庭训格言》)

[注释]

①惠迪吉,从逆凶,惟影响:语出《尚书·大禹谟》。

[译文]

圣祖皇帝《庭训格言》写道:"我自从幼年登极做皇帝,到现在已经六十余年。偶然遇到地震、水灾、旱灾,一定自己深深反省警戒，因而灾异也很快得以消除。大凡上天发生变故、出现灾异，不必惊慌失措，只要反身自省，忏悔改过，自然就会转祸为福。《尚书》上说：'顺从善道就吉利，顺从恶道就凶险，就像影子出于形体、回响出于声音一样。'这原本是道理的必然。"

论慎终第四十二

康熙二十三年，圣祖谕九卿、詹事、科道等曰："御史卫执蒲①奏请，御门听政，或以五日，或以二三日为期。其意盖欲君臣之间，政事余暇，稍得休息也。朕自躬亲庶政，宵旰弗遑。念致治之道，务在精勤。励始图终，勿宜有间。二十余年以来，于凡用人行政，事无巨细，罔不殚心筹画，早夜孜孜，有如一日。郊庙禋享，必躬执祀事。间有不亲诣之时，皆甚非得已。至于内殿斋居，几微悉谨。左右瞀御，咸所稔知。在朕未明求衣，辨色视朝。日与大小臣工率作省成②，用熙庶绩。近念尔诸臣奏事劳苦，少展御门暑刻，俾得从容入奏，非图便安。迩年海宇敉宁，政事渐简。顷复谕部院事务应归并者，酌量合奏，期于简要清省。从此民生日康，刑清政肃。部院章奏，当不期省而自省。必豫定三日五日，以为奏事常期，非朕始终励精之意也。"（《东华录》三十三）

[注释]

①卫执蒲：字禹涛，陕西韩城人，顺治十八年（1661）进士，历官户部主事、佥都御史、顺天府尹、左副都御史，著有《真定奏疏》等。②率作省成：语出《尚书·益稷》："念哉！率作兴事，慎乃宪，钦哉！屡省乃成，钦哉！"

[译文]

康熙二十三年（1684），圣祖皇帝吩咐九卿、詹事、科道官等说："御史卫执蒲上疏奏请：皇帝驾临乾清宫听政，或以五日为期，或以二三日为期。其本意是想要君臣之间在政事余暇，稍微得以休息。我自从躬亲政事，宵衣旰食，没有闲暇。考虑到治国之道，务必精勤，始终励精图治，不应该有所间歇。二十余年以来，对于用人行政，事无巨细，无不殚心竭虑，积极筹划，日夜孜孜不倦，有如一日。郊庙祭祀，必定躬亲行礼，间或不能亲临之时，都是非常不得已的情况。至于内廷起居，细微之处都谨慎小心。这些情况，左右侍从大都熟知。对我来说，天色未明就求衣起床，天色微明可以分辨颜色就早朝听政，每日与大小臣工致力于政事兴革，并考察自省以求成功，从而兴起各种事情。近来感念你们奏事辛苦，稍微推迟御门听政的时间，使你们可以从容入奏，并非图谋个人的方便。近年海宇安宁，政事逐渐简明。不久前谕令各个部院事务应该归并的，酌情进行合并奏请，以期简要节省。从此民生日益康乐，刑罚清明，政令整齐。各个部院的奏章当会不期望节省自然就会节省。一定要预先确定三日、五日一朝，作为奏事的正常期限，并不是我慎终如始、励精图治的心意。"

康熙二十四年，九卿等以佥都御史姚缔虞①奏请，自今凡大朝之期②，及大雨大雪，皆不启奏。其大寒大暑，亦宜酌定间数日一御门。应如所请。圣祖谕大学士等曰："朕莅祚以来，孜孜图治，罔有暇逸。惟期裨益国家，乂安兆庶，用臻上理。非不自知劳苦也，但念庶务殷繁，一日万机。若从所请，未免始勤终怠。且恐不及详察，致有疏略舛错，于政事得失所关匪细。自后大朝之期，一切章奏，交送内阁。遇大雨雪，临时请旨。其祁寒盛暑之时，各部院果无应奏事宜，方许暂止启奏。朕始终不欲一

念倦怠，晏安自便也。"（《圣训》）

[注释]

①姚缔虞：字历升，湖北黄陂人，顺治十五年（1658）进士，历官礼科给事中、吏科给事中、左佥都御史、四川巡抚，康熙二十七年（1688）卒于官。②大朝之期：一种纯为礼节祝贺而设立的朝会制度。每年元旦、冬至及万寿节，皇帝御太和殿受王公、文武百官参拜、庆贺，称为大朝，与处理日常政务的常朝相对。

[译文]

康熙二十四年（1685），九卿等大臣因为佥都御史姚缔虞的奏请：从今以后凡是大朝的时间，以及大雨、大雪天气，都不启奏议事。遇到每年的大寒、大暑，也应当酌定间隔数日一次御门听政。讨论认为应该允准他的奏请。圣祖皇帝吩咐大学士等说："我即位以来，孜孜图治，没有任何闲暇安逸，只希望有益于国家治理，人民安宁，以达到天下大治。我也并非不知道劳苦，只是感念事务紧急繁杂，日有万机。如果准许你们所请，不免会开始勤勉而终归懈怠；况且恐怕来不及详加考察，以致出现疏略和错误，对于政事得失关系不小。从今以后，凡遇到大朝的时间，一切奏章都送交内阁；遇到大雨和大雪天气，临时请旨定夺。至于严寒酷暑之时，各个部院果真没有应该奏请的事宜，才允许暂时停止启奏。我始终不想产生一点倦怠的念头，晏息安逸，以图自己方便。"

圣祖《庭训》曰："凡天下事不可轻忽，虽至微至易者，皆当以慎重处之。慎重者，敬也。当无事时，敬以自持。而有事时，即敬以应事。务必谨终如始，慎修思永。习而安焉，自无废事。盖敬以存心，则心体湛然居中。即如主人在家，自能整饬家务。此古人所谓'敬以直内'①也。《礼记》篇首，以'毋不敬'②冠之。圣人一言，至理备焉。"（《庭训格言》）

[注释]

①敬以直内:语出《易经·坤卦·文言》:"君子敬以直内,义以方外。"
②毋不敬:语出《礼记·曲礼上》:"毋不敬……安民哉!"

[译文]

圣祖皇帝《庭训格言》写道:"大凡天下之事,都不可以轻易疏忽,即使是最微小、最简易的事情,都应当用慎重的态度去处置。慎重就是心存诚敬。在没有事情的时候自己心存诚敬,有事情的时候以诚敬的态度对待事情,务必要终了如开始一样谨慎。要谨慎修身,思虑深远,坚持练习,使之成为习惯,自然没有空废的事情。大概居心以敬,就内心清澈。就像是主人在家,自然能够整顿好家务。这就是古人所说的'敬以直内'。《礼记》开篇头一句就讲'毋不敬',圣人一句话就讲出了至理。"

圣祖阅史至冯道①对唐明宗②,谓"历险则谨而无失,平路则逸而颠蹶"。曰:"粤稽史册,国家当蒙麻袭庆之后,率以丰亨豫大③,弛其兢业之心,渐致废坠者,往往有之。所以古昔圣贤,每于持盈保泰之际,三致意焉。冯道以明宗喜有年,而设譬以对,犹得古人遗意。虽道之生平,不足比数,而其言固自可采也。"(《御制文二集》)

[注释]

①冯道:字可道,瀛州景城(今河北交河东北)人,后唐端明殿学士、兵部侍郎,历事后唐、后晋、后汉、后周四朝,在相位二十余年,自号长乐老。②唐明宗:李嗣源,李克用养子,926—933 年在位,谥圣德和武皇帝,庙号明宗。③丰亨豫大:语出《易经》,丰卦:"丰亨,王假之。"豫卦:"豫大有得,志大行也。"

[译文]

圣祖皇帝读史,看到冯道应对后唐明宗时所说的"历经险阻则谨慎而不会失足，道路平坦则安逸而颠倒失次"，评论说："考察历代史册，国家蒙受恩泽、承袭盛世之后，大多因为富足兴盛的太平安乐景象，放松其兢兢业业之心，逐渐走向废弛衰落，往往有这样的情况。所以古圣先贤每每于守成事业、保持安定之际，再三表达其意。冯道因为后唐明宗看到丰收在望高兴之时，运用比喻进行应对，还有古人的遗意。虽然冯道的生平行迹，不足以相提并论，但其言论，固然有其可以采纳之处。"

附　录

康熙政要叙

赐进士出身、前军机大臣、协办大学士、外务部尚书臣瞿鸿禨谨叙

翰林院检讨、臣章梫仿吴兢《贞观政要》体例，恭纂《康熙政要》既成，以示臣瞿鸿禨。臣鸿禨受而读之，谨拜手稽首，扬言曰：自古君道之隆，莫如尧舜，虽以禹汤文武之圣，而不能比迹唐虞，非徒世运升降然也。自时厥后，递嬗且二千年，贤君哲辟，治道休明者，周成康、汉文景而外，莫不称唐之太宗、宋之仁宗，而贞观之治为尤盛。然权谋功利之习，犹不免杂出乎其间，方诸三代，其不逮甚远，况于尧舜！

若我圣祖仁皇帝，则诚尧舜之君也。其心尧舜之心，其政尧舜之政，等百世之王，功德未有高焉者也。仰惟圣祖敦敏徇齐，圣神天纵，自五龄后终始典学，圣德日新，八龄践阼，主极克端，慎修思永。言乎圣学，则经经纬史、博极群书，上而天象地

舆，历算律吕之精微，三礼八政之繁赜，下至射御医筮，百家众技之长，极之满蒙回藏文字之源流，泰西各国制器考工之新法，莫不洞穷蕴奥，兼综旁通。言乎圣治，则群生在宥，庶绩咸熙，礼乐刑政，粲然备举，农桑沟洫，纤悉无遗。天下钱粮，普免一周，不加丁赋，永为定数，则节用而爱人；料敌制胜，服之即止，渠魁既诛，胁从罔治，则神武而不杀；清心寡欲，执两用中，六十有余年，孜孜犹一日，仁如天，智如神，大而能谦，勤劳而无倦；是以明良交泰，民物熙丰，俗美风醇，寰宇清晏，巍巍乎，协和时雍之化一，唐虞之盛世也。

臣尝目想神游，而深求其故，固由治定功成，以臻太平之极轨，而要惟圣人之修己好学，笃守乎六经之道，以阐明性理为归，其旨不外主敬存诚，躬行实践，而其极至于尽人物之性，以赞天地之化育，故曰克己复礼，天下归仁。

圣祖《庭训》尝曰："心法为治法之原。"此所以上接尧舜之心传，而克成尧舜之治道也。於戏！德至矣！蔑以加矣！今天子冲龄嗣服，与圣祖时同，家法具在，岂待他求哉？臣伏愿陛下绍闻衣德，监成宪而迪前光，心圣祖之心，而行圣祖之政，则先圣后圣有同揆，上追尧舜无难，知人安民，柔远能迩，于富强乎何有？则臣椠勤辑斯编，导扬谟烈之微意，臣虽衰老，犹庶几及见德化之成也夫！

康熙政要叙

《书》之《盘庚》、《高宗》，《诗》之《假乐》、《卷阿》，皆所以纪述谟训，歌颂徽美，示翼直于当代，树后王之则仿，实赅后人政要之义。钦惟我圣祖冲龄践阼，首戡三藩，北定准部，西奠藏卫，朔漠河源万里之远，千百种族之繁，请命受吏，同于中夏；蟠木流沙大蒙太平之域，执贽献琛，秩于司天、卫于虎贲者，不可胜纪；历年之永，作人之盛，茀禄之康，盖自汉以来所未有也。先正曾氏国藩述中兴之功，追本于我圣祖在人之泽，世以为知言。夫其时西学之哲，方在绵蕞，东方诸国，鲜知重者，而御定《律历渊源》、御制《几暇格物编》以天亶之聪，勋学敏求，有如不及，是今日学术政治之嬗易，器械轮路之创作，圣人固已见微知著，爰成巨制，垂裕后来。《易》曰："极天下之赜，通天下之志，能成天下之务。"是今之政与学，皆圣祖启之贻之也。章检讨梫绩学深思，覃于掌故，故仿唐史臣吴兢《贞观政要》之体，为《康熙政要》卷二十有四、目四十有二，择精语详，使二百年以后读者，如见先正王氏熙、冯氏溥、李氏光地诸臣一堂拜扬之盛。《盘庚》、《高宗》之《书》，《假乐》、《卷阿》之《诗》，犹可得其仿佛。彼曾巩《政要》，留正圣《政草》，其纪述之意虽同，其事实盖未能比例于万一。意者中和位育之功，大同之治，皆将基于是编乎！无疆惟休，亦无疆惟恤，谨正冠拜手，序而归之。

实录馆总裁、经筵讲官、军机大臣、体仁阁大学士徐世昌谨序

自　序

臣梫少治儒书，好研帝学，观历代兴衰之故，考列朝因革之原，窃以为百王之治，无有过我圣祖之盛者。圣祖仁如尧，俭如禹，文如舜，武如汤，好学如殷宗，敬胜如周考，而其治似因实

创，其时似安实危，运以神谟，廓乎大定，享国久远，卜世绵长。间尝欲用吴兢《贞观政要》之例，辑为《康熙政要》，蓄书不备，搜采斯穷，自通籍以后，与修国史，恭纂实录，又与本署讲习馆同学诸臣朝夕讨论，因得窥列圣讦谟之富，皇朝文献之遗，簪笔禁垣，敬谨缀集，再易寒暑，乃成《康熙政要》二十四卷，合四十二篇，其事具本史成记载，文集弥慎甄录，稗野之说，非敢杂厕。吴兢书有《封建》一篇，今昔异情，无取傅会，而今所增《遵法》、《祖制》、《优礼大臣》、《勤学》、《恤勋旧》、《尚廉》、《理学》、《舆地》、《历算》诸篇，皆非唐宗之所有，盖我圣祖圣学之大、德量之闳、规模之远，实即万年有道之治所由启，而岂三代以下之君所可比肩而语哉？

顾圣猷宏烈，铄古震今，馆阁所储，何啻万帙。兹之所辑，特具体耳。吴兢《自序》称有国有家者，克遵前轨，择善而从，可久之业益彰，可大之功尤著。区区之意，庶几同之。

宣统二年夏臣椶谨识

按：此篇原附于目录之后，无题，今移至附录。"自序"二字乃校注者所加。